BTV

2014 BEIJING TELEVISION
YEARBOOK

2014 北京电视台年鉴

BTV 2014 BEIJING TELEVISION YEARBOOK

《北京电视台年鉴》编辑部　编

北京日报报业集团
同心出版社

编辑说明

一、《北京电视台年鉴》以较翔实的图文资料，客观记述北京电视台在宣传业务、技术工作、队伍建设、事业发展、产业经营等各个方面的基本情况，反映电视事业产业的发展变化，是一部综合性资料工具书和史料文献的大型年刊。

二、本年鉴于2008年创刊，每年编印一卷，主要记录和反映北京电视台上一年度的宣传情况和各项事业产业发展成果。

三、本年鉴以马克思列宁主义、毛泽东思想、邓小平理论、“三个代表”重要思想为指导，深入贯彻落实科学发展观，坚持实事求是的编辑方针，坚持“贴近实际、贴近生活、贴近群众”的宣传原则，为广大电视工作者以及社会各界了解和研究北京电视台提供可靠信息。

四、对本年鉴有关栏目的几点说明。

《图片》——主要收录反映2013年北京电视台各方面情况的照片。

《特载》——收录上级领导对本台的批示及台领导撰写的有关文章和重要讲话。

《概况》——概要记录全台各部门一年中主要的工作情况。

《典型经验》——选录有关业务工作的经验、体会文章。

《专项纪事》——较详细介绍有关重大宣传报道活动。

《频道·栏目》——介绍各频道的基本情况、栏目设置、优秀栏目。

五、《北京电视台年鉴》的编辑工作得到本台各级领导及有关部门的关心和大力支持，在此一并表示感谢。对本书的疏漏之处与不足，恳请各界批评指正。

北京电视台史志办（本刊编辑部）

《2014北京电视台年鉴》编辑委员会

马　宏　卫视节目中心主任
张　庆　新闻节目中心主任
袁子勇　青少年节目中心主任
潘全心　文艺节目中心主任
杜　研　科教节目中心主任
张　恒　影视剧中心主任
宗燕红　财经节目中心主任
焦少波　体育节目中心主任
赵　彤　生活节目中心主任
张　帆　动画节目中心主任
陈大立　纪实频道节目中心主任
蒋　虎　新媒体发展中心主任
王　方　播出部主任
郑　星　制作部主任
朱雨稼　转播传送部副主任
王晓龙　动力部主任
刘晓光　技术设备管理部主任
周旭辉　信息网络管理部主任
刘绍芬　老干部工作办公室主任
刘方平　北京电视产业发展集团副总经理
李　果　北京卡酷传媒有限公司总经理
史小东　北京京视传媒有限责任公司总经理
许建海　北京紫禁城影业有限责任公司总经理
刘洪昆　黄金海岸培训中心总经理
王　喆　北京北视英特维文化传播有限公司总经理

《2014北京电视台年鉴》编辑部

主　　编：冯平（兼）

副 主 编：闫军才

编　　辑：谷　松　茹一娟　唐晓燕　魏向东

特约编辑：陈　庆　党委办公室
王　伟　办公室
马晓艳　办公室
黄新荣　总编室
王　瑾　总编室
王安琪　总工程师办公室
李　玲　研究发展部
严莉莉　监察审计办公室
李晓雁　工会办公室
张兰岚　人事部
陆　勤　人事部
史楠楠　计划财务部
闫　欣　行政部
陶小群　保卫部
王晓薇　广告部
张向华　基建办公室
郭　纯　经营管理部
孙　涛　卫视节目中心
张文天　新闻节目中心
张驰平　新闻节目中心
付文龙　新闻节目中心
杨东晓　文艺节目中心

鲁　盾　科教节目中心
张晓媚　影视剧中心
韩　梅　财经节目中心
汪　荦　体育节目中心
唐　荦　生活节目中心
康　健　青少·海外节目中心
李菲菲　动画节目中心
王一鸣　纪实频道节目中心
尚　宁　新媒体发展中心
于　莹　播出部
王建业　制作部
余婷婷　制作部
姜世杰　转播传送部
孙少英　动力部
金　雯　技术设备管理部
许之明　信息网络管理部
张　伟　信息网络管理部
于　玮　老干部工作办公室
陈　妍　北京卡酷传媒有限公司
韩　乔　北京京视传媒有限公司
刘　敏　北京紫禁城影业有限公司

▲ 8月29日，中共中央政治局委员、市委书记郭金龙到北京电视台调研

▲ 1月15日，在北京市“两会”期间，市委副书记、市长王安顺看望北京电视台参加会议报道的编辑记者

◀ 5月21日，市委常委、宣传部长李伟，市委宣传部常务副部长王海平等一行来北京电视台调研

▶ 8月30日，副市长杨晓超看望北京电视台“第十二届全国运动会”前方报道记者团队

◀ 10月8日，市委副秘书长、市委宣传部副部长严力强，市委宣传部副部长崔耀中，市外宣办、市政府新闻办主任王惠，网信办副主任夏日红到北京电视台新媒体发展中心调研

▶ 北京电视台记者在北京市第十四届人民代表大会第一次会议上采访

◀ 北京电视台直播北京市政协第十二届委员会第一次会议开幕式

▲ 北京电视台记者在北京市“两会”现场采访代表

◀ 北京电视台直播报道四川省雅安市芦山县地震救灾情况

▲ 北京电视台记者采访北京铁路局救灾专列的安排情况

▲ 北京电视台首都经济报道栏目记者随北京 999 救援队赴雅安地震灾区采访

▶ 北京电视台芦山地震前方报道组顺利完成采访任务

◀ 北京电视台北京卫视频道、新闻频道对“房山长沟大墓发掘”进行独家直播

◀ 现场专家讲解文物知识

▶ 现场专家评论发掘情况

▶ 挖掘现场采访

◀ 10 月 26 日，北京电视台在第 20 届南京广告节设立展台

◀ 北京电视台广告部主任张晓耕推介重点节目资源

◀ 工作人员与客户交流

◀ 客户参观北京电视台展台

▲ 王澎副台长在北京电视台 2014 年广告推广暨政策说明会上与客户交流

▲ 北京电视台召开 2014 广告招标会

◀ 2014 广告招标会现场客户踊跃投标

◀ 大型季播节目《最美和声》招标会现场公证处人员做公证

◀ 北京卫视 2013 年强力打造的一档高品质歌唱类竞技选秀节目《最美和声》

▶ 《最美和声》四位导师胡海泉、萧敬腾、范玮琪、陈羽凡现场演唱

▲ 《最美和声》比赛现场

▲ 歌手齐秦在《最美和声》现场演唱

◀ 《最美和声》学员胡维纳演唱

◀ 北京电视台现场直播2013年第十五届北京国际旅游节开幕式及盛装行进表演

▶ 北京国际旅游节现场采访

▲ 6月1日，北京电视台、北京市环境保护宣传中心共同发起的第二期“牵手蓝天”大型公益活动在北京园博园举办

▲ “牵手蓝天”活动现场

▲ 4月16日，北京电视台青少·海外节目中心直播“第三届北京国际电影节”开幕式

▲ 第三届北京国际电影节开幕式活动现场

▲ 环球神奇炫大型活动现场

▲ 1 月 14 日，由北京电视台与时尚集团联袂打造的 2013 中国时尚大典暨“2013 中国时尚大典年度特别发布”在北京电视台大剧院举行

▲ 7月11日，纪实高清频道联合爱奇艺网站共同举办的“纪录片与新媒体”全媒体合作分享体验会活动，在北京电视台刚刚落成的全媒体演播大厅举行

▲ 北京卫视《养生堂》“善存健康”全国巡讲活动启动仪式

▶ 《养生堂》“善存健康”全国巡讲活动现场

◀ 北京电视台新闻中心直播“国家大剧院6周年公众开放日艺术节”

▲ 北京电视台 2014 年春节联欢晚会隆重举行

▲ 晚会现场

▲ 北京电视台 2014 环球春晚现场

▲ “平安北京——2013 年首都政法综治系统春节联欢晚会”现场

▲ 2013“美丽乡村”大型主题晚会现场

▲ 吉祥马年 BTV 动画春晚暨 2014 国产精品动画联合发布会

▲ 2014 精品动画联合发布启动仪式

▲《开心超人机械舞》

▲ 小破孩乐队《动画歌曲联唱》

▲《卡酷梦想》

◀ 8月31日，十二届全国运动会开幕，北京电视台进行了全面的报道

◀ 转播前检查设备

▶ 转播击剑比赛现场

▶ 转播颁奖仪式

▶ 7月20日，东亚杯足球赛在韩国首尔举办，北京电视台作为特权转播商对本届杯赛进行了全面报道

▲ 采访韩国著名足球教练

▲ 现场转播

▲ 现场报道

▲ 8 月 10 日，第 14 届世界田径锦标赛在莫斯科举行，北京电视台对赛事进行了全方位的报道和转播

▲ 现场采访

▲ 2013 年温布尔登网球公开赛期间，北京电视台记者采访网球选手李娜

▲ 现场采访

▲ 北京电视台直播 2013 年环北京职业公路自行车赛

▲ 准备参加直播拍摄的摩托车摄影队

▲ 喷有“BTV”标识的直升飞机空中摄影队

▲ 热情的观众

▲ 比赛现场

◀ 2013年“北京海洋沙滩狂欢节”举办千人比基尼大赛

▶ “海沙节”戏水乐园

▲ 在“海沙节”录制节目

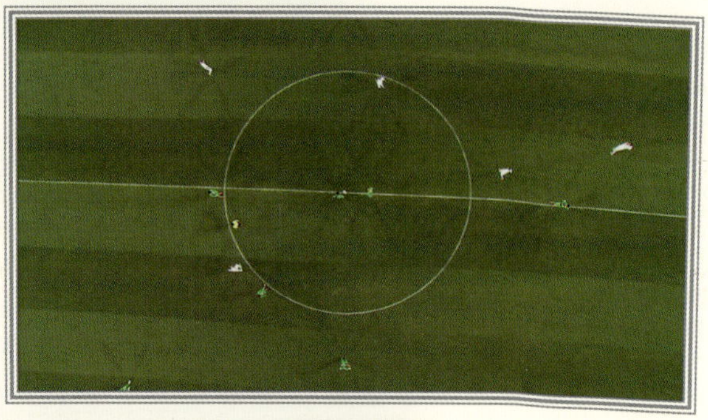

▲ 北京电视台体育节目中心使用会飞的摄像机“三维飞猫”对体育比赛进行实况转播，这也是该设备在国内足球转播中首次使用

◀ 《快乐健身一箩筐》栏目举办“2013北京健康科普专家社区巡讲活动”

▲ 巡讲活动现场

▶ 健身专家在现场指导群众健身

▲ 电视剧《楚汉传奇》

▲ 电视剧《大宅门 1912》

▲ 电视剧《打狗棍》

▲ 电视剧《毕有财》

▲ 电视剧《独生子女的婆婆妈妈》

▲ 电视剧《上阵父子兵》

▲ 电视剧《风雷动》

▲ 电视剧 《渗透》

▲ 电视剧《娘要嫁人》

▲ 电视剧《老有所依》

▲ 电视剧《假如生活欺骗了你》

◀ 电视剧《新编辑部故事》

◀ 电视剧《正阳门下》

◀ 电视剧《我的父亲母亲》

▲ 电视剧《无贼》

▲ 电视剧《战雷》

▲ 电视剧《乞丐大掌柜》

▲ 电影《小时代》

▲ 电影《狼图腾》参加第 66 届戛纳电影节展映

▲ 电视剧《创业伙伴欢乐多》

▲ 电视剧《同门》

▲ 演员连奕名签约紫禁城

▲ 演员李崇霄签约紫禁城

▲ 演员倪大红签约紫禁城

11 月 6 日，在北京电视台承办的“第十六届华北地区电视协作技术会”上北京电视台获得一等奖 9 项，二等奖 26 项，三等奖 10 项

北京电视台召开 2013 年科技创新奖专家鉴定会

制作部全力投入市“两会”报道的后期制作及技术支持工作

技术部门积极做好 2014 年 BTV 春晚录制工作

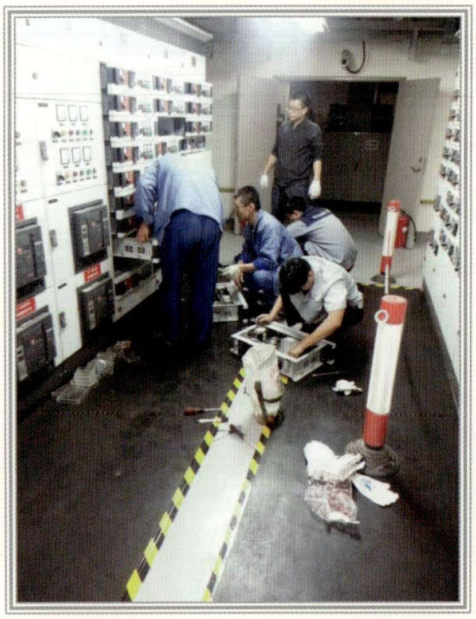

▲ 动力部认真做好设备检修维护工作

▲ 技术人员认真做好全运会报道的技术保障工作

▲ 制作部创新小组积极尝试“广告融合会”的场内虚拟场外延迟拍摄技术

◀ 制作部完成 BTV 剧院后舞台演播厅的首个节目录制

◀ 北京电视台举办2013年交通安全培训班

◀ 北京电视台举办2013年记者站记者、通讯员培训班

▶ 北京电视台举办2013年团干部培训班

▶ 北京电视台举办纪检干部培训班

▲ 北京电视台举办首届全媒体主持人培训班

▲ 北京电视台举行 2013 年度赴英国培训行前教育会

▲ 北京电视台举办傲威虚拟植入系统技术培训

▲ 北京市广电局和北京电视台联合举办安全播出管理规定培训班

▲ 北京电视台举办蓝光摄影机业务培训班

▶ 北京电视台组织干部职工积极参加义务植树活动

◀ 9月12日，团委组织青年志愿者服务进社区活动

▶ 北京电视台团委举办青年联谊活动

▲ 窦晓东副书记在北京电视台 2013 年职工乒乓球团体赛开幕式上讲话

▲ 比赛现场

▲ 制作部一队获得冠军

▲ 保卫部、计财部联合一队获得亚军

▲ 新闻节目中心一队获得季军

▲ 北京电视台举办 2013 年职工羽毛球团体赛

▲ 比赛现场

▲ 第一名　制作部一队

▲ 第二名　新闻节目中心一队

▲ 第三名　体育节目中心一队

▲ 北京电视台组队参加北京广播电视台第一届运动会

▲ 北京电视台工会组织职工参加北京第四届国际山地徒步大会

▲ “中网——BTV 主持人队”网球训练营开营仪式

▲ BTV 主持人在网球训练中

◀ 4月24日，北京电视台与澳大利亚广播公司签署战略合作关系备忘录

▶ 2013年7月1日，联合国副秘书长到北京电视台访问，田方总工程师陪同参观

◀ 6月18日，朱江副总编辑会见美国中文电视网工作人员

▶ 9月12日，尼日尔2013年新闻媒体人员研修班成员来北京电视台参观

◀ 9 月 16 日，赵多佳台长会见群邑集团高层

▶ 6 月 10 日，艾冬云副总编辑会见日本 NHK 制作公司一行

▲ 10 月 24 日，徐滔副总编辑会见好莱坞高管

▲ 纪实高清频道负责人应邀赴上海参加中澳影视合作论坛，并与澳大利亚电视公司就合作拍摄纪录片进行会谈

目　录

特　载

概 况

专项纪事

技术管理和新技术应用

典型经验

组织机构

频道·栏目

调研报告

获奖·表彰

节目播出时间表

广告价目表

大 事 记

索 引

特　载

市领导到北京电视台调研
对今后工作给予具体指导

市委书记郭金龙等到北京电视台调研

2013年8月29日，市委书记郭金龙在市宣传文化系统调研时来到了北京电视台，与编辑、记者、主持人及嘉宾和观众交流，并在北京电视台主持召开座谈会，听取首都宣传系统贯彻落实全国宣传思想工作会议精神情况汇报。市委常委、宣传部长李伟，市委宣传部副部长严力强等陪同调研。北京广播电视台党委书记刘志远、北京电视台总编辑赵多佳、北京电视台常务副台长窦晓东等作了汇报。

郭金龙首先来到正在北京电视台演播楼六层《书香北京》栏目录制现场，与主持人、嘉宾及观众亲切交流。郭金龙向参加节目录制的热心观众表示感谢，他说，《书香北京》栏目很够味，够北京的味，合首都的味，参与的观众涵盖老中青各年龄层，是北京文明程度越来越高的表现。希望首都每家每户都能满屋书香，首都的每个家庭都能成为书香门第。郭金龙还听取了赵多佳同志及一线编辑、记者关于树立以人民为中心的工作导向，在满足群众需求的同时提高群众文化素养的简要介绍。

离开《书香北京》演播室后，郭金龙一行来到位于北京电视台综合业务楼八层的新闻制作机房和新闻高清演播室，了解新闻后台编辑及高清节目制作情况并与新闻编辑、记者、主持人交谈，询问北京电视台贯彻落实全国宣传思想工作会议精神，深入开展“走基层、转作风、改文风”活动等情况。

郭金龙对北京电视台进一步做好新闻报道、弘扬主旋律，传播正能量等提出五点要求：一是要围绕经济社会发展中的热点问题和市民关切的问题做好专题节目，更好地动员社会力量建设美丽首都；二是在距离中华民族伟大复兴最近的时刻，在伟大时代的关键时刻，更好地向社会传递正能量，充分发挥“首善媒体”的作用；三是要用活生生的事例，宣传党和政府坚持“为人民服务”根本宗旨，团结带领广大人民群众共同为我们这个伟大事业而努力奋斗；四是要深度发掘社会关注的热点问题，通过媒体人的辛勤劳动，转化为荧屏上广大人民群众喜闻乐见的题材；五是在进行社会监督的同时，积极地把正面的、政府正在做的事情告诉老百姓，坚定群众信心。我们现在依然面临着很大的考验，但只要按照中国特色社会主义道路向前走，我们的未来一定是光明、灿烂的。

之后，郭金龙在北京电视台主持召开座谈会，听取首都宣传文化系统贯彻落实全国宣传思想工作会议精神情况的汇报。

市委常委、宣传部长李伟等到北京电视台调研

2013年5月21日下午，市委常委、宣传部长李伟，市委宣传部常务副部长王海平，市委副秘书长、宣传部副部长严力

强及市委宣传部秘书长张成刚一行来北京电视台调研。北京广播电视台党委书记刘志远、北京电视台总编辑赵多佳、常务副台长窦晓东陪同调研。

李伟先后考察了北京电视台综合业务楼八层高清演播室、新闻制作机房，十三层播出部高清、标清播出中心机房，十四层播出部传输控制室，十六层信息网络管理部主干系统机房。在考察过程中，总工程师田方及相关人员介绍了北京电视台节目制播技术系统、硬件设施情况及电视制作流程。李伟就北京电视台高清化建设、节目制作、长城国际平台、电视剧及外购版权内容等方面情况与台领导及工作人员进行了简要交流。

随后，在北京广播电视台召开的座谈会上，赵多佳总编辑向李伟汇报了北京电视台基本情况以及在新闻宣传、内容生产、技术工作、广告经营、新媒体发展、内部管理和队伍建设等方面的发展情况和工作特色。

李伟对北京电视台多年来取得的工作成绩给予充分肯定，他强调，要进一步深化对十八大精神的学习宣传贯彻，深入开展中国特色社会主义和中国梦的宣传教育，增强针对性、时效性和吸引力、感染力。要围绕中心、服务大局，牢牢把握正确的政治方向和舆论导向，为首都和谐稳定营造良好舆论氛围。要抓好精品创作生产，推出更多导向正确、特色鲜明、互动性强、群众喜闻乐见的精品栏目（节目）。要加强内部管理，抓好内容生产制作、传输、播出及财务、广告经营等领域的监管；要加强队伍建设，加大对青年人才的培养力度，关心人才成长；要加强作风建设，继续深化“走转改”，自觉践行群众路线，发扬敢于担当、敢于碰硬、敢于创新的“三敢精神”。要加大技术研发和新媒体应用，不断探索主流媒体发展新媒体的规律，提高新闻宣传和新闻管理工作的技术支撑。

市委常委、宣传部长李伟到北京电视台新媒体基地调研

2013年9月29日上午，市委常委、宣传部长李伟到北京电视台新媒体基地调研，市委宣传部副部长张森、北京电视台台长赵多佳陪同调研。李伟表示，传统媒体要坚定不移地发展新媒体，北京广播电视台建设新媒体的理念和成果令人兴奋，在全国具有创新性。他要求在现有基础上尽快整合资源、快速推进，争取尽早将北京网络广播电视台网站和北京IPTV正式上线，大胆探索市场化道路。李伟提出，应进一步扩大媒体平台，在北京市传统媒体中，更大范围地统筹资源，建立更大的全媒体平台。

李伟首先参观了北京电视台新媒体工作基地，听取了新媒体中心主任蒋虎的汇报，了解了新媒体最新的媒介设备和传媒技术，对“增强现实”、“KEY TV”等最前沿的技术手段备感兴趣，不仅现场体验，还与工作人员就相关问题进行认真沟通。他非常赞同北京电视台“大媒体平台”的新媒体建设理念，强调传统媒体与新媒体并不是割裂的，而是要建立一个更大的媒体、更大的平台，实现更多的聚合。

在调研最后，李伟对北京电视台新媒体建设工作给予充分肯定，他说，这次来看北京电视台新媒体建设情况，非常兴奋，来得很值得！以往我看过不少传统媒体建设新媒体的模式，感觉大同小异。而现在看到北京电视台的建设成果和发展思路，很有新意，是实实在在地建设新媒体。这是颠覆性的、是真正未来媒体的概念，传统媒体需要向这一方向成长、进

化，这也正是传统电视以后的发展方向。

同时，李伟对北京电视台新媒体发展提出三点要求：

首先，要快速完成现有各项业务的测试，抓紧完成正式上线工作（指北京网络广播电视台网站和北京 IPTV 等），积极推进“大媒体”平台建设。

第二，北京电视台的新媒体平台要进一步扩大，要进一步统筹北京广播电视台（总台）范围内媒体平台资源，同时，也在条件成熟时整合北京市属其他传统媒体平台资源。充分考虑各单位在技术水平、理念及思路上的差异，重点发力，避免重复开发建设，可以考虑以北京电视台现有成果为基础融合各方资源，形成“大媒体矩阵”，实质分享和开放资源，互为展示平台和“入口”。集中精力和资源共同把一个平台做好，比做十个低水平的平台要重要得多。对此，北京电视台要尽快完善工作方案，待方案成熟时，要组织北京市属主要主流媒体负责人一起深入研究，推进落实。

第三，要积极，但也要谨慎考虑战略投资问题，在没有限制性规定的前提下，支持“狼血”注入（即体制外资金和相关资源的注入）。一方面充分考虑系统内有融资能力的文化企业，一方面鼓励与体制外合作伙伴进行合作，在运行模式、发展理念、资源及思维方式等方面形成“杂交”优势，相互借势，共同发展。同时，支持文创基金予以重点扶持，特别是以投资方式注入“大媒体”平台。

在调研过程中，李伟还要求北京电视台抓住机遇，推进纪实频道上星，并在全国落地。要进一步加强 3D 节目内容制作，特别是 3D 纪录片的制作。

市委常委、市教工委书记苟仲文到北京电视台座谈研讨

10 月 19 日下午，市委常委、市委教育工委书记苟仲文及市委教育工委主任线联平、市委教育工委常务副书记刘建等到北京电视台，与赵多佳台长、艾冬云副总编辑及新闻节目中心相关负责人座谈，重点就治理教育乱象，进一步实现基础教育资源均衡、公平发展，减轻学生负担，中、高考改革方案等问题的宣传报道和舆论引导等进行交流研讨。

苟仲文指出，市委、市政府一贯高度重视教育工作，为进一步搞好基础教育，同时针对党的群众路线教育活动中群众反映强烈的一些问题，经过认真研究，计划采取一系列改革措施，以进一步实现教育资源均衡、公平发展，减轻学生负担。在改革措施正式推出之前，为最大限度地征求广大市民的意见和建议，希望北京电视台配合相关部门做好有关政策措施的宣传与解读，做好市委、市政府及相关部门与市民沟通的桥梁，使即将推出的改革措施能为大多数市民所接受。

鲁炜、李伟对北京电视台工作作出一系列批示

市委常委、宣传部长、副市长鲁炜对北京电视台关于加强雾霾天气舆论引导的宣传报道情况作出批示

多佳同志：

电视台及时发布权威信息、权威解读，各档节目整体推进，望进一步发挥网站、官方微博作用，形成立体态势。

鲁　炜

2013年1月19日

宣传部领导关于《2012年BTV“送中央台新闻”工作汇报》的批示

市委宣传部副部长严力强批示：电视台一方面保持在央视送、发稿力度，一方面积极支持配合北京站工作。均取得了好业绩。

鲁炜部长批示：同意力强意见，要制度化。

2013年1月14日

2012年BTV“送中央台新闻”工作汇报

市委宣传部：

北京电视台积极贯彻落实市委宣传部《关于北京电视台向中央电视台报送新闻工作考评办法》精神，2012年北京电视台新闻中心向央视送稿6000多条，中央电视台各档新闻栏目播出反映北京市经济、文化、社会发展成就的新闻1200多条次（首发925条），其中《新闻联播》发稿142条（包括与央视记者站合作），《京城暴雨夜：流淌温暖与感动》作为头条播出，《北京：创新驱动　实体经济加速转型》、《北京人艺：秉承“戏比天大”六十年》等新闻全面宣传了北京市经济社会发展和实现文化大发展大繁荣的目标要求。在党的十八大召开期间，新闻中心更是全力做好向央视的送播工作，11月8日至14日七天的时间，新闻中心向央视送稿88条，被央视采用42条，《新闻联播》编播10条，出色地完成了市委宣传部和台领导交给的任务。

在2012年11月召开的全国电视新闻通联工作会上，北京电视台新闻中心通联科荣获“2012年中央电视台优秀通联集体”称号；李大功同志荣获“2012年中央电视台优秀通联个人”奖；《北京遭遇近六十年来最大降雨》获2012新闻协作最佳直播奖；《京城暴雨夜：流淌温暖与感动》获最佳新闻作品奖。央视领导特别表扬北京电视台在7·21特大暴雨的直播报道中，调动本台及区县记者站资源，在央视发稿达149条，其中7条新闻在《新闻联播》中播发。

2012年2月中央电视台驻北京记者站成立，我台新闻中心与央视记者站共同制订了报道规划和工作流程。央视记者站每天派出专人到北京台与新闻中心通联人员一起研究选题、浏览文稿、收集资料。我台新闻中心积极提供新闻线索和各档

新闻节目素材，并帮助联系被采访单位。在保证同央视本部的新闻传送量不减少外，为央视记者站录制了北京航拍、绿化、供暖、医疗、地铁等大量视频素材。在保持我台原发稿量基础上，与央视记者站合作在《新闻联播》中发稿数量大大增加。

2013年北京电视台将更加重视向央视报送新闻工作，激励广大编辑记者向央视提供更多优秀新闻作品，进一步提升北京新闻的影响力和传播力。

北京电视台

2013年1月6日

鲁炜关于新华社感谢信的批示

鲁炜部长批示：多佳阅。

感谢信

尊敬的鲁炜部长：

您好！

感谢您一直以来对新华社“中国网事”感动人物评选活动的大力支持！在您的指导与推动下，新华网、北京卫视和新华社“中国网事·感动2012”年度网络人物评选颁奖典礼取得圆满成功，业已成为初具全国影响的新闻宣传品牌。此次活动得到了中央领导同志和国家互联网信息办公室等部门的充分肯定，得到广大网民和受众的高度认同。

15日下午，“中国网事·感动2012”年度网络人物评选颁奖典礼在北京航空航天大学体育馆举行。经过历时一年的网络评选，吸引了近8000万网友参与投票，投票专题点击量超过10亿人次，“航空报国”罗阳、“私车公用大叔”艾尼瓦尔·芒素、“最美女教师”张丽莉、“47元善行父子”马江和马润林、“戒指换教学楼”杨艾菁、“诚信中学生”徐砺寒、“暴雨救人”农民工群体、“中国版霍金”王甦生、“山神”刘真茂、“疯狂孝子”樊蒙最终凭借自己的爱心和壮举，获得年度网络人物称号。两个多小时的颁奖典礼，10位（组）获奖人的故事在一次次掌声与泪水中温暖了在场的每一个人。许多观众饱含着热泪看完颁奖典礼。

新华网对颁奖典礼进行了文字、图片和微博直播；人民网、新浪、网易等12家中央重点网站和商业门户网站现场同步转播。人民日报、光明日报、经济日报、中国日报、北京青年报、北京晨报等14家中央和地方媒体也刊发了颁奖典礼新闻稿件。新华每日电讯16日在第八版正版刊发了颁奖典礼新闻通稿和十位（组）获奖人介绍。北京卫视将于2月4日21点26分播出“中国网事·感动2012”年度网络人物颁奖典礼实况。

“中国网事·感动2012”年度网络人物评选及颁奖活动的顺利展开，离不开您给予的高度关注，为草根人物搭建了一个光华璀璨的舞台。在此，我们对您表示衷心感谢。2013年，我们期待与北京市委宣传部继续合作，争取进一步扩大活动影响，让更多催人奋进、感人至深的草根英雄走上舞台，走进人们的视野。

再次对您的参与和支持，致以诚挚的谢意！

新华社“中国网事·感动2012”

年度网络人物评选办公室

2013年1月29日

鲁炜对《小曹跑两会》、《锐评》、《大戏看北京》节目的批示

多佳：

1.《小曹跑两会》很好，应认真总结；

2.《锐评》有改进，要进一步围绕市中心工作，围绕热点，多做疏导民意的工作；

3.《大戏看北京》有改进，挺好，要围绕北京的“大戏”做文章。

鲁　炜

2013年3月17日

鲁炜对中国记协简报《弘扬中国精神　凝聚中国力量》作出批示

2013年3月27日，市委常委、宣传部长、副市长鲁炜同志对中国记协简报《弘扬中国精神　凝聚中国力量——〈国学开讲〉专题片座谈会共话“中国梦”》作出批示：

谢谢中国记协惠生书记。此件请力强、多佳同志阅，将大家的发言汇总，进一步总结，扩大座谈会成果；加强宣传，扩大专题片影响，以进一步继承、弘扬传统文化和中国精神，提振信心，凝聚力量，共同为实现“中国梦”而奋斗。

中国记协简报

弘扬中国精神　凝聚中国力量——《国学开讲》专题片座谈会共话“中国梦”

3月26日上午，由中国记协主办的“谈国故学　圆中国梦”——《国学开讲》专题片座谈会在京举行。会议以《国学开讲》为案例，围绕新闻媒体如何以高度的文化自觉、文化自信传播社会主义核心价值观，阐述中国道路、弘扬中国精神、凝聚中国力量进行深入探讨。

今年2月北京电视台推出《国学开讲》专题片，从传统文化中汲取精神素养，用国学阐释国家价值观、民族价值观和百姓价值观。主讲人范曾深入浅出、娓娓动听道国学，并且通过现场答问的形式，结合国内外大势和今人困惑，阐释国学奥义，引导观众致良知、树正气、讲修养、重品行。节目取得了良好的收视效果，在社会上产生了广泛影响。

与会同志认为，学习传播中华传统文化既是时代对弘扬中国精神的诉求，也是实现中华民族伟大复兴、实现“中国梦”的迫切需要。实现“中国梦”必须弘扬中国精神，也就是弘扬以爱国主义为核心的民族精神和以改革创新为核心的时代精神。《国学开讲》专题片阐述的传统国学文化汇集古代圣贤的智慧和思想精华，其本质是会通融合、独具特色的民族精神。同时，《国学开讲》内容生动而富于启迪，既彰显了民族和国家的文化胸怀，也用发展的眼光、国际的视野解读传统国学，具有鲜明的时代特征和现实针对性。

与会同志指出，《国学开讲》绝不是在那里“玩古董”，而是向人们传播东方智慧，以文化人，表达和谐哲思，内容直指人心，为实现“中国梦”凝聚了力量。范曾先生诠释的“中国梦”是“大道之行也，天下为公”之梦；是“讲信修睦”之梦；是“和而不同”之梦；是“己所不欲，勿施于人”之梦。“国学”对于当今社会的正能量，即在于帮助人们接受熏陶，开阔胸襟，提升境界，树立家国情

怀，团结一心，为实现“中国梦”而共同奋斗。

与会同志一致认为，《国学开讲》专题片是新闻媒体弘扬中国精神、凝聚中国力量的范例，是新闻媒体“改文风”的生动实践。对《国学开讲》节目成功做法的交流探讨，将进一步推动新闻媒体担当文化向导员的角色，自觉践行“走转改”精神，进一步巩固壮大积极向上的主流思想舆论，提升社会的文化向心力，为实现中华民族伟大复兴的“中国梦”作出积极贡献。

《国学开讲》专题片主讲人范曾，中国记协党组书记翟惠生，中国艺术研究院院长王文章，人民日报、光明日报、北京电视台等相关单位的负责同志及专家学者出席会议并发言。

鲁炜关于信息专报《北京电视台全面启动“四川雅安地震”抗震救灾报道》的批示

力强、多佳同志：

北京电视台迅速启动应急机制，及时直播灾情和救援工作，应予以充分肯定，通报表扬；请多佳同志转达我对奔赴一线编辑、记者、技术、后勤人员的亲切慰问，请同志们确保安全，台里要做好保障工作；多报道与北京有关的新闻；按中宣部要求做好工作，把握基调，保持适度。

鲁 炜

2013 年 4 月 20 日

市委常委、宣传部长李伟关于北京电视台第二届京交会宣传报道情况的批示

李伟部长：

电视台积极主动配合市里重大活动，发挥媒体优势，展开立体式宣传，体现了主流媒体的大局观和责任感。感谢同志们所做的工作。

严力强副部长批示：

市里的重大活动，电视台一般都安排直播，并组织专门团队报道，在市属媒体中起到了主流带动作用。

2013 年 6 月 7 日

李伟关于国家新闻出版广电总局肯定北京电视台现实题材电视剧播出工作情况报告的批示

李伟批示：

望保持特色，突出优秀，大胆创新。

2013 年 10 月 24 日

市委宣传部领导听取北京电视台 2014 年春晚策划方案汇报

2013 年 12 月 10 日下午，市委宣传部常务副部长王海平同志出席北京电视台 2014 年春节联欢晚会策划方案汇报会，听取 2014 年春晚筹备工作汇报并提出相关要求，市委宣传部副巡视员王珏出席，北京电视台台长赵多佳主持会议。

春晚主创人员向王海平汇报了晚会整体思路和筹备情况。2014 年 BTV 春晚坚决贯彻落实“节俭办晚会”精神，以“和你的亲人在一起”为主题，着重围绕三大看点进行构思：一是彰显“现代东方，首都品质”。借助北京特色地标与平凡人物生活展现“北京时间”；通过致敬经典艺术作品弘扬“北京文化”；邀请选秀节目人气选手跃动“北京时尚”。二是坚决贯彻群众路线。凸显“平凡的人们给我最多

感动”这一核心，坚持舞美、宣传片、演员和节目内容从群众中来，艺术大家、名家到群众中去的理念，充分实现场上场下互动。三是年味十足，欢乐祥和。运用混搭风、跨界演绎等编排手法制造惊喜，呈现新意。

王海平肯定了北京电视台2014年春晚整体结构、立意角度和素材选取，并提出四点要求：一是突出中国梦主题，诠释“欢乐北京·中国梦”的内涵；二是从历史文化底蕴、大众文化韵味、时尚潮流引领等方面入手，体现北京感觉，突出晚会个性；三是创新晚会样态，充分利用全媒体手段；四是彰显大气唯美的风格。赵多佳台长表示，一定认真领会和汲取各位领导的宝贵意见和建议，力争将2014年BTV春晚办得精彩、办得有新意。市委宣传部相关处室领导，北京电视台相关台领导、部门负责人及春晚剧组主创人员参加会议。

稳住基本面　迈开新步伐
努力开创北京电视台改革发展的新局面

——在北京电视台2014年工作会议上的工作报告

北京电视台台长　赵多佳

今天，我们在这里召开一年一度的全台工作会议，主要任务是传达学习贯彻全市宣传部长会议精神，总结去年工作，安排今年工作。希望大家再接再厉，奋发有为，进一步做好本职工作，为北京电视台改革发展作出新的贡献。

一、认真分析总结2013年工作取得的成绩

2013年是北京电视台应对严峻市场形势、艰难推动转型发展的关键一年。在市委宣传部、北京广播电视台的领导下，我们认真学习贯彻党的十八大、十八届二中、三中全会和全国、全市宣传思想工作会议精神，牢牢把握正确舆论导向和发展方向，紧紧抓住改革调整、创新发展的有利条件，克服了许多难以想象的困难和挑战，迎难而上，锐意进取，推动各项工作取得明显成效，巩固发展了积极健康向上的良好态势。

我们大力唱响主旋律，宣传党的十八大、十八届二中、三中全会和习近平总书记系列重要讲话精神，精心创作推出了《正道沧桑——社会主义500年》、《从一大到十八大》等理论专题片，开辟“与梦齐飞”等专题专栏，深化中国梦主题宣传，创新性开展《爱我家　唱我家　我的北京我的家》大型群众歌曲演唱竞赛和“北京公园群众文化活动巡礼”，开设“群众利益记心间”、“听民意　解民忧”等服务群众专栏，推出贾立群等一批典型形象，进一步壮大了主流思想舆论阵地。

我们认真策划开展重大宣传报道，圆满完成了全国和北京市“两会”、“神舟十号”载人飞船与“天宫一号”对接、北京园博会等大型报道，完成巴黎航展、京交会等50余场新闻直播，第一时间开展四川芦山地震应急报道工作，积极回应社会对空气质量、城市公共管理等领域的关切，全年制作播出公益广告近300部，播出时长约33000分钟，进一步彰显了主流媒体舆论引导作用。新闻频道经过三年的艰苦开拓，逐步成为了北京地区的重要支撑频道，难能可贵地获得了中国新闻奖一等奖。

我们大力推动内容生产品牌化建设，整合利用市场资源，在北京卫视相继推出《最美和声》、《一起唱吧》、《我是大医生》等新型季播栏目，探索北京卫视创新发展的新渠道、新思路，虽然历经了多重困难，但却开创性地迈入了优质资源竞争轨道并取得了一定成效。播出《打狗棍》、《正阳门下》等多部精品电视剧，在巨大的电视剧购播竞争压力下进一步巩固了优势地位。探索调整地面频道季播节目生产

机制，文艺频道《笑星撞地球》、科教频道《游戏收藏》、财经频道《财富节目带》、体育频道第三届环京公路自行车赛公共信号制作、生活频道《生活 2013》、青年频道《环球神奇炫》、新闻频道“房山古墓发掘”直播报道、卡酷少儿频道《梦的家园》纪录片、纪实频道《飞翔的翅膀》纪录片等，以及春节晚会、七夕歌会、中秋晚会等活动，受到广泛好评。全台节目在各类社会评奖中获得 150 余个奖项，其中国家级奖项 30 个。

我们积极应对市场形势和发展困境，着力提升内容生产、经营创收的市场化水平，果断打响“双收保卫战”，增强市场意识，拓展生产渠道，推动收视、收入状况逐步改善。2013 年全台频道组北京地区整体市场份额达到39%，同比增长 2.4%；北京卫视全国 35 个城市市场份额排名省级卫视第四，比 2012 年提升了四个位次；全台广告经营收入达到 30 亿元，加上其他事业收入共计 32 亿元，顺利完成了北京广播电视台下达的事业收入目标。

我们大力加强对外宣传，发挥长城平台等海外宣传阵地的作用。加大与国外媒体的合作力度，积极参与国内电视台相关协作体系建设，提升与央视北京记者站的合作水平，加强对全市 87 个记者站的业务培训，拓展电视节目版权销售渠道，开放办台意识持续增强，国际传播能力进一步提高。

我们不断巩固技术领先优势，高清技术系统二期阶段主体项目建设基本完成并逐步投入使用。办公信息化建设不断深入，研发应用了在线虚拟包装技术、新字幕包装系统、全程虚拟植入技术等，投入使用高速和超高速摄像机，拍摄制作 3D 电视节目 100 小时，媒资系统节目素材达到 64.8 万小时。规范外协制作生产流程和管理，加强技术资源的整合利用，实现了安全播出目标，全年获得各类技术奖项 130 余个。

我们大力推动台网融合发展，建成现代化新媒体工作基地，北京网络广播电视台网站正式上线运行，IPTV 平台用户实现新突破，新媒体组织机构、版权管理、演播室管理等工作稳步推进，官方微博、微信的影响力不断提升，初步搭建起了整体化、矩阵式集中宣传的新媒体传播体系。经过多年的探索和发展，新媒体发展平台基本搭建到位，为下一步深入推进、形成效益打下了重要基础。

我们加快推进产业布局，北京北视英特维文化传播有限责任公司划转为台属一级企业，参与组建北京国际纪实影像创意产业基地，推进台培训中心资源的开发利用，启动演艺经纪、主持人经纪业务，推动卡酷品牌价值不断提升，支持紫禁城影业投资生产电影《狼图腾》、《孙悟空》、《帅孟奇》等，完成黄金海岸培训中心改造工程。2013 年，产业布局在规范、梳理中呈现出了新的生机和活力，全年台属一级企业累计创收 3.47 亿元，利润总额 938 万元，实现了扭亏为盈。

我们不断完善管理流程和管理制度，研究制定了突发公共事件新闻应急报道、地面频道（周末）季播节目、字幕图文包装等管理制度，逐步搭建播音员主持人引进使用、培养管理、考核奖励全流程的管理体系。继续向部分节目中心派驻财务资产管理专员，进一步完善节目成本管理、财务管理制度和固定资产管理制度。制定出台了台属企业全面预算制管理办法，抓好重要节日和重点敏感时期园区安全维稳保障工作。建立因公出访信息公开和成果共享机制，有效提高了管理效率和服务水平。特别是内容生产领域的一系列制度建设，进一步明晰了发展定位和资源价值，发挥了拓宽市场运作空间、激发内部创新动力的积极作用。

我们大力加强干部人才队伍建设，做好中层干部调整充实工作。选派3名干部参加北京市第七批援藏工作，制定了中层后备干部工作规定，制定完善了从业人员岗位通道体系管理办法，积极推动薪酬和绩效管理体系搭建工作。实现有关后勤岗位人员社会化划转，台和各部门分别举办各类专业培训和业务讲座495期次，参训人员超过3万人次。

我们全面提升党建工作科学化水平，深入开展党的群众路线教育实践活动，圆满完成三个环节的17项具体任务，改进了工作作风，提高了服务群众工作能力，得到了市委督导组和上级部门的充分肯定。组织党员干部职工认真学习贯彻党的十八届三中全会和全国、全市宣传思想工作会议精神，深入开展调查研究，提出了深化改革的主要思路。组织开展了采编人员马克思主义新闻观集中培训、“五个一”文明创建活动、廉政风险防控管理的清权确权工作、青年英才培养工程等，工会、共青团、老干部工作扎实有效，进一步增强了全台干部职工的凝聚力、向心力、战斗力。

总之，一年来，全台干部职工团结奋斗、攻坚克难，在难以想象的困难和挑战面前，一同迈过了一道又一道坎，一起经历了一个又一个难忘的日日夜夜。2013年的工作实践充分证明，北京电视台的干部职工队伍是坚强可靠、经得起考验的，北京电视台是大有希望的。在这里，我代表台党委，向一年来关心、支持、指导北京电视台改革发展的市委宣传部、北京广播电视台领导表示衷心的感谢，向辛勤努力、付出心血的全台干部职工表示诚挚的问候！

二、充分认识当前我台改革发展的形势

当前，北京电视台改革发展既面临着一些有利条件，也面临着许多严峻挑战。我们既要看到有利条件，增强推动发展的信心；又要看清遇到的严峻挑战，始终保持清醒的头脑。

从有利条件来看，主要有四个方面：

1. 市委、市政府对北京电视台发展高度重视。去年8月全国宣传思想工作会议结束后，市委书记郭金龙同志专程来台调研，对北京电视台发展取得的成绩给予充分肯定，对今后的工作提出了殷切期望。市委常委、宣传部长李伟同志多次听取北京电视台的工作汇报，就内容生产创新、北京卫视发展、新媒体建设等工作及时作出了一系列重要指示。市委、市政府其他有关领导同志也非常关心北京电视台，通过各种方式表达了对我们的支持和关注。上级领导的重视，是我们创新发展的重要动力。

2. 北京电视台具备独特的地域优势和资源优势。北京作为全国的政治文化和国际交往中心，每年有大量高端的政治、经济、文化活动在这里举办，今年还将主办亚太经合组织领导人峰会，我们的发展资源、技术资源、素材资源、智力资源在全国乃至全世界范围内都有很大的优势，这为我们开展舆论宣传、培育精品节目创造了很好的条件，我们打造品牌、创造价值、扩大影响的机会比其他地方媒体多得多。

3. 北京电视台拥有丰富全面的人才资源优势。北京是人才高地，是国内著名高校最云集的地方，也是新闻传播学科人才培养、学术研究、创新实践最具活力的地区。每年在京高校培养的新闻传播、信息技术等相关领域的毕业生当中，北京电视台的吸引力是很大的。我们从业人员的素质、能力、经验、阅历，是很多其他媒体无法比拟的。2014年，我台独家原创制作的主春晚、环球春晚、动画春晚就是最好的佐证。有这样一支强大的队伍，再大的困难我们也能克服，别人能做到的事，我们一定能够做到，而且能够做得更好。

4. 北京电视台积累了重要的发展优势。建台35年来，北京电视台始终保持全国电视传媒领域领先发展的态势，创造了中国电视业的许多辉煌。今天的北京电视台，仍然是电视媒体中不可或缺的重要力量。我们的新闻宣传能力在全国电视媒体中名列前茅，我们的技术创新能力特别是高清平台建设能力在国内很少有能够媲美的，我们的新媒体建设水平令许多同行刮目相看。这些条件，为我们的改革发展提供了源源不断的动力。

从面临的挑战来看，至少有以下四个方面：

1. 总体市场环境给我们带来了较大压力。从2008年全球性金融危机发生到现在，世界经济复苏非常缓慢，我国经济增速明显放缓，2013年GDP同比增长7.7%，还面临着多方面的下行压力。同全国一样，北京增速也不是很高，2013年GDP增长也仅为7.6%左右。我们知道，广告市场形势与经济增速有着千丝万缕的联系，经济增速放缓，势必影响广告商的投放总额，对我们这样的以广告收入为主要收入来源的媒体机构来说，影响和压力是显而易见的。

2. 国内电视行业的内部竞争日趋激励。省级卫视的竞争进入到白热化状态，内容的竞争、资源的竞争、人才的竞争以及思维方式的竞争都非常激烈。一年来，《爸爸去哪儿》、《我是歌手》、《一站到底》等栏目，对省级卫视节目形态的变化产生了重要影响。湖南卫视2013年广告收入超过了60亿元。进入2014年，《最强大脑》、《中国好歌曲》、《我是歌手（第二季）》等节目又相继亮相，怎样参与、如何应对电视媒体之间的资源争夺和市场竞争，需要我们深度研究、认真思考。

3. 新媒体的快速发展对电视媒体带来潮水般冲击。以互联网、手机客户端为代表的新媒体正在不断改变媒介生存状态和人们的生活方式，互联网普及率达到45.8%，腾讯公司2013年上半年经营收入就达到了近280亿元，包括腾讯、搜狐、新浪、阿里巴巴在内的互联网主流运营商的收入增长速度还在大幅度提高。去年，网络视频的收入已经基本与传统电视的收入持平，预计今年超越传统电视将成为定局。新媒体发展分流了我们的目标人群，争夺了我们的市场份额。现在，很多广告客户包括电视的主流广告客户开始减少甚至放弃在电视业的广告投放，转而投向新媒体，电视广告收入这块蛋糕正在被新媒体分割和蚕食，已经成为不争的事实。

4. 北京电视台自身发展还存在一些问题和不足。与市委、市政府的要求相比，与广大电视观众的期待相比，与建设一流传播机构的目标相比，我们还有较大的差距。虽然我们想方设法推动节目创新，全力以赴提升平台价值，但是，经历了2013年，我们看到，北京电视台的发展环境并没有出现明显好转，发展思路还缺乏系统性的顶层设计，节目创新、经营创收等方面的局限都没有取得根本性突破，发展运营的机制存在一定的不适应性，与发展较快的国内省级电视台之间的距离有进一步扩大的倾向，一些历史遗留的深层次问题没有得到根本改善。对于这些问题和不足，我们要高度重视，下决心在今后的工作中尽快研究解决。

三、全面推进2014年改革发展各项工作

2014年是深入贯彻落实党的十八届三中全会精神、全面深化改革的第一年，也是深入推进北京电视台改革发展的关键之年。改革创新，将是贯穿于2014年发展全过程的主线。做好2014年工作，我们要深入贯彻落实党的十八大和十八届二中、三中全会精神，贯彻落实习近平总书记系列重要讲话精神，以深化改革为主题，以机制创新为突破口，着力提高舆论引导能力和水平，着力增强内容生产影响力竞争力，着力提升融合发展水平和经营创收能力，着力提升管理的科学化、精细化水平，努力开创北京电视台改革发展的新局面。

围绕这一总体要求，我们要突出抓好九个方面的重点工作：

第一，大力彰显主流媒体的舆论引导力。习近平总书记指出，宣传思想阵地，我们不去占领，人家就会去占领。北京电视台是主流媒体，我们要强化阵地意识，把握正确的舆论导向，任何时候都要把宣传党的理论路线方针政策和中央、市委的决策部署放在第一位。今年要重点在五个方面下功夫：

一是深化中国梦等重大主题宣传。要按照中央和市委的要求，认真拍摄制作系列片《中国梦——365个故事》，结合北京经济社会发展的特点和实际，加强对中国梦重要论述的宣传阐释和理论解读，推出一批优质栏目、重点报道和深度评论。

二是全面做好成就宣传。要深入做好十八大以来形势和成就的宣传报道，加强对十八届三中全会召开后各地区各部门各行业深化改革重大举措、重要成果的宣传，深入一线采访报道更多贴近群众实际生活的发展成果。

三是宣传弘扬社会主义核心价值观。要结合贯彻落实中央关于培育和弘扬社会主义核心价值观的意见精神，加强公民道德和诚信精神宣传引导工作，推出更多、更好、更富活力的先进典型，增强宣传引导的深入性、针对性和吸引力、感染力。

四是切实做好重大活动宣传报道。要全面做好庆祝新中国成立65周年、纪念邓小平同志诞辰110周年、亚太经合组织领导人北京峰会、索契冬奥会、巴西世界杯、仁川亚运会等重大宣传报道工作，整合多方面的宣传资源，精心策划安排，推出一批有特色的专题节目和专题报道，扩大北京电视台的影响力。

五是加强对热点舆论问题的引导。要积极回应社会关切，围绕空气污染、交通拥堵等“城市病”问题以及教育、医疗、人口资源等群众关心的实际问题，策划一批专题报道、新闻行动、公益活动，进一步完善应对突发事件采访报道和现场直播机制。

要讲究舆论引导的方式方法，把握好宣传引导的时、度、效，提高我们采编人员挖掘故事、讲好故事的能力，用老百姓身边的事打动受众，让小故事产生大影响、凝聚正能量。

第二，抓好深化改革、创新发展的谋篇布局工作。深化改革、创新发展，是解决北京电视台目前面临的困难和挑战的必由之路。我们要举全台之力，对改革创新进行总体设计和科学布局，形成深化改革的具体思路。今年主要做好四项工作：

一是大力推动事业产业融合发展。要强化对事业产业两部分的统筹谋划、通盘布局，更加积极主动地推动产业合理布局，改革工作机制、打通发展链条，下大力气推动事业产业之间的实质性融合，充分发挥事业发展和产业运营的优势。要探索建立融合事业产业发展要求的财务预算管理模式，形成融合贯通的一体化财务方案，提升财务管理运行科学化、专业化水平。

二是加强对改革发展的顶层设计。要进一步吃准、摸透传媒领域特别是电视媒体的发展规律，研究全台改革发展的方向、目标和任务，形成对未来几年全台发展的基本判断、关键指标、实现路径和主要措施。要尽快研究确立频道定位、广告经营、产业发展、资本运营、新媒体业务发展等目标体系。

三是完善考核机制。要加强绩效考核，逐步建立以岗定责、以岗定薪、岗变薪变的薪酬绩效考核体系。加大分类考核力度，探索个性化考核方式，根据内容生产、广告经营、产业发展等不同业务特点，分类制定评价指标和考核办法，强化生产指标与经营指标的考核捆绑。

四是健全选人用人机制。要树立崇尚实干的用人导向，大胆选拔使用那些敢于负责、敢于担当的干部，加大后备干部和年轻人才的培养选拔力度。要加快研究制定新的中层干部和科级干部、制片人考核管理办法，推动考评结果与岗位聘任直接挂钩。加大对高层次人才、核心岗位人才、职业经理人的培养引进力度，培养造就一批兼具政治家意识、宣传家智慧、企业家思维的高层次复合型人才。

在改革过程中，要牢牢把握党管媒体和政治家办台的原则不动摇，不断理顺生产力与生产关系、经济基础与上层建筑的关系，下大力气研究解决改革发展遇到的实际困难和面临的重大问题，营造有利于充分激发从业人员创新热情、调动各方面工作积极性的发展环境。

第三，狠抓内容生产不放松。内容为王是传媒发展的硬道理，内容生产是我们的核心竞争力，办好北京电视台，归根到底就是要源源不断地推出导向正确、品质优良、受众喜爱、市场认同的精品节目。今年要围绕节目品牌化建设的要求，在三个方面下功夫、做文章：

一是着力提升节目生产的市场化水平。要以季播节目为核心产品，实现内容生产与市场经营的全流程深度融合。要加强内容营销，各频道结合自身定位科学规划日常栏目和大型季播节目生产，积极开发适销对路的内容衍生产品，延伸拓展内容产业链。要建立节目生产与市场需求深度融合的长效机制，从节目策划前端引入市场需求和客户需求，进行以销定产的尝试。

二是完善节目创新创意机制。要大幅提高对高品质创新节目的扶持和奖励，从岗位设置、职务晋升、薪酬安排、人员配备等方面对具有节目创新创意实力、产生重大创新成果的员工进行支持。鼓励各频道搭建符合自己实际的创新节目生产研发平台，对形成的好做法、好经验进行全面推广。

三是积极借助整合社会资源。要探索特殊节目（项目）委托制作、联合制作模式，鼓励具有成熟节目创新生产能力的专业化制作公司参与重大创新性节目的生产创作，为社会资本有序投资节目生产开辟渠道、创造条件，增强内容生产的开放度。

内容生产工作要增强精品意识，恪守创作底线，坚持以人民为中心的创作导向，积极学习借鉴其他电视媒体、网络媒体内容生产创新创作的好做法、好思路，开拓视野、打开思路，形成有利于优秀节目不断推陈出新的良性发展局面。

第四，加强技术应用和服务保障工作。电视节目是技术和艺术的融合体。面对新的形势，技术工作在确保安全播出的同时，必须积极关注、高度重视电视技术乃至传媒领域整体技术变革的前沿和趋势，占领技术创新的制高点。今年技术工作要完成三项任务：

一是确保安全播出。要完善安全播出应急管理机制，加强对具有重大安全播出责任岗位人员的教育培训，建立安全播出防范预警、协调联动、操作规范制度，强化人机互动和工作磨合，提高播出系统的安全度和可靠性。

二是推进技术创新。要积极学习研究电视技术研发应用的潮流趋势，及时关注央视和其他省级电视台技术创新的做法，进一步熟悉 3D、4K 技术的应用领域，学习智能电视、互联网电视等新的电视生产传输形态，保持对新技术的高度敏感。

三是搞好技术服务。要全面提高技术管理服务水平，发挥技术对内容生产和其他方面工作的支撑、保障、推动作用，规范外协管理审核程序，加强信息化功能研发和互联互通，强化媒资系统的建设应用。

技术发展要坚持创新性和实用性的有机结合，既要大胆探索、紧跟前沿，以开放的心态寻找北京电视台下一步技术创新的突破口和切入点，又要实事求是、稳扎稳打，紧密联系实际进行技术开发应用，牢固树立安全意识和成本意识。

第五，大力推进台网融合发展。随着北京 IPTV 商用进程的加快和北京网络广播电视台 BRTN 网站的上线播出，北京电视台新媒体发展进入到了一个新的阶段，我们要在注重功能设计的同时，更加注重在拓展市场中提升价值。今年要抓好三项重点工作：

一是全面实施“大媒体”战略。要按照市委宣传部领导的要求，坚持以开放的姿态管好、办好新媒体，加强与首都宣传文化优质资源的全面整合，加强与新媒体内容提供商、研发机构、专业运作机构的合作，形成跨平台的发展优势，把新媒体基地打造成首都宣传文化工作的窗口型特色平台。

二是把内容平台建设放在首要位置。要加快推动新媒体发展中心与各节目中心资源交换和深度融合，充分利用新媒体为传统电视平台提供有价值的创意和资源，利用对传统电视资源的深加工为新媒体发展提供源源不断、富有特色的节目内容。

三是大力拓展新媒体业务。要积极主动地面向市场，不断做大做强新媒体业务，用市场化的思维、市场化的手段、市场化的模式运作新媒体产品，通过充分准确的市场定位，把握新媒体平台的功能创意、运营渠道、对象需求。

新媒体建设是北京电视台未来一个时期发展的重要支撑点，要营造全台关心新媒体、支持新媒体、参与新媒体的氛围，把最精、最好、最有活力的资源用到推动新媒体的发展上来，把新媒体的增长及价值真正开发出来。

第六，不断探索寻求经营创收新的增长点。北京电视台改革发展离不开持续有效的经营创收，这是决定我们未来几年能不能出现一个大的发展转机的关键问题之一。今年的经营创收工作要重点把握好四项任务：

一是增强市场意识。要进一步关注市场、面向市场、参与市场、融入市场，在更大程度、更广范围、更高层次上参与市场竞争，以高度自觉和非凡勇气提升北京电视台的市场化运营能力。

二是狠抓广告经营工作。广告经营部门一定要转变观念，深度融入市场、融入节目创意的过程中。要牢牢把握广告市场规律，用多种思维、多种手段研究广告客户的习惯和需求，稳存量、拓增量，积极主动地与内容生产过程进行全方位整合对接，想方设法帮助生产部门了解市场需求、开拓市场渠道、实现市场价值，打通内容生产和广告经营过程的双向联动通道，打破北京电视台多年的单一营运模式，共同努力把广告经营水平提升到新的高度。内容生产部门也要加强与广告部的对接，拿出更多吸引广告投放的精品节目。

三是深入挖掘台属企业的市场潜能。要以英特维公司划转台属一级企业为契机，继续推进台属企业现代企业制度建设，完善法人治理结构，积极探索市场化运营，逐步把台属企业培育成合格的市场主体。要充分发挥电视的内容优势和技术优势，围绕主业延伸产业链条，培育和拓展主持人经纪、商业演出、节目版权交易、舞美庆典等上下游产业，逐步形成多维活跃的产业发展格局。台属企业要充分利用好北京电视台的资源价值，但不能拘泥于、局限于现有的经营渠道，既要善于背靠大树，更要学会放眼四海。

四是提升资源转化能力。要不断提高资源配置的市场化程度，充分体现资源价值，积极盘活、用好现有的各类发展资源，进一步拓宽国有资产的保值增值渠道。探索将优势技术资源推向市场，开展电视制作、包装等技术业务运营。

要在文化产业发展的大格局下思考谋划北京电视台的经营创收工作，培育平台，用好政策，壮大实力，根据需要调整产业布局，大力引进和培养复合型经营管理人才，增强经营创收工作的效率和效益。

第七，不断提升科学管理水平。在我们这样一个拥有四五千名员工的大台，发展秩序的建立和完善非常重要。要通过科学有效的管理程序和管理制度，把管理与发展的结合点找准、找好，改善我们的内部环境。今年要着力开展四项工作：

一是正确处理好管与放的关系。我们既要坚持基本的管理原则，理直气壮抓管理，又要积极适应形势变化和发展需要，合理把握好管理的“度”，该管的要管起来，该严的要严起来，该放的要放下去，避免“一管就死、一放就乱”。

二是围绕重点抓管理。要进一步完善重大事项决策权、资产配置控制权、重要干部人事任免权等方面的管理办法。推进“三定”方案全面落地，实施新的岗位体系管理和专业序列首席管理办法，实现由身份管理向岗位管理转变。围绕栏目预算、节目分钟成本核算、劳动生产率等重点环节加强精细化管理。

三是寓管理于服务中。要优化管理模式和工作方式，引导职能部门加强对一线生产工作的研究和把握，增强改革意识和创新能力，根据一线生产工作的需要，提供全方位的无缝对接和立体式服务，真正做到寓管理于服务之中，不断提高管理的实效性。

四是完善各项管理制度。要系统梳理全台各项管理制度，在对以往制度进行全面分类整理的基础上，做好立、改、废工作，显著提升制度的完备度和对市场的适应性，形成更加科学合理、更有利于促进开拓创新、更能保障在改革大潮中深度游泳的制度体系。

在电视节目市场化程度不断提高的大背景下，尤其需要我们更新管理理念，不断调整、优化、完善管理理念、管理手段、管理方法，以有效的管理促进生产力的进一步解放，促进从业人员创新活力的不断迸发。

第八，着力打造一支充满生机活力的干部人才队伍。人是北京电视台改革发展的核心要素，要充分尊重人才、关心人才、爱护人才，把人的发展与事业发展更加紧密地联系在一起、捆绑在一起，提高干部职工的价值感和归属感。今年要重点开展三项工作：

一是始终保持昂扬向上的精神状态。现在，社会上出现了不少“唱衰电视”的声音，个别人甚至唱衰北京电视台，我们不要被这些说法带着走，要看主流、看大局，坚持走自己的路，牢牢把握住自身的核心优势和发展特质，坚定全台干部职工办好北京电视台的信心。今年三台春晚之所以取得成功，正是因为北京电视台许多从业人员对电视事业充满热情和执着追求，然后才有了艺术上的精湛创造。要下决心整治队伍中存在的不良言行和不正之风，对无故旷工、在编不在岗、在岗不干活、甚至用台内资源为个人谋利的现象进行严肃处理，彻底把不正之风纠正过来，让正能量充满北京电视台的每一个角落。

二是提升干部职工的价值感和归属感。要大力加强组织文化建设，集中树立、宣传、表彰一批热爱北京电视台、敬业奉献的先进典型，鼓励广大从业人员在贡献中实现个人价值，积极培育健康向上、充满活力的组织文化，营造良好的文化氛围。

三是抓好干部人才培养。要大胆选用一批确实做出突出业绩的干部人才进入关键核心岗位，发挥好尖端人才培养计划、青年英才创新工程等机制的作用，为那些具备创新意识、能出创新成果、德才兼备的优秀人才配人、配钱、配资源，让大家增强信心、看到希望。

要积极改善条件，强化激励机制，争取各种可能的政策和资源，在怎样吸引人、用好人、留住人上下更大的功夫，尽最大努力提高从业人员薪酬待遇的市场竞争力，提升北京电视台的人才平台价值。

第九，深入推进党建工作。党建工作

的重中之重，是提高全台党员特别是领导干部的素质能力，增强干事创业的积极性、主动性、创造性，切实发挥党员干部的带头表率作用。今年党建工作要重点解决好三个问题：

一是继续推动教育实践活动成果常态化。要按照上级要求，认真抓好党的群众路线教育实践活动整改方案的落实工作，进一步纠正党员干部队伍中存在的“四风”问题，经常性开展“回头看”自查工作，不断巩固扩大教育实践活动的制度化成果。

二是抓好党建基础工作。要深入开展服务型党组织创建活动，优化完善“三个评议”工作，深化理论学习和“走转改”活动，切实提高党委决策能力、党支部工作水平、党员发展质量。

三是深入抓好党风廉政建设。要加大廉政风险防控管理工作力度，完成全台权力优化配置工作，制定形成公务接待制度，加强对重大项目、重点工作、重要事务的监督审计，建立台党委重大决策落实监督机制。

要切实解决好“为了谁、依靠谁、我是谁”的问题，引导广大党员干部职工提高思想认识、增强素质能力、完善自身修养，以好的状态、好的作风，圆满完成今年改革发展的各项任务。

在这里，我还要就做好今年工作再强调几点：

一是要加强领导。改革创新是2014年的主线，按照中央和市委全面深化改革领导小组的架构，台党委也将组建相应领导机构，负责对深化改革、创新发展各项工作的顶层设计、组织实施和统筹协调，台领导班子成员将分别牵头，对有关重大问题进行研究、拿出办法。各部门各单位要结合实际，配合好、完成好有关重点工作。

二是要形成合力。要充分调动每一名干部职工的改革积极性，建立重奖征集改革建议的长效机制，鼓励广大干部职工真心诚意地出谋划策、贡献智慧。要创造性地搭建一批创新运作平台，通过设立工作站、工作室等方式，大胆突破现有的条块分割限制，形成几个叫得响的创新点和创意人才孵化培养基地。

三是要狠抓落实。要从台领导班子成员做起，一级抓一级、层层抓落实，确保上级和台党委的重大决策部署落到实处、不走过场。台领导班子成员要建立联系服务群众工作机制，每个月通过一定形式了解情况、解决问题、听取意见。全台每一名党员干部要强化担当意识，结合自己的工作实际，因地制宜、实事求是地研究新情况、了解新动向、解决新问题，形成全台上下齐心协力、共谋发展的生动局面。

同志们，做好今年工作，推进北京电视台改革发展，任务繁重、责任重大。让我们团结一致、坚定信心、奋发有为，更加努力地做好各项工作，以优异的成绩迎接北京电视台建台35周年。

在北京电视台党的群众路线教育实践活动动员大会上的讲话

北京电视台总编辑　赵多佳

按照中央精神和市委要求，今天，我们在这里，对北京电视台开展党的群众路线教育实践活动进行全面动员部署。根据安排，我台作为市属事业单位和北京广播电视台直属二级单位，第一批参加党的群众路线教育实践活动。今天的动员大会，标志着北京电视台党的群众路线教育实践活动正式启动。下面，我代表台党委和台教育实践活动领导小组，讲三点意见。

一、统一思想，充分认识开展党的群众路线教育实践活动的重大意义

群众路线是我们党的生命线和根本政治路线。我们党从诞生的那一天开始，就深深地扎根于人民，依靠人民取得了革命、建设、改革进程中的每一项历史性成就。因此，党的根基在人民，血脉在人民，力量在人民。始终得到人民的支持，是党保持生机和活力的根本；一旦失去人民的拥护，党的事业和工作就无从谈起。在任何时候、任何情况下，坚持还是不坚持群众路线，都是决定党的前途命运的关键。

开展党的群众路线教育实践活动，是党的十八大作出的一项重大战略决策。十八大报告提出，围绕保持党的先进性和纯洁性，在全党深入开展以为民务实清廉为主要内容的党的群众路线教育实践活动。这是新形势下坚持党要管党、从严治党的重大决策，是顺应群众期盼、加强学习型、服务型、创新型马克思主义执政党建设的重大部署。十八大闭幕后，中央政治局和中央政治局常委会多次对这项工作进行研究部署，习近平总书记在6月18日召开的党的群众路线教育实践活动工作会议上作了重要讲话，明确提出了开展党的群众路线教育实践活动的重大意义、指导思想、目标要求和重点任务。6月22日至25日，中央政治局召开专门会议，用了六个半天时间，听取中央八项规定贯彻执行情况和对中央政治局加强作风建设征求意见情况的汇报，对照检查落实中央八项规定的情况，讨论研究加强作风建设的措施和制度。最近，习近平总书记等中央政治局常委分别深入所联系的第一批联系点，了解情况、指导工作，为全党开展教育实践活动作出了表率。

6月21日和7月2日，北京市分别召开了市委常委会和动员部署电视电话会议，郭金龙同志对全市开展党的群众路线教育实践活动提出了明确要求。7月15日和7月23日，李伟同志和刘志远同志也分别在市委宣传部和北京广播电视台教育实践活动动员大会上，就宣传系统和北京广播电视台开展教育实践活动作出了具体部署。我们要切实提高思想认识，切实增强责任感使命感，确保党的群众路线教育实践活动稳步推进。

开展党的群众路线教育实践活动，是

实现党的十八大提出的奋斗目标和中华民族伟大复兴中国梦的必然要求。党的十八大明确提出了“两个一百年”的奋斗目标，也就是在中国共产党成立100年时全面建成小康社会，在新中国成立100年时建成富强、民主、文明、和谐的社会主义现代化国家。十八大之后，习近平总书记又提出并阐释了实现国家富强、民族振兴、人民幸福的中国梦。实现“两个一百年”的奋斗目标和中国梦，关键在党，要求全党必须进一步发扬理论联系实际、密切联系群众、批评和自我批评以及艰苦奋斗、求真务实的作风，必须紧紧依靠人民，充分调动最广大人民的积极性、主动性、创造性。要通过教育实践活动，教育引导党员干部更加紧密地团结群众、联系群众、依靠群众，更加牢固地坚持群众立场、群众观点、群众方法，凝聚起推动中国特色社会主义事业的强大合力。

开展党的群众路线教育实践活动，是保持党的先进性和纯洁性、加强和改进党的建设的重要载体。群众路线教育实践活动是近年来继“三讲”教育活动、保持共产党员先进性教育活动、深入学习实践科学发展观活动之后，全党开展的又一项重大党建工程。应该看到，经过多年的探索和实践，北京电视台党的建设工作成效显著，党组织和党员队伍的规模、质量得到了持续提升，党员干部的作风、能力、素质总体上是比较好的。但是同时，受到内外部环境的影响，个别党组织、一些党员干部身上也出现了这样那样的毛病，形式主义、官僚主义、享乐主义和奢靡之风这“四风”问题在我台都有不同程度的体现，有的方面还非常突出、十分严重。我们要保持清醒认识，在教育实践活动中，对作风之弊、行为之垢来一次大排查、大检修、大扫除，抓一抓队伍，正一正风气，树立党员干部队伍的良好形象。

开展党的群众路线教育实践活动，是提升北京电视台新闻传播能力和舆论引导水平的有效形式。北京电视台作为党领导的新闻宣传机构，是党联系群众、服务群众、教育群众的重要力量，肩负着传播党的理论路线方针政策、满足群众文化生活需要的重要责任。北京电视台开展群众路线教育实践活动，必须坚持面向受众、面向社会、面向基层。要进一步树立群众意识，研究把握群众的心理特点、收视需求、欣赏习惯、价值倾向，站在群众的立场上策划和创作节目，充分利用市场数据，好好地分析什么样的节目形态更能得到群众的青睐，什么样的呈现手段更能吸引群众的眼球，把引导群众与服务群众的双重功能聚集到精品节目的创作生产上来，以群众放心不放心、群众欢迎不欢迎作为衡量教育实践活动成效的重要标准，努力办群众满意、群众喜爱、群众认可的北京电视台。刚刚结束的北京电视台2013年节目研讨会，就是坚持群众路线、维护群众利益的重要形式。我们提出要打响“双收保卫战”，归根到底也是要打响一场维护群众收视权益、满足群众收视需求的“受众保卫战”。我们要把节目研讨会的成果贯穿于下半年工作的始终，贯穿于开展党的群众路线教育实践活动的始终，把教育实践活动不断引向深入。

开展党的群众路线教育实践活动，是解决干部职工反映强烈的突出问题、增强可持续发展能力的重要契机。过去34年的改革发展历程为北京电视台打下了很好的基础，经过全体BTV人的不懈奋斗，我们的舆论引导力、节目创作力、经营创收力、技术创新力、队伍凝聚力都保持在全国电视媒体的前列，形成了一定的品牌特色和社会口碑。但是，我们也要清醒地看到所面临的严峻挑战和存在的突出问题。目前，北京电视台正处在改革发展的攻坚阶段，大量结构性、系统性、深层次矛盾需要破解，内容生产、技术应用、经营管理、党的建设等领域的改革创新任重道远，广大干部职工普遍关心的发展通道、福利待遇、组织文化等方面还有很多实际问题需要抓紧解决。开展教育实践活动，是一次检验党员干部思想认识、素质能力、作风态度的好机遇，是一次面向未来重整旗鼓、探索突破、发力冲刺的好机遇，也是一次全台上下团结一致、凝心聚力、共克时艰的好机遇。我们一定要牢牢抓住开展党的群众路线教育实践活动的契机，下决心解决深层次问题，下力气维护职工利益，把北京电视台的发展推向一个新的高度。

全台党员干部要把思想和行动统一到中央精神和市委的决策部署上来，从战略高度和长远角度认识开展党的群众路线教育实践活动的重要性和必要性，积极投入，用心参与，在教育实践活动中增进群众感情、提升工作作风、锻炼素质能力，真正得到群众的支持和拥护，为北京电视台改革发展做出新的更大贡献。

二、立足实际，准确把握开展党的群众路线教育实践活动的目标任务

开展党的群众路线教育实践活动，要高举中国特色社会主义伟大旗帜，坚持以马克思列宁主义、毛泽东思想、邓小平理论、“三个代表”重要思想、科学发展观为指导，以台领导班子和中层以上干部为重点，紧紧围绕保持党的先进性和纯洁性，以为民务实清廉为主要内容，抓好全体党员干部马克思主义群众观点教育，着力解决群众反映强烈的突出问题，进一步增强贯彻党的群众路线的自觉性和坚定性；紧紧围绕北京电视台2013—2015年发展规划的具体目标，着力推进内容创新、技术创新、管理创新和机制创新；紧紧围绕增强主流媒体引导力、影响力、传播力建设的要求，深入开展“走转改”活动，不断提高联系群众、服务群众的能力，以作风建设的新成效凝聚起北京电视台科学发展的强大动力，为打造与首都地位相适应的一流强台提供坚强保证。

一是要准确把握教育实践活动的主要任务。习近平总书记强调，这次教育实践活动的主要任务聚焦到作风建设上，集中解决形式主义、官僚主义、享乐主义和奢靡之风这“四风”问题。反对形式主义，要着重解决工作不实的问题，教育引导党员干部改进学风、文风、会风，改进工作作风，在大是大非面前敢于担当，敢于坚持原则，真正把心思用在干事业上，把功夫下到查实情、出实招、办实事、求实效上。反对官僚主义，要着重解决在人民群众利益上不维护、不作为的问题，教育引导党员干部深入实际、深入基层、深入群众，坚持民主集中制，虚心向群众学习，真心对群众负责，热心为群众服务，诚心接受群众监督，坚决整治消极应付、推诿扯皮、侵害群众利益的问题。反对享乐主义，要着重克服及时行乐思想和特权现象，教育引导党员干部牢记“两个务必”，克己奉公、勤政廉政，保持昂扬向上、奋发有为的精神状态。反对奢靡之风，要着重狠刹挥霍享乐和骄奢淫逸的不良风气，教育引导党员干部坚守节约光荣、浪费可耻的思想观念，做到艰苦朴素、精打细算，勤俭办一切事情。通过这次教育实践活动，我们要针对这“四风”问题，对照中央八项规定，逐条分析检查，把脉开方、对症下药，下大力气加以解决，使党员干部的作风有一个大的改观。

二是要准确把握教育实践活动的总要求。习近平总书记指出，教育实践活动要着眼于自我净化、自我完善、自我革新、自我提高，以“照镜子、正衣冠、洗洗澡、治治病”为总要求。照镜子，主要是对照党章、查找差距；正衣冠，主要是正视问题、改正缺点；洗洗澡，主要是听取意见、自我批评、相互批评；治治病，主要是对症下药、治病救人。这4句话、12个字的总要求，核心是要解决问题，说白了，就是要求我们每一名党员干部放下架子、抛开面子，动起真格、触及灵魂，直面要害、刮骨疗毒，鼓足勇气揭伤疤、下猛药，红红脸、出出汗，解决一些思想认识上、行为态度上、立场信仰上的深层次问题。要把这12个字的总要求贯穿到教育实践活动的整个过程、每个环节、各个方面，真抓实干，避免蜻蜓点水、隔靴搔痒。

三是要准确把握教育实践活动的重点对象。这次教育实践活动，要求全台党员干部集中参加，其中，台领导班子和中层干部是重点。习近平总书记强调，各级领导干部既是活动组织者、推进者、监督者，更是活动参与者，要以普通党员身份把自己摆进去，力争认识高一层、学习深一步、实践先一着、剖析解决突出问题好一筹。我们中层以上干部一定要高度重视、身体力行、自觉参与。台领导班子成员和全体中层干部要确定自己的基层联系点，全程参加联系点的教育实践活动，为广大党员干部做好表率，在全台党的群众路线教育实践活动中发挥示范作用。

四是要准确把握教育实践活动的三个环节。按照中央要求，这次教育实践活动不分阶段、不搞转段，在方法步骤上有三个环节：一要学习教育、听取意见，二要查摆问题、开展批评，三要整改落实、建章立制。这三个环节是相互联系、相互促进的有机整体。其中，学习教育、听取意见环节是基础，广大党员干部要集中精力、腾出专门时间研读指定的书目，围绕工作职责深入开展调查研究，虚心听取群众意见，为查找、剖析和解决问题做好准备，集中学习不得少于三天；查摆问题、开展批评环节是关键，台领导班子要在互相谈心、撰写对照检查材料的基础上，开一次高质量的专题民主生活会，各党总支、党支部都要组织召开专题组织生活会，每一名党员干部都要认真查找自己在作风方面存在的问题，提出改进的措施和办法；整改落实、建章立制环节是根本，要正视群众呼声，强化正风肃纪，梳理规章制度，总结好、继承好、落实好整个教育实践活动的成果，推动北京电视台各项工作迈上一个新的台阶。

三、精心组织，确保北京电视台党的群众路线教育实践活动取得实效

《北京电视台党的群众路线教育实践活动工作方案》经台党委研究并报市委督导组审阅批准，已经印发给大家，希望广大党员干部按照《方案》中明确的指导思想、目标任务和工作要求，认真抓好每一项工作的落实，做到不虚、不空、不偏。

一是加强组织领导。台党委已经成立

了由台领导班子成员组成的教育实践活动领导机构及其工作机构，在市委教育实践活动领导小组、市委宣传部、北京广播电视台的领导下和市委督导组的全程指导、帮助下，统筹负责全台教育实践活动的组织领导和工作实施。各党总支、党支部书记是所在部门和单位开展教育实践活动的第一责任人，要切实承担责任，深入一线、靠前指挥，党总支、党支部委员以及部门、台属企业领导班子成员要有分工、有任务，绝不能把所有工作交给一两名工作人员应付了事，确保中央要求和台党委的部署落到实处，确保每一名党员干部参与到位。这次教育实践活动，市委成立了专门的督导组，对各单位开展活动进行指导和帮助。全台上下要全力支持、配合市委督导组开展工作，认真落实督导组提出的各项工作要求，为督导组做好指导、监督工作提供便利、创造条件。

二是紧密联系实际。开展党的群众路线教育实践活动，绝不能与北京电视台的改革发展、与我们的中心工作脱离开来，绝不能搞“两张皮”。一方面，我们要把北京电视台目前发展过程中面临的主要问题纳入到教育实践活动需要分析、研究、解决的范畴里，通过群策群力，通过互帮互助，通过转变作风，力争推动一些根源性问题的解决，为北京电视台改革发展打开新局面。另一方面，我们也要把这项教育实践活动结合到中心工作中去，在完成主要发展任务的过程中挖掘寻找开展教育实践活动的载体和切入点，边学习、边提高，边转变、边发展，及时把教育实践活动成果转化为科学发展成果，用推进中心工作的成效来检验党员干部贯彻落实党的群众路线的成效。

三是调动积极因素。要按照习近平总书记在河北调研指导教育实践活动时提出的要求，充分调动领导干部和广大群众两个积极性。在领导干部方面，要从台领导班子和中层以上干部做起，坚持上级带下级、主要领导带班子成员、领导干部带一般干部，一级抓一级、层层落实到位。在广大群众方面，要坚持开门搞活动，问计于民、问需于民，引导群众履行监督责任，多提意见建议，真心帮助领导干部提高认识、改进作风、抓好工作。

四是建立长效机制。作风建设是一项长期性、系统性工程，不能一蹴而就，更不能抓一抓就放。要通过党的群众路线教育实践活动，抓紧修订完善不适应新形势新任务新要求的、不符合改革发展实际需要的、不能得到广大干部职工认可的工作制度，把党员干部通过剖析检查、研究思考提出来并被实践证明行之有效的办法和举措制度化。同时，对于这次教育实践活动中形成和积累的加强党员干部队伍建设的做法、经验，我们也要延续好、发扬好，使这些好的做法和经验长期坚持下去，形成加强作风建设的长效机制。

在北京电视台庆祝中国共产党成立92周年大会上的讲话

北京电视台总编辑　赵多佳

今天，我们在这里集会，庆祝中国共产党成立92周年。刚才，我们对获得荣誉称号的19个先进党组织、141名优秀共产党员、34名优秀党务工作者和10个优秀党建工作创新项目进行了表彰，23名新党员进行了庄严的入党宣誓，大家一同重温了入党誓词。首先，我代表台党委，向受到表彰的先进集体和个人表示热烈的祝贺，向全台共产党员和广大党务工作者表示亲切的问候！

中国共产党是中国特色社会主义事业的领导核心，北京电视台有1414名共产党员，他们是全台改革发展的中坚力量。建台34年来，广大共产党员牢记使命、恪尽职守，团结带领全台干部职工奋勇拼搏、创新进取，成为创造北京电视台发展成就的先锋，成为引领北京电视台发展风气的表率，发挥了中流砥柱作用。实践证明，无论在什么关键时刻，无论在怎样复杂的局面下，只要党员的旗帜高高飘扬，北京电视台的队伍就不会乱，北京电视台的发展就充满希望！

今天，我们庆祝中国共产党成立92周年，就是要把党带领人民在中国革命、建设、改革不同时期积累的历史经验继承好，就是要把党的新闻思想、立场和规律传承好，就是要把党领导下的北京电视台34年成长壮大过程中的好做法、好经验、好风气发扬好，进一步统一思想，凝聚起全台党员干部的智慧和力量，为把北京电视台建成具有中国特色、体现首善地位、彰显文化内涵的一流传播机构而努力奋斗。

当前，我们所面临的环境和形势对加强党的建设、提高党员队伍素质又有了新的要求。从大的方面来说，国际政治经济环境的不确定性和中国改革进入“深水区”的阶段性特征，对党的执政能力形成了多方面的严峻考验，党内存在的形式主义、官僚主义、享乐主义和奢靡之风这“四风”问题更加尖锐和突出；从我们自己来看，面对不断加剧的媒介竞争态势，北京电视台巩固和提升社会地位的难度越来越大，台党委和广大党员干部承担着破釜沉舟的巨大压力，但目前在我们一些党员干部身上依然存在思想认识不过硬、行为习惯飘浮、工作作风不扎实的现象。抓队伍，首先要抓党员干部这支骨干队伍；抓工作，首先要抓党的建设这项基础性工作；抓风气，首先要抓党内的风气这个具有根本性、引领性的环节。面对现在的环境和形势，增强党员干部的担当意识，培育党员干部的担当精神，提高党员干部的担当能力，更好地发挥党员干部在推动改革发展过程中的担当作用，不但十分重要，而且也是一项非常艰巨的任务。

所谓担当，就是要担起责任、当好表率。胡锦涛同志在党的十八大报告中指出：党坚强有力，党同人民保持血肉联系，国家就繁荣稳定，人民就幸福安康。十八大闭幕后，新一届中央政治局第一时间作出了关于改进工作作风、密切联系群众的八项规定，习近平总书记强调：抓作风建设，首先要从中央政治局做起，要求别人做到的自己先要做到，要求别人不做的自己坚决不做，以良好党风带动政风民风，真正赢得群众信任和拥护。今年1月，习近平总书记在中央政治局研究部署加强新形势下党员发展和管理工作时又指出：党员是党的肌体的细胞和党的活动的主体，党员队伍建设是党的建设基础工程。在6月18日召开的党的群众路线教育实践活动工作会议上，习总书记再次强调：人心向背关系党的生死存亡。党只有始终与人民心连心、同呼吸、共命运，始终依靠人民推动历史前进，才能做到坚如磐石。因此，我们一定要清醒地认识到作为党员干部所肩负的历史使命，在任何时候都能担得起责任、当得好表率。

目前，北京电视台有63个党总支、党支部，1414名共产党员，党员队伍人数超过了全台员工总数的三分之一，是全市新闻媒体党员人数最多的单位。这体现了北京电视台作为党的新闻宣传机构的特殊性，这是我们突出的政治优势。只要我们的党组织和党员都敢于担当起来，一名党员竖起一面旗帜，一个支部形成一个堡垒，北京电视台的精、气、神就能焕然一新。

敢于担当，就是能够在压力面前奋发有为。近年来，全国电视业界特别是省级电视台的发展模式、市场环境发生了深刻变化，虽然我们也在努力地进行适应、调整、变化，但是发展的难度比我们想象的要大、困难比我们预计的更多。今年上半年，我台的收视份额和广告经营都出现了一定的困难，应该说，我们面临的压力是前所未有的。在这样的情况下，是消极等待还是发奋图强，是站在一边发牢骚、看笑话还是大胆创新、出主意想办法，考验着我们每一名党员干部。越是在困难的局面下，越需要我们党员干部把压力化作动力，担起责任、当好表率，既要一起来出主意、想办法、找思路，为北京电视台的改革发展破局开路，更要打足气、鼓足劲，看到北京电视台经过34年努力形成的自身巨大优势，我始终对北京电视台充满希望。党和人民给予我们的资源，我们要管好用好。群众都在看着我们的党员干部怎么想、怎么做，我们要用自己的行动，让广大干部职工增强信心、看到希望。

敢于担当，就是能够着眼大局开展工作。北京电视台规模大、工序多、战线长，生产、经营、管理工作非常复杂。我在广电行业工作了30多年，经历了多个不同的部门和单位，北京电视台是内容生产、技术创新、艺术创作的综合体，是让我感到最为复杂的传播机构。但是，我们是一个整体，北京电视台是一个共同的家园，我们的工作目标应该是一致的，任何一个岗位都应该是为实现北京电视台的整体利益服务的。我们提出融合发展，到底怎样是融合发展？离开了大局、离开了整体，只顾及部门利益、小团体利益、个人利益，是实现不了融合发展的，反过头来还是会伤害到每一个部门、每一名员工的长远利益。为了短期的一己私利损害包括自己在内的所有人的长远利益，这是得不偿失的。我们的党员干部要成为着眼大局的模范，首先要从自己做起，树立牢固的大局意识，做大局的维护者和服从者，克服为了局部利益和个人利益斤斤计较的现象发生；还要帮助周围的群众站在大局的高度，做好我们的本职工作。有些党员干部总是认为，要为周围的群众或者下属争得一些小利益才能得到大家的拥护，怕背上不为所在群体、所在部门谋利益的“黑锅”。其实，一旦你把道理和大局跟大家讲清楚、说明白，大多数群众都是能够理解的，甚至最终会认为你是有思想、有远见的好党员、好干部。这样的担当，就是既能担当得了天降的大任，又能担当得起眼前的“小亏”。我们在如何处理节目与广告的关系、生产与管理的关系、部门与部门的关系、频道与频道的关系等方面，都应该用这种高度来考虑问题。

敢于担当，就是能够带头推进工作创新。我们发展中遇到的最大的问题，就是缺乏创新；解决前进道路上的各种问题，也只能依靠创新。这里所说的创新，包括节目创新、技术创新、管理创新、产业创新、发展模式创新、体制机制创新、党的建设创新，当然最主要的是每一名从业人员的思想创新。党员干部要成为改革创新的引路人和带头人，在立足自身岗位、本职工作的基础上，要学会超前谋划，学会突破当下，学会创造亮点。传媒行业是智力密集型行业，创新是传媒行业的生命线，墨守成规必然会被历史淘汰，没有创新精神的员工不是合格的员工，没有创新精神的党员干部更不会是好党员、好干部。做节目的党员干部要能够把自己和周围同志们的视野聚焦到电视传播的最前沿，做技术的党员干部总是要对新技术的发展保持热情和期盼，做经营的党员干部要能够率先把握住市场的新脉搏，做管理的党员干部要经常思考新的、更加高效和人性化的管理手段。只要是不违规、不违法的，只要是有利于发展进步的事，我们所有的党员干部都要学会在别人不敢想的时候率先提出来，在别人不敢做的时候率先进行尝试。比如，制作部创新小组做得有声有色，他们取得每一个成果，我都会为此高兴和骄傲。创新不能一级等一级，要上下努力一同营造创新氛围。创新需要面对失败的勇气，只要方向是对的，创新过程中遇到暂时的困难和问题，台党委和部门领导班子一定会坚决支持、帮助解决的。

敢于担当，就是能够始终保持一身正气。风气建设是关系北京电视台长远发展的大问题。现在一些部门、一些领域、一些人员身上反映出来的风气问题，产生于很多复杂的因素，既有多年历史遗留下来的积习，又有现实存在的利益纠葛，还有体制机制中存留的一些弊病。在风气问题面前，我们的党员干部必须旗帜鲜明、立场坚定。在北京电视台这个文化机构工作，我们绝不能做破坏文化的事。风气不好，严重影响队伍的稳定，严重影响发展的效率，严重影响工作的氛围，杀伤力很大。党员干部首先要做到端正自己的言行举止，不说不负责任的话，不做不利于团结的事，有问题、有意见，完全可以摆到明面上来。当面不说、背后说，对谁不满，就写举报信，把风气弄得乌烟瘴气。如果真有意见和问题，台党委欢迎大家按照党章规定和党内组织生活的原则，层层反映情况，一起解决问题。同时，面对周围出现的一些情况，党员干部要说话、要表态、要发挥作用，敢于站出来纠正，敢于维护大局，绝不能听之任之、放任自流，党委坚决支持敢于管理、敢于作为，为维护正义而不怕得罪人的党员干部。如果每一名党员干部都能坚持正确的立场和态度，都能站出来纠正不良风气，传递正能量，很多问题就能够迎刃而解，绝大多数假言恶行就失去了生存的土壤，北京电视台的风气一定能够得到有效的扭转。

敢于担当，是党员干部区别于群众的根本标志。今天在这里跟大家谈“担当”，就是希望同志们更好地认清作为党员干部的责任和使命，履职尽责，树立全台党员干部的良好形象。

围绕下一阶段的全台重点工作，对于党员干部担起责任、当好表率，我提三点要求：

第一，要认真贯彻落实好中央精神，组织开展、积极投入党的群众路线教育实践活动。这是中央部署的未来一年全党十分重要的一项工作，也是北京电视台党的建设的重中之重，台党委、各党总支、党支部和每一名党员干部都要全面参与进来。要按照中央和市委的要求，结合我们自身的实际，完成每一项“规定动作”和“自选动作”。要抓住这项教育实践活动的契机，给我们自己的队伍、给我们的工作“照镜子、正衣冠、洗洗澡、治治病”，围绕怎样加强党员干部队伍的先进性、纯洁性建设，围绕怎样满足职工队伍对党员干部的新期待，围绕怎样满足群众和市场对北京电视台创新发展的新要求，好好地剖析思考、把脉问药，力争通过这次教育实践活动，能够提出并破解一些有利于促进北京电视台长远发展的大问题。

第二，要切实抓好北京电视台战略发展规划的落地实施。“1 +8”战略发展规划是经过全台上下长时间的努力起草形成的，规划中提出了涉及北京电视台今后三年发展的很多新方向、新目标、新思路，下一步重在落实。各个部门要把规划中涉及到与自身工作有关的内容进行一次全面的梳理和分解，按照规划要求明确责任主体、工作要求和完成时限，确保每一项工作都有具体的实施办法。党员干部要在规划实施过程中承担主要责任，每一个细项都应该由党员干部牵头完成，既让我们的党员干部了解把握全台发展的战略意图和基本原则，又能在战略发展规划的实践中发挥党员干部的担当作用。

第三，要认真总结上半年工作、全面梳理下半年和明年的思路。半年时间过得很快，我们马上就要进入下半年了。7 月份我们将召开半年的内容生产务虚会，虽然主要是关于内容生产的，但也包括全台各个方面围绕内容生产这个核心竞争力所做的工作。希望各部门组织党员干部一起来总结和分析上半年的工作完成情况、存在的问题及其原因，一起来研究和思考下半年以及明年的改革调整方向，充分吸收大家的智慧，形成一个能够凝聚人心、激励斗志的发展蓝图，把这次务虚会开好。

同志们：当前正处在北京电视台改革发展的关键时期，充满着挑战，也充满着机遇。带领北京电视台走出困境、走向希望，是历史交给我们义不容辞的责任。我相信，只要下定决心、攻坚克难、埋头苦干，我们一定能够有所作为，取得一个又一个突破性成就，创造北京电视台的新辉煌。让我们一起行动起来，以新的精神面貌迎接北京电视台建台 35 周年！

关于加快改革创新、促进融合发展的若干思考

——在北京广播电视台2013年工作务虚会上的发言

北京电视台常务副台长　窦晓东

党的十八届三中全会对全面深化改革作出了总体部署，全会审议通过的《中共中央关于全面深化改革若干重大问题的决定》，在新的历史起点上提出了推动中国特色社会主义的一系列新部署、新举措、新要求，让我们看到了以习近平同志为总书记的党中央极大的政治勇气和高超的政治智慧。认真学习贯彻三中全会精神，包括学习贯彻习总书记“8·19”重要讲话和全市宣传思想工作会议精神，是当前我们的首要政治任务。通过自己初步的学习，结合对我们现实发展问题的思考，我认为，改革创新是进一步推动北京广播电视台发展的根本动力。能不能够、敢不敢于、善不善于改革创新，是对我们每一名党员干部的重大考验。

北京广播电视台作为市委、市政府的重要舆论喉舌，作为首都宣传文化领域的重要发展主体，在推动文化改革创新方面具有很好的资源禀赋和发展优势。推动北京广播电视台改革创新，重在加强各类资源的有机整合和相互融合，着力增强发展的整体性，发挥最大的资源效用。在改革创新过程中要积极处理好三个问题：

一、观念创新

转变思想观念是解决一切问题的基础，思想观念障碍也是阻碍我们创新发展的最大障碍。放眼全国，一些近年来表现尤为突出、形成一批重大创新成果、抢占到明显发展先机的省级广播电视台，之所以能够在复杂的市场环境和社会环境下赢得主动、有所成就，无不是因为在思想观念上高度重视改革创新，在破除制约生产力发展的各种体制机制束缚上下了很大的决心，理顺了生产关系，优化了资源结构，自然也就更好地抓住了发展机遇。

北京广播电视台本身就是思想观念改革创新的产物。组建三年半以来，总台和下属各单位都在推动融合、促进发展上下了很大功夫、想了不少办法，但是，与那些发展很快的省级广播电视台相比，我们的危机感、紧迫感还不够强，思想还不够解放，胆子还不够大，步子还不够快，求胜进取的意识还比较欠缺。

我们应该着力增强改革创新的思想自觉，按照习总书记的要求，冲破思想观念的障碍，突破利益固化的藩篱。一是要牢固树立不改革就不能发展的观念。文化领域是全面深化改革的重要领域，而我们广电行业又是文化领域改革的重点难点之一。在目前面临的内外部压力面前，我们要清醒地认识到，无论是从逻辑上来看还是从实践经验上来看，改革创新是发展的根本动力，不改革就没有发展。我们说，不进则退，其实，小进也是退。不去改革、不去碰触思想观念上的问题，做再多

的具体工作，充其量只是短时期内的“小进”，最终还是要退步的。二是要牢固树立改革是为了发展的观念。北京广播电视台所属的各单位都需要发展，我们的改革是为了促进各单位的发展，但更重要的是为了促进整体的融合发展，实现整体利益和发展效益的最大化。要着眼于实现资源配置流动的顺畅化，积极稳妥地处理好局部利益和整体利益的关系，不能因为部门利益延误了全局发展。总台要有这样的意识，我们下属的各单位也要有这样的胸怀。三是要牢固树立改革一定能推动发展的观念。改革是一场攻坚战，不可能一蹴而就，也不可能一劳永逸，改革过程中一定会碰到这样那样的矛盾问题。但改革是我们的唯一出路，只要我们有决心、有信心、有勇气，凭借我们的资源禀赋和优势，改革终究会结出发展的硕果。任何时候，我们都不能放弃。

二、体制创新

体制改革对于从根源上推进改革创新十分关键，体制矛盾造成的问题往往是长期性、蔓延式的。市委、市政府组建北京广播电视台，是推动首都广电体制创新的一次重大尝试，为广电事业产业融合发展提供了很好的平台。平台搭好了，怎样把原来的人力、物力、财力整合起来，重新调整角色分工，重新安排出场顺序，理顺平台的管理运行体制，对这场戏能不能演好、唱好，非常重要。整合三年半来，在总台层面上陆续推出了一些促进体制改革的工作措施，但实际成效还不够理想，改革力度还远远不够。我认为，体制不顺是目前北京广播电视台改革发展的重大制约，也是我们面临的重大困境。

我们要紧紧抓住学习贯彻党的十八届三中全会精神的东风，积极研究解决体制层面上存在的实际问题，探索寻求推动体制改革创新的突破口，争取在体制变革上实现新的突破。一是要完善组织架构。目前，北京广播电视台作为总部机关、下属单位作为独立运营实体的状态，还没有发生根本改变，下属单位在很大程度上还是各行其是、自我管理的，总台更多地还是承担着统筹协调而不是发展运营的职责。这就在本质上难以发挥出总台作为一个整体的融合发展作用。因此，要加强机构整合，明晰总台和下属单位之间的关系定位，强化对总台层面重大问题的统一决策，切实发挥总台管人、管事、管资产、管导向的总体作用。二是要加快资源整合。下大力气解决大量资源“小而散”、事业产业“两条腿”走路的问题，对总台范围内的各类资源进行一次彻底的梳理，能合并同类项的就合并同类项，能建立上下游关系的就创造条件帮助建立起上下游关系，强化资源的整体开发利用意识。可以考虑采取很多省级广播电视台的同行做法，建立广电集团，作为总台旗下产业的唯一归口，形成总台范围内事业产业并行并重、协调推进的格局。三是要推进业务联通。要坚决杜绝那种各自为战、只盯住自己一亩三分地的现象，采取项目合作的方式，推动总台所属单位之间建立密切的业务合作关系。比如在影视制作方面，北京广播电视台所属单位分散着一些实力很强的影视制作力量，可以通过联合生产创作影视作品，实现强强联手、互利共赢。四是要加强干部流动。要发挥人的主体作用，通过总台范围内制度化的干部交流手段，进行干部的科学培养和合理调配，使北京广播电视台真正成为人、财、物顺畅流通的发展实体，增强广大干部职工总台旗下“一盘棋”的思想意识。

三、机制创新

机制是增强人对发展环境的适应性、形成良性运用状态的决定性要素。北京广播电视台组建以来，分别制定了干部选拔任用工作规定和台属企业经营管理人员选任办法，形成了对台属各单位进行绩效考核和思想政治考核的常态办法，在机制方面做了很多有益的探索和实践。然而，机制不活的问题尚未得到根本解决，鼓励各类人才活力竞相迸发、思想源泉充分涌流的氛围远未形成。

我们要从为改革发展提供有力组织保证和人才支撑的高度，坚持以人为中心，加大机制改革创新力度。一是要着力深化干部人事制度改革。实施干部聘任制，坚持“先领任务，再当干部”，推动干部能上能下、能进能出，构建有效管用、简便易行的选人用人机制。要大胆选拔使用优秀人才，打破壁垒，扫清障碍，对确实有想法、有才能、有定力的人才进行特殊引进和破格提拔，切实提高对一流英才的吸附力。二是要着力创新完善考核机制。深入细致、分门别类地研究设计干部职工考核的维度、频率、途径，通过考核，真正把工作效果科学合理地呈现出来，避免形成那种差距不大、内容笼统的考核结论。要加强对考核结果的应用，坚持奖罚分明、奖罚并重、重奖严罚，提高个人利益与组织发展利益的挂钩度，坚决杜绝干好干坏一个样的现象，旗帜鲜明地尊重劳动、尊重创造、尊重人才。三是要着力坚持开门办台、开放办事的原则。要充分认识发挥市场对资源配置决定性作用这一论断的重要意义，用市场的意识、市场的眼光、市场的思维看待和解决前进道路上遇到的各种问题，在发展过程中为自己积累市场资源，增强对广电传媒市场的理解把握能力，绝不能固步自封、自我欣赏。特别是要积极应对新媒体快速发展的态势，学会用新媒体树品牌，学会与新媒体打交道，通过与新媒体合作办节目、办活动的方式，积极借鉴把握新媒体的成功经验和发展特点，寻求适合自身发展的新规律，更好地满足于我们的受众。

以上谈了我对如何推动观念创新、体制创新、机制创新三个方面的思考。在改革创新的过程中，我们还要正确处理和把握好两个关键问题：一是把握处理好改革创新与掌握宣传思想工作领导权的关系。要坚持改革是为了发展的原则，通过改革提升我们的舆论引导和宣传报道能力，以改革促发展，进一步巩固党的意识形态阵地，任何时候都不能放弃对宣传思想工作的领导权，这是推动改革的根本前提；二是把握处理好改革创新与依法依规办事的关系。要在法律、制度的框架内推动每一项改革进程，不能把科学的管理制度与改革创新的要求对立起来，更不能以改革为借口破坏法律法规、推翻制度规定，这是推动长远发展的必然要求。

牢牢把握和坚持新闻工作的党性原则

北京电视台常务副台长 窦晓东

党性原则是马克思主义新闻观的灵魂。党性是阶级性最高而集中的表现，是一定阶级和政党政治目的和政治行为的最高准则。它要求新闻媒体贯彻本阶级和本政党的思想体系，并把其作为指导思想；要求新闻媒体宣传本阶级和本政党的政治纲领、方针政策；要求新闻媒体无条件地接受本阶级和本政党的领导，遵守其工作原则和宣传纪律。

正确认识新闻工作的党性原则

马克思主义认为，新闻事业作为上层建筑的一部分，它产生于一定社会的经济基础，是一定社会的经济基础通过新闻手段的反映，同时，它又反作用于这一经济基础，并为这一经济基础服务。因此，在阶级社会里，新闻事业是从属于一定阶级的，是一定阶级的舆论工具。从广义上讲，当今时代任何一种新闻媒体都有自己的阶级性和党性。社会主义新闻事业公开承认自己的党性，只不过是公开承认了一个普遍存在的客观事实，这是社会主义新闻事业区别于资本主义新闻事业的一个显著标志。

无产阶级自从登上政治舞台后，就十分重视报刊的战斗作用，认为新闻事业是无产阶级革命事业一个重要的组成部分，要求报刊要有鲜明的党性。第一张无产阶级的报纸，也就是马克思、恩格斯在1848年6月1日创办的《新莱茵报》，“它在每一个场合，都强调了自己特殊的无产阶级性质”。明确提出出版物的党性原则，是列宁的一大创造，也是对马克思主义新闻思想的一大贡献。他在《党的组织和党的文学》里，明确地阐明了党的宣传工作包括文艺、报刊等的党性原则。毛泽东同志要求报纸要“增强党性和联系群众”；邓小平同志提出“党报党刊一定要无条件地宣传党的主张”；江泽民同志重申“我们的新闻工作是党的整个事业的一个重要组成部分”；胡锦涛同志进一步把党性原则和舆论导向结合起来，强调“必须坚持党性原则，牢牢把握正确舆论导向”。习近平总书记在全国宣传思想工作会议上强调指出：“做好宣传思想工作，必须讲党性。”“党性原则不仅要讲，而且要大张旗鼓讲、理直气壮讲、坚持不懈讲”。

资产阶级新闻学和西方资产阶级国家、政党、媒体极力否认党性和党性原则，他们标榜新闻事业是“社会公器”、“公共通讯工具”、“公共信息平台”，声称新闻媒体具有“公共服务性”、“超阶级性”和“超党派性”。而实际上，不管情愿还是不情愿，自觉还是不自觉，作为资本主义上层建筑和意识形态重要组成部分的新闻媒体，不可能不维护资产阶级的根本利益和资本主义的根本制度，不可能不体现出自己的阶级属性。19世纪西方新闻界提出的“社会责任理论”就明确要求报刊要“为（资本主义）政治制度服务，为（资本主义）经济制度服务”。资本主义的国家机器、法律制度和经济形态也总是要千方百计地对新闻传播行为进行各种他们认为必要的限制和制约。法国的报刊法列出了一系列违法行为，包括：损害国家安全，侮辱国家元首，有损国家权力机构，破坏司法当局及其决议的威信，损害士气，触犯访问法国的外国国家元首，损害社会公德等等。2003 年美国发动伊拉克战争，美军中央司令部新闻中心为新闻记者规定了“三不准”政策：不能问美军和联军伤亡的情况，不能提与目前正在进行的军事行动有关的问题，不能问与今后军事行动计划有关的问题，否则就要被清理出去。美国著名战地记者、普利策新闻奖获得者彼得·阿内特因为在接受伊拉克国家电视台采访时说了诸如“美国初步作战计划已经失败，他们没有料到伊军抵抗如此顽强”之类的话，就被美国政府扣上“安慰和帮助敌人”的帽子，最后被美国全国广播公司解雇。“占领华尔街”运动出现的时候，美国媒体集体失声，更能说明问题。试想，如果这样的事情发生在社会主义国家，美国媒体岂不是要欣喜若狂，大肆进行铺天盖地的炒作攻击？这样的事情他们干得太多了。

准确把握我国新闻工作党性原则的基本要求

习近平总书记在全国宣传思想工作会议上强调指出：“坚持党性，核心就是坚持正确政治方向，站稳政治立场，坚定宣传党的理论和路线方针政策，坚定宣传中央重大工作部署，坚定宣传中央关于形势的重大分析判断，坚决同党中央保持高度一致，坚决维护中央权威。这是大原则，决不能动摇。”总书记的重要论述，鲜明指出了我国新闻工作党性原则的基本要求，这就是：在思想上，坚持马克思主义指导思想；在政治上，坚决同党中央保持高度一致，坚定宣传党的理论和路线方针政策，坚定宣传中央重大工作部署，坚定宣传中央关于形势的重大分析判断；在组织上，坚持党的领导，自觉遵守党的纪律，特别是新闻宣传工作纪律。

我国新闻界有人说，“我们党在革命战争年代强调新闻的党性，保证了党的思想统一和行动一致。夺取全国政权后，党成为唯一的执政党，不存在反对党派，党的机关报实际上承担着社会综合性报纸的职能。新闻的党性即新闻工作者的党派意识，在不存在反对党派的和平建设时期，强调它弊多利少，把它纳入新闻学核心内容更是不妥。”这种根植于资产阶级新闻观的说法是站不住脚的。必须看到，资本主义国家一直加紧对我实施西化、分化图谋。在这种情况下，淡化乃至否定我国新闻事业的无产阶级党性，不过是要在敌对势力的攻击面前，使我国新闻事业脱离党的领导。在这个问题上，我们一定要头脑清醒，坚定不移地坚持无产阶级党性原则。

我国新闻界还有人说，“党的报刊在遵守宪法的前提下，要讲党性原则；党报以外的报刊要遵守宪法原则，不宜用党性相要求”。江泽民同志早在 1989 年新闻工作研讨班上就指出：“我们的新闻工作是党的整个事业的一个重要组成部分。因此不言而喻，必须坚持党性原则。”“坚持党性原则就要求新闻宣传在政治上必须同党中央保持一致。各级党报要这样，部门和专业性的报纸也要这样。”党的十四届六中全会通过的《中共中央关于加强社会主义精神文明建设若干重要问题的决议》说：“新闻宣传必须坚持党性原则，坚持实事求是，坚持团结稳定鼓劲、正面宣传为主、牢牢把握正确的舆论导向。”这里谈到坚持党性原则都是指整个新闻事业，并没有“党报以外的报刊”不宜用党性原则要求的意思。

正确把握党性和人民性的关系

我国新闻界有人说，“过于强调党性就会出现某些错误倾向”，要强调人民性，“我们的党性来源于人民性，人民性高于党性”；甚至还有人振振有词地说，因为人民群众人数超过党员，所以人民性大于党性。习近平总书记在全国宣传思想工作会议上指出，这些似是而非的说法，“把党性和人民性割裂开来、对立起来、搞碎片化，在理论上是错误的，在实践上也是有害的”。从理论上讲，提出人民性高于党性，是对党性和人民性的关系存在错误认识；从实践上讲，提出人民性高于党性，实质就是要否定和摆脱党对新闻事业的领导。

党性和人民性的关系，说到底，是无产阶级先锋队同本阶级、同广大人民的关系。首先，党性是无产阶级阶级性的集中表现，也是人民性的集中表现。我们党的全部工作，党的路线方针政策和一切言论行动，都是以符合最广大人民的根本利益为标准的。一切为了人民，这就是党性的最高原则。从这个意义上讲，党性和人民性是一致的。其次，人民性是党性的源泉，党性是人民性的集中。我们党的路线方针政策，正是集中了人民群众的正确意见，进行分析综合，概括为科学的理论，用以指导群众的行动。从这个意义上说，党性就是人民性，人民性就是党性。习近平总书记在全国宣传思想工作会议上明确指出：“党性和人民性从来都是一致的、统一的。我们党是全心全意为人民服务、代表中国最广大人民根本利益、来自人民为了人民的马克思主义政党。从本质上说，坚持党性就是坚持人民性，坚持人民性就是坚持党性，党性寓于人民性之中，没有脱离人民性的党性，也没有脱离党性的人民性。”

正确把握好党性和人民性，我们还要深刻理解习近平总书记在全国宣传思想工作会议上关于党性和人民性这两个概念的重要论述。习近平总书记指出：“党性和人民性都是整体性的政治概念，党性是从全党而言的，人民性也是从全体人民而言的，不能从某一级党组织、某一部分党员、某一个党员来理解党性，也不能简单地从某一个阶层、某部分群众、某一个具体人来理解人民性。只有站在全党的立场上、站在全体人民的立场上，才能真正把握好党性和人民性。”我理解，党性作为一个整体性的政治概念，是从全党而言的，某一级党组织、某一部分党员、某一个党员，都能够体现我们党的党性，但不能等同于我们党的党性，更不能将某一级党组织、某一部分党员、某一个党员的党性问题，视同我们党的党性问题；人民性作为整体性的政治概念，也是从全体人民而言的，人民不仅在不同的历史阶段有其不同的内容，而且人民性是从本质上、整体上体现出来的反映历史发展方向上人民的愿望、要求、情绪和行动，并不等于人民中的每一阶层、每一群体、每一个人的任何愿望、要求、情绪和行动都是正确的、合理的。

社会主义新闻工作者必须旗帜鲜明、理直气壮地坚持党性原则。只有坚持党性、站在党的立场上，才能更好、更全面地反映人民愿望。坚持党性原则不动摇，就从根本上站稳了立场、明确了方向，就不会犯立场性、方向性的错误。

健全制度　提升管理　培养人才　创新创优
全面推进北京电视台技术建设成果应用

——在第16届华北地区电视技术协作会上的讲话

北京电视台总工程师　田　方

2009年以来，北京电视台迁入大北窑新台址，在标清网络化制播体系的基础上，又历经4年时间，至2013年，建设实施了高清网络化制播体系。由新台址启用时的标清为主、局部支持高清的状态转变为以高清为主，并已着眼3D和4K等更高水平的技术。现运行的技术系统囊括前期摄像机近400台、转播车9辆、大小演播室近30个、各类编辑制作网15个、后期编辑站点500余个、播出频道15个，日均生产节目100余小时，播出节目330小时，其中高清整体占比为60%以上。

面对新的系统架构、新的工作流程、新的业务需求，近两年我们工作重心逐步向推广应用转移。下面，我仅从“健全制度、加强运维、提升管理、建设队伍、鼓励创新、融合新媒体发展”等6个方面简单阐述我台的一些做法和取得的一些成绩。

一、健全规章制度、确保业务开展

2012年，我们组织对原版规章制度文件进行了全面的修订完善，根据现有系统情况，按照标准化、专业化和规范化的要求，重新梳理编制出台了《北京电视台技术系统规章制度　操作流程　应急预案（2012年版）》，包含播出系统、制作系统、网络系统、转播系统、动力系统、技术管理共6本分册，对各系统图纸进行了修订、制作展板上墙，形成了最全面、完整、准确的制度体系，成为了执行各项技术工作的指导性文件。

同时，就与技术系统相衔接、相交界的外围，我们也进行了梳理和界定，制定出台了包括演播厅大剧院消防管理规定、字幕制作播出管理规定、高标清同播业务流程及相关规范等一系列台级管理规定，明确工作流程和责任界限，确保业务顺利开展。

二、加强运行维护、做好技术支撑

为节目生产提供坚实有力的技术保障，做好技术支撑是技术日常工作的根本要务。我们进一步健全、完善了技术维护体系，制定了常态化、制度化的运维计划，分级分类确定了每日、每月、每季度不同程度、不同范围的运维内容，按计划对系统设备进行维修、维护、保养、更新。同时，加强运维日志管理，对隐患、故障进行分类记录、分析跟进、追查补漏，确保每个问题都得到完善的解决，每个系统每件设备都处于良好的运行状态。

通过上述系统措施，我台自2009年起，三年的年停播率（2010年0.82秒/百小时、2011年0.49秒/百小时、2012年0.25秒/百小时）连续下降，2013年又比

2012年下降近50%，设备故障率、系统险情次数也逐年下跌，预示着整体系统运行进入常态。

三、推行科学决策、提升管理水平

随着系统、业务的壮大，管理水平也需要持续提升和跟进，我们着力从科学依据、集体决策、OA办公、督办落实等方面进一步提升管理水平。

推行以数据为支撑的科学决策，用各系统产生的业务数据作为决策依据，比如技术资源管理系统，取代以往的经验判断，提高决策的精确性；试用以协作为目的的集体决策方式，比如总工办公会中的集体决策议程，各抒己见、统筹考虑，提高决策的可执行性；积极推进办公自动化OA系统的应用范围，比如招标采购流程、外协制作管理流程等，极大提高办公流程的透明化和高效性；通过明确责权、督办检查的方式努力强化劳动纪律、加强执行能力，切实把工作落实到位。

四、重视人才培养、打造第二梯队

技术系统需要人才充分发挥作用。在当前大量新建技术系统投入应用的情况下，如何培养出一批用好、管好它们的人才、建立一支与当前硬件相匹配的队伍是技术工作中非常重要的一部分，是我们长期面临的课题。

近几年，我们着重通过项目建设、培训考核、调研学习等方式开展人才培养和队伍建设。定期组织岗位资格、应知应会的培训和考核，结合理论和实操两种方式，全面提高队伍的整体技术水平；启用年轻同志参与和担当项目建设任务，敢于派任务、压担子，给年轻同志提供更多的机会，在实践中传、帮、带，让他们迅速成长、独挡一面；挖掘优质的业务团队，推出自己的业务品牌，比如音频团队、后期制作团队、特技包装团队等，激发年轻人才的工作热情，使各类专业人才凸显出来；积极创造条件，为技术骨干提供走出去、请进来的学习和交流机会，在增强横向了解的基础上，充分发挥他们的主观能动性，思考解决工作中的困难和问题，真正起到中流砥柱的作用。

五、提供平台机遇、鼓励创新创优

事业的持续发展离不开创新，创新是推进事业发展的原动力。近几年，上至广电总局、北京市委宣传部，下至科室、班组，对于创新都是十分重视和提倡的，我们也从自身工作出发，努力提供平台机遇、鼓励创新创优。

我们按照不同的专业领域、不同的侧重方向，建立了一批创新小组，涵盖了节目制作创新、流程管理创新等各个方面，并给予组织保障和资金支持，确保创新成果落地、确实形成创新、应用的闭环。较突出的比如节目制作这一块，创新小组主动引领新技术、跟进新设备，根据新技术设备的特点，推荐给适合的节目使用，比如《军情解码》的虚拟植入等，使节目更加新颖、紧跟潮流；创新小组还举办“灯光秀”等新技术推介活动，向节目部门展示新灯光设备的使用效果。此外，创新小组的成果还在我台2014年广告推介会上布置展出，直接面向广告客户，积极参与广告创收。

六、促进新媒体与现有媒体融合发展

随着网络媒体、微信、微博等新媒体的迅速繁荣，现有媒体与新媒体相互结合、相互促进、融合发展应是未来一定时期内的发展方向。

近几年，我们在新媒体传播业务方

面，建设实施了北京 IPTV 集成播控平台，2010 年成功与中央总平台对接，2011 年与北京联通对接，2012 年开始推广友好用户，2013 年已摸索形成初步的盈利模式，正着力推进用户的传播覆盖，积极创收。在新媒体促进现有媒体发展方面，积极使用新媒体元素为生产业务提供创新点、提供便利性，通过演播互动、远程编辑、3G 回传、线索汇聚、手机爆料等各种方式来辅助、促进生产，达到提高传统媒体影响力、收视率和经济效益的目的。比如在体育节目中应用的演播互动，通过微博、微信平台向用户分发互动话题，收集用户的反馈信息，在演播室大屏幕中包装呈现，增强节目的实时感和互动性。

未来两年是十二五规划的收官阶段，结合目前广播电视行业国际、国内发展形势和自身的发展需要，这两年北京电视台的技术发展规划至少要从以下几个方面去考虑：

（1）进一步挖掘系统潜力、提高运行效益，提升节目制播存能力，完善容灾体系和应急机制，继续抓好安全播出这根生命线。

（2）积极应对新媒体潮流、灵活应用新媒体元素，全力支撑北京网络广播电视台技术系统的建设和运行，打造全汇聚、多渠道、跨终端的全媒体发布平台。

（3）加快信息化建设步伐，扩大信息系统应用的深度和广度，提高其在服务内容生产和优化管理流程中的支撑作用，逐步实现业务处理信息化、决策支持智能化的目标。

（4）继续跟进 3D、4K 等具有前瞻性的高新技术发展，集中力量形成具有一定代表性的制播能力，在业界打造自己的品牌，占领技术高地。

（5）进一步解放思想、转变观念，通过技术创新引领、服务内容生产，通过管理创新焕发、激发体制活力，实现创新制胜。

（6）强化队伍建设，完善激励机制，加快运维队伍的本土化进程，打造技术过硬的维护保障队伍，形成人才梯队。

突出时效　注重权威　贴近百姓

——关于十八届三中全会精神宣传报道的特色和体会

北京电视台副总编辑　朱　江

为了准确、全面、严谨地宣传十八届三中全会精神，北京电视台以北京卫视和新闻频道为主阵地，其他各频道配合，陆续推出“学习宣传贯彻十八届三中全会精神”、“新起点　新期待”等十多个专栏、专题；播发各类新闻（含专栏系列报道）200多条，时长约300分钟；播发专题节目10多期，时长约400分钟。通过在动态报道中突出时效，在解读报道中注重权威，在特色报道中贴近百姓，我台持续做好十八届三中全会精神的宣传报道工作，为促进改革发展、实现中华民族伟大复兴的中国梦提供舆论支持。

一、在动态报道中突出时效，第一时间掀起学习宣传贯彻十八届三中全会精神的高潮

2013年11月12日党的十八届三中全会胜利闭幕当天，我台《北京新闻》栏目第一时间播出了“首都各界关注十八届三中全会　聚焦未来改革与发展”的新闻报道。

11月13日，《北京新闻》推出了“学习宣传贯彻十八届三中全会精神”专栏，对全市各界学习宣传贯彻十八届三中全会精神的情况在第一时间进行了详细的报道，目前已经播发相关报道近50篇。当日，《北京您早》栏目在新闻头段“晨读时光”板块中用15分钟时间，摘发了《北京日报》、《北京晨报》以及国内外各大媒体对十八届三中全会公报的反响。财经频道《首都经济报道》头条内容为“聚焦全会：看未来　改革新起点　经济新篇章”，提炼公报关键词，采访专家解读其中和经济相关的亮点内容。

期间，《特别关注》、《都市晚高峰》等新闻栏目根据三中全会精神中社会普遍关注的政策、热点、关键词进行延伸报道。

我台各档栏目通过在重点节目、重点时段及时播发首都各界学习贯彻三中全会精神的相关新闻报道，有效地在全社会形成了学习贯彻三中全会精神的浓厚氛围，向首都各界及时传递了正能量，受到市局及我台阅评员的好评。

二、在解读报道中注重权威，通过深度分析答疑解惑、凝聚共识

为了解读好三中全会精神、让市民更加明确地了解未来改革的方向，我台在《北京新闻》、《锐观察》等多个栏目开辟了三中全会精神解读专栏报道，邀请重量级专家为市民答疑解惑。

《北京新闻》从11月16日开始连续对三中全会精神分领域进行了详细的解读，相关报道一共播发了十集。为了保证解读内容的权威性，报道特别邀请了中央党校、国家行政学院、中央社会主义学院、中国青年政治学院的教授以及国务院发展研究中心、北京经济与社会发展研究所的相关负责人对三中全会精神进行了讲解，并采用动画包装的形式对三中全会精神进行形象的阐释。

《锐观察》是 BTV 新闻频道的评论类节目，从 11 月 13 日起推出了主题为“新起点　新期待”的专题节目，邀请了中央党校、国家行政学院的专家教授连续四天对三中全会公报内容进行详细解读，内容涉及了经济发展、城乡统筹、反腐措施、廉政建设、国家安全等诸多方面。此后还将视角聚焦政府和百姓共同关注的重大问题，邀请专家共同探讨了渐进式延迟退休、打破一考定终身、户籍改革破除城乡壁垒等多个热点话题。市局阅评员认为，“新起点　新期待”解读三中全会精神既精辟又实际，有理论阐述，但不夸夸其谈；有历史回顾，却很耐人寻味；有普通百姓的话语，讲的也头头是道。节目的亮点在于深化主题联系实际，看后感觉不仅有深度、有广度、有力度，还与观众有亲近感。

财经频道《财经锋汇》栏目邀请国税总局原副局长许善达、中央财经大学财经研究院院长王雍君、银河证券潘向东一起热议十八届三中全会开启的新一轮财税改革。《天下财经》栏目结合每日盘面热点，邀请评论员、分析师，就“六大改革红利”以及三中全会决定中与资本市场密切相关的改革，进行连续解读与报道，为中小投资者理清投资思路。《一周财经综述》围绕“存款保险”、“农村用地入市”、“社保改革”等关键词连续推出三期节目，对十八届三中全会热点话题进行解读。

通过专家的权威解读，让三中全会精神成为社会关注的热点；通过专家的权威解读，让百姓对三中全会精神有了更加全面、深入的了解；通过专家的权威解读，让首都各界对改革产生了更强的凝聚力和向心力。

三、在特色报道中贴近百姓，走进基层，讲述发生在市民身边的故事

11 月 18 日，《北京新闻》推出系列报道《十八大一年来》，记录十八大一年来北京市委市政府积极回应群众关切为民办实事的情况，稳中求进首都社会经济发展取得的丰硕成果。系列报道涉及的领域既有科技创新、中关村发展等发展成就，也有社保改革、加快公共设施建设等民生改善内容，重点关注了与市民相关的内容。比如在金融创新的报道中，记者并没有大段介绍金融改革的成就，而是从发生在市民身边的，清洁能源供暖、治理污水排放等民生方面的巨大变化，来展现金融创新服务民生改善；而在本市审批制度改革的报道中，记者瞄准办事的企业，从他们所经历的审批流程的变化，感受到的不断便捷的服务，来展现政府服务企业压缩审批手续的举措。同时在《十八大一年来》系列报道中，除了讲好故事以外，还将三中全会精神融入进去，为市民描绘了未来美好的蓝图。

市广电局阅评员认为，《北京新闻》的《十八大一年来》系列报道内容充实，导语精彩，市民感言有特色，灵活运用图表数字，看后让人信服，令人鼓舞，很受感动。

四、做好十八届三中全会精神宣传报道的体会

总结此次学习宣传贯彻十八届三中全会精神的新闻报道，我们觉得，首都主流

媒体必须坚持以导向为灵魂、以真实为生命、以人民为中心，为推进改革发展鼓与呼。我们有这样几点感受：

一是要加强前期策划和整体组织，提升新闻报道时效性，形成宣传合力。对于十八届三中全会这样的重大新闻事件，必须树立策划为先理念，唱响主旋律，打好主动仗，第一时间将重大新闻播发给观众，及时推出相关配合性的报道，抢占宣传高地，更好地形成良好的社会舆论环境。

二是要注重权威解读，开展权威评论，发挥主流媒体的舆论引导力。对于像三中全会决定这样的重要文件，在报道中一定要邀请权威专家进行细致的解读，将中南海的声音更加通畅地传达给民间，也只有在理解的基础上市民才能更好地关注。

三是创新报道方式，贴近观众。除了常规新闻报道外，我们还以深度访谈、专题节目、宣传片等多种节目形式，用群众喜闻乐见的表现形式，深入宣传全会精神，及时向观众传递改革信心。目前，我台正在策划制作“展望新生活　助力中国梦”系列宣传片，摘选《中共中央关于全面深化改革若干重大问题的决定》中关于就学、创业、就医、食品安全等惠及民生的诸方面，创新宣传手法，用百姓听得懂的语言，着重解读《决定》将为民众生活带来哪些利好变化。《决定》中提到深化国防和军队改革，推动军民融合深度发展等，北京卫视即将推出的新栏目《星兵报到》将体现相关精神，邀请明星进驻军营进行长时间全封闭的军事训练，最后胜出的一位明星将成为“全国征兵形象宣传代言人”，这是我国建军以来，第一次向媒体给出这样的权限。财经频道《成长在北京》栏目立足财经视角，联合北京市发改委、市科委、市经信委、市财政局、中关村管委会、海淀区人民政府、中关村发展集团等单位，以十八届三中全会精神为指导，拟推出五集系列专题节目《中关村　创新引领未来》，节目将于12月底陆续播出。

今后，北京电视台将认真总结十八届三中全会精神宣传报道工作经验，继续践行“走、转、改”精神，把新闻做到百姓身边，把新闻写在大地上，把中国推进改革开放的声音传播得更高、更远。

浅析电视媒体的内容营销

——以北京电视台经营案例为例

北京电视台副台长　王　澎

随着当今电视媒体竞争环境的不断发展，内容营销对于电视媒体来说已经成为了扩大经营范围、寻求广告增量的有效途径。与此同时，越来越多的广告客户也在尝试转变，把单纯的硬板投放变为结合内容营销的组合投放，这就使内容营销成为了电视媒体广告经营中的新课题。

如何让内容营销成为常规广告收入之外的有益补充？如何评估以及销售这些“软性”广告？笔者将结合北京电视台的广告经营案例，做一简单论述。

所谓内容营销，最直观的理解就是植入式广告，或者称为软广告。植入式广告（Product Placement）又称植入式营销（Product Placement Marketing）。植入式广告或嵌入式广告，是相对于有专门发布空间和时间的广告而言的，主要指植入在电影电视剧、游戏、音乐或大型活动、晚会、商业会议等场合之中的广告。目前学界针对植入式广告尚无统一的定义，国外最早关于植入式广告的定义是“在电影、电视节目或音乐录像带中包含品牌、包装或其他商标产品”。

早在电视媒体刚刚普及的90年代初期，内容营销曾经有过一段迅速发展的阶段。随着主管部门对于电视媒体广告经营的规范不断加强，电视媒体需要对所播出的内容是节目还是广告进行明确区分，这就使得在一段时间内，硬板广告成为了广告客户投放的主要形式，特别是以4A公司为代表的国际广告公司，将国外的收视点评估体系引入了中国的广告市场，能够直接用收视点进行评估的硬板广告更是成为了客户的首选。

随着《广播电视广告播出管理办法》（广电总局61号令）从2010年1月1日起开始正式实施，广告市场环境再次发生了变化。这一份广电部门对于媒体广告播出的自律性管理文件，不仅对广告内容进行了限制，同时对于广告的播出时长也进行了明确的规定。

一方面是明文规定的管理办法和惩罚措施，另一方面是逐年递增的广告任务或收入目标，加上其他媒体的惨烈竞争和围追堵截，电视媒体的广告经营走到了十字路口。很多人将电视媒体广告发展的突破口锁定在了内容营销上，一时之间，内容营销成为了电视媒体和广告客户谈论最多的话题。

根据笔者对当前电视媒体中内容营销各种形式的分析和总结，可以将内容营销，或者说是植入式广告分为三大类：

第一，项目冠名。这是目前电视媒体中最广泛采用的一种植入形式，也是最为广告客户认可的一种形式，更有业界人士戏称，冠名是植入广告中的硬板。

一般来说，冠名是一组植入广告的总称，其中包括“片头元素”、“冠名标版”、“贴片硬板”、“主持人口播”、“现场置景”、“片尾鸣谢”、“角标”等多种表现形式。

传统的栏目或晚会冠名是最常见的一种冠名方式，在国家广电总局61号令中，只对“时政新闻类节目”进行了限定，不得以企业或者产品名称进行冠名，而其他的栏目则没有限制。例如北京电视台2014年的“BTV春晚”，就是由“玖玖爱六粮面”冠名的。湖南卫视、浙江卫视、江苏卫视乃至凤凰卫视等先进的卫视频道，因为其全国性的覆盖和全国性的影响力，可以称为电视栏目冠名做得最好的电视媒体，几乎每一个栏目都会有冠名商冠名播出。

近年来，各省级卫视和央视纷纷选择大型电视活动作为创新模式，如湖南卫视的“快男”、“超女”，浙江卫视的《中国好声音》以及北京电视台的《防务精英》、《私人订制》等等，大活动是一种高投入高产出的商业行为，因此每一个大活动基本都会形成一个冠名客户与大型活动成功结合的典型案例。

第二，协助拍摄。这种类型的植入式广告包括“主持人服装提供”、“主持人发型设计”、“拍摄地提供”、“合作单位”等等。从经营的角度上讲，这种类型的广告往往属于客户与媒体的资源置换，客户通过提供实物或者服务来换取媒体的广告宣传，媒体通过客户提供的资源节约了制作成本，又用媒体的特殊资源——植入式广告来进行回报，达到互利共赢的目的。但从广告经营的角度讲，这种客户一般仅限于没有广告预算的广告客户，因为一旦客户通过这种植入式广告达到了宣传目的，就会缩减正常的硬板广告预算，直接减少电视媒体的广告收入，对于电视媒体而言，也就得不偿失了。

第三，自制栏目剧中的植入。最为典型的例子就是湖南电视台自制的《丑女无敌》，全面模仿欧美电视剧的制作方式，成为了近年来植入式广告全方位实践的一个经典案例。《丑女无敌》的植入以影片第一、广告第二为原则，在策略上遵循传播价值最大化原则。从《丑女无敌》的策划初期，就将植入广告形式、表现方法、广告卖点一一列出，通过与客户的紧密结合，将单纯的植入广告变为整合营销传播，最终“联合利华”旗下的多品牌与该剧的融合，为电视媒体的植入式广告实践做出了探索性的尝试。但由于这种方式缺乏巧妙的设计，使观众产生了厌烦情绪，同时客户最终的事后评估效果也不甚理想，后来该剧续集已大幅削减了植入式广告。

在北京电视台广告销售的实际案例中，大多数成功的内容营销案例往往带有某种共性，也就是“四个统一”。

第一，节目内容与广告内容的统一。以北京电视台为例，2012年北京卫视播出电视剧《大宅门1912》，由于“东阿阿胶”是剧中重要的内容主线，同时在拍摄电视剧的过程中就与该剧进行了植入合作，因此在播出电视剧的过程中，广告部特别为该客户设计了广告产品，并在电视剧播出过程中结合硬板广告进行组合投放，达到了良好的广告效果。

第二，节目定位与广告目标受众的统一。以北京电视台为例，《养生堂》栏目从开播之日起，吸引了大批中老年观众，其观众群恰恰符合“同仁堂”品牌的目标受众群，经过广告部向同仁堂推荐后，2010年起由“同仁堂”独家冠名了《养生堂》栏目，从节目包装、置景、片头到主持人口播、片尾鸣谢等，全都融入了“同仁堂”的广告元素，将“同仁堂”的标识和《养生堂》紧紧捆绑在一起，在中老年观众中影响广泛。从2013年开始，北京卫视《养生堂》的特殊合作项目采用竞标方式经营，2013年由“雀巢”做了冠名，“惠氏药业”做了特约播映，2014年由惠氏药业做了冠名，“奥佳华按摩椅”做了特约播映，伊利做了奖品提供，金龙鱼做了提示植入，广告收入逐年攀升，成为了北京电视台最有价值的常规栏目之一。

第三，节目形式与广告形式的统一。以北京电视台为例，北京电视台的新闻热线长期以来由“全球通”冠名，“全球通新闻热线1391234567”已经成为北京市民家喻户晓的热线电话，这种形式上的完美结合既有实用性，又有广告作用，使得这一广告产品深入人心。2014年，广告部为新客户“墨瑟门窗”量身定做了北京卫视的“下三档提示标版”，将门窗形式与提示的开窗形式进行了有效的整合，使广告播出效果自然统一，得到了客户的认可。

第四，节目内涵与广告诉求的精神内涵的统一。以北京电视台为例，《环球春晚》是BTV的一个品牌晚会，整体定位是一台高端时尚的洋春晚，主打高品质牌，几年来，凡是与《环球春晚》合作的品牌，如“水井坊”、“海航”、“红牛”等等，都是把产品定位为高端产品，使节目气质与产品气质完美统一。类似的例子还有汾酒冠名的《档案》，这一档纪录片节目主打高端受众牌，在中年男性观众中具有很大的影响力，因此得到了汾酒客户的认可，连续三年冠名合作。而北京卫视2014年推出的大型季播真人秀节目《私人订制》，因为借用了《私人订制》电影的宣传攻势和冯小刚的名头，在招商初期就吸引了很多客户的关注，最终蒙牛集团经过竞标，以4500万元的高价获得了冠名权，所选择的品牌就是蒙牛旗下最高端的品牌“特仑苏”，而客户之所以看好这个项目，也是寄希望于该节目的精神内涵能够与产品诉求达成统一。

上述“四个统一”主要集中在植入的表现形式上，而未来发展的方向则是客户与媒体的多方位多角度的合作与融合，这也是今后电视广告经营发展和创新的方向，即“三个融合”。

第一，理念融合。任何一个广告品牌都有其特殊的品牌定位和营销理念，而每一个电视节目也都有其策划的初衷和理念，因此真正完美的电视广告项目，应该使节目理念与客户品牌理念相融合，达到一加一大于二的广告效果。以北京电视台为例，财经频道的《理财》栏目以收藏为节目主要内容，观众定位清晰，而广告部开发的新客户“和玉缘”，正是以这些观众为主要消费人群，因此选择合作了《理财》的冠名项目，实现了理念上的高度契合，也使得广告效果达到了事半功倍的效果。

第二，隐性融合。这是一种相对含蓄但又具有战略眼光的广告宣传方式，例如华韩美容整形医院与科教频道进行合作，专门开辟板块对一些整形女性或者需要整形的女性进行访谈，畅谈她们的心路历程，从普通百姓的视角倡导新的生活方式，改变观众对于整形行业的看法，达到真正的“随风潜入夜，润物细无声”的境界。

第三，战略融合。电视媒体与某一特定的广告客户结成战略合作伙伴关系，通过一些适当的电视广告项目进行高度融合，这也是未来电视媒体经营发展的一条新路。在战略合作的框架下，双方通过互利互惠的方式进行合作，广告投放和内容营销都纳入到双方合作的整体框架之内，对于北京电视台而言，与中国银行北京市分行以及首农集团的战略合作，就开创了一种新的合作模式，中国银行在北京电视台开办网点支行，为媒体提供金融服务，首农集团为北京电视台提供高质量的产品服务，而北京电视台为中国银行和首农集团度身打造适合的电视广告项目，双方互惠互利，达到融合的最高境界。

用颠覆式创新推进电视台转型

北京电视台副台长　李岭涛

党的十八届三中全会要求，“在新的历史起点上全面深化改革”。这对于电视台尤为重要。原因在于，除了央视和少数几个强势省级台，大部分电视台对于媒体市场愈发激烈的竞争缺少应有的危机意识和压力感，对于新媒体的猛烈冲击缺少足够的重视和应对能力、应对手段。要改变这种状况，仅靠以前那种在原有框架内的修修补补已经不可能做到，必须依靠颠覆式创新来实现电视台的结构形态、运转模式和经营观念等的革命性变革，推进电视台转型。否则，后果将不堪设想。

一、制约电视台转型的主要矛盾

电视台发展到今天，也进入改革的深水期，制约电视台转型的问题和矛盾都是长期积累下来的。而对于这些矛盾，不能头疼医头，脚疼医脚，而是抓住主要矛盾，通过主要矛盾的解决促进大部分矛盾的解决。

1. 内容生产拘泥于传统思维和方式。对于受众在不同媒体之间的常态性转换视而不见，对于这种转换对电视的影响充耳不闻，对于新媒体的传播规律考虑得不多，仍然拘泥于传统的思维模式，一味延续传统的生产方式，不能体现当前和今后很长一段时期媒体多屏化、移动化和互动化的趋势，没有考虑到受众越来越强烈的参与、分享和体验的需求，自说自话，只对收看电视的受众做节目，只对单一的电视屏幕做节目，习惯于按照传统的电视传播渠道到达受众，对于代表先进传播生产力的新媒体的传播渠道应用不足，仅以适应传统受众的行为习惯和心理特征为目的，对于兼顾传统受众和网民的需求、电视传播和新媒体传播互动的考虑不多。由此，大量节目思想老套、形式陈旧，导致社会主流人群大量流失，受众群越来越老龄化。

2. 对市场变化反应滞后。电视虽然具有政治和经济双重属性，但在我国电视台的成长过程中，政治属性占了主导地位。电视台的组织机构是按照行政单位的模式设立的事业体制，这种事业体制属于内敛型，先天性缺少应对瞬息万变的市场变化的基因，对于稳定性的追求大大高于对于外部变化的反应。电视台虽然是市场主体，但对于经济效益的追求动力和压力远远低于真正意义上的市场主体。在电视资源的配置中，行政力量的作用要大大高于市场手段。这导致了电视台缺少在剧烈的市场变化中保持和产生新功能的能力，缺少自我调节、自我修复的免疫力功能。

3. 内部资源流动效率低下。由于电视台的事业体制，内部资源的流动是事业导向而不是企业导向，决定内部资源流向的不是外部的市场变化，不是经济效益最大化的需要。资源流动只对上级负责，不对市场和效益负责。这导致了多方面的问题。从组织文化上看，导致电视台团队意识和协同作战能力差，员工没有养成协同作战的意识和习惯，部门之间存在着边界高墙。从流程上看，电视台的内容生产流程系统仅仅是简单的业务链条，而不是复杂而封闭的循环系统，整个流程系统经常性不畅通、不闭合，甚至存在冗余和不够的地方，导致资源流动断裂、梗阻、栓塞。从战略上看，由于对行业、市场缺少研究，很多电视台的战略定位不准，而且很难根据市场变化不断地进行战略定位和战略调整。如果战略定位不准或者战略突破、战略转型没有适时做到位，电视台的内部资源流动必然会效率低下，忙而低效、忙而无效。

4. 长期的在位优势导致发展惰性。长期以来，电视台在社会上确立了自己的强势地位。这种地位在促进电视台快速发展的同时，也令其不同程度地滋生了小富即安，忽视甚至是不愿意关注新行业、新领域等带来的新的市场机会的惰性，从而导致实践中一些电视台迷恋于既有优势，不敢面对、甚至抵制与其他行业的竞争，对于受众不断变化的心理需求和行为特征缺少研究。另一方面，在适应新的市场规律方面，网络、手机等新媒体已经走在了电视媒体前面。电视台原有的在位优势也导致对网络、手机等新技术的整合并不积极，对微博、飞信、QQ、MSN 等新的娱乐方式重视不足，对 3G、4G、网络视频等各种新的传播渠道敬而远之。这直接导致了节目形态的原始化，滞缓了电视传播模式的创新进程，影响了受众参与节目的深度和广度，压抑了受众主体性的发挥。

二、推进电视台转型的顶层设计

在既有实践中，电视台的经营具有很大的随意性，缺少战略性和系统性，导致经营活动左右摇摆，往往产生事倍功半的结果。显然，加强顶层设计，即统筹考虑电视台的各个层次和各方面要素，分析自身和竞争对手的优劣势，把握外部环境的变动趋势和规律，在最高层次上寻求发展之道，是推进电视台转型的关键和基础。而相对于高度开放的新媒体，电视台处于一种相对封闭、保守的状态，怡然自得于自己的一亩三分地。这种状态不打破，电视台很难真正进行科学准确的顶层设计。因此，“推倒四面墙，迎来八面风”是电视台顶层设计的不二选择。

推倒四面墙

1. 推倒受众与演播室之间的墙。传统演播室的特点是封闭，演播室与受众之间有形或无形的墙拉开了节目与受众的距离，削弱了节目的贴近性。在新媒体催化的受众主体意识觉醒大潮的冲击下，传统演播室所构筑的受众关系已经很不合时宜。明智的做法是，利用各种手段推倒受众与演播室之间的墙，打造零距离演播室，做到演播室与受众零距离，使节目既从形式和内容上做到“贴近”，更从受众的心理上做到“贴近”。一方面，要推倒“有形的墙”，把演播室常态化地放到田间地头、厂矿社区，放到农民的炕头上、居民的客厅里，由普通受众与主持人共同主持节目。另一方面，要推倒“无形的墙”，利用手机等新媒体把演播室与受众联接起来，使受众能够多渠道、多层次参与电视传播活动的全过程，真正成为电视的主人，真正做到受众和主持人无障碍沟通交流，实实在在拉近电视台与普通百姓的距离。

2. 推倒电视与新媒体之间的墙。无论从技术还是从传播规律看，电视与手机、网络等的特点都有很大不同，受众在使用这些媒体时会表现出不同的心理特征和行为取向，这会导致他们对电视、手机和网络等有着不同甚至对立的需求。因此，直接把一种媒体的内容照搬到另一种媒体上是行不通的。但是，电视与手机、网络等又是共通的，在很多方面有着共性特征。明智的做法是，根据电视与手机、网络等的共性规律，推倒电视与新媒体之间的墙。一方面，打造跨媒体的多媒体互动平台，对内容实现生产、聚合、分享。另一方面，找出受众使用不同媒体时的共性需求，然后按照这一特征生产、加工内容，与受众互动，让受众体验，从而兼顾受众在不同媒体环境下的需求，保持多种媒体的一致性。

3. 推倒电视资源与外部资源之间的墙。在资源越来越丰富、流动越来越快的今天，电视台对资源的垄断性拥有已越来越被削弱，拥有资源的优势越来越不明显，电视台仅靠自有资源想取得大的发展已经不可能。明智的做法是，推倒电视资源与外部资源之间的墙，积极整合自己所有的资源、自己不能所有但可以控制的资源、自己不能控制但可以使用的资源，努力做到跨行业、跨地域、跨所有制整合资源，不求所有，只求所用。通过资源整合，既快速壮大自己的实力，又引进先进的经营理念和经营方式，改造自己原有的落后基因。

4. 推倒大众传播与人际传播之间的墙。传统的电视台是大众传播媒体，与人际传播风马牛不相及。而在新的传播环境中，电视台面临着大众传播人际化、人际传播大众化的趋势。受这种传播趋势的作用，大众传播和人际传播你中有我、我中有你，融合度越来越高，越来越难分清它们之间的界限。对于这一巨大的变化，电视媒体不能一味地简单按大众传播规律办事，否则将很难在越来越激烈的媒体竞争中取胜。明智的做法是，适应大众传播和人际传播的融合趋势，推倒大众传播和人际传播之间的墙，把大众传播规律和人际传播规律结合在一起指导自己的经营活动，通过大众传播提高人际传播的广度和辐射面，通过人际传播提高大众传播的深度和渗透力。

迎来八面风

1. 发挥市场在资源配置中的决定性作用。市场配置资源具有效率高的特点，资源在市场中总是向效益高的方向流动，资源的流动方向代表了先进生产力的发展方向，代表了行业的制高点。电视台应发挥市场在电视资源配置中的决定作用。通过市场作用的发挥，电视台可以及时发现市场变化，把握市场新机会、新需求；电视台可以通过资源的流动方向了解和把握新的经营理念、新的经营方式、新的经营模式，并利用资源的市场化配置把这些新东西引入到电视台来；电视台可以准确感知市场压力，并把市场压力转化为发展动力，促进自身的理念创新、组织文化创新、机制创新和流程创新。

2. 挖掘受众主体意识。党的十八大要求，坚持人民主体地位。随着民主进程的加快和社会文明程度的提高，受众的主体意识逐步觉醒，受众发挥自身主体性的要求正逐步由潜在转为现实，由模糊转为清晰。受众在电视传播活动中的地位越来越重要，对电视媒体的反作用力也越来越大。因此，电视台应积极应对，在价值取向上强调尊重受众、理解受众、关爱受众、塑造受众，重视受众人格的转型，即实现由传统人向现代人的转换。一是让他们参与到电视传播活动的决策中来。受众的参与会开阔电视台的视野，起到旁观者清的作用。二是让他们参与到电视传播活动的过程中来。受众的参与能丰富传播活动的内容，增强传播活动的表现力，增加传播活动的表现手段。三是让他们成为电视传播活动的评价主体。受众的直接参与可以避免当前一些评价方式带有滞后性的弱点，真正反映市场的变动，增强后续传播活动的市场竞争力。

3. 形成互联网思维。互联网等新媒体越来越代表先进传播力的方向，对人们思维方式、生活方式和工作方式的影响越来越深刻，对受众心理特征和行为取向的吻合、适应程度越来越高，因此，尽快形成互联网思维，积极拥抱互联网是电视台刻不容缓的目标。通过互联网思维，电视台可以认识到话语权正从自己手里向受众手中转移，受众共同参与、共同分享的开放架构正在形成。在这一权力重心的转移中，每个受众都获得了改变世界的力量。电视台必须主动邀请受众参与到内容的创意、生产到传播等整个价值链创造中来。电视台应尽快建立起以受众为中心的具有互联网特征的经营模式，内容给受众到位的应用和体验，营销推广能够发挥互联网的特性。

4. 树立企业家思维。市场在资源配置中的决定性作用要求电视台必须树立企业家思维，通过为受众创造价值来实现自己追求经济效益最大化的目标。企业家思维就是要求电视台按照经济效益最大化原则把各种电视要素和资源组织起来，按照受众的需求规律来配置资源，确保传播效果，保证经济效益的最大化。经济基础决定上层建筑，能否实现经济效益的最大化是利用企业家思维衡量电视台成功与否及其价值高低的主要标志。没有经济效益的最大化，就没有电视台的做大做强，就没有实现“资产保值增值，承担社会责任”的保障。也就是说，在市场经济条件下，没有经济效益的最大化，电视台将很难持续存在。同时，由于政治和经济双重属性所决定，电视台不完全等同于一般的市场主体，因此电视台的企业家思维应该是建立在政治家意识的基础上的，改革过程中应该避免出现政治家意识和企业家思维相脱节的状况，避免要么仅强调社会责任而不计投入产出和传播效果，要么片面强调经济效益而忽视导向，造成低俗、庸俗和媚俗。要通过政治家意识和企业家思维的有机结合，有效提高传播效果，增强电视台的市场竞争力，将舆论导向通过合适的途径和方式渗透到受众心中。

5. 适应受众媒体环境的变化。当前受众所处的媒体环境已经发生根本性变化。一是由传统的一块屏幕到多屏化，导致大量电视受众流失；二是由传统客厅的排他式电视收看到随意、高频率的跨屏转换，导致受众对电视的注意力和关注度下降；三是以手机为代表的伴随性媒体的出现，导致受众时间的碎片化。更重要的一点是，媒体环境的变化带来了信息的高度透明，信息高度透明以后，受众占有足够的信息，受众与电视台之间的信息对称性由向电视台倾斜变为向受众倾斜，这必将对电视台的经营发生颠覆。电视台必须尽快适应，研究手机、网络等竞争对手的走向，学习他们的先进经验，从差异化竞争中寻找机会。

6. 培育技术基因。满足受众需求并通

过这种需求的满足实现社会主义核心价值观的传播和建立是电视台的主要目标和责任，也是电视台社会价值的主要体现。而受众的需求有自发产生和被动产生两种。从传播活动的历史和受众需求产生的根源来看，大部分需求是受众被动产生的，是被技术进步催化和激发出来的，从报纸到广播是这样，从广播到电视也是这样，从电视到新媒体更是这样。电视是技术应用性媒体，而新媒体是技术决定性和驱动型媒体。在新媒体越来越主流化的今天，新媒体技术对受众需求的催化作用越来越占主导地位，受众需求呈爆发之势。相对新媒体，电视台先天性缺少技术基因，这导致自己在引领受众需求方面远远处于落后位置。因此，电视台应向新媒体学习，积极培育自己的技术基因。一是利用好已有的为受众所广泛欢迎和接受的技术；二是通过分析技术发展趋势研发新的能够催化受众新的需求的技术；三是对相关行业的新技术保持高度敏感性，及时发现和整合能够为我所用的新技术，从而扭转在与新媒体竞争中的不利地位。

7. 实现直播常态化。直播是受众参与电视传播活动决策、电视传播过程和电视传播活动评价的重要渠道和途径，是最能体现电视台与受众关系本质回归的载体。在直播状态下，电视台能够以全方位的参与互动手段来吸引和发动受众，以诚心诚意的真诚态度来回应和打动受众，从电视人“以自我为中心”的封闭制作流程，走向受众参与共享的开放运作方式的转变。因此，直播常态化是电视发展的必然趋势，将是未来一段时期电视竞争的重要着力点，电视台应积极推进直播的常态化，通过直播让更多的受众参与到节目中来，使受众真正成为电视传播活动的主体。同时，要摒弃实践中为直播而直播，把直播当目的的做法，深刻认识直播的本质，回归直播的本能。

8. 推动一般性活动的电视节目化和电视节目的一般性活动化。受众在日常的工作和生活中都在从事大量的活动，从中获取信息、娱乐休闲，乃至直接推动自己的工作提升。这些活动的特点是参与度高、受众对其的依赖度高，不足是惠及面较窄，只能惠及较小的群体或个人。在高度分享、体验的时代，这些活动的分享必然具有较强的市场力和生命力。而电视节目的特点是惠及面高，不足是参与度低。如果能够实现这些一般性活动的电视节目化，或者把电视节目做到一般性活动化，将既能解决一般性活动惠及面窄，又能解决电视节目参与度低的问题，取得惠及面广、参与度高的效果，可以很大程度上破除电视节目与一般性活动之间的壁垒，消除这二者长期以来的隔离状态，真正做到互补。

三、推进电视台转型的创新基点

有了科学的顶层设计，电视台就有了坚实的创新基础，就能很容易地找到创新基点。

1. 改革组织架构，实现组织架构的柔性化、扁平化。电视台的组织架构几乎全部是采取集权式的直线职能制，只有极个别电视台引入了事业部制或者尝试了矩阵制管理模式。在新的顶层设计下，原有的直线职能制组织架构已经落伍，电视台应以管理的柔性化和扁平化为目标进行组织架构的改革，逐步由职能制向事业部制和矩阵制转变，最终转变为“以员工为中心”、“以受众为导向”的内容产品经理人制，使包含技术研发、内容策划、整合营销等不同工作内容的跨界合作团队成为电视台组织架构的基础，从而使电视台能够更直接地面向市场、面向受众，更有效地整合内外部资源。

2. *建立受众关系链，实施受众关系管理*。新媒体相对电视的优势不在于传播渠道，而更多地在于紧密的受众关系链。电视台应改变以往高高在上的做法，以受众满意为目标，树立受众经营理念，建立专业的受众维护机构进行受众关系管理，把受众粉丝团化，通过各种渠道尽可能详细地掌握受众的信息，建立自己独有的受众关系链。要针对所有的受众进行分层化和差异化服务，并且建立有效的管理信息系统。例如可以根据受众粉丝团化的要求把受众分为核心层、紧密层和松散层几个层次，根据不同层次的受众需求，提供参与节目、在线互动、有奖竞答等服务，从而通过对受众每一条意见及时到位的尊重和反馈，对受众每一个需求及时到位的满足和引导，提高受众对电视台的粘性和忠诚度。

3. *敢于参与入口竞争，扩充电视发展阵地*。从内容为王到渠道为王到平台为王，再到内容、渠道和平台并重，媒体竞争的着力点和方向不断发生着变化。在终端多样化的情况下，能否掌握入口将在很大程度上决定电视台竞争的成败。系统和平台是入口建设的基础，电视台应以互联网竞争中最核心、最重要的着力点——操作系统为突破口，一方面研发体现资源优势、符合受众习惯、具有强烈社区互动、聚合功能的操作系统，一方面为操作系统打造跨媒体、跨行业、多媒体互联共通共享的全媒体支持平台，把操作系统与平台有机结合为电视台独有的入口，从而为电视台的发展占领新的阵地。

4. *改变对广告的严重依赖，打造内容衍生产业链*。电视台的收入长期以来严重依靠广告，这导致电视台的经营自主性差、受外部经济环境的影响大。电视是一个无形资产丰富、对相关行业拉动作用大、与社会人群接触度高的行业和领域，可供经营的资源比较多。因此，电视台应走出荧屏，从市场角度研究整个内容生产、传播的产业链，从电视节目一般性活动化和一般性活动电视节目化过程中的每个环节入手挖掘可能的新的经济增长点，逐步改变对广告的严重依赖。

5. *建立纳新机制，确保持久活力*。对新的传播渠道、新的技术手段、新的娱乐方式、新的资本形态的整合是电视发展的重要趋势。电视台应从机制上保持对新生事物的高度敏感性，一旦相关领域出现新的东西，马上研究是否能整合进电视传播中来，研究整合进来的途径。例如，对于很多自己基因里没有的东西，电视台完全可以通过资本市场的手段整合进去，像技术平台建设可以自建，可以收购有一定基础的现成平台，也可以通过资本建立紧密型关系联合开发。通过这种整合，可以提高电视媒体的传播质量，丰富电视传播活动的内涵和外延；可以跨越式壮大电视台的整体实力，提高市场竞争力。

6. *加大研发投入，增强发展后劲*。在竞争越来越激烈的媒体市场中，谁拥有了新的经营理念、新的媒体形态、新的内容样式，谁就有可能占得先机。电视台应参考市场化程度比较高的行业和领域的经验，改变经验主义和不重视研发的做法，建立高质量的研发队伍和机构，加大对研发的投入。可以从每年的收入或利润中拿出一定比例的经费投入研发，研发媒体发展趋势、技术变革特点、内容创新规律等，在关键点位上做到使用一个，储备一个，在研一个。

7. 明晰功能定位，避免功能重叠。把顶层设计进行细分，使不同卫视和地面频道承担不同功能，而不能卫视不像卫视，地面频道不像地面频道，避免功能重叠和资源浪费。卫视面向全国受众，要在一定程度上淡化地域色彩，瞄准全国目标受众的共性需求进行经营。而地面频道要主打贴近性，突出本地化，力求当地受众的高度参与和互动，做到节目从受众中来，到受众中去，受众即节目，节目即受众。

8. 改变单一广告行为，为客户提供整合营销服务。长期以来电视台为主要收入来源——广告客户一般只提供广告服务。在客户的营销渠道选择越来越多样化的今天，单一的广告服务已很难获得客户的青睐。电视台应向为客户提供整合营销方案转变，一方面通过市场调查、硬广告、植入广告、地面活动等为客户提供更加周到的服务和更加多样的产品，另一方面利用新媒体等各种渠道收集、整理、分析目标受众群和目标消费者群的信息，使为客户提供的服务更加精准、高效。

9. 集中优势资源打造品牌栏目，发挥龙头栏目带动作用。以科学准确的定位为基础，实行在特定领域和特定市场精耕细作、聚焦特定目标受众群的策略，摒弃平均用力的做法，集中优势资源打造品牌栏目，利用品牌栏目的延伸拓展来生发龙头带动作用，形成传播力和影响力更强的类型化品牌栏目群或品牌栏目带，从而避免栏目各自为战、互不往来，强化栏目间的联系和聚合。

电视新闻直播的营销战略

北京电视台副总编辑　艾冬云

随着电视广告营销市场的逐步完善，电视广告产品已经日趋成熟，各种“硬性”、“软性”的商业元素几乎覆盖了所有的常态电视栏目。而对于特别节目的广告营销而言，在文艺娱乐类、体育类、财经类节目中做得相对完善，贴片广告、软性植入都有所体现，这也成为了近几年各大电视媒体广告创收的增长点。尤其是在大型体育赛事来临之际，特别节目的广告营销呈直线上升趋势，比如：据不完全统计，2014 年世界杯期间央视世界杯广告创收超过了 15 亿元人民币，同比上届增长超过 50%。娱乐节目的广告创收也是日臻完善，浙江卫视的《中国好声音》，湖南卫视的《爸爸去哪》、《我是歌手》，北京卫视的《最美和声》等都建立了完备的广告营销体系。而新闻类特别节目，尤其是对于大型新闻直播节目的广告营销目前尚处于初级阶段，没有形成固定的营销模式，但随着中国电视传媒广告营销的不断细化，电视新闻广告营销将成为商家今后的“必争之地”。

一

到目前为止，广告营销的范围之所以还没有“伸向”电视新闻直播，有着中国电视发展客观规律的原因，同时，也与电视新闻直播类节目的特性有着直接关系。

一方面是由于电视新闻直播的起步比较晚，在中国真正意义上的电视新闻直播，是从 1997 年中央电视台直播香港回归开始的，发展的速度相当缓慢，甚至在 2008 年之前，除央视和北京、上海电视台之外，没有几家省级电视台拥有电视新闻直播的概念，直到 2008 年 5 月 12 日汶川地震之后，各个省级卫视才纷纷加速建立各自的新闻直播队伍，开始频繁地进行针对各类题材进行电视新闻直播报道。而电视新闻直播类节目再进入广告营销范畴，又经历了几年时间，所以说，电视新闻直播起步晚、发展慢是营销体系没有形成规模的主要原因。

另一方面，政治因素、导向问题是阻碍电视新闻直播广告营销系统建立的另一个原因。当今的中国电视媒体依然属于事业单位，并不是真正意义上的市场化运营，各大电视台被赋予主流媒体舆论阵地的美名，新闻作为党的喉舌，更是传递正能量、政策信息发布的中坚力量，这些都无可厚非，但是，这也让电视台的新闻部门有了政府机关的作风和思维逻辑，再加上各大电视台对于新闻的投入都“不惜本钱”（目前这种投入不计成本的现象已经逐步改观），使得电视新闻从业人员很少考虑广告营销和经营创收，更谈不上成本核算了，“吃大锅饭”的传统思想阻碍了新闻人的眼界和思维逻辑。

第三，新闻直播类节目中，有部分直播存在突发性和不可预见性，这给广告营销带来了一定的困难（但并不是不可解决的），比如：“9・11”恐怖组织袭击世贸大楼、东日本大地震、汶川地震、“7·21大暴雨”、马航MH370失联等灾难性事件直播报道都是事发突然，广告营销几乎没有时间（不过这些也并非不能解决）。

综上所述，“年轻”、“多变”、“难把握”是电视新闻直播的特点，这给现实的广告营销制造了很多实际困难。但是，这并不等同于在电视新闻直播领域“无利可图”，不能创造出经济效益，恰恰相反，正是由于电视新闻直播的这些特点，也决定了其关注度、好评度、收视率的三高，影响范围也是最大的，这为商业投资创造了先天的良好基础。那么如何营销，怎样投放，建立什么样的电视新闻直播营销模式，将是未来一段时间内节目生产者和广告经营者应该共同研究和解决的问题。不过，随着电视媒体广告营销的不断成熟、机制的不断完备，尤其是市场的不断细化，电视新闻直播的广告营销必将成为传媒市场上又一个新的开发领域，但是其难度显然要大于体育类、娱乐类特别节目的直播。

二

在涉足电视新闻的广告营销之前，首先要对电视新闻直播类节目有一个系统的了解，电视新闻直播在学术上的定义就是“广播电视的直播”，是节目“直接播出”的简称，是指不经过预先录音或者录像将事件现场情况、演播室播讲或表演同步播出的广播电视传播形式。直播是在一个完整的时空里同步展现事件的发生过程，从信息传播的角度看，直播有两个功能：展现和报道。直播节目不仅考验记者的表达能力，更考验记者的发现能力和感受能力。有位记者在总结直播报道经验时说，“在现场，你不是出镜的脸，你是观察细节变化的眼睛，是判断分析新闻的脑子”。随着电视媒体的发展，电视新闻直播样态已经逐步取代了新闻录制的样态，当今广播电视新闻正朝着缩小新闻事件发生和报道的时间差的方向发展，广播电视的时效观已经从过去的“TNT”（Today's News Today，今天的新闻今天发）变为现在的“NNN”（Now News Now，即时的新闻即时发）。这也同观众的需求有着直接关系，为商家进入这一领域进行营销创造了动机。

在了解了电视新闻直播的定义之后，还要针对不同类型的电视新闻直播分门别类地制定广告营销模式，只有做到细分产品市场，才能做到有的放矢，真正达到节目创收、效益增长的目的。

可预见性事件大型电视新闻直播的广告营销。这一类电视新闻直播类型是目前这一领域中主要的广告营销领域，也是新闻直播类型中比较便于操作的营销类型。真正意义上的电视新闻直播报道，起步较晚，是从中央电视台1997年直播香港回归开始的，那一次直播并不顺利，根据当时的主要策划人兼主持人的白岩松回忆，“香港回归的直播结束后，大家是带着一股子气回来的。因为不仅仅是我个人，而是整个团队，大家都觉得很沮丧。我们自己知道，自己的缺陷、毛病太多了。我们进行总结，很多人痛哭一场。这说明对整个那场直播，相当多的位置和相当多的人员都是不满意的，包括我自己也同样如此”。中国电视新闻直播，就是在充满遗憾的情绪下拉开了序幕，在之后不久，央视新闻中心就制作了三峡大江截流大型直播报道，这之后两会直播报道、澳门回归、迎接新千年、悉尼奥运会、北京申奥、中国入世、神舟五号等一系列大型直播报道在国家电视媒体和省级电视媒体如雨后春笋般出现，有的时候甚至针对一个题材，多家电视台出现了争相直播的现象，如今，争夺“电视新闻直播资源”和联合直播，成为了电视新闻直播的新环境。

从上述举例的新闻直播题材不难看出，大部分的电视新闻直播题材，都是可预见的，是能够预知新闻发生的准确时间或是时间区间，并在之前可以进行充分策划、制作、宣传预热和广告营销的。很多新闻大事件的直播甚至可以提前一年或更长时间就能够知晓，比如：1997 年 7 月 1 日香港回归；1999 年 12 月 20 日澳门回归；2001 年 12 月 11 日中国正式加入世贸组织；2009 年国庆 60 周年等等，这些“中国人都知道”的事情，有着充足的广告营销时间。

有了准备时间，就具备了广告营销的客观条件，此外，政治环境因素，也需要考虑其中，我们应该清楚地看到中国的电视媒体在逐步进入市场化的同时，还保有事业单位和国家机关的功能，还远没有达到完全市场化的程度。因此在针对这些国家性、世界性的新闻大事件，尤其是有政治大背景的新闻事件的直播的时候，对于硬性广告和软性植入的选择尤为重要，这也要经历一个缓慢的“脱敏期”。17 年前，当央视首次进行香港回归大型直播报道的时候，谁也不会有广告营销的理念，就算新闻中心的领导恐怕也不敢尝试，因为那毕竟处于“试水”期。在接下来的进程中，随着直播频次的不断增加、直播范围的不断拓展，电视新闻直播已经成为一种常态化，宣传部门的领导已经对新闻直播习以为常，电视新闻直播也在电视媒体中形成了一套完备的制作、宣传理念，“招商引资”便成为顺理成章的事情。比如：央视在 2000 年之后制作的神舟系列新闻直播报道，都引入了伊利、昆仑润滑油等广告元素，成功实现了广告营销创收，为电视媒体的新闻直播营销开辟了成功的范例。

关注了央视电视新闻直播的国际化题材后，让我们再来看看近些年省级卫视在电视新闻直播营销上有哪些突破？相较于央视重大的直播题材，各省级电视台的新闻直播题材要灵活许多，尤其是在 2008 年汶川地震和北京奥运会之后，各省级电视台都加快了新闻直播团队的建设，从团队组建到技术应用再到题材的拓展，都形成了一定的规模。针对可预见的大型新闻事件的直播，尤其是依托本地区内发生的新闻大事件，成为地方电视台新闻直播的主要来源，湖南电视台的飞越天门山新闻直播报道；广东电视台的珠海航展新闻直播报道；北京电视台的国际车展直播报道；北京电视台与上海电视台联合推出的京沪高铁全线贯通直播报道等，都具有很强的地域性，也是本地区受众在事件发生期间最为关注的事情。随着新闻直播的不断成熟与规模化，地方电视台的营销策略也在不断深入，以上例证中，红牛集团在湖南台在飞跃天门山新闻直播报道中进行了冠名，加多宝冠名了珠海航展、宝马集团冠名了北京的国际车展、上海通用集团冠名了上海电视台的京沪高铁直播报道，这些成功的案例随着新闻直播的不断成熟而逐渐增多，新闻直播类节目也从之前的一味强调影响力的不断投入走到了逐步创收（或者收支平衡）的今天。可以说，可预见性大型电视新闻直播是当前电视媒体中广告营销的新的主要增长点，但是，这还远没有形成像文艺、体育特别节目一样完备的营销模式，在未来的电视媒体发展中，还需要不断改进和完善。

突发性不可预知事件电视新闻直播的广告营销——必须建立长期的战略合作伙伴。2008年5月12日14：28分，汶川发生8.0级强烈地震，造成69227人遇难，17923人失踪，1510万人受灾，全中国的新闻媒体都对此次震灾进行了新闻直播，央视新闻频道对此次抗震救灾进行了滚动直播，也是从那个时候开始真正确立了央视新闻频道的地位，打响了频道的品牌。也是从汶川地震的电视直播之后，各省级电视台都认清了电视新闻的发展趋势，纷纷组建电视新闻直播队伍，可以说从2008年起，电视新闻直播节目进入了发展的快车道，突发类灾情成为电视新闻直播节目的重中之重。像央视制作的2011年3月11日东日本大地震直播报道；浙江电视台制作的2011年7月25日动车事故直播报道；北京电视台制作的2012年7月21日北京特大暴雨直播报道；2013年4月央视及各省电视台纷纷制作的“4·20”四川雅安强烈地震直播报道等，都是典型的灾难性电视新闻直播。这类的电视新闻直播有以下几个特点：

一是直播报道没有提前准备的时间。突发性电视新闻直播，没有提前准备的时间，更没有为广告营销打出提前量，要在事件发生之后的第一时间做出直播反应，随着电视新闻直播流程、技术和内容操作的不断成熟，新闻直播的反应速度也越来越迅速，通常情况下，对中国内地发生的重大突发性新闻事件的直播在事后2～3小时就可以实现在频道内打通时段进行直播报道。比如：2013年4月20日四川雅安发生里氏7.0级地震，中央电视台和各省级卫视迅速做出反应，向震区派出直播车和报道团队，四川电视台在2小时内收到卫星直播信号，开启了雅安地震的电视新闻直播报道，央视新闻频道也同步开启新闻直播，随后北京电视台、上海电视台、广东电视台、湖南电视台、重庆电视台都纷纷进入直播状态。提高反应速度，缩短事件发生与新闻直播的时间差已经成为电视台针对突发性新闻直播的目标，各台也在不断的实践中制定了相对完备的处理突发事件的直播操作流程，都力争将准备时间压缩到最短，这也为突发性直播的电视广告营销制作带来了不小的困难。

二是直播收视率增长明显。针对突发性事件的电视新闻直播的另一个明显特点，就是能够迅速提升频道影响力、拉升频道收视率。在央视2003年成立新闻频道之前，华语电视台中，在内地最有影响力的新闻类频道是凤凰资讯台，那个时候，只要家中能够接收到凤凰资讯台的，观众在收看新闻时都会选择这个频道，其主要原因就是在2001年9月11日凤凰资讯对“9·11”恐怖袭击事件进行了全程直播报道，那个时候针对突发新闻事件的直播还不健全，反应速度也不够快，当然还有部分政治因素在内，使得包括央视在内的所有内地电视台都没有对此次事件进行直播报道。苦于得不到新闻线索的观众，将目光全部集中在凤凰资讯台，凤凰台也正是因为那次直播声名鹊起，打响了品牌，赢得了内地观众的认可。都说“新闻立台·直播强台”，很多新闻频道都是借助突发性新闻事件的报道而确立在观众中的地位的。央视新闻频道借助“5·12”汶川地震；北京电视台新闻频道借助“7·21北京特大暴雨直播”等。在突发事件报道过程中，节目的收视率普遍要比平时的收视率高出一倍以上，比如：北京电视台在2012年7月21日制作的暴雨直播，收视率相比平时提升了330%、占有率提升了500%以上，使得刚刚成立不到一年的新闻频道影响力迅速蹿升，确立了在北京观众中的地位。这对于电视新闻直播的营销带来了巨大的积极作用，也为突发性电视新闻直播的广告营销奠定了基础。

三是直播时长不固定，随事件发生的变化而调整。播出时长、播出区间不确定是突发性电视新闻直播的另一个特点，新闻直播报道要跟随事件的发展而随时变化和调整，是处于一种动态当中的直播报道。当事件刚刚发生或者事件的处理达到一个高峰期的时候，直播的时长可能会大幅度地增加，而随着事件影响力的减弱或者处于事件收尾阶段的时候，直播的时长可能就会迅速减少或者终结，这都要根据事件的变化而随时调整。以“4·20”四川雅安发生强烈地震为例，4月20日当天，央视新闻频道、四川卫视从上午10：00就打开了直播窗口，一直持续到晚上24：00，4天之后，央视的晚间评论类节目恢复了常态化，直播时段大幅度缩减，又过了3天，央视新闻频道节目不再开窗直播，所有节目恢复常态化播出。其他省级电视台恢复常态化播出的时间更快。再比如：针对2014年马航失联客机的特别报道，各电视台都迅速打开窗口，滚动直播事件进展，而随着搜救的进展和关注度的下降，在一周的时间内，各电视台也纷纷关闭了直播窗口。这些事例充分证明了突发性直播的播出时长和播出区间都要跟随事件发生和发展随时调整，是一种“不固定”的电视新闻直播，这也给电视新闻直播的广告营销带来了难度。

以上三点是突发性不可预知类事件电视新闻直播的特点，对于广告营销而言，既有优势也有劣势。优势在于，这类直播的收视率表现好、影响力大，能够让观众迅速建立起对于品牌的认知度；劣势在于，事发突然，没有营销的准备时间。同时，直播时间长短不一，很难评估广告价格。那么针对这类电视新闻直播是否可以进行广告营销呢？我认为凡是电视产品，尤其是优质的电视产品，就能够找到适合它的营销模式。

建立长期的战略合作伙伴关系。针对突发性不可预知类事件电视新闻直播，在广告营销策略上不能采用传统的营销模式去进行营销，要建立长效机制，与看重电视新闻直播资源的商家建立深度合作关系，不能以固定的项目制去进行营销，要建立一套以年度或季度为单位的区间营销策略，在一个时间区内与广告商或投资方建立合作关系，以突发事件的电视新闻直播时长为计价单位，形成一套弹性的营销模式。在款项支付方面，建立预付款与尾款并存的付款方式。在找到战略合作伙伴后，先达成部分费用的支付协议，并按照具体发生的电视新闻直播中的广告量进行具体核算，在季度或年度末，进行尾款清算。如果直播中的广告量没有达到预付款的数量，可以将费用顺延至下一个时间区间内。对于时间不确定、时长不确定、发生次数不确定的突发性电视新闻而言，唯有建立弹性的营销模式才能够实现真正意义上的创收。

建立快捷的广告营销机制。在与客户建立战略合作关系和弹性的营销模式之后，还应该建立一套广告营销的应急机制，以应对突发电视新闻直播的播出节奏。一般情况下，在突发事件发生之后与开启电视新闻直播之间有2～3个小时的时间，广告营销的应急机制应该与新闻直播准备的应急机制同步进行，并打出提前量，在新闻直播开启之前，将广告营销中的硬性、软性广告准备齐全，交由新闻内容负责部门具体执行。一般来说，所有的广告植入元素，应该在合约签订之后就准备齐全，尤其是贴片广告、角标、标准口播、电脑备贴、背景图标、横飞鸣谢、赞助服装、虚拟植入等。在直播开启之前，只需将已经准备好的软硬广告调入直播系统即可，形成一整套应对突发电视新闻直播的广告营销应急体系。

小型电视新闻直播的广告营销——板块化营销模式。在电视新闻直播中，还有一种类型就是规模小、频次高、不单独开窗（或者开窗时间很短）的小型直播。这种直播投入的资金、人员很少，直播内容基本是穿插在常规节目当中，并且以新闻对播的形式出现。这些小型直播在内容上有的属于可预知事件，有的属于突发性事件，但是就事件本身而言，影响范围有限，但依然具有较高的关注度。针对这种新闻直播，单独营销的困难较大，形成不了一定的规模。所以在营销策略上，应该采用板块化的营销模式，将小型直播以板块化的形式，固定在日常节目当中，针对直播板块进行广告营销。在营销手段上，结合以上两种直播类型，寻找战略合作伙伴进行独家冠名，形成一套适合该类直播的营销体系。

电视新闻直播的三种直播形式在广告营销上有一定的难度，但随着电视媒体的不断市场化，广告营销的不断细分化，电视新闻直播的营销模式将会从尝试逐步走向成熟，这将是一种必然趋势。

三

随着电视媒体与新媒体的不断融合，全媒体营销理念已经成为未来营销发展的方向。比如：2014年的巴西世界杯期间，央视体育就成功地进行全媒体营销战略，根据央视的代理商盈方体育传媒的相关人士介绍，世界杯期间的《豪门盛宴》直播特别节目，就是采用了全媒体的营销模式，腾讯、新浪、搜狐，都与央视进行密切合作，同时投入了不菲的广告营销费用，借助央视的直播平台来增加网上的活跃度。而央视此次在制作《豪门盛宴》的过程中，在内容设计上也充分考虑到了电视端（线上）与新媒体端（线下）的有机互动，形成了一条包含电视端、移动端、门户网站、电子商务于一体的内容制作和广告营销的链条。据不完全统计，此次《豪门盛宴》的广告收入在15亿元人民币以上，很多客户都是在看准了该节目的全媒体营销能够比以往的单独电视端营销获利丰厚才大量投入的，央视50%的广告增量，绝大部分来自于全媒体营销（线上线下同步营销）链条。这样成功的营销案例，同样能够被拷贝到电视新闻直播的营销中来，并逐步建立了一套线上、线下完整内容生产与广告营销产业链条。在具体实施阶段，广告招商根据内容链条进行全媒体营销：

线上线下同步招商。针对可预测的新闻直播，在新闻直播前，在电视端（线上）、移动端、门户网站、电子商务（以下统称为线下）等新媒体平台进行统一广告营销，确定广告合作伙伴，并按照营销内容统一制作硬性、软性广告。

线上线下同步宣传。在电视新闻直播报道之前的预热阶段，线上、线下以宣传片、横飞字幕、视频贴片、网络挂栏的形式进行全媒体宣传，视频宣传内容中要充分体现广告营销元素。

线上线下互动征集。在提前预热阶段，除宣传直播报道外，还应融入互动环节，充分调动观众、网民的参与热情，联合电商、网站和手机移动端进行有奖征集、开展有奖问答等（可以在门户网站和手机移动端内设置有奖征集的APP）或者其他征集活动，在提升影响力的同时实现广告营销的创收最大化。

线下互动操作。参与直播互动的观众、网民的筛选工作、中奖结果统一在线下操作完成，并将获奖结果和网民留言推到线上。

线上最终呈现。在线上的直播过程中和直播的收尾阶段对媒体互动的最终结果予以公布，以视频直播和滚动字幕的形式加以呈现。同时，在线下也可同时公布结果。

线下综合收尾。获奖观众信息和奖品领取方式，统一在线下完成。

这样就形成了一条完整的电视新闻直播的营销产业链。当然，随着电视技术的不断更新、新媒体产品的不断涌现，未来电视新闻直播的营销模式还会发生变化，但只要营销体系建立起来，只要营销意识能够随着时代的变化而不断更新，电视新闻直播作为媒体的优质资源始终会带来巨大的经济效益。

随着中国市场经济的不断深入，电视媒体的市场化进程将不断加快，以往不计成本投入的时代已经一去不返，“成本核算”、“开源节流”将成为电视媒体今后运作的关键词，各种类型的电视节目都将以产品化的形式成为创收手段。作为电视优质资源的新闻直播，在收视率竞争激烈的环境中，依然表现突出，它也将成为不断加快市场化步伐的电视媒体的一块“优质田”，通过合理的营销模式为电视媒体带来更大的价值。

培育原创力，注重微创新

——以《档案》和《养生堂》为例谈自主创新的节目模式

北京电视台副总编辑　徐　滔

2013年，我有幸受邀参加索福瑞公司举办的业务研讨会，回到了自己的家乡湖北。每次途经三峡，我总能想起小时候背诵的那首唐诗《早发白帝城》，其中的“两岸猿声啼不住，轻舟已过万重山”是何等的潇洒畅快。作为分管北京电视台卫视节目中心的副总编，在与频道同仁一起经历了省级卫视2013年的激烈竞争之后，我发现这句诗多少可以用来形容当前一些引进栏目收视市场形成的竞争态势。不过，作为参与者的自己，心情却没法像诗人李白那样自在。

一方面，模式引进成功激活了国内电视市场，为电视台开辟了一条竞争快车道。大型栏目的运作日渐形成一条成熟的产业链，模式购买、节目制作、广告营销、成品播出，各部门各司其职，形成高投入、高产出、高效率的运转模式，这是模式引进让我们尝到的甜头。

但另一方面，我们又不得不面对一个尴尬的现实，当海外模式风起云涌之时，我们自己的内容生产品牌却出现老化、新栏目创新乏力、竞争不足等现象。最近有一条很受关注的微博写道：“中国电视人在模式引进的逼压下，已经不会克隆，连模仿的勇气都没有。”这不得不说是中国电视人的悲哀，也是我们必须冲破的桎梏。

在中国电视团队尚不具备研发原创大型节目能力的现状下，我们首先应该看重的是“微创新”。以北京卫视两个原创栏目为例，来说明北京卫视在原创之路上，探索出的微创新路径。一档是人文纪实栏目《档案》，另一档是健康服务栏目《养生堂》，我将从五个角度对两档栏目的创新方式进行分析：

（1）出发点，为什么会有这么一档栏目？

（2）核心点，栏目的核心诉求是什么？

（3）创新点，栏目如何实现创新？

（4）模式化，如何形成成熟的节目模式？

（5）增长点，栏目继续发展的空间在哪里？

第一《档案》

《档案》栏目诞生于北京电视台2007年的一次创新栏目评选活动，活动向全社会征集栏目创意和意见，并对各类创意进行专业化评估，最后推出具有竞争力的原创栏目。《档案》栏目从2000多个创意中脱颖而出，最终获得了创意总分的第一名，随后制作的样片，经过观众和专家的测评，总成绩也排名第一。

制片人吕军是北京电视台非常独特的

一位制片人，他曾到国外专门学习电影和摇滚音乐。留学的经历拓展了他的创新思维，他突发奇想，能否用拍摄电视剧的方式，带领电视机前的观众重返历史的现场，揭秘历史事件、历史人物的真相。于是，《档案》就这样在2009年应运而生，2010年我从北京电视台科教频道调到卫视频道，将《档案》栏目从周播改为日播，迅速提升了《档案》的影响力和传播力。2013年，《档案》栏目荣获了“2013两岸四地原创电视社教栏目四小龙”的称号，这是对《档案》栏目原创精神与原创能力的肯定。

1. 出发点——好奇心。这个世界上没有多少人可以阅读别人的档案，更没有太多的人能够了解一个国家的档案，这些封存的秘密强烈地吸引着人们与生俱来的好奇心，而这正是《档案》栏目的出发点——通过解密档案中人们无法得知、不曾了解、不敢想象的真相，满足观众的好奇心。

2. 核心点——讲故事。如何运用档案构建一档栏目？栏目组找准了“讲故事”这一核心。在《档案》栏目提供给每位编导的《导演手册》里，开宗明义第一句话就是“人生就是故事”。

3. 创新点——让观众重返历史现场。在电视呈现手段上，《档案》最重要的创新就是视觉的创新。讲故事的方式有很多种，但《档案》做到了从电视的视听规律中寻找到了突破点。《档案》由一名讲述人在1000平方米的摄影棚内，游走于大屏幕区、档案区、视听区、沙盘区、中央演示区之间。讲述人通过翻阅、播放、展示、聆听、演示等等一切可以调动的手段把故事讲给观众听，展示给观众看。形象地说，《档案》就像一个现场讲故事的独幕舞台剧，所有的动作都发生在演播室里，但不同功能区域的划分，有效扩宽了演播室呈现给观众的心理空间，让画面不封闭，不单一。这些都是《档案》栏目利用原创性环节设置完成的空间创造和视觉创新。

4. 模式化——《导演手册》与细节管控。为了对节目录制进行细节管控和可复制的模式化操作，《档案》栏目还撰写了通常是引进模式栏目才会附带的制作宝典——《导演手册》，《导演手册》对拍摄的各个环节提出了详尽的要求和执行标准，栏目创作人员严格把控生产的各个环节，保证每期节目相对一致的制作水准。这也是《档案》栏目从周播栏目升级为日播栏目，始终保持制作水准和风格统一的模式化基础。

5. 增长点——新闻时效性的增强。进入2013年，《档案》栏目从22点提早至21点播出，面对更为激烈的竞争环境，《档案》开始寻找与新闻时效相关联的创新路径。今天的新闻就是明天的历史，而每一个新闻背后都或多或少有历史因素的影响，这正是《档案》努力寻求的突破口。栏目组加大了对新闻性选题的关注，从外围故事和历史背景的角度进行挖掘，帮助观众建立对新闻事件的多角度观察和深入理解。这一尝试在“钓鱼岛”事件、糯康集团落网、默多克离婚案等重大新闻事件发生后，都得到了良好效果。

显然，新闻性选题的操作加大了栏目组的操作难度，因为《档案》是建立在丰富、详实、准确的历史资料基础上的，面对历史不能操之过急。这需要栏目组在保证节目质量的同时提高操作效率，加强对选题的预判和前瞻，提早介入。虽然是“自寻苦吃”，但在观众的需求面前，我们别无选择，必须竭尽全力。

以上就是《档案》栏目围绕的出发点、核心点、创新点、模式化、增长点在原创道路上有意的尝试。正是对栏目品质和电视理想的坚守，《档案》栏目在全国众多仿效者中“永远被模仿，从未被超越”。

第二《养生堂》

《养生堂》栏目是2009年我担任科教中心主任时创办的，2011年移至卫视播出，首播时间一直是17：30分。在北京卫视的两年多时间里，《养生堂》栏目始终位列同时段全国所有电视台所有频道所有栏目排名的收视率和收视份额的第一位。

1. 出发点——献给亲人的爱。做栏目简单来说就是要解决“谁在说？说什么？怎么说？”的问题，而所有这一切都归结为一个目的——“为谁说？”记得在策划《养生堂》之初，我就对制片人说过：“你们做这个栏目不仅是为电视观众寻求健康，同时也是在为我们自己的父母寻求健康。”于是，“为谁说”的问题有了答案——为了我们的亲人。久而久之，“献给亲人的爱”这句口号就成为《养生堂》栏目组心领神会的制作理念。

2. 核心点——服务。《养生堂》是一档健康服务栏目，所有的文章都围绕“服务”来做。我曾经听过奇虎360公司董事长周鸿祎的一段话，他因为设计了免费且智能的电脑服务软件而成为行业精英，他说：“人们的选择，实际上都是人性的表达。人是喜欢自由的，是喜欢便宜的，喜欢免费的，是愿意受尊重的。所以你如果能顺着人性去做，把一个复杂的东西做得很简单，把一个笨重的东西做得很轻巧，把昂贵的东西做得很便宜，甚至免费，它就会产生很好的用户体验，就会产生很大的市场能量。”这段话恰巧与《养生堂》的服务理念不谋而合。我把它总结为“看得懂、学得会、做得到”。

我常讲一个比喻，《养生堂》讲的是白菜豆腐，绝不是海参鲍鱼。海参鲍鱼乍看起来有营养，但没人能天天吃，也不是谁都适合吃，更不是谁都会做。而“白菜豆腐保平安”的老话反而是《养生堂》追求的方式，让每位观众都能够“看得懂、学得会、做得到”专家的养生建议，在平平常常的生活中学会细水长流的健康之道。

3. 创新点——互动实证。《养生堂》充分利用了北京丰富的医学专家资源，邀请的嘉宾全是三甲医院的院长、副院长，重点科室的主要负责人，或国家级老中医及其传承人，他们都有深厚的学术背景和丰富的临床经验。早在2010年，《养生堂》就成立了专家顾问团，成员主要由国家顶级医学专业机构专家、中华医学会各专业委员会主任委员、副主任委员和中医权威专家、院士担当，它成为《养生堂》最权威的专业指导机构。随着栏目影响力的不断扩大，2012年6月，《养生堂》又与中国中医科学院签订了战略合作协议，约定共同策划开展中医药养生、保健以及疾病防治领域的相关活动，让更多的专家学者走到台前。

几年时间里，《养生堂》拒绝过太多养生畅销书作家上节目的请求，栏目组坚持认为，那些过于绝对或是夸大的说法，卖大力丸似的吆喝，只能造成一时的轰动，博取短期的收视，却有损于栏目的品牌形象和长远利益。所以，《养生堂》做好服务的第一步，就是筛选最信得过的专家为老百姓服务。

解决了“谁在说”的问题，栏目组就开始重点解决如何突破讲座的框架，让讲座的方式能够更加丰富和灵活。栏目组找到的解决之道是互动和实证。互动的效果，是让每一个问题不是来自主持人的脚本，而是来自观众的切身需求，主持人询问观众的健康状况，邀请观众上台参与健康测试和实验，由观众给出的答案引出正确的养生常识“实证”是《养生堂》最难也是最成功的创新之举，目的就是要把医学变成“看得见的科学”。

4. 模式化——细节量化。一个频道或一档节目就如同一部零件复杂的机器，让它有序运转的前提就是保证每个零部件都工作正常，这就是量化管理的重要性。我在卫视中心建立了情报及收视分析机制，加强重点节目的分钟收视分析，以把握每期节目的制作水准。

我们对于《养生堂》栏目专门设计了一张量化分析的监查表，里面详细罗列着7个项目和相对应的指标，图片不少于10张，视频外拍不少于4个，动画演示两个以上，道具不少于3类，实证两个以上，辅助嘉宾至少一位，互动4次以上，案例4个以上……这是《养生堂》自己制定的每期节目都必须达到的量化指标。如果说《养生堂》拥有创新模式的话，我想这就是《养生堂》的模式。编导依照指标设计录制方案，每一处量化的指标实际上都是节目进程中的收视支撑点，完成了这些指标，这期节目的方案就能够饱满而完整，这期节目理论上就能够达到收视的平均水准，这是4年来栏目总结的经验，是《养生堂》不断摸索形成的创新模式。

创新有大有小，“灭灯”和“转椅子”可能是综艺节目最具划时代意义的创新，但对于更多的栏目来说，执着寻找并不断实现“微创新”同样是制胜之道。《养生堂》作为一档形态并不复杂的栏目，在四年时间里效仿者无数，但《养生堂》始终是同类型栏目中的第一品牌。有人说依靠的是顶级专家资源，但在市场面前，很多栏目都可以高价挖走北京的专家，所以在我看来，《养生堂》成功的关键在于永不停止的创新和精益求精的细节把握，所谓“流水不腐，户枢不蠹”就是这个道理。

5. 增长点——品牌价值。《养生堂》是目前北京卫视唯一一档广告上亿元的栏目，品牌价值凸显。今年以来，北京卫视在积极推进《养生堂》的品牌营销战略，深化栏目在全国的影响力。今年5月，北京卫视启动“善存健康——《养生堂》大型系列巡讲活动”，栏目组邀请顶级医学专家和栏目主持人一起，在全国18个城市展开为期一个半月的巡讲。活动取得的空前反响坚定了《养生堂》深化品牌战略的信心。《养生堂》未来的路还有很长，只要坚持始终创新的精神和追求，老品牌就永远焕发出新活力。

以上，我以北京卫视的《档案》和《养生堂》栏目为例，分别从出发点、核心点、创新点、模式化和增长点五个方面，介绍了北京卫视在模式原创和微创新上的一点体会。我投身电视工作20年有余，如果谈到做节目的感触，我想用三句话可以概括：

第一，任何复杂的节目，都有一个简单的初衷。像《档案》就为了满足人们对历史的好奇心，《养生堂》就为了人人都能少生病。同样，《非诚勿扰》的初衷是找到真爱，《中国梦想秀》的初衷是帮普通人圆梦。简单清晰的出发点就是一档栏目的宗旨，提醒栏目创作者在未来的发展中不断去修正和定位。

第二，任何复杂的模式，都有一个明确的核心。《档案》倾注所有声光电的特效，利用道具和再现，为的就是讲好一个故事。《中国好声音》设计盲听环节，又花费大价钱打造音响设备、现场乐队，为的就是凸显对声音的尊重，因为声音是这档栏目的核心。明确了核心，一切模式都不再复杂，一切创意也都不会盲目。

第三，任何复杂的结构，都有无数细小的组成。换句话说，创新是一条环环相扣的链条，是由无数细小的环节组成的。我们的某一次创新，有可能是某个环节的更新，有可能是增加了某个环节设置，有可能是调整了环节间的排列顺序。当我们把节目创新拆解成一个又一个小细节时，创新会变得更有针对性，也更加简单。

最后，希望中国电视的原创力量能够早日崛起，在把国外先进模式“请进来”的同时，我们自己的精品模式也能够早一天“走出去”。

概　况

北京电视台概况

2013年，北京电视台牢牢把握正确舆论导向，统筹推进事业产业发展，圆满完成了各项工作任务，进一步提升了北京电视台的传播力、公信力、影响力，为推动首都科学发展做出了重要贡献。

一、深入开展党的十八大精神宣传，彰显主流媒体舆论引导力

重大主题宣传高潮迭起。综合运用理论专题片、系列宣传片、主题报道和特别节目等多种形式，把学习宣传贯彻党的十八大精神不断引向深入。精心制作了《正道沧桑——社会主义500年》、《从一大到十八大》等理论专题片，分别被中宣部、中组部等列为教材推广并在中央电视台播出；在《北京新闻》推出了“与梦齐飞”等4个专栏，广泛报道了全市人民学习贯彻党的十八大精神、加快推进首都改革发展的新思路、新举措、新气象；策划推出了《出彩人生 追梦中国》系列宣传片和《中国梦365个故事》微纪录片，全景式、多层面、多角度展示了普通人实现梦想的奋斗历程与心灵之光；《杨澜访谈录》、《全景对话》等推出特别节目，邀请各界名人讲述人生故事与梦想力量，传播了正能量。

群众路线宣传报道生动深入。以《北京新闻》为平台，相继推出“群众利益记心间”、“听民意 解民忧”等专栏，大力宣传了各级党委政府转变作风、联系群众、为民排忧解难的积极行动。深入开展“为民爱民的好医生”贾立群典型事迹宣传报道，得到了上级领导高度评价。精心制作了《把群众放在心上》、《四风警示录》等专题宣传教育片，全市第一批参加党的群众路线教育实践活动的单位组织学习观看。创新开展《爱我家 唱我家 我的北京我的家》等大型群众歌曲演唱竞赛和“北京公园群众文化活动巡礼”活动，展现了首都城市魅力与文化建设成就，为群众搭建了丰富多彩的文化舞台。

大型直播报道广受好评。积极探索大型综合报道创新和直播工作的多样化、专业化，圆满完成了北京市和全国“两会”、神舟十号、园博会等大型报道任务和房山大墓发掘、巴黎航展、京交会等50余场新闻直播，实现了新闻直播报道的常态化，彰显了首都主流媒体在国内外重大新闻事件中的传播力。四川雅安地震发生后，新闻、卫视等频道推出46小时直播报道，实现了突发应急报道的新突破。

二、狠抓内容生产不放松，提升媒体传播力和社会影响力

北京卫视走上竞争快车道。大力创新发展路径，有效强化了品牌栏目、季播活动和电视剧三大频道支撑力，实现了全国和本地收视明显提升。2013年北京卫视在CSM35城市全天收视份额排名全国省级卫视第四，较去年前进四位。推出具有全国影响力的音乐季播节目《最美和声》，首次引进国外版权模式，节目收视率位居全国同时段第二。探索差异化竞争策略，策划推出了《一起唱吧》、《我是大医生》等新型季播栏目。着力巩固“大戏看北京”品牌，推出了《打狗棍》、《正阳门下》等多部精品剧目，创近两年来收视新高。

各频道品牌价值不断拓展。各频道认真落实自身定位理念，调整栏目设置，突出频道特色，品牌形象获得新彰显。

文艺频道着力提升综合实力，推出了《第六届北京清明诗会》等20多个大型活动和晚会，呈现出多彩亮点。创新推出《笑星撞地球》综艺季播节目让观众耳目一新，周播栏目日播化的“集群式”编排效果显著，《我家有明星之天才宝贝追梦春晚》等一系列特色活动广受好评。

科教频道集中实施两次改版，差异化设计周末栏目，策划推出了《法治·北京》、《我爱中国节》、《今晚我们相识》、《虎口脱险》等新节目，整合拓宽了午间法治时段优势资源，深度改造了晚间黄金时段内容样态，优化了频道视觉识别体系。

影视频道坚持地面剧场差异化编排、类型化编播、集团化作战的思路，着力巩固传统主力观众群，积极拓展年轻群体受众，保持了强劲的市场竞争力。黄金档《首都剧场》主打现实、抗战等题材，播出了《六块六毛六那点事》、《我们的快乐人生》、《火线三兄弟》等电视剧，屡创收视佳绩。

财经频道兼顾普通百姓和专业人士两大收视群体，深挖财富、收藏等热点内容资源，重点打造《天下财经》、《财经锋汇》、《一周财经综述》三大专业节目；构建大时段“财富节目带”，推出《中国经济新春论坛》、“北京影响力”等特别节目和大型活动，进一步提升了频道品牌影响力。

体育频道实现高清制播，成为全国第一个实现高标清同播的体育频道；深度挖掘赛事资源，强化观众互动，推动频道收视实现新突破。圆满完成全运会报道任务，播出规模、节目形态、转播技术等广受赞誉；成功完成NBA中国赛、第三届环京赛等公共信号制作，实现足球赛事转播第三次升级，转播水平全国领先。

生活频道充分发挥优势节目规模化、集约化效应，打造《生活2013》、《选择》、《生活广角》、《生活特供》四大日播通档，形成了频道收视的强力支撑；着力培育《幸福厨房》、《北京味道》等精品节目，提升了频道品牌厚度；积极探索季播轮耕、内容营销、观众互动、新媒体推广等运营创新，跻身“2013两岸四地创新频道十强”。

青年频道不断提升频道品牌认知度，积极传播青春正能量，策划推出“实现青年梦想的神奇行动”《青春A计划》系列季播节目，推出首档全媒介环球才艺互动直播节目《环球神奇炫》，圆满完成了第三届北京国际电影节开幕式直播任务，荣获“2013中国传媒盛典（省级）十大地面频道”称号。

新闻频道启动全天17小时新闻滚动直播，频道直播架构搭建完成，报道资源进一步整合拓展。“关注四川雅安地震”在突发应急报道方面凸显行业领先优势，“房山大墓发掘”开创了地方台直播重大考古事件先河，“巴黎航展”首次实现了跨国展会类直播报道。频道收视份额较年初提升超过30%，达到三年前新闻频道创建之初的2.5倍，并连年获得中国新闻奖大奖，新闻专业特质与社会影响力进一步彰显。

卡酷少儿频道创新节目内容生产模式，推出首部反映中国动画90年发展全貌的纪录片《梦的家园》，展现了中国动画艺术魅力；积极打造自主知识产权动画精品，推出了《开心超人》、《食功夫》等优秀作品；积极拓展海外资源，与众多一线公司达成合作意向，引进了一批境外优质动画作品。

纪实频道实现播出序号调整、频道呼号变更和节目创新改版，积极开展上星筹备工作，着力打造成熟的纪实节目专业频道。自主拍摄了《飞翔的翅膀》、《园·梦》、《水情》等多部纪录片，举办“2013环太平洋大学生微纪录作品大赛”等大型品牌活动，在南非推出“中国纪录片日”，频道影响力逐步增强。

精品节目生产成果丰硕。在各类社会评奖中斩获150余个奖项，其中国家级奖项30项。《雨中进行时——7·21北京特大暴雨》荣获第23届中国新闻奖电视直播一等奖；长篇电视剧《独生子女的婆婆妈妈》获第29届“中国电视飞天奖”三等奖；在“2013年全国春节文艺晚会及春节特别节目评优表彰”活动中，动画春晚、“美丽乡村”晚会、相亲相爱一家人之“影视风云”特别节目分别受到表彰。动画片《飞越五千年》荣获2013四川电视节“金熊猫”奖、美国博班克电影节“最佳国际动画短片奖”等多项国内外大奖。100余部次电视节目和影视作品在北京新闻奖、北京广播影视奖、北京影视春燕奖、北京市文学艺术奖评选中取得优异成绩。徐春妮同志获全国五一劳动奖章，李兰同志荣获“全国德艺双馨电视艺术工作者”称号。

三、加强对外宣传工作，展示首都北京的国际形象和文化魅力

国际传播覆盖与影响不断扩大。与美国中文电视英语频道深度合作，每天1小时向纽约观众播出我台优秀品牌节目；关注中外交流热点，制作《雅安地震中的熊猫》、《胡同学校》等30多条英文新闻在美国中文电视英语频道日常新闻中播出。继续用好长城平台、加拿大城市电视台、黄河台等海外平台，多渠道传播北京声音，对外总播出时间近7000小时。首次与西方主流媒体展开全面战略合作，与业务覆盖46个国家和地区的澳大利亚广播公司（ABC）在英语新闻播出、互办电视节、合拍纪录片、大型活动等多方面开展了深度交流。依托重点项目推动双向文化交流与文化“走出去”，举办了海外华裔青少年中文歌曲大赛，与澳大利亚、南非、法国、日本等境外团队合作完成了《双城记——北京 & 堪培拉》等多部高品质纪录片。

新闻通联工作成绩斐然。加强与87家记者站合作，与16个区县的广电中心建立了报题会等制度，组织开办了记者站新闻业务培训班，进一步提升记者站报道水平，全年记者站共发稿1743条，极大地丰富了新闻直播平台内容。与CCTV北京记者站紧密合作，借助央视新闻频道和《新闻联播》大力宣传全市中心工作和发展成就，向中央电视台送稿4200余条，央视各档栏目发稿813条，其中《新闻联播》发稿137条。加强与国内兄弟台的联系与合作，向CPTN协作体上传新闻1659条，再度荣获年度CPTN最佳协作奖。

版权发行销售再创佳绩。创新国内发行模式，与辽宁、山西、江苏、吉林等省市电视台达成联合制作意向，电视节目传统版权经营收入2228.7万元，同比增长12.9%。积极拓展海外市场，与加拿大、美国等国媒体就电视版权销售达成意向性共识。首次提出“图书音像制品招标”计划，开拓了图书音像制品的直销渠道，完成《养生堂》、《档案》、《辛亥》、《昨天的故事》、《食全食美》等一批栏目图书和音像出版的商务洽谈签约。联合长江文艺、青岛少儿等出版社，打造了少儿精品漫画系列图书《二秃子！不许笑!》和《卡酷派》月刊杂志。

四、巩固技术领先优势，进一步提高传媒技术应用与服务水平

安全生产播出目标成功实现。全年15个频道共播出节目116077小时，停播率0.3秒/百小时，远低于国家新闻出版广电总局62号令要求的5秒/百小时，确保了重要节假日、重大事件安全保障期零事故播出。圆满完成北京市和全国“两会”、第十二届全运会等大型直播传送保障任务，实现全年18万小时安全传输。媒资系统共保存播出版节目和资料版节目、素材共计64.8万小时，较去年底增长53%。

重点技术项目建设扎实推进。高清第二阶段主体项目建设工作基本完成，高清高端制作网等12个项目正式投入运行。IPTV集成播控平台、北京网络广播电视台网站、基础网络安全平台、内容生产服务平台、云计算支撑平台等项目已进入验收阶段。办公信息化建设不断深入，办公网基础网络监控、信息发布系统等多个项目顺利完成，利用虚拟化技术建设办公网基础环境，深化了OA系统应用。在电视制作、转播中研发应用在线虚拟包装技术、新字幕包装系统、全程虚拟植入技术，投入使用高速和超高速摄像机，节目画面感染力、表现力和观众视觉体验进一步增强。拍摄制作3D电视节目100小时，向中国3D试验频道送播200小时，逐步实现了3D节目内容品牌化和生产常态化。

技术创新成果屡获殊荣。技术工作全年共获得各类社会奖项130余项，包含国家级奖项32项。其中，在2013年度电视节目技术质量奖评比中，北京电视台再次收获金帆综合大奖，“春华秋实——北京电视剧辉煌30年主题晚会”、“2013北京电视台春节联欢晚会”分获高清和标清节目录制一等奖，卫视频道播出获得播出技术一等奖。“北京电视台高可靠智能化高清制播网”等3个项目获国家广电总局科技创新一等奖，“北京电视台网络化节目制播体系在线全面高清化改造项目”获得中国电影电视技术协会颁发科技进步奖一等奖。

五、推进台网融合发展，促进新媒体业务快速成长

新媒体工作基地投入使用。基地集应用展示、演播制作、播出监控系统、私有云中心及办公于一体，成为国际领先的高科技工作基地，为下一步建设北京大媒体和北京电视台全媒体战略发展打下基础。

各项新媒体业务增长迅速。北京IPTV投入试商用，频道总量扩充至106路，累计新增内容超过3万小时。北京网络广播电视台（BRTN）网站正式上线。移动互联网业务推出了多款智能客户端软件，BTV APP产品矩阵逐步构建。微博微信平台影响力进一步扩展，BTV新浪官方微博粉丝数达265万，影响力排名全国电视台官方微博第六，BTV微信公众平台粉丝数达16万。全台数百个微博的矩阵式管理平台初步搭建，实现了重大节目和活动推广的统筹联动、一键发布。

多领域台网深度融合业务稳步推进。成立了新媒体发展中心，建立了适应融合发展的组织结构和管理机制，加强了对全合新媒体版权的统一管理。充分发挥新媒体优势，积极探索重大突发事件新媒体直播及全媒体报道，IP 化全媒体演播室投入使用，实现了观众与节目现场的深度互动。

六、积极推进经营创新，完成年度收入经营目标

广告经营模式不断创新。成立了十个融合小组，打通生产到营销的联动链条。推出多项招商政策，稳定了存量客户，扩大了增量投放。针对核心品牌内容资源推出“签约预售”和“广告招标”等新模式，签约总额超过 3 亿元。积极探索内容营销，推出宝洁广告双屏互动项目“寻宝行动”，注册用户数突破 50 万。加大特殊项目广告销售，共销售特殊项目 65 个，签约额达 2.7 亿元。积极开展广告定制节目探索，将《养生堂》栏目品牌与企业需求、受众需求深入结合，开展了全国 18 个城市的巡讲活动；以大型系列季播活动《青春 A 计划》为依托，创新了地面频道营销模式。在复杂困难的情况下，顺利完成了 32 亿元事业收入经营目标。

影视产销与演艺经纪繁荣发展。合作拍摄了《小时代》与《小时代：青木时代》电影作品，获得投资分配收入约 1330 万元。积极推动动画电影《孙悟空》的制作和主旋律电影《帅孟奇》的拍摄筹备工作。筹划开发了多个中国梦主题电视剧项目，北京题材电视剧《乞丐大掌柜》（原名《丰泽园》）进入拍摄阶段，《互联网的那些人和事》、《同门》、《人是铁饭是钢》等剧制作发行稳步推进。百集大型动画系列片《飞越五千年》前期工作顺利完成，进入发行阶段；积极开拓卡酷品牌原创电影市场，动画电影《雪域奇缘》完成前期策划。启动演艺经纪、主持人经纪业务，主持人春妮代言大中电器，栗坤代言格格旗袍，产生了良好效益。大力推动艺人统筹业务拓展，大型活动统筹签约总金额约 1600 余万元。

卫视节目中心工作概况

卫视节目中心

一、全年收视提升明显，第三季度改版冲高

2013 年，北京卫视面对省级卫视越来越激烈的竞争态势，顶住压力，稳步提升。

全年整体收视提升明显。2013 年 1 至 10 月，北京卫视全国 33 个城市收视率 0.21%，收视份额 1.68%，在排名前八的省级卫视中，北京卫视是增长幅度最高的频道。

同时，1 至 10 月北京卫视本地平均份额 11.02%，较 2012 年全年份额高位提升了 1.5%，其中 11 月 5 日单天份额达到 17%，是北京卫视近三年以来单天份额最高值。

第三季度改版效果显著。第三季度历来是省级卫视一年中最重要的收视决胜期和频道发力期。北京卫视从 7 月 1 日起主动调整版面，提前打响“双收保卫战”。具体举措包括：上午电视剧取消红星剧场重播，扩充为新剧三集连播。后黄金时段

22点档，排播高收视综艺节目。周六晚间播出大型音乐季播栏目《最美和声》。

从收视效果来看，7至10月北京卫视全国平均收视率0.22%，平均份额1.79%，比上半年增长10.5%。其中，《档案》栏目和次黄金栏目带均提升明显。《档案》全国收视率排名提升了5位。后黄金时段的22点档，整体收视增幅达到60%，常规栏目《天下收藏》、《身边》和《全景对话》均在下半年达到全年收视最高值，其中11月5日《身边》全国收视率0.63%，同时段排名全国第二。

二、周末季播实现突破，《最美和声》表现抢眼

周五、六、日晚间是观众容量最大的收视时段，也成为省级卫视主力节目扎堆的竞争高地。北京卫视与第一阵营卫视相比，在该时段缺少具有竞争力的季播栏目，存在收视短板。2013年7月20日，北京卫视推出了首档大型音乐季播栏目《最美和声》，开创北京电视台历史的两个先例，实现三个突破。

两个先例：一是从迪士尼版权方购入美国电视音乐选秀栏目*Duets*，成为北京电视台、北京卫视首档引进海外版权的模式栏目；二是北京卫视与广东百合蓝色火焰文化传媒股份有限公司合作，首度实现真正意义上的制播分离。

三个突破：一是收视率突破。从7月20日开播到10月19日总决赛，播出14期，覆盖92天，取得本地平均收视2.49%，全国33个城市平均收视0.98%的收视率，播出同时段始终位列全国收视第二位，开创了北京卫视的收视纪录。

二是年轻受众突破。全国33城市中15~34岁观众的收视率达到0.87%，相较今年上半年同时段青年观众收视增长了335%。

三是外地收视突破。外地观众收视贡献率高达82%，开创了北京卫视各档栏目中外地收视贡献的新高。在《最美和声》的强势带动下，北京卫视正在成为全国影响力的卫视平台。

此外，《最美和声》在宣传推广上实现多媒体互动营销，平媒及网络媒体新闻稿件累计刊发1091篇，在新浪微博上与《最美和声》相关的微博超过395万支，触达粉丝人次超过5亿。《最美和声》栏目宣传片在全台各频道累计播出2.3万次。北京广播电视台公交媒体、楼宇媒体、地铁媒体三大平台宣传片播出总计1920次。仅北京广播电台播出总决赛的宣传片，就达到每日12次，形成多维度、高密度的推广网络。

三、传统品牌丰富创新，新栏目亮点突出

传统栏目探索互动创新之路。北京卫视《养生堂》、《档案》等品牌栏目都已创办了五年，为了保持品牌的鲜活度和影响力，积极探索互动创新之路。

1.《养生堂》全国巡讲强势推动品牌影响。从2013年5月份开始，《养生堂》联合特约播映商惠氏制药有限公司，推出“北京卫视《养生堂》‘善存健康’巡讲系列活动”，邀请7位营养学国家级权威专家，与《养生堂》主创团队一起，在全国18个中心、省会城市举行讲座。活动期间，各城市参与人数场均1000人以上，总计现场互动超过1.8万人次。同时，全国2000多家药店集中展示了活动相关易拉宝、海报等宣传品，精准人群信息面对面到达超过360万人次。巡讲活动也直接拉动了《养生堂》栏目的全国收视率，活动期间30～49岁年龄段的观众收视率增长50%，30岁以上所有观众的收视率增长37.5%。

2.《档案》创新主流宣传，推出党代会专题系列。《档案》栏目积极落实十八大宣传精神，在2013年4月份策划推出9集专题系列片《从一大到十八大》，系统回顾中国共产党从一大到十八大一路走来的辉煌历程。节目由中央组织部党员教育中心、中央党史研究室宣传教育局、中央档案馆、北京市委组织部、北京市委宣传部等多家单位联合北京电视台历时7个月打造完成，是北京卫视在主流宣传领域推出的又一力作。

3."中国梦"宣传形式多样。2013年，北京卫视统筹全频道资源，积极策划推出"中国梦"主题的宣传报道，形式多样，亮点众多。

新闻专题聚焦个体梦想，放大家国情怀。2013年全国"两会"召开期间，北京卫视在3月4日晚间推出90分钟《身边·中国梦》主题报道，以新闻纪录片的方式讲述了农民踢踏舞队、学舞蹈的孩子和艺考生等三个群体追逐梦想的故事。

文化访谈倾听人生故事，诠释梦想力量。9月30日至10月4日，《杨澜访谈录》播出五集"中国梦"系列特别节目——《正青春》，邀请柳传志、王石、俞敏洪、郎朗、李亚鹏等企业界和文化界名人，就青少年的成长与梦想等话题展开对话。《全景对话》专访诺贝尔文学奖得主莫言，并播出莫言与杨振宁两位诺奖获得者的跨界对话，通过他们的个体故事，展现中国梦是每个中国人梦想集合的理念。

系列宣传片倾听梦想践行家的声音。北京卫视从8月份开始，陆续制作推出《中国人，中国梦》系列宣传片，邀请文化界、艺术界、企业界的名人，讲述他们对于梦想的解读和实践梦想的故事。

新栏目开创全新类型。进入2013年第四季度后，音乐选秀栏目的风潮渐渐退去，省级卫视开始投入其他类型季播栏目的研发，益智类、亲子类等栏目成为新宠。为打好"双收保卫战"的收官战役，北京卫视结合平台特点和地缘优势，策划推出三档全新类型的栏目。

一是《一起唱吧》明星模仿秀致敬经典。《一起唱吧》第三季邀请潘长江、潘阳父女担任嘉宾主持，将节目模式升级为明星模仿秀，并划分每期主题向年代经典致敬。栏目坚持唱大众耳熟能详的歌曲，将模仿还原和夸张融为一体，在轻松氛围中实现从娱乐到文艺再到文化的"三级跳"。

二是《我是大医生》首推医生主持群。依托北京医疗专家资源，根据全国第一生活服务品牌《养生堂》进行衍生创新。《我是大医生》创新性地推出医生主持群，用科技服务观众，用娱乐传播健康，与其他省级卫视的类型栏目实现差异化竞争。

三是《我爱中国味》打造美味亲情大餐。围绕"亲情"策划推出了美食栏目《我爱中国味》，用家常美味构建中国人的情感纽带，在柴米油盐中体会人生百味。笑星谢园首度跨界主持，文化名人施展厨艺，打造色香味齐全的电视大餐。

新闻节目中心工作概况

新闻节目中心

2013 年，北京电视台新闻频道正式开始了全天 17 小时的新闻滚动直播，实现了全天新闻滚动直播的常态化，向新闻立台迈出了坚实的一步。一年来，新闻节目中心抓住机遇，全力推进，锐意创新，圆满完成了北京市“两会”、全国“两会”、神舟十号等多项重大宣传报道任务，完成了农业嘉年华、京交会、园博会、“4·20 四川芦山地震”、“房山长沟大墓发掘”等多次大型直播，完成了“幸福绽放”、“与梦齐飞”等多个有影响力的大型走转改系列报道，成功实施了“牵手蓝天”大型公益活动。

一、新闻频道直播改版迎来全频道市场份额的稳步提升，“收视保卫战”成效显著，骨干栏目收视飙升

2012 年 12 月 28 日，新闻频道大直播改版。频道增加了《直播北京》时段，延长了《北京您早》、《特别关注》、《都市晚高峰》、《晚间新闻报道》等栏目的播出时间。直播改版加强了大时段的贯通，整个频道的新闻内容更丰富，时效性增强，新闻的表现空间和力度延展。2013 年 9 月的收视分析报告显示，新闻频道 9 月份收视率和市场份额分别为 0.27% 和 2.14%，完成了台里 1.45% 的份额指标。与去年同期相比，全台 10 个频道之中，新闻频道增长率位居首位。在收视人群数据中，25 ~ 34 岁人群略增，25 ~ 44 岁人群已经接近 40%，男性观众多于女性，中等收入人群最多，大学人群略有增加，高中人群接近 40%。

二、创新报道方式，进行时政新闻改革，圆满完成 2013 年北京市“两会”、全国“两会”、神舟十号等重大报道工作

2013 年以来，新闻频道创新报道方式，进行时政新闻改革，利用首都电视台独特的地利优势，加强时政报道力度，用准确及时、严谨规范的报道，提升频道的权威性，先后圆满完成北京市“两会”、全国“两会”、神舟十号等重大报道工作。

2013 年的北京市“两会”是在全市贯彻落实十八大精神的重要时期和“十二五”计划承上启下的关键之年召开的重要会议，也是人大与政协的换届之年，意义重大。新闻节目中心组成了 150 多人的“两会”报道队伍，规模之大创新闻节目中心“两会”报道历史之最。基于新闻频道建立的 17 小时大直播平台，构建了点面结合的北京“两会”报道总体框架：以各档新闻节目为点，汲取精粹；以频道大直播为面，全面反映“两会”盛况，取得全年工作的“开门红”。

2013 年全国“两会”适逢换届，会期长，任务重。北京电视台高度重视，新闻节目中心派出 21 人报道团队，从 3 月 2 日至 3 月 17 日，全面投入“两会”报道中，共播发报道 120 余篇，在中央电视台发稿近 10 篇。还邀请人大代表走进演播室，详细解读了《国务院机构改革方案》。“两会”报道的传统名牌栏目《小曹跑两会》，连续 4 年实现了在全国政协的新闻发布会

上提问，保持了作为首都媒体的话语权，扩大了北京电视台的影响力。

密切追踪报道“天宫一号”与“神舟十号”交会对接。6月11日到6月26日，“天宫一号”与“神舟十号”交会对接在距离地面300公里的太空如期上演。新闻节目中心持续关注我国载人航天工程的进展，克服巨大困难，精心准备，倾情投入，从预热报道到神十发射、太空授课进行了全方位的策划，充分利用新闻频道的直播平台，全面、及时、生动、贴近地展现此次“神舟十号”任务的盛况，在重大事件面前，不仅做到了BTV不失语、不缺位，同时充分借助整合资源优势，提升了频道整体市场份额。

三、反映迅速，主动出击，大型直播报道工作在很多方面取得突破，圆满完成“4·20四川芦山地震”、房山长沟大墓发掘、巴黎航展直播等多次报道任务，新闻频道收视份额创历史新高

重大报道、大型直播等，是着力打造“北京新闻频道”品牌的重要手段。2013年的大型直播报道工作在很多方面取得突破。“4·20四川芦山地震”直播报道让BTV新闻频道直播平台的优势得到充分展现，频道影响力进一步扩大；房山古墓直播开创了地方台直播重大考古事件的先河，彰显大台风范；巴黎航展直播，首次实现了跨国展会类新闻直播报道，为建立国际化新闻大台形象、建设国际性直播报道团队起到了开创性的作用。这些直播都有力地提升了新闻频道的形象，凸显了频道的新闻气质。

2013年4月20日，四川省雅安市芦山县7.0级强烈地震发生后，新闻节目中心紧急启动应急报道机制，第一时间推出“关注四川雅安7.0级地震”等大型直播特别报道，记者们深入灾区，连续作战，及时生动地报道了地震灾情，出色地完成了报道任务。

6月22日的房山长沟大墓发掘现场直播实现了多项突破：其一，充分利用资源优势，增加题材的跨度与深度。将考古现场与历史背景、考古科技、文物保护相结合，精心制作背景专题。其二，将考古现场进行解构式展示，使直播内容知识和趣味并存。其三，将独家资源极大化使用，彰显大台风范。《北京您早》、《特别关注》、《北京新闻》和《这里是北京》等各档新闻节目同步进行宣传报道，将社会关注度逐渐推向高潮。其四，全方位媒体互动，新媒体网络直播。通过北京电视台官方微博、微信等方式，进行为期六天的大墓直播新媒体互动。仅在上午直播期间，BTV官方微信的粉丝量就增长了1500余人，互动量为1333余条。

2013年，新闻频道拓展新闻直播的国际视野，派出前方报道组前往法国巴黎，对世界三大著名航展法国巴黎航展首次进行直播报道。本次航展报道中，新闻节目中心报道团队共进行了4次直播、传送发回新闻22条，内容丰富，形式多样，全方位呈现了巴黎航展的情况。这次报道，“BTV新闻”的标志出现在国际新闻大战的第一线，众多现场直播的国际媒体中，有BTV的身影。

四、新闻频道正式开始全天17小时的新闻滚动直播，出色完成昌平农业嘉年华、京交会、园博会、北京国际旅游节等多次直播，新闻直播常态化打造频道气质

2012年12月28日，BTV新闻频道正式开始全天17小时的新闻滚动直播，向新闻立台迈出了坚实的一步。全天候开启直播窗口，对重要新闻、突发事件、重要新闻服务资讯等予以随时插播，这也为更好地宣传北京、服务受众搭建了更为有效的新闻信息发布平台。

重大新闻事件随时直播报道。4 月 13 日，北京首例确诊人感染 H7N9 禽流感病例，新闻频道记者凌晨即赶赴患者的居住地，第一时间做出了报道。随后又分别在市卫生局、疾控中心、医院等地蹲守采访，对病情进行 24 小时动态关注和报道。尤其在首例病例发生明显好转时，首次尝试了 3G 直播。

常态事件随时直播报道。像春运报道、春节报道、端午文化节直播、高考中考报道等等，虽然是每年的常规动作，但 17 小时大直播平台实现直播随时化，让新闻现场就在身边，新闻更加生动及时。

突发天气、新闻事件随时直播报道。像 1 月 30 日“应对雾霾”的直播报道、3 月 20 日“三月迎春雪”的直播报道、4 月 6 日“彻夜搜山寻找走失老人”的直播报道，紧紧抓住观众的收视需求，让新闻直播更具贴近性、可视性。

2013 年，新闻频道已完成“两会”报道、昌平农业嘉年华、京交会、园博会、端午节、“4·20 四川芦山地震”、房山古墓发掘、巴黎航展、北京国际旅游节、昌平国际数独大赛等共计 50 余场直播，实现了直播常态化。

五、深入基层、贴近群众，积极践行“走转改”，弘扬主流价值观，《幸福绽放》、《与梦齐飞》等大型“走转改”活动获得高度肯定，“听民意　解民忧”等群众路线报道受到众多媒体关注

新闻节目中心继续全力贯彻深化“走转改”的报道要求，深入基层，提前谋划，大力加强“走转改”报道的力度和深度，制作了《幸福绽放》、《与梦齐飞》等一批既符合时代特点，又展现北京发展的“走转改”新闻报道。《2013 北京开门红》、《积极应对雾霾天气》、《碧水蓝天绕京城》等，周周有策划，月月有亮点，重点报道精彩不断、主旋律此伏彼起，得到了台领导的表扬和肯定。

《幸福绽放》是连续三年精心打造的新闻品牌，五一期间每天在《北京新闻》、《北京您早》、《特别关注》、《都市晚高峰》、《晚间新闻报道》、《锐观察》等多档节目中滚动播出。2013 年的主题是“劳动成就梦想”。作为整个报道的高潮部分，5 月 1 日 19 点 45 分《幸福绽放》形象片在天安门广场等十处户外大屏幕、公交、楼宇电视、首都电影院和 BTV 新闻频道同步播出，普通劳动者的笑脸在首都夜空绽放，他们用辛勤劳动、诚实劳动、创造性劳动铸就梦想的故事也更加深入人心。《幸福绽放》掀起了首都“五一”新闻宣传的高潮，极大地宣传了社会主义核心价值观，提升了该活动的社会影响力。

“中国梦”主题报道是 2013 年极为重要的报道任务之一。大型报道“与梦齐飞”6 月 17 日起在《北京新闻》、《北京您早》栏目开播，延续到年底，以“与梦齐飞”为主标题，讲述普通人的“我的梦　中国梦”，每周推出一个子系列，如“创新梦”、“致富梦”、“健康梦”等，每个子系列选择 5 个人物故事，展现他们萌发梦想、追逐梦想、实现梦想的过程，并通过个人梦想的实现展现首都发展的进程，形成集合效应和报道声势。用心灵化、纪实性叙事风格，真实记录、全景展示普通人的励志和奋斗过程。

8月以来，《北京新闻》特别在《12345需求与反馈》专栏中推出了“听民意 解民忧”主题报道，集中报道“党的群众路线教育实践活动”成果。这一特别报道受到《北京日报》、《北京晚报》、中新社、《法制晚报》、《京华时报》等众多媒体的热切关注，“北京12345”新浪微博、腾讯微博、人民网微博进行图文直播，新浪、搜狐、网易、腾讯四大门户网站以及人民网、新华网、央视网、中国政府网为代表的官方网站均做了独立或转载报道。很多网民也积极参与其中，认为“听民意 解民忧”节目立意好、形式新，短小精干，实实在在，把解决群众反映的突出问题作为节目制作的出发点和落脚点，受到群众欢迎，希望能够长期做下去。

六、精心策划大型品牌活动，完成“美丽乡村”主题晚会，“牵手蓝天”大型公益活动不断推进、反响良好

策划实施大型品牌活动，树立关心公益事业的品牌形象，扩大新闻频道影响力。2013年，完成了“美丽乡村”主题晚会，成功启动了“牵手蓝天”大型公益活动，大力弘扬社会主义主流价值观。这些晚会和大型公益活动，广受领导与观众好评，创造了良好的舆论氛围。

“美丽乡村”主题晚会经过几年打造，已经成为一档知名品牌。2013年春节期间，新闻节目中心又组织实施了“美丽乡村”大型主题晚会的录制播出，并以此为依托，展开“美丽乡村故事”系列新闻报道。晚会播出当日，进一步推出“美丽乡村”主题日活动，收到了良好社会效果和收视效果。

4月20日，新闻节目中心与市环境保护宣传中心共同发起“牵手蓝天”大型环保公益活动。通过举办形式多样的环保活动，倡导绿色生活理念，营造环保舆论氛围，担当起新闻人的社会责任。活动除本台记者、编辑、主持人参加外，还面向社会招募“牵手蓝天”活动的志愿者。第一阶段为期三年，目前已举行了“绿色北京——莲石湖植树”、世界环境日“走进园博园”、“牵手蓝天——环保摄影比赛”、“牵手蓝天——大型亲子暑期环保公益活动”、“清洁空气 绿色驾驶”等多次大型活动，反响良好。接下来新闻节目中心会持续策划环保公益活动，结合新闻频道和新媒体传播平台，吸引广大市民特别是青少年参与到首都生态文明建设中来。

七、打造纪录片精品，体现首都主流媒体品质，50集大型电视系列片《正道沧桑——社会主义500年》备受关注

50集大型电视系列片《正道沧桑——社会主义500年》是新闻频道2013年着力打造的精品之作，是继《辛亥》之后的又一鸿篇巨制。自5月6日起在北京卫视、北京电视台新闻频道播出，引起了社会各界的强烈反响。社会各界普遍认为题材重大，节目生动好看，加深了对社会主义500年沧桑历程的理解，是理论电视化传播的新样本。纪录片精品制作，进一步彰显了BTV新闻频道首都媒体的主流品质。

八、大力推动通联工作，进一步加强与记者站、央视、CPTN的合作，完成对记者站的新闻业务培训

17小时直播平台的正式开启，对于新闻频道的通联工作也提出了更高要求。通联工作进一步加强与87家记者站、央视、CPTN的合作，充分发挥三驾马车的巨大作用。

进一步加强了与记者站的合作，与16个区县广电中心建立了通联科报题会制度、记者站轮流派出人员驻新闻中心制度。直播平台的搭建为新闻宣传提供了更广阔的平台。1至10月份，记者站发稿1466条，有力地宣传了北京在政治、经济、文化和社会发展方面取得的巨大成就。

积极落实市委宣传部领导和台领导的有关指示，与央视开展了更加积极主动的合作。通过央视在北京设立的记者站，在央视新闻频道，特别是《新闻联播》中有力地宣传市委市政府的中心工作和巨大成就。今年1至10月份，送央视新闻共计4142条，与央视形成了合作共赢的良好局面。

积极与国内兄弟台加强联系与合作，开展在CPTN上的新闻传送工作，1至10月份，完成CPTN上传1570条新闻任务，供栏目下载，丰富了我们的新闻节目。

为贯彻北京电视台进一步加强记者站工作的精神，今年9月，新闻节目中心组织开办北京电视台记者站新闻业务培训班，全市87家记者站的部分一线编辑记者60余人参加。目前记者站报道水平有了明显提高，特别是密云记者站的《“老哥”找到了亲人》系列报道，获得了北京电视台新闻类优秀作品一等奖。

九、加强新闻节目中心收视率统计分析工作，建立实施栏目收视率指标和奖惩制度，新闻评奖活动制度化，更好地促进一线业务

坚持每周填写新闻节目中心及各栏目收视率与市场份额的统计报表，持续完成每月和每季度及半年新闻节目中心收视率与市场份额的统计分析报告，为新闻节目中心所属栏目和新闻频道的科学运行提供指导。

同时，在对各栏目收视率情况进行详尽统计分析的基础上，制定了各栏目2013年收视率指标和奖惩标准，目前已对《北京您早》、《特别关注》、《红绿灯》、《晚间新闻报道》等多个栏目进行奖励，另对个别未达标栏目依据考评办法给予中心内通报。

组织新闻节目中心优秀新闻作品季度评选，已先后组织了1、2、3季度新闻节目中心优秀新闻作品评选工作，使中心新闻评奖规范化、制度化。

十、进一步强化新闻频道特质，重点打造19：00～21：00晚间黄金时段强档新闻播出带。探索专业频道运行规律，加强频道包装和宣传

8月，新闻频道打响收视保卫战，进一步强化新闻频道特质，重点打造19：00～21：00晚间黄金时段强档新闻播出带，培育新的增长点，填平收视波谷，通过聚合并放大新闻核心资源，展开与央视新闻频道、央视中文国际频道和央视综合频道的差异化竞争，寻求重点突破，实现频道收视率和市场份额迅速提升。

将晚间档《直播北京》直播时间调整为19：00～20：05，节目时长调整为65分钟。将《锐观察》直播时间调整为20：15～21：05，节目时长调整为50分钟（周日为《有话就说》）。《这里是北京》首播时间调整为22：48～23：08，《北京新发现》首播时间调整为23：10～23：30，打造夜间都市文化档。

改版部分新闻栏目。改版晚间档《直播北京》，以民生类新闻和社会新闻为主体，与央视《新闻联播》、《焦点访谈》展开差异化竞争；改版《锐观察》，以新闻述评、新闻调查、新闻人物等为主体，与央视《东方时空》、《海峡两岸》展开竞争；改版《京郊大地》，拟更名为《乡村新发现》；强化品牌栏目《红绿灯》带动作用，拓宽栏目时长，将现在的30分钟延长为40分钟。

执行动态节目编排，根据新闻频道实行全天新闻直播的新变化和新要求，执行频道的动态节目编排，在重大突发事件或重要新闻事件发生时，立即对常规频道编排进行调整，在春节、两会、芦山地震、京交会、端午节等大型直播活动中，为频道的机动运行提供了有效的保障。

同时，加强频道的包装宣传，保障每天20段、累计节目时长40分钟的频道宣传；不断进行频道宣传片的策划及制作实施，制作播出的民俗系列、植树系列、牵手蓝天、爱之声等公益宣传片收到较好的社会反响。

文艺节目中心工作概况

文艺节目中心

2013年，文艺节目中心紧扣内容生产的核心，以提升频道综合实力为目标，圆满完成了各项工作任务。

一、频道收视稳中有升，重点节目表现突出

文艺频道2013年（1月1日至9月25日统计）平均收视率为1.05%，市场份额2.57%。所有栏目中《每日文娱播报》、《笑动2013》收视表现较为突出。《每日文娱播报》2013年（1月1日至10月27日统计）收视率为1.56%，较去年1.35提升15%。《笑动2013》2013年收视率为0.86%，较去年0.77%提升11%。

在各大卫视“重金”娱乐节目冲击和自身资源逐渐枯竭的双重压力下，为打好暑期双收保卫战，文艺节目中心领导班子组织多次节目研讨，邀请业内专家共同出谋划策，自2013年7月1日起推出暑期特别编排。经过暑期两个月的检验，文艺频道首播节目平均收视率0.98%，市场份额2.68%。其中，市场份额相比2012年同期增长0.17个百分点，相比2013年上半年增长了0.19个百分点。

二、大型活动影响力广泛，提升频道品牌形象

2013年，文艺频道推出了20多个收视成绩、社会评价双优的大型活动。其中，作为北京电视台“2013年重点工作折子工程”的42集大型系列专题片《北京公园群众文化活动巡礼》、《爱我家 唱我家 我的北京我的家》大型群众歌曲演唱电视竞赛活动，生动彰显了首都城市魅力和文化建设成就，得到了广大群众、业内专家和新闻媒体的持续关注和广泛赞誉。

春晚和秋晚，是文艺节目中心长期以来着力打造的两个品牌活动。《2013年北京电视台春节联欢晚会》将热闹与喜庆、欢乐与祥和以及温暖与感动带到了千家万户，获得了13.3%的收视率（卫视9.39%，文艺

3.91%），35.97%的占有率（卫视25.39%，文艺10.58%）。晚会播出一天后，全国各地的网民通过微博等形式参与“BTV蛇年春晚”的话题讨论量达97万余条。

为响应中央“节俭办晚会”的号召，同时也延续北京电视台中秋办节目的传统，文艺节目中心将原定的《2013中秋晚会》变成《2013中秋特别节目》。在制作经费大幅削减、演出人员发生变化的情况下，摄制组迎难而上，巧干实干，紧紧围绕“情暖中秋夜，月圆梦正圆”的晚会主题，和观众们分享温暖中秋节，畅想崭新中国梦。节目播出后，收视率达到3.62%（文艺2.35%，卫视1.27%），占有率6.81%。

此外，根据上级领导指示和市委宣传部要求，文艺节目中心先后完成了《第十五届青年歌手电视大奖赛北京赛区选拔赛》、《第六届“水与生命”大型主题直播音乐会》、《第五届北京电视春燕奖颁奖晚会》、《第六届北京清明诗会》、《第十七届京张心连心》、《爱的典礼——寻找北京最美慈善义工致敬盛典》、《十五省市电视台元宵戏曲晚会》等晚会和大型活动的录制工作。

三、加大力度开发新节目

为适应观众不断变化的欣赏口味，文艺中心坚持新节目的开发和老节目的创新，通过科学有效的“造血机制”提升频道的市场竞争力。

集纳内外资源，为我所用。以市场化方式集纳台内及社会资源，从中寻找符合文艺频道定位，有一定收视潜力，同时具有较高投入产出比的优质节目，通过重新编辑、二次包装等方式为我所用。经过反复考察论证，最终选择《大戏看北京》、《今晚80后脱口秀》、《我是大医生》等节目，播出后收视效果都比较理想。其中《今晚80后脱口秀》一经播出就获得广告投放，性价比颇高。

为了最大化利用已有资源，为经典节目增加“集群效应”，中心还将《影视风云》、《我家有明星》、《春妮的周末时光》等有着较好群众基础的周播栏目“强强联合”，整合精品内容，以周播栏目日播化的形式做“集群式”播出，开播十个月以来，平均收视份额达到3.18%。

自主研发节目，力度大、方向准。中心设立长期有效的创新奖励机制，面向全体员工征集新点子、新创意，针对目标收视群体精装上马，效果显著。如今年10月6日开播的综艺类季播节目《笑星撞地球》，为传统相声表演披上潮流的娱乐外衣，由相声演员跨界挑战各种行业之外的“神秘表演任务”，让观众耳目一新。开播4期以来，平均收视率达到1.13%，显示了良好的节目品质。

语言类节目《8090说相声》，节目内容贴近生活，充满时尚元素，以精准的定位瞄准了暑期档青年观众。节目平均收视率1.07%，最高单期达到1.67%。

积极开展节目研讨，推动栏目创新。中心多次组织节目研讨，邀请业内专家为频道发展和节目创新出谋划策。各栏目组也广泛吸收意见建议，在栏目形式、内容等方面不断推陈出新。如《每日文娱播报》重点打造《播报大调查》和《独家对话》两个板块。《独家对话》板块已成为优秀影视剧、歌手新专辑宣传的一个重要平台。莎拉布莱曼、基努里维斯等国际巨星来华宣传时，均选择了播报的《独家对话》，并由主持人全程用英文采访，提升栏目及频道的品牌知名度。

《笑动2013》在节目中推出了百回长篇幽默评书《三盗九龙杯》，对收视进行了有效提升，也让评书这门传统艺术焕发出生机。栏目还录制和播出了一批平时使用率和播出率比较低、但又能唤起懂行的相声观众回忆的老艺术家作品，如马三立先生的弟子尹笑声，侯宝林大师的亲传弟子黄铁良，老艺术家刘文步等的作品，丰富了播出素材的数量和风格。

四、坚持动态编排，频发节目组合拳

自2012年7月2日大改版之后，文艺频道形成了以“特色节目带”为基本元素的编排格局。2013年，在此基础上继续调整不足，放大优势，以动态编排保持频道竞争力，在编排上多次打出节目组合拳，将内容相近或者受众群体相同的节目有机联合，在局部时段形成更具竞争力的品牌效应。如每天21：05，打造了由《今晚80后脱口秀》和《脱口而出》组成的“脱口秀通档”，利用王自健和方清平等几大幽默高手的全新组合吸引年轻受众的目光，抢占晚间优质时段。在每天23：00～00：40的夜间年轻观众收视区，将《爱笑会议室》、《每日文娱播报》和《今晚80后脱口秀》三档适合北京地区年轻受众的节目，以集团作战的方式连续播出，使夜间时段的节目更具竞争力。

在白天的非黄金时段，将上午播出的《大戏看北京》与《周播节目日播联播》打捆播出，满足上午中老年观众的收视需求；在下午的编排中，停播编辑类节目《快乐嘉年华》，增加《大戏看北京》和《爱笑会议室》的重播，在保持原有观众群的同时逐渐吸引了部分青年观众。中心对非黄金时段编排的优化调整，凸显了频道的专业特色，有效提升了非黄金时段节目的观赏性和市场份额。

五、依托栏目推出大型活动

2013年，文艺节目中心继续以栏目为基础，策划推出符合栏目定位和气质的大型活动，促进活动和栏目影响力的双提升。

《欢天戏地》栏目推出的“北京京剧院十大青年演员领军人物评选活动”，为京剧艺术的传播和传承起到了积极的作用。栏目承办的另一大型活动——“国粹传承——首届评剧（北京）电视邀请赛”，则是近年来全国评剧界最大的专业和业余演员的赛事，汇聚了众多一流名家和专业评剧院团。

《笑动2013》栏目在前两届活动的基础上，2013年继续推出《2013北京喜剧幽默大赛》，为语言类节目挖掘新作，推出新人。在大赛中涌现出以苗阜、王声为代表的青年相声演员，相声《满腹经纶》登上了2014BTV春晚的舞台。

《我家有明星》栏目在暑期推出大型季播活动《天才宝贝追梦春晚》，以“带着小梦想，登上大舞台”为宣传点，彰显普通家庭培养天才宝贝的自豪和骄傲。最终有15名人气宝贝从3000多名报名选手中脱颖而出。其中，来自香港年仅7岁的李成璁获得“最高人气宝贝”称号。

六、节假日推出特别节目

在节假日特别节目方面，文艺频道总结了一条以主题化特别节目为龙头、多元化节目形态为特色、针对性编排为辅助手段的假日节目攻略，在观众流不稳定的情况下，依然保持了收视率和市场份额的稳增长。其中，春节特别节目“相亲相爱一家人”在喜庆祥和的节日氛围中，突出“家”的概念，节目内容温情满溢引发观众共鸣，5天节目平均收视1.46%。国庆特别节目《十一喜乐汇》，由六档周播黄金档节目横向联合，以“相聚在北京”为共同主题，用同乡会的形式邀请明星嘉宾，讲述为了追求梦想所付出的努力、心血，和一些不为人知的“北京故事”。节目平均收视率为1.26%，最高单期达到1.78%。

七、宣传推广和节目紧密配合

为了扩大节目的影响力，在常态节目及大型活动和特别节目制作过程中，为每个节目、每场活动量身定制了宣传推广方案，确保一手抓内容，一手抓渠道，将宣传推广的理念渗透到节目制播的每一个环节。

在常态宣传方面，建立了频道官方微博、微信账户，每天宣传推广的同时，与部分栏目、BTV官微进行互动；在视频平台建立宣传账户，定期上传各黄金档节目的两分钟视频；与平面媒体、广播、户外媒体保持良好合作，定期对常规栏目进行宣传推广。另外，各栏目也设立专职宣传人员，着重打造新媒体传播。如，《春妮的周末时光》每周节目播出的前几天，在新浪微博推出“春妮的周末时光”、“春妮的周末段子”等固定话题，在播出当天用病毒传播的方式不断放出新话题，为当晚的电视播出预热，取得了不错的收视效果。

在大型活动和晚会策划之初，宣传人员即参与到策划会议中，与导演组共同协商制定详细的宣传方案并实施。在《2013BTV春晚》及“美丽中国”活动、《清明诗会》、《爱我家　唱我家　我的北京我的家》、《北京公园群众文化活动巡礼》、《2013中秋特别节目》等活动的推广过程中，多个宣传渠道提前设置的议题使活动得到了更多媒体同行和电视观众的共同关注。

科教节目中心工作概况

科教节目中心

2013年，科教节目中心面对日益加剧的媒体收视竞争，一方面坚持贯彻“三化理念”——即规模化、概念化、碎片化的频道运营理念，针对科教节目的框架构成，继续探索开拓人文、科学、健康和法治节目的创新空间和市场空间；另一方面，认真分析市场形势，未雨绸缪，积极主动寻找完善自身、力求突破的时机和方法。这一年，科教频道全面梳理了频道节目，实施了以下“六大举措”：

一、抓好午间法治时段这一龙头产品进一步扩版升级

午间法治时段一向是科教频道收视的中流砥柱，2013年上半年，法治时段收视率与去年同期相比下降了22.5%，对频道底盘的抬升作用明显趋弱。经分析，其主要原因有二：一是大量来自北京电视台以外的竞争势力，造成观众分流，法治系列节目作为传统栏目竞争力急待提升；二是全天大量重播也过分稀释了法治节目这一优质资源。

为了扭转这一不利的局面，在7月份，中心对午间法治时段进行了第一次改版。

一是整合资源。主要是集合优势兵力，主打东西城、朝海丰、大兴和通州的公检法司的报道。进一步加大对公安题材的拍摄和报道力度。

二是无缝链接。《法治进行时》和《大家说法》无缝链接播出，同一选题协同作战，《法治进行时》以新闻方式快速报道，《大家说法》跟进，作深度报道。

三是对重大事件实行“号外式”的集合报道，在系列化、深度和广度上下功夫。7月中旬，北京大事不断，尽管法治节目都在第一时间“抢”到了素材，但是由于这些社会广泛关注的案件，在事发当天，网络上就已经炒得沸沸扬扬，晚报也在当天跟进，节目第二天播出时，如果不能对事件作进一步解读，收视效果会很差。针对金凤呈祥面包房爆炸案、家乐福起火案很多媒体没有更多关注现场的情况，科教频道的法治节目将灾害发生时人的表现进行了刻画，取得了较好的收视效果。

7月第一次改版后，午间法治时段对频道全天的收视份额贡献率达到了39.68%，收视率上升8.9%，带动全频道收视增至四个月以来的最高值，此次改版迈出了科教频道改革突破的第一步。

12月，法治节目又进行了二次改版：在19：00新开了一档以法治题材深度评论与链接节目为主要内容的全新普法惠民日播栏目《法治·北京》，在周一至周四的20：00创办了一档轻松幽默、带有服务性质的普法辩论节目《超级陪审员》，将原本在午间首播的《第三调解室》移至20：53首播，打造了一档别具特色的晚间法治时段。至此，科教频道的法治节目实现了多品种、多时段播出。

二、彻底改造晚间《八点非常故事汇》

2013年7月，科教中心对晚间《八点非常故事汇》通档进行了第一次改造：周一，仍然播出《非常记忆》；周二，播出扩版的《非常记忆》（《非常记忆》每周播出两期），原时段的《非常说名》撤销；周三，播出新开办的《非常大家》，原时段的《非常向上》移至周六播出；周四，仍然播出《非常夫妻》；周五，播出《非常父母》，原时段的《非常接触》撤销；周六，播出《非常向上》，原时段的《非常父母》移至周四播出；周日，播出新开办的《我爱中国节》，原时段的《应急》改版为《非常时刻》并移至21：00播出。

《八点非常故事汇》第一次改版后，由《非常向上》制作的系列节目《寿星来了》，收视增幅达到20.39%；“十一”期间推出的八期《非常故事汇“十一”特别节目》，取得了平均1.67%的高收视，带动科教频道假日份额增加至4.56%，较去年同期增幅超过32%。

在收获良好战绩的同时，科教节目中心也清醒地认识到《八点非常故事汇》这一平台已经运行近5年，陷入发展的瓶颈期，市场竞争力和广告吸引力均已步入下滑通道。为此，自12月3日起，科教中心启动第二轮改版，实行“4+3”编排模式，对《八点非常故事汇》这一品牌在形式和内容上做彻底改造。其中，“4”为周一至周四的平日编排，“3”为周五至周日的周末编排。

平日编排将周一至周四打通，播出新打造的《超级陪审员》，原时段的《非常记忆》、《非常大家》和《非常夫妻》撤销。《超级陪审员》选取发生在亲戚、邻里、同事之间的真实事件，将涉及情感纠纷、伦理道德、家庭矛盾、婆媳关系、财产分割等身边经常发生的案例，拍成微电影呈现。演播室现场就微电影中提出的话题，由五位陪审团成员与两位事件当事人的“代理人”——“伶牙哥”和“俐齿妹”展开辩论，以幽默活泼的方式，传播情理法，发现道德误区，宣扬法制精神，普及法律知识。

周末的节目，根据观众群的变化和收视的特点，在编排上做出了如下调整：周五，播出新版《非常向上》，原时段的《非常父母》撤销；周六，播出新版《今晚我们相识》，原时段的老版《非常向上》撤销；周日，播出《虎口脱险》，原时段的《我爱中国节》撤销。

新版《非常向上》是一个娱乐型的收藏栏目。该节目推出游戏收藏的新概念，通过有趣的游戏环节，将赏宝、鉴宝、换宝等过程串联起来，使观众在轻松愉快的气氛中领略收藏活动所蕴含的科学、文化、历史等方面的知识。

新版《今晚我们相识》是一个社教类婚恋服务栏目。该节目重拾原科教中心的知名品牌《今晚我们相识》，旧瓶装新酒。《今晚我们相识》通过展示男女相识和相知的过程，从心理学和社会学的角度，阐释正确的婚恋观和价值观；同时，在节目形式上也做了大胆的尝试，彼此“不识庐山真面目”的男女嘉宾现场隔板沟通，通过逐关提问、“闻声”PK等环节，制造重重悬念，引导节目渐入高潮。

《虎口脱险》是一个安全教育栏目。该节目用浅显直观的方式，选取与人们的衣食住行息息相关的生活细节，讲解防止小灾变大祸的安全知识，传授应对天灾人祸的实用技巧。

三、整合晚间科教时段

2013年伊始，科教频道就迈开了寻求变革的步伐，首先进行的就是强化晚间科教时段。

1月21日，为加强科教兴国和科技北京战略的宣传，在周一到周六的21：00至21：45推出一档由原《魅力科学》改版而成的《直通科考站》。2月27日，又开办了一个普及安全自救的科学知识和实用技能的栏目《应急》。此外，还增加了《新纪录》和《大讲堂》栏目科技内容的比重。在晚间形成了一个由《直通科考站》、《大讲堂》、《应急》和《新纪录》组成的晚间科教栏目带。

《直通科考站》是国内唯一一档新闻属性的大型科学类节目。其特点可以概括为新闻起点、实效落点、实证特点。节目倡导科学精神、秉承科学态度、讲求科学方法，以重大科技事件、科技北京最新成果、可以运用科学视角进行解读的政治经济社会生态民生类新闻事件、热点话题为主要选题方向，运用科学的视角和科学的方法进行分析，通过记者的体验、实验和测试等手段，给予科学解读解释。

《应急》是一个安全教育栏目。节目全方位整合科教频道“安全”、“法治”、“健康”等众多科教节目资源，从生死相关的每一个“大灾小祸”背后，找寻应急危机处理的技巧，为民众传递安全自救的科学知识。

7月，晚间科教节目时段进行了第一次调整。《直通科考站》改版，每期节目瘦身至30分钟，播出时间调至21：46。新版《直通科考站》着重于科技展示和原理阐释，并增强了现场感。同时，《应急》改版为《非常时刻》，与《直通科考站》共同构成一个晚间科教节目通档。

12月，晚间科教节目时段进行了第一次调整。撤销了《直通科考站》，将《非常时刻》改版为《虎口脱险》，将原“百科全说”式《新纪录》改版为一档“专攻科技”的《探索新纪录》。

《探索新纪录》为一档日播的外购纪录片栏目。节目播出的均为国外最新科技类高清纪录片之精品，其制作单位包括国家地理、BBC、NHK等国际顶级团队。这些节目画面精美，拍摄手法前卫，内容涉及自然、地理、生命科学、工程、刑侦技术、信息技术、军事技术等许多方面，许多片子都是近年制作的在国际上颇具影响的获奖节目。

四、强化傍晚健康时段

以权威性著称的《健康北京》是京城百姓十分喜爱的一个栏目，由其构成的傍晚健康时段一直是科教频道的一个稳定的收视贡献大户。为了充分发挥该时段优质节目资源的作用，从2013年7月1日起，《健康北京》改版，节目时长由原来的30分钟增至50分钟，每日18：06播出。改版后，收视率较上半年有所提高，平均收视达到1.0%。改版后的第一期节目邀请权威专家——北大医院院长刘玉村和他的病人做客《健康北京——健康大课堂》，通过15年来他们医患携手共抗胃癌的经历，为大众普及了“胃癌早期的隐匿信号”、“胃部的保健”等方面的知识，受到观众好评。2013年9月30日—10月9日，栏目组邀请广安门医院营养食疗部主任王宜、协和医院肠内肠外营养科副主任医师陈伟做客《健康北京——健康大课堂》，推出“十一”特别节目《抓住食机　吃出健康》，平均收视率达0.94%。

12月3日起，为了丰富傍晚健康时段的内容，《健康北京》再次改版，增设营养课堂《您吃对了吗》。栏目组请名医名厨细谈饮食之道，讲述油盐酱醋、煎炒烹炸中的健康知识。《您吃对了吗》每日18：10播出，时长20分钟。

五、增开电视剧时段，优化资源利用

从2013年7月开始，在13：30增设了一个内容偏重于涉案及风格硬朗剧目的电视剧板块《正剧场》。播出后，该时段收视份额上升至40.43%，为全中心的收视底盘形成了强有力的支撑。《正剧场》和《星月剧场》对频道全天收视份额贡献率合计达到20.93%。

六、优化频道视觉识别体系，开通科教频道官方微信和微博

“点亮智慧人生”是科教频道最具传播度和美誉度的品牌标识，围绕这一品牌优势，再度邀请杨坤重新拍摄《点亮智慧人生》MV，强化了科教频道的视觉识别体系。

2013年9月13日，科教频道整合了频道资源，正式开通了科教频道的官方微信和微博。双微系统开通之后，科教频道利用这两个平台与观众进行了多层次的互

动，针对节目内容实施定点投送。如，在《庭审纪实》播出的同时，我们邀请审理此案法官，就节目中所涉及的一些法律问题，在科教频道的官方微博上与网友进行了互动。此举产生了巨大反响，阅读人数达到了2.1万。

实践证明，第一次改版收到了一定的成效。改版第一周，首播栏目取得1.85%的平均收视率，是近4个月以来首次完成考核指标，收视份额达4.43%，创年内新高，比上半年的平均份额提升22%；改版第三周，首播栏目平均收视率突破1.9%，收视份额达4.72%，再创新高。傍晚时段收视率上升71.05%，“八点档”收视率上升3.54%，《第三调解室》重播时段的收视率上升49.15%。整个黄金时段，从17：36～22：30近5个小时的首播两大栏目集群，总体比上半年提升24.24%。

影视剧中心工作概况

影视剧中心

2013年，影视剧中心负责全台18个影视剧场的购播工作，日均电视剧的播出量达56集，全年播出总集数约为20000集，占全台总播出时长的20%以上。全年新购剧约为150部，总集数为5500集左右。其中卫视黄金档全年为18部，非黄金档约30部，其余为地面频道播出。目前已与370多家影视公司建立了长期合作关系。

2013年，影视剧中心工作思路是：重点打造北京卫视剧场，实现在北京地区和全国收视争先；地面剧场与卫视剧场差异化编排，多个个性化剧场集团作战，充分满足首都观众的收视需求；卫视剧场的社会效益和经济效益获得双丰收；全台各个剧场定位清晰，整体布局成型。

一、卫视剧场收视喜人

截止到10月底，北京卫视晚间黄金档的红星剧场在省级卫视排名中名列第5位，较2012年提升了3位。非黄金档的午茶剧场省级卫视排名第8位，也较上一年上升了2位。红星剧场播出的《娘要嫁人》、《正阳门下》、《打狗棍》等剧在北京和全国范围内均获得了较大的收视反响。

二、坚持文化引领

在影视剧的购买和编播工作中，严格遵守市委宣传部领导和总局的要求，严守现实题材电视剧的播出比例，要求播出电视剧能够发挥首都媒体的文化引领作用，获得了上级领导的表扬。总局电视剧管理司李京盛司长在全国电视剧购播工作负责人培训班上，对北京电视台暑期编排和全年对现实题材剧目的坚守给予了充分的肯定。

三、坚守剧场定位，全台剧场布局初步形成

2013年，围绕以卫视剧场为龙头，地面剧场差异化的工作方针，坚持不同剧场的定位，做好个性化编播。

2013 年各剧场编排情况一览表

	卫 视	文 艺	科 教	影 视	财 经	青 年
上 午						青春剧场
						传奇、偶像剧
下 午	午茶剧场		正剧场	家和剧场	财经剧场	
	精选热点好剧		涉案剧	家庭、年代、怀旧剧	战争、传奇剧	
				英雄剧场		
				涉案剧		
黄金档	红星剧场			首都剧场		
	大戏、人文含量高			地面精品，与卫视差异化		
非黄档		炫剧场	星月剧场			
		时尚、女性、年轻	谍战、战争、悬疑剧			

财经节目中心工作概况

财经节目中心

一、内容生产——提升收视力

2013 年，财经频道平均收视率为 0.7%，超过指标 7.7%；平均收视份额为 1.99%，超过指标 19%，圆满完成了台里下达的收视任务。

财富节目带打开收视突破口。2013 年，财经节目中心紧扣普通百姓和高端专业人士这两大群体，确立了以财富、收藏类等契合和引领社会热点的内容为频道主打和突破方向，分别在晚间、周末和非黄金时段打造大时段的财富节目带，带动频道份额整体上扬。

三大节目彰显专业权威性。2013 年，财经节目中心本着“专业、高端、全球视野”的宗旨，重点打造了《天下财经》、《财经锋汇》、《一周财经综述》三大专业节目。目前，这一努力初见成效。在证券市场持续低迷、交易量严重萎缩的情况下，《天下财经投资者说》较去年同时段节目提升了 170%；在提升专业特色的同时，《财经锋汇》收视率较去年提升 72%；《一周财经综述》较去年提升 50%。三大专业节目的权威性和社会影响力日渐突出。

三大创新支撑可持续发展。一是编排创新，收视效益最大化。2013 年 1 月 1 日起，财经频道推出了大时段、大板块的假日特别节目——《财富之夜》。开播以来，《财富之夜》收视率不断攀升，平均收视超过日常同时段节目 30% ~85% 不等，“十一”期间更是创下财经频道五年来的收视新高，使财经频道首次跻身北京地区收视排行第7名，较去年同期排名提升10位。

二是样态创新，试验孵化新节目。2013年，财经节目中心在假日期间尝试推出《财富开讲》、《乐淘淘》、《财富发现之旅》、《醒客》等新节目，使长假期间的特殊编排成为新节目的孵化器和试验田，为新节目的顺利推出提供了宝贵的经验积累和有力的数据支持。

三是技术创新，内容呈现更精彩。演播室形态老化是困扰节目发展的一大问题。2013年，在制作部大力支持下，财经频道开始使用虚拟植入和在线包装等新技术手段，对演播室空间进行了虚拟拓展，为节目内容呈现提供了更大的创作空间。

大型活动、特别节目放大品牌影响力。1月，4期共200分钟的《点击年关键》特别节目策划并播出。3月，举办第四届“中国经济新春论坛”，制作播出5期特别节目；《问道中国经济2013》一书出版发行。10月，第六届“北京影响力”评选活动经过多轮次评审和筛选，20强已经产生。

二、业务管理——加强执行力

签订内容生产目标责任书。继2011、2012年后，2013年，频道再次与各栏目制片人签订了内容生产目标责任书，明确规定了各栏目2013年的收视率指标、细化获奖情况、美誉度以及制度建设等方面的考评标准，使得栏目年度考核工作数字化、标准化、可考量。

严格执行收视与收入挂钩办法。每个月根据栏目收视完成情况对栏目进行相应的奖惩，制片人和编辑记者的人员工资随收视完成率上下浮动，鼓励编辑记者的精品创作热情。

三、团队建设——增强战斗力

加强内部培训，提高人员专业素质。2013年，财经节目中心将“组织定期培训，培育专业人才”列为重点工作之一，开设了富有频道特色的“财经大课堂”，全年共举办了10次培训活动，既有经济学家对宏观经济数据的解读，也有名人陈佩斯传授“笑的艺术”。同时挖掘频道内部资源，启用资深编辑记者进行业务开讲，使课程更有针对性和实操性。通过举办系列化的“财经大课堂”，财经节目中心营造了浓厚的业务学习氛围，对提高编辑记者的专业水平、增强专业素养起到了积极的作用。

定期进行业务研讨，共谋频道发展战略。频道坚持每月举办一次制片人、主编和业务骨干参加的收视分析会，共同对收视的得与失进行深度研讨。同时，各栏目组也定期召开节目研讨会，总结成绩、分析不足，拓展上升空间。

体育节目中心工作概况

体育节目中心

总体收视情况良好，收视超幅全台第一。2013年，体育节目中心在收视率和市场份额方面持续提升。首先，收视率、市场份额全面达标。上半年超过考核值分别达到46%和45%，收视超幅全台第一；下半年在全运会等收视冲击下，虽然收视增速放缓，但在全中心同志为“双收保卫战”共同努力的局面下，截至9月底，收视超幅达37%，仍保持全台第一。

顺利完成高清制作播出。2013年，经过近一年的努力，体育节目中心正式开始高清网制作并高标清同播。为实现高清播出的平稳顺利，体育节目中心用每周高清例会、全员多次高清培训等方式进行了制度保证，同时所有工作人员双线做战，既保证了日常节目的高水准，又保证了高清的顺利接入。

圆满完成全国运动会转播报道任务。2013年8月31日至9月12日，体育节目中心牵头、由全台10个部门组成的北京电视台全运会报道团队成功完成全运会报道任务。本次全运会报道，体育节目中心继续坚持播出前移、无缝衔接理念，在IBC租用385平方米的空间，量身打造了悬挂式移动摄像机和可旋转演播平台，实现了每天9：00至23：00全天14个小时不间断的直播。通过赛事直播、三档新闻、多档滚动新闻、专家讨论、冠军访谈等节目形态，共制作了近200小时直播信号并安全播出。由体育节目中心和转传部共同组成的公共转播团队则受全运会组委会邀请，负责转播艺术体操和击剑两个项目。他们克服了两个赛场相隔较远、转场时间紧迫、比赛类型迥然不同等困难，凭借过硬的技术和心理素质，提供了高质量的赛事直播信号，得到了组委会的高度赞扬。

此次BTV全运会报道，是除CCTV之外人数最多、播出时间最长、节目形态最丰富、科技内涵最高端、转播技术最先进、记者队伍最专业的团队。受到了北京市领导、各省市领导和全国体育媒体的瞩目和称赞。

赛事转播水平实现第三次升级。2013年，体育节目中心赛事转播实现了足球转播的第三次升级。足球转播是北京电视台的传统强项，2011年成功使用虚拟在线包装系统是第一次升级；2012年增加机位数量，使用超高速摄像机是第二次升级；2013年，实现了第三次升级，确保了北京电视台中国足球转播第一品牌的行业领先地位。

同时，在第三届环北京职业公路自行车赛中，北京电视台体育节目中心第三次担任环京赛的全部国际公用信号制作团队，向全世界近60个国家提供直播公用信号。在全年的转播中，体育节目中心创新性使用固定翼飞机进行转播，使环京赛转播成为北京电视台体育转播水平至高点。

大众体育新闻栏目《体坛资讯》实现收视倍增。日播体育新闻类节目《体坛资讯》收视大幅提升，比去年同期提升幅度近一倍，对频道收视贡献明显。

专业体育栏目《节节高升》收视增幅显著。日播高指向性专业体育栏目《节节高升》，通过技术革新、样态更新、强化互动、重视宣传等手段，通过每一天、每一次比赛、每一期节目的不间断努力，在2013年实现收视率比去年同期提升50%，为体育频道小众化、高忠诚度、高指向性的专业体育栏目探索了道路。

资源开发探索性栏目《足球·家》收效明显。《足球·家》节目是对赛事资源进行深度开发的创新性探索。节目从2012年12月29日播出第一期开始，到2013年5月30日第二十二期为止，已经完成了第一季播出，9 月份开始第二季播出。节目以欧洲足球赛季为依托、以英超联赛为核心资源、以国内最高端的国际足球评论为亮点，向观众介绍并且深入解读了英超这项在北京拥有良好受众基础和认可度的国际足球赛事。《足球·家》的诞生实现了三个重要价值：(1) 填补了体育频道数年来的国际足球专题节目空白；(2) 新媒体手段和国际视角更新了体育频道节目类型；(3) 节目从诞生之日起便创造了业界的全国影响力。栏目的代表作《贝·离》，抓住贝克汉姆退役这一热点事件，以独特的风格、高水准的电视表述方式获得了观众和业内的广泛好评，国家广电总局“收听收看”和北京市广播影视局“收听收看”都对节目做出很高评价。

地面活动再开新阵地。2013 年是体育小年，体育节目中心除了在主资源方面采取抓住有限资源不放松的策略，在自主开发的地面活动方面也不断开辟新阵地。在成功举办自主品牌第五届“北京海洋沙滩狂欢节”的同时，第二届北京业余足球超级联赛（京超）成功举办，为体育频道在淡季提供了收视率的有益补充；首次自主举办的百姓篮球活动“斗秀五棵松——3 对 3 登堂挑战赛”在五棵松篮球公园举行，这是体育节目中心继“京超”对北京业余足球资源成功开发后，对篮球群众性活动的尝试性开发，既可以丰富频道暑期节目，又可以增加体育频道的篮球资源，进一步扩大 BTV 体育在篮球爱好者中的影响。

管理制度创新思路。2013 年，体育节目中心在管理上创新思路。年初，在中心内部实现了全新的节目评价体系。新的考核体系改变了以往过于依赖收视率的做法，加入了优秀策划案、收视目标人群、优秀作品和培训计划等多项内容，形成全流程考核。其中，优秀策划案和培训计划两项，是体育节目中心的创造性开发。把日常节目的策划案、每月的科组级的培训列入月度考证，实践证明，对于节目的全流程质量提升和中心的人才培养具有非常重要的帮助。2013 年，体育节目中心出现了重培训、重策划、重讲评的良好学风。

生活节目中心工作概况

生活节目中心

2013 年，生活节目中心提出上下齐心“二次创业”的口号和目标。以重组放大优势资源、创造品牌节目、探索节目营销和经营新模式、创新管理机制为发展思路，积极推进中心工作，完成全年工作任务。

一、重组优势资源，放大集约化效应

生活节目中心从 2013 年初就坚持以提升优势节目影响力为目标的频道改版思路，经过几次调整，初步形成了优势节目规模化态势。为扩大优秀栏目效应，《生活广角》增加周六、日版。生活资讯旗舰栏目《生活 2013》从 9 月 21 日正式扩版为周一至周日每天 90 分钟大容量播出。频道利用两年时间创建的《生活 2013》、

《选择》、《生活广角》、《生活特供》四大日播通档，每天近 4 小时播出，形成了频道收视支撑强档。2013 年 1 至 10 月，晚间黄金档的热点板块的收视率，比上一年提升了 14%，优势资源放大为收视提升贡献明显。

二、坚持打造精品节目，提升频道品牌厚度

《生活 2013》坚持“生活资讯旗舰栏目”的品牌目标，恪守民生取向，以民生为本，秉承平民视角，关注民生百态，倡导健康的价值理念，沟通市府与市民的联系，倡导共建北京。2013 年，《生活 2013》历经多次改版、扩容、增量，已经形成“独家调查”、“热点追踪”、“今天发生”、“奇妙‘路’制”、“大家帮助大家”、“今日热评”、“人物对话”等板块，多层次、多方面关照百姓生活，受到观众一致好评。

《幸福厨房》开播一年，在坚持特有的“互动厨艺竞赛真人秀”节目形态基础上，不断创新节目内容，严把节目品质。国家广电总局阅评员热情称赞该节目：“在小厨房缩影大生活，号召人们回归家庭、关爱亲人，传达积极健康的家庭观、生活观。”

《北京味道》美食人文纪录片，播出以后获得观众、业界高度赞誉：“它以全新的视角和高品质的节目呈现为频道创造了全新的美食节目品牌，成为生活频道重要的品牌符号。”2013 年，该片获得中国广播电视协会主办的第七届“纪录·中国——优秀纪录片二等奖”，第二届“人文中国·味道中国”优秀纪录片一等奖。

2013 年，生活频道以“创新和精品”荣获亚洲广播电影电视协会颁发的“2013 两岸四地创新频道十强”。

三、开展大型活动，密切与新媒体合作

《生活 2013》逐步构建“城市公益互动”平台，策划了“我承诺不闯红灯”、“回家吃饭我不添乱”等全民公益倡议活动。“我承诺不闯红灯”活动播出相关信息近 200 条，近 4 万网友参与倡议，这项活动也成为一项全民参与、全民倡议的年度品牌活动。2013 年 10 月，《生活 2013》栏目还推出《大家帮助大家》节目板块，打造观众可信赖、可依赖的“媒体社区”。

2013 年中秋、国庆两节期间，生活频道整合栏目资源推出了“快乐问答 生活有礼”观众有奖互动活动。这项活动持续 24 天，观众通过微博微信短信热线等多渠道开展实时有奖问答，参与人数达到 11 万人次，发放近 5500 份奖品，成为频道近年来影响最广泛的互动活动。

生活节目中心还与北京电视台新媒体中心合作，以多种形式实施了《北京味道》全媒体宣传、《我爱我车》上海车展特别节目宣传等项目。同时，生活频道还成立了“网台 BTV 生活频道主页”共建小组，专人对接，专项推进，从网页设计、内容编辑等产品设计等方面全力支持网台主页按时上线。

四、强化节目内容营销，探索全新节目经营模式

2013 年，在地面频道广告经营整体欠佳的局面下，生活节目中心加强内容营销的力度，《生活 2013》、《食全食美》、《美食地图》、《生活 +》、《幸福厨房》、《我爱我车》等栏目带来大批广告新客户，频道广告收入超过 3000 万元，迎来全新局面。

在坚持做好节目内容，服务观众的基础上，鼓励栏目积极探索市场经营模式。《生活+》在周日加推一档45分钟全新版本，将家装服务延展到看房、装修、采购、新品推荐等各方面，与市场结合更加紧密。《我爱我车》栏目在上海车展期间，联合7大汽车品牌共同打造了不同寻常的6集车展特别节目《我有我的梦》，既打造了精品节目，又开拓了产业融合的新方式。

青少·海外节目中心概况

青少·海外节目中心

2013年，青少·海外节目中心着力提升自制节目的质量和影响，倾力打造新的大型地面活动亮点，不断推进BTV青年频道的品牌知名度和社会影响力，弘扬主流价值观，传播青春正能量。

一、以品质取胜，青年频道延续快速发展趋势，频道品牌认知度不断提升

自制品牌栏目的影响不断扩大，假日节目编排推出新思路。《谁在说》、《探索》作为青年频道成功的外购品牌，多年来在收视和投入产出两方面均位列青年频道前茅。2013年，两档栏目继续作为频道收视的重要支点，发挥了稳定的支撑作用。《军情解码》、《北京客》各自以其独特的内容资源日益吸纳稳定收视人群，男性、高收入、高学历、青年化、国际化等有效分众收视稳步提高。在元旦、春节、国庆节及寒暑假期间，频道的假日特别编排在往年成功经验基础上又探索出新思路：深挖频道自有资源，整合《青年探秘者》、《北京客》、《书香北京》等优秀节目在假日期间集中推出，取得了良好收视成绩，为今后的特别编排积累了新的成功经验。

秉承创新理念，强化精品意识。2013年2月11日即蛇年大年初二晚，北京卫视、青年频道并机播出了以“世界城市、汇聚梦想”为主题的《2013BTV环球春晚》。晚会时长150分钟，晚会在北京地区的综合收视率达到4.12%，份额达到11.86%。从观众结构来看，晚会高学历观众所占比较突出，大学以上和高中以上学历观众占总比重的73%以上，15~24岁的青年观众比重也突破11%，青年观众和高知观众比重增加，取得不错的社会效果。2月18日，《人民日报》刊发以环球春晚为评论主线的《新年春晚，各有各的花样》文章，在综合点评包括央视春晚、网络春晚及各家卫视春晚时指出：“在众多春晚中，北京电视台独创的环球春晚成为一个亮点”；文章称：“由于上演的多部国际经典曲目、剧目，环球春晚呈现高雅的艺术格调，不同于传统春晚热闹、喜庆的主打风格，让不少观众直呼‘洋气’”。在由中国电视艺术家协会电视文艺委员会主办的“2013年全国春节文艺晚会及春节特别节目评优表彰暨研讨会”，《2013BTV环球春晚》被评为创新奖、一等奖。

4月16日晚，由青少·海外节目中心

承办的第三届北京国际电影节开幕式直播在北京天坛祈年殿圆满完成。国家新闻出版广电总局局长蔡赴朝、北京市市长王安顺、美国电影艺术学院主席霍克·考奇、本届电影节评委会主席、俄罗斯著名导演米哈尔科夫、及来自四大洲五个国家的六位世界级知名电影人组成的评委会成员等中外贵宾出席了开幕盛典。开幕式集合了祈年殿灯光秀、文艺汇演及百年电影历程光影视频秀等内容，以“天人合一、美美与共”为主题的电影节开幕式将千年的古都沧桑和百年的光影梦想融为一体，链接起电影与北京、中国与世界，对北京国际电影节“共享资源、共赢未来”的价值理念进行了完美的艺术阐释，赢得了与会嘉宾和各级领导的高度评价，被认为完美体现了北京国际电影节“世界水平、中国特色、北京风格”的品牌内涵。

在素有“中国电视艾美奖”之称的“中国电视满意度博雅榜”评比中，北京电视台青年频道品牌栏目《军情解码》与中央台一套《小崔说事》、中央台四套《走遍中国》、中央台十套《百家讲坛》、《科技之光》等著名栏目一起入围该榜文教类前15名，在这项被誉为中国电视节目最高学院奖的榜单上，第一次出现了BTV青年频道的名字。

青年频道的不断发展得到了业内的高度认可，在由中国广电传媒联盟、中国人民大学新闻与传播学院、清华大学新闻与传播学院、中国传媒大学电视与新闻学院、北京大学新闻与传播学院等联合主办的“2013传媒中国年度盛典”评选活动中，青年频道获得“2013中国年度电视（省级）十大地面频道”。

二、解放思想，勇于创新，尝试“经营性创作”新理念和台网融合新方式

2013年，为了探索地面频道新的发展路径，改变频道“投入产出比”偏低的现状，青年频道全面启动了践行“经营性创作”新理念的大型系列季播节目——《青春A计划》，尝试将节目制作与市场经营的深度融合。

《青春A计划》大型电视季播节目以“实现青年梦想的神奇行动”为诉求，青少·海外节目中心联合广告部、京视传媒，活动包括《挑战技巧王》、《我是神枪手》、《给地球减重》、《玩转水魔方》、《最佳团队》、《“水立方杯”海外华裔青少年中文歌曲大赛》六个项目，突出体现了经营现行、以销定产的思路，初步积累了将节目与市场相结合的经验，为2014年青年频道进一步探索地面频道节目运营性播出奠定了基础。

自10月13日开始直播的《环球神奇炫》是北京电视台第一档在新媒体演播室直播的大型综艺节目，也是北京电视台青年频道以国际的视野和全媒体的高度打造的全国首档“全媒体互动真人秀电视活动”，同时承担为《2014BTV环球春晚》预热的任务。直播过程中全台技术部门通力协作，解决了大量新媒体演播室在直播中的技术难题，为今后的台网融合积累了宝贵的经验。

动画节目中心工作概况

动画节目中心

2013 年，动画节目中心面对儿童电视市场收视整体下滑现状，开拓思路，形成创新性节目生产模式，提升了全国范围的品牌影响力和频道美誉度，荣获了广电总局颁发的“优秀少儿动画频道”等奖项。

一、收视稳居榜首，全国影响提升

卡酷少儿频道北京地区 4 + 人群全天收视份额达到 1.67%，4 ~ 14 岁收视份额 12.77%，以近 50% 优势超越主要竞争对手央视少儿。特别是 6 月 17 日全台收视保卫战以来，收视率较上半年提升近 10%。

在全国 33 城市，卡酷少儿频道 2013 年新增落地长沙市、成都市、新疆全区、青海全省，并完善山东省网的覆盖，以 0.80% 全龄收视份额位列全国五家省级动画少儿卫视的第一名，并多次跻身全国所有省级卫视排名前十。

二、密切联系群众，陪伴观众成长

频道结合自身特色，以观众为核心，开展了小观众“欢校联谊会”、“卡酷观众见面会”、“守护天使小课堂”等一系列走到观众中间的公益性活动。栏目编导走进北京市十余所中小学及幼儿园展开深度调研。中心和专家历时数月完成 5.5 万余字真实反映受众现状的《北京电视台卡酷少儿卫视频道发展战略研究报告》，并在《中国广播电视学刊》、《北京广播影视》等专业刊物上发表了《我国动画少儿频道发展现状及对策》等调研论文。

三、推出首部动画文献纪录片，童心铸就动画梦

卡酷少儿频道推出了八集电视文献纪录片《梦的家园》，这是第一部反映中国动画 90 年发展全貌的纪录片，选取了具有开创性或里程碑意义的动画作品、人物及事件，抢救性地采访了中国动画界的领军人物、挖掘了难得一见的早期动画作品、经久不衰的经典动画以及老照片、文字资料、实物等珍贵史料。广电总局评价其“记录几代中国动画人为追逐中国动画之梦所付出的艰辛与收获的幸福，同时也让观众欣赏到中国动画独树一帜的艺术魅力”。

纪录片宣传活动以“童心共筑　梦的家园”为口号，召集社会各年龄层及不同职业者绘制 90 米长卷，展现每个人和中国动画与梦想的故事。举办“童心共唱中国梦”演唱会，以动画艺术和音乐艺术为载体，唤起 70 后 ~ 00 后的童年梦想回忆，营造励志成长、行动梦想的文化正能量。

四、开拓优质片源，盘活动画资源

为推动动漫原创蓬勃发展，以联合出品、共享荣誉的多元化合作模式，打造北京电视台自主知识产权动画精品。3D 动画电影《兔侠传奇 2》首创毛发三维技术专利，通过兔儿爷中国传统形象诠释中国文化，获得国际认可；京剧题

材动画电影《功夫梨园》弘扬国粹，获“动漫北京”原创动漫形象奖；品牌动画电影《开心超人》获中国动漫金龙奖“最佳动画电影”奖；传统国学经典《淮南子传奇》获“美猴奖”最佳动画连续片奖；少儿启蒙益智《我的朋友猪迪克》传递儿童规范；动画片《新地雷战》讲述爱国主义。

支持原创动画“走出去、引进来”，集功夫和美食两大题材为一身的动画片《食功夫》屡获戛纳国际电视节、首尔国际动画节、德国国际短片电影节等国际奖项；合拍动画电影《小企鹅波鲁鲁之冰雪赛车》引领寒假风潮、《潜艇总动员3》创“六一”档国产动画电影至今最高票房记录。

突破性地拓展了外片资源，与迪士尼公司、索尼影视等国外众多一线大牌动画公司达成合作意向，以素材形式引进了《小熊维尼》、《米奇妙妙屋》、《海绵宝宝》等一批境外经典强片包装后再播出。

盘活现有动画资源，将32万分钟动画片库进行深度挖掘、二次开发，开创自制“动画微电影”创意，将热门动画强片进行主题精编，制作了近40部1500余分“动画微电影”，平均收视率超过黄金时段动画剧场50%以上。

五、加强精细管理，栏目精准定位

打造“黄金七点半”周播栏目带，五档周播栏目、四档日播栏目形成全天收视亮点。加强栏目精细化管理，推进模式化操作方式，减小栏目切口、精准栏目定位，少儿元素和首都特色逐步加强。

《男生女生GO》全国首创少儿密室闯关形式，将科学知识与解密游戏相结合；《闪天下》首推“我爱课本剧”，“闪亮家族”主持群演绎经典故事；《幼乐园》“我爱唱歌”地面活动走进近百幼儿园及社区留住小朋友的纯真声音。《和自己对话》及《闪天下》获评国家广电总局评审的优秀少儿电视栏目奖。

六、大型活动提影响，丰富节目成特色

重要时间节点推出大型特别节目，拉动收视增长、推动品牌打造，全面提升频道影响力，体现少儿卫视的社会责任和担当。

《BTV卡酷少儿动画春晚》品牌创新系列化、规模化创作理念，传递用“心”过年和谐理念，被列入文化部设立的首批“国家动漫品牌建设和保护计划”动漫创意项目。六一特别节目儿童职业体验真人秀《梦想成真》、科学魔幻秀《我们玩科学》、暑期特别节目科普综艺秀《卡酷动物园》、少儿励志真人秀《奔跑吧！小胖》、儿童脱口秀《七嘴八舌熊孩子》，丰富少儿栏目品类，形成频道核心特色。

七、动画公益宣传，新媒体紧密融合

紧密结合微博、微信等新媒体手段，开展“微公益”宣传，为端午、中秋等传统节日赋予拟人动画形象，化身公益大使，向小朋友宣传公益理念。设置传统节目故事、关爱小动物等不同主题，通过新媒体互动形式与小观众交流，阅读量达到上万次，潜移默化地进行公益道德的宣传引导。

纪实频道工作概况

纪实频道节目中心

2013年，纪实频道在“树立品牌、提升收视、面向市场、创造收益”的发展方针指导下，有针对性地推进节目创新、开发纪录片拍摄项目、策划开展大型品牌活动、推动台网融合、支持广告经营等各项工作，完成了各项任务。

一、不断完善频道节目及包装体系建设，逐步将频道建设成为成熟的纪实节目专业频道

2013年是纪实频道开播以来的第三个年头，也是频道发展中颇有收获的一年。这一年，不断完善频道节目建设，优化频道整体包装体系和节目呈现。2013年3月31日，频道在高清机顶盒中的序列首次从“620”调整为“020”。收视率增加两倍，节目首播时长也由3.5小时增加至5小时，全天播出总时长16小时，调整延长为20小时。播出时间从当日的早六点跨越至次日凌晨两点。根据AC尼尔森提供的参考数据，在北京地区的收视排名向前推进了30位。

2013年7月，频道呼号获得国家广电总局批复同意，将此前的“纪实高清频道”改为“纪实频道”，进一步增强了频道的识别性和BTV在播频道序列编排的整体感。

在上述两次调整中，频道根据收视调查公司提供的数据，将男性受众锁定为频道目标受众。根据这一特质，将《剧苑》栏目改版为更关注当下社会现实的纪录片栏目《纪实天下》，缩短了日播栏目《昨天的故事》的播出链，将其调整为周二播即周末特别节目，取而代之的是题材更为广泛的外景拍摄栏目《人文地图》，整体上大幅度削减了演播室访谈栏目体量，增加了外拍节目的比例，从而使频道的节目更加符合纪实定位。

二、打造自有品牌的纪录片项目

2013年，纪实频道通过一年半的筹备、播出磨合期，进入正常运行的阶段。从年初开始，频道在确保常规节目正常、安全播出的情况下，逐步开始了自主版权、联合版权的纪录片摄制工作。这也是纪实频道从一个纯粹的纪录片播出平台逐步向自有版权、自有品牌的产业化载体转变的开始。

2013年，纪实频道自主拍摄的纪录片包括：纪录片《飞翔的翅膀》、《园·梦》、《水情》、《水乡古镇的戏剧梦》、系列纪录短片《追梦中国》等。此外，频道还参与了纪录片《豆腐味道》、《江南味道》、《青春致敬青春》的深度战略合作，与境外团队合作完成了纪录片《GPS——星球大战》、《双城记——北京 & 堪培拉》以及与国内制作机构合拍的纪录片《中国最后的小火车》。其中近日深受习近平总书记肯定的澳洲BEARCAGE集团与我们合作录制的纪录片《双城记——北京 & 堪培拉》，也得到了澳大利亚银屏组织的充分肯定；《中国最后的小火车》已经获得国

家新闻出版广电总局向全国推荐的优秀纪录片的认定。

2013 年，借助纪录片《放虎归山》的项目招商工作，在中国驻南非使领馆的帮助下，于 8 月在开普敦举办了中国纪录片日。在这个活动中，不仅播放了优秀中国纪录片，还借助这一平台，推介北京电视台、推介频道、推介了北京台参与合作的中国首家纪实影像产业基地。中国驻开普敦总领事梁疏根在讲话中指出，习近平总书记在南非访问期间，与南非总统祖玛共同宣布了 2014 年为“中南年”。中国纪录片日活动的开展，为 2014 年的“中南年”做了很好的预热。活动当日，南非媒体、学界、纪录片界、旅游界、商界人士参加了推介活动。目前南非最大的电视机构 ETV 与频道关于《放虎归山》的项目正在洽谈中。

另外，由市委宣传部和青海省委宣传部投资拍摄的纪录片《大昆仑》，也正在推进之中。

三、积极策划开展频道大型品牌活动

为了拓展频道的影响力，为后续的招商工作打好基础，2013 年，频道在品牌推广方面，做了如下几方面的工作：

一是完成了《文化：中国的故事》纪录片全国展播活动的善后工作，在无偿获得百余集纪录片播映权的同时，还为全国各家电视台复制了全部节目。2013 年，全国除港澳台和西藏地区，其他省市全部播出了该系列纪录片，播出持续时间长达五个多月。

二是在“青春的纪录”首都大学生纪录片大赛成功举办的基础上，继续扩大纪录片征集范围，联合北京市人民政府外事办公室、北京市人民政府新闻办公室、北京市人民政府台湾事务办公室、北京市学生联合会、中国电视艺术家协会纪录片学术委员会，共同主办“2013‘青春的纪录’——环太平洋大学生微纪录作品大赛”活动。本届大赛共收到来自全国 13 个省市地区，包括北大、清华大学、北师大、电影学院、浙江大学、中国传媒大学、汕头大学、江西师范大学、东北大学、浙江传媒学院、河海大学以及包括美国天普大学、韩国又松大学等国际团队在内的 61 所高校 350 个摄制团队的 435 部作品，作品数量是 2012 年首届大赛的 3 倍，参与大学生人数超过 2000 人。活动的网络专区也反响热烈，转发量达 2000 余次，作品网络点击量更是达到 77 万余次，活动的影响力得到显著提升。

相比 2012 年，本届大赛征集到的纪录片作品水平也有明显提升。评审委员会最终评选出 30 部优秀作品，并于其中评选出包括评委会大奖作品、评委会嘉奖作品、评委会荣誉作品以及最佳编导作品、最佳摄影作品、最佳制作作品、最佳录音作品等在内的综合大奖及四大单项奖。

四、推动“基地”建设，为节目生产打造后备团队

2013 年，频道借助业已开始运作的北京国际纪实影像创意产业基地，在发展思路方面有了进一步的拓展。2013 年 11 月，频道与“基地”一道，联合全国最具影响力的多家纪录片生产、营销机构，在四川电视节联合设展，为频道日后的节目引进、销售、联合录制奠定了团队基础，同时拓展了纪实频道在整合资源方面的附着力和粘合度，为未来上星工作储备了一定的人力资源。

五、积极探索台网融合道路，推进与新媒体的融合发展工作

为了探索网台融合的全媒体之路，频道与互联网展开了立体的合作。

（1）大力扩展频道新媒体受众，优先占领新媒体受众市场。2013 年，频道在爱奇艺、凤凰网、良友纪录片网等有影响力的网站上开设频道节目专区，通过网络观看频道节目的平均每日 UV（独立访客浏览量）达到 5 万人次，各专区还设有互动项，增强了频道节目的互动性，扩大频道在新媒体主流受众中的影响力。

（2）开创频道官方微信公众平台“纪实联盟”，增加新媒体受众互动渠道。“纪实联盟”是频道设立的官方微信公众平台，每天发布一期微刊，展示频道理念、气质，宣传频道节目与大型活动，同时与观众、网友进行互动，增加观众的关注度与忠诚度。这个微信平台通过与频道编排联动，不断创造观众互动热点，目前“纪实联盟”已经逐渐成为频道推广节目与品牌的一块重要阵地。

（3）开展丰富的线下活动，助力新媒体业务，推广频道品牌。在中央美术学院、中国传媒大学等高校开展多次看片会，吸引年轻的新媒体受众，同时推介频道品牌及优秀影片。

（4）以新媒体业务为切入口，适时发动网络征集活动，利用社会资源为频道制作优秀纪录短片。2013 年，通过新媒体合作，利用中央美术学院的资源，为频道创意和生产了 40 部高质量形象宣传片。

（5）环球航海女孩宋坤的无动力航行，是众多媒体关注的焦点。频道积极与她取得了联系，将她的行程、经历通过新媒体传输的方式，上传视频，频道将借此时机，主动参与新媒体的嫁接，尝试将纪录片创作与新媒体进行深度融合，将纪录片的宣传预热、纪录片素材获得、制作成片、推出宣传以及观众反馈这一整个生产流程融合进新媒体互动传播方式中，突破性地将新媒体互动环节纳入纪录片创作中，完成一批既适合频道播出又适合新媒体二次传播的节目。目前这项活动还在推进中。

（6）借助 IPTV 先进的展示平台，成功举办了“当纪录片遇到新媒体”发布会，开启征集“追梦中国”主题短片的活动。仅通过手机客户端征集的作品就数以百计，并已初步摸索出一套新媒体征集活动的方法。

（7）频道与豆瓣网联合发起的征集“24 节气”活动日访问量近万人，收集上来的作品为后续制作手绘版和摄影版“24 节气”提供了大量有用素材。为频道的宣传片制作、吸引观众的注意力，开拓了一个新的思路。

（8）频道联合制作部创新小组，共同组成“联合创新实践小组”，采用 4K、3D 技术、超微距摄影、移动逐格和升格摄影、水下摄影、“飞猫”低空航拍等先进技术手段，拍摄制作《蛐蛐》、《奇观北京——带你欣赏你看不到的北京》等一系列纪录片，将奇观视觉效果与深厚的文化内涵完美融合，集中展示北京独特的地域文化魅力。

新媒体发展中心工作概况

新媒体发展中心

2013年是北京电视台新媒体发展取得实质性突破的一年。这一年，北京电视台新媒体基地全新落成，投入使用；新媒体四大业务平台齐头并进，实现了历史突破，北京IPTV正式商用，用户增长迅速，北京网络广播电视台网站内测完成即将上线；网台融合实质推进，在完成机构合并基础上，确立了全台新媒体版权管理及新媒体业务管理的主体。同时在“网台深度融合，全台共同办网”建设全媒体平台的基础上，开创性提出了“大媒体”工作思路。

一、“四位一体”业务平台并驾齐驱

BRTN网站、北京IPTV、移动互联网业务、微平台等四大业务平台是在“大媒体”工作思路下，实现“网台深度融合，全台共同办网”建设全媒体平台的具体体现。

BRTN网站。北京网络广播电视台BRTN网站以“北京时间，全球共享”为口号，以北京本地化视频门户网站为基础定位，利用北京电视台内容资源与品牌资源，产品内容上台网交互与创新应用为核心，经过一年时间的磨合，在人力紧张的情况下BRTN网站测试版完成了首页、全部二级频道页、三级聚合页、列表页、底层页及部分互动模块的内容初始化，推出“我在现场”、“生活地图”等互动产品，建立了内容产品经理管理机制与外协机构管理机制，目前网站内容架构和UIUE设计工作全部完成，内部线上测试即将结束，年底正式上线。

北京IPTV。具有自主研发的高清悬浮式EPG和多项交互内容的北京IPTV于2013年2月开始试商用。试商用以来，北京IPTV进行了两次大规模平台扩容，频道总量扩充到106路，至今已累计新增内容超过3万小时，付费用户实现历史突破。

移动互联网业务。移动互联网业务重点是整合全台资源，研发多款智能客户端软件（APPs）。电视钥匙双屏互动应用（KeyTV）是通过移动端的音频识别关联电视屏的应用，目的是通过移动互联网与电视的连接实现与观众的互动，KeyTV21.0版本已经在IOS和Android双平台上线测试；“BTV大媒体”核心APP产品已完成产品设计视觉设计；BRTN客户端完成上线，同时BTV APP产品矩阵正在构建中。

微博微信平台。BTV新浪官方微博从2013年初正式运营，目前粉丝数达到230万，影响力列全国电视台官方微博排名第六，BTV腾讯官微粉丝数达14万；BTV微信公众平台粉丝数达13万；微平台建设初具规模。

新媒体中心搭建了全台数百个微博的矩阵式管理平台，实现了统筹布局，一键发布。通过微平台的推广，BTV春晚、BTV卫视《最美和声》、BTV新闻的雅安地震报道、BTV文艺的《春妮的周末时光》、BTV 生活的《北京味道》、BTV 青年的《环球神奇炫》等节目内容和影响力得到提升。

二、台网融合实质推进

2013 年，新媒体中心成立与台内 11 个节目中心直接对应的 12 个项目组，垂直展开包括 BRTN 网站建设、IPTV 内容提供、微博微信矩阵管理、APP 产品研发、新媒体大厅使用等在内的各项新媒体业务。在内容业务的融合上，与节目中心合作，进行全媒体节目报道的探索。从北京市“两会”到四川雅安地震，新媒体发展中心和节目中心一起参与一线报道，并为电视屏提供各类互动内容；联手青少海外频道，在全新落成的 IP 化全媒体演播室制作直播节目《环球神奇炫》，通过网络实现观众与节目现场互动。新媒体演播室将引领我台全媒体节目的制作。

在版权管理上，新媒体中心成为北京电视台新媒体版权的管理主体；在移动客户端管理和微平台管理上，新媒体中心制定了相应的系列管理条例，统筹管理全台的新媒体业务。

三、全媒体物理环境建成起航

2013 年 5 月建设完成的新媒体工作基地，开创性地集应用展示、演播制作、播出监控系统、私有云中心及办公于一体，是国际领先的高科技工作基地，被誉为“对全国广电媒体建设新媒体具有示范意义”。基地建成后，共接待国家广电总局、北京市委宣传部等上级领导部门和新华社、南方广电集团等媒体机构以及各类商业机构的参观调研约 139 次，近 2000 人。同期，中广协第四次学术委员会以及市协台网高管对话等重要会议在此举办。

四、全媒体产学研基地共建初见成效

2013 年 7 月 12 日，北京电视台第 25 次党委扩大会原则同意建设“中国传媒大学产学研基地”，解决现有人员不足的问题，随后与传媒大学动画与艺术学院合作迅速展开。目前校方已为基地预留了校内 70 平方米、校外 500 平方米的物理空间，双方正在对具体的合作内容、技术方案、项目预算、运行机制等进行协商。

总编室工作概况

总编室

2013 年，总编室按照全台的工作目标，加强内容生产统筹，重点推进落实十方面的工作。

一、做好内容生产统筹

（1）先后制定或参与制定了《北京电视台关于突发公共事件新闻应急报道的实施办法（试行）》、《关于在我台节目生产及重大活动中规范应用微信群的通知》、《北京电视台地面频道（周末）季播节目管理办法（试行）》，编制了《北京电视台全媒体工作手册·突发公共事件报道篇》，修订了《北京电视台节目评奖办法（试行）》等，为统领内容生产提供制度保障。

（2）拟定了《北京电视台节目动态编排调整分类管理办法》，以期推出与本台内容生产发展相适应、合理规范且行之有效的节目动态编播调整管理办法。

（3）参与制定落实全台性年度节目规划，协助节目部门完成学习宣传贯彻十八大精神、全面建成小康社会、“中国梦”、中国特色社会主义等宣传报道规划30余项并跟踪落实情况。

（4）重新梳理、调整全台各类文艺晚会和节庆演出的制作播出计划，8至12月晚会播出数量同比减少59%。

（5）对播出节目及时评议，并协助节目部门做好总结和意见回复，不断提高舆论引导水平。截至12月底，已完成《监看意见摘编》48期（从第17期开始增加市委宣传部阅评员撰写的对我台具有参考价值的阅评意见，供节目部门参考），《监评报告》57期（普刊48期、专刊3期、专题评议6期），《播音主持纠错专刊》12期，《播音主持业务监评周报》52期，《新闻节目播音主持业务监评专刊》1期。

（6）严格实施节目内容安全每月抽查、情感类选题每周检查、重点选题每周报送制度，加强境外从业人员参与广播电视节目制作管理，及时传达宣传精神并督促各部门贯彻落实，做好策划费、演出费的审核把关，确保全台节目导向正确、内容安全。

二、做好大型活动策划统筹

以第二届“观众喜爱的主持人”评选活动为突破口，努力建成面向市场、面向受众、充满活力、具有首都特点和北京电视台特色的大型活动（特别节目）运行机制，从而促进北京电视台大型活动（特别节目）工作的有序推动和跨越式发展。

三、做好品牌宣传统筹

（1）建立健全重大项目台内宣传推广体系，与广告部和各节目中心密切合作，起草完成《2013北京电视台公益广告宣传工作方案》和《北京电视台公益广告宣传制作播出管理规定》，规范强化公益广告宣传管理，使全台公益广告制播工作有章可循。截至12月底，各频道公益广告时段共制作播出《中国梦》、《讲文明、树新风》等公益宣传片200余部，是2012年全年的3至4倍。其中以“出彩人生 追梦中国”为主题的大学校长系列宣传片和行业人物系列宣传片，紧密结合当前社会发展热点，践行了电视媒体的社会责任，在有效传播公益信息的同时，提高了宣传片的及时性和时效性，使屏幕成为高效、快速传递社会正能量的窗口。

（2）适时发起、组织并配合台级大型活动展开立体式宣传，包括春晚系列宣传、《快乐一夏》暑期宣传微栏目、“心悦百姓、行为民生”主持人评选公益活动纪实等。

（3）加强与技术、节目部门的合作，完成字幕图文包装内容制作播出管理办法，分步骤推进播出在线字幕包装系统的实施，不断提升本台节目包装水平。

（4）充分发挥《电视先锋榜》收视引导作用，配合全台年度重大活动、重要节目、“走转改”和群众路线教育实践活动，策划制作专题节目和系列报道，积极与台网站合作，努力探索尝试新媒体传播方式。

四、做好编播统筹

（1）统筹完成12个频道近10万小时的节目编播工作，保证5000余场常规和非常规直播安全有序。准确、及时播发重大宣传任务、气象预警、中断信号、节目变动、剧名角标等字幕1.3万多条。

（2）配合网管部、播出部进行系统测试，在发现系统及跨系统严重安全隐患后能及时发挥主观能动性，用人工方式避免播出事故，并针对硬盘视源、变换方式、拟播日期、送播出单、备播预警信息、节目备播状态、打码软件、内审软件、节目代码权限、广宣系统等10类问题提出改进意见30余条。

五、做好媒资共享和服务管理

（1）积极推动《北京电视台媒资发展规划》在工作中的实际应用，初步完成主题资料树形结构的搭建工作，促进主题资料整理常态化。截至12月，围绕社会热点及宣传重点，先后推出“芦山地震”、“全运会”、“国庆”等7个一级主题资料包，其中在完成“2013年全运会”的资料保障过程中，首次尝试机制创新，联合技术部门合作成立“全运会主题资料小组”，让主题资料服务更加贴心。

（2）加快数字化编目进程。截至12月底，媒资系统共保存播出版节目和资料版节目素材共计64.8万小时，库存较之去年增长近22.5万小时；按计划完成节目资料编目14.3万小时，数字化转存15.8万小时；加速老旧资料的抢救，加强磁带动态回收管理，力争年内完成素材带和报废磁带的回收方案，逐步实现素材带的全部回收，并初步解决老同志退休还账难的问题。

（3）加大外购节目管理力度，对上一年度收视、收入未达标的节目增加了年中评估，为全台节省节目经费80余万元。

（4）面向全台提供新华社、国际台等公共节目素材，在节目素材的使用、维护和推广的工作机制方面不断完善和创新。加强外购节目素材审核，规范公益广告、宣传片中音乐作品的使用，及时发现可能存在的版权隐患，提前预警。主动寻求与新媒体发展中心的合作契机，共同探讨新媒体销售方面的工作模式。

（5）初步完成与方正Apabi报纸资源系统的网络测试，逐步推进全台图书资料阅览平台及报刊阅读系统搭建，使读者眼界更开阔，查找资料更便捷。

六、抓好主持人队伍建设

（1）在充分调研的基础上，推进播音主持管理委员会机构设置，以及搭建涵盖播音员主持人引进与使用、培养与管理、考核与奖励、打造与经营等全流程、全领域的管理体系，推出《北京电视台播音员、主持人管理文件汇编》，形成北京电视台播音主持管理体系建设三位一体初步方案，目前该方案已上报台领导审阅。

（2）为在新媒介环境下充分利用主持人品牌赢得市场价值，探索主持人经纪与经营管理路径，起草主持人经纪与经营管理办法和主持人参与社会公益活动管理办法。

（3）通过举办第二届观众喜爱的主持人大型评选活动暨圆梦公益新闻行动，加强北京电视台播音员、主持人品牌形象推广力度。

七、加强与新媒体融合发展

（1）加强与新媒体发展中心的合作，依托新媒体数据库的搭建，探索新媒体资源与媒资系统的联动机制，探索编目数据共享的可行性。

（2）融合传统媒体和新媒体两种介质，创新推出微栏目《快乐一夏》，该栏目率先使用网台多媒体演播室，充分运用全媒体手段，注重台网联动，通过有效全媒体互动的推广方式，引导受众群回到电视荧屏前，增强了栏目与观众的有效粘合。

八、推进 3D 项目开展

高质量完成每天向“中国 3D 试验频道”提供 1 小时 3D 节目的基础上，梳理 3D 前期拍摄及后期制作流程，实践预算制 3D 项目运行模式，并以 BTV 品牌宣传等为契机，探索 3D 新技术应用，先后完成《2013 年 BTV 环球春晚》、《2013 年北京电视台春节联欢晚会》、《养生堂》等晚会和专题节目的拍摄，并以“CBA 篮球联赛”3D 制作为契机，尝试 EFP 全流程工作模式。

研究发展部工作概况

研究发展部

2013 年，研究发展部拓宽思路、扎实工作，为加快发展提供更高水平的研发保障。

一、积极推进实施以“品质”为核心的全新节目考评体系

为了使“首善媒体，大美品质”的战略目标全面落实，形成全台上下贯通、共同遵循的内容生产价值系统和行为准则，北京电视台以“品质”为核心重新构建了全新节目评价体系。并根据战略调整的需要，以强化品质、强化效率、强化融合为核心，对 2014 年目标责任考核方案进行了全新调整，对推动全台节目发展发挥了作用。

二、全面完成《北京电视台发展规划（2013—2015）》编制并正式印发

2013 年初，全面完成了《北京电视台发展规划（2013—2015）》的编制工作，并经党委会讨论通过后于 3 月份正式印发。这是本台第一次编制完成系列化、系统性的发展规划。正式印发的规划包含一个总规划和八子规划。后续，为加强对当前国内广电发展新趋势的了解和把握，着眼进一步推动发展规划主要目标任务的落实、调整和优化，研发部还牵头组织发展规划领导小组办公室有关成员组队调研，达到了预期效果，并提交了较高质量的调研报告。

三、全面建立北京电视台系统化、科学化、前瞻性、全方位的内容生产决策支持系统

研发部经过认真分析研究，全面建立了涵盖收视率、品牌发展、新媒体融合、内容生产营销及传播力效果评估、传媒市场发展趋势、省级卫视和中央台发展策略库、本台专业频道对标频道的追踪分析等基于大数据、全方位、系统化、多纬度的内容生产支持系统，并以周、月和年度深度报告向全台决策层和节目中心定期发布，为提升全台整体竞争力和科学决策起到了推动作用。

1. 全方位系统监测和分析传媒市场发展各个侧面，推出七个年度报告。这七个报告是：《2012 年度全国收视市场竞争趋势及我台未来发展对策研究报告》、《2012 年度北京电视台各专业频道对标频道成功策略及创新节目研究报告》、《2012 中国传媒行动和态度年度报告》、《北京电视台新媒体融合力研究年度报告》、《北京电视台品牌影响力调查年度报告》、《北京卫视全国影响力调查年度报告》、《北京电视台全年收视分析报告》。

2. 建立内容生产日常决策支持体系。一是全面监测传媒环境。对国内外传媒业界，包括电视业、新媒体、纸媒及相关行业在产业、节目、营销等诸多方面的战略发展、重大举措、重大竞争策略等等进行全面动态监测、解读，为全台中层干部提供最新的行业发展态势和研判意见，每周报告均在2万字以上，全年推出了180期共计400万字的报告。二是实施全台全面品牌发展监测。在以往五年的品牌调查基础上，继续采取入户调查的方式，对北京电视台主持人品牌、频道品牌、大型活动品牌、重点栏目品牌的发展情况进行追踪监测调查，并评估其品牌价值和品牌健康状况，提出品牌发展的战略空间。三是完成系列收视分析报告，为全台整体编播提供深度分析支持。每周向全台提供《北京电视台收视分析报告》，这些报告对全年北京市场和全国市场的总体收视容量、观众收视形态变化、流动趋势、市场竞争态势、北京电视台上半年总体竞争力与各类型节目、各时段竞争力进行了全面、翔实、深入的分析，内容涵盖整体市场各个侧面，为全台整体编播提供深度分析和调整建议。

3. 创立重大项目营销效果、传播力效果评估体系。研发部对节目形态开创性的重大项目和重大活动，对北京台形象的提升、营销效果、传播力扩散效果，以及受众对节目内容的喜爱度进行全面舆情监测，并构建出较为完善舆情指数体系，考察北京电视台整体形象的提升效果。并以此为范例，建立了全台重大事件和重大举措舆情体系。

四、努力推进全台节目创新

研发部在总结上年“节目创意季”活动的经验基础上，先后协助卫视节目中心、财经节目中心、生活节目中心、青少·海外节目中心完成节目创新的实施工作。其中，生活节目中心在完成了初评程序后，已经有多个方案进入样片筹备阶段，预计2014年上半年陆续推出。目前，正与青少·海外节目中心密切配合，推进该中心“按季轮播节目”的创新。

五、组织召开以“变局、挑战与突破”为主题的全台节目战略研讨会

研发部组织召开了北京电视台节目研讨会。会议从全台整体发展的角度，认真研究分析了卫视及各频道如何创新节目、延伸产业链，拓展新的经济增长点，以及如何寻求行业变局下整体突破的具体思路和举措。会议提出“双收保卫战”的要求和“收视冲刺奖”激励机制，并对近期如何实现快速突破提出了四个方面必须完成的具体任务：开门办台；协同资源，全台一盘棋；抓核心，放大独有资源；发展新媒体，真正实现“网台融合”，极大激发各频道的责任感和发展潜力，全台统一思想，抓住机遇，直面挑战，实现了半年的快速、稳定和超越式发展。

六、根据节目综合评价办法，实施节目淘汰

2013年7月，根据《北京电视台节目综合评价办法》，研发部与广告部、计财部紧密配合，采用收视贡献和投入产出贡献两项指标对全台节目进行评价，对全台100多个栏目进行测评，根据两个指标贡献度的达标状况，全台节目分为A、B、

C、D四个等级。根据测评结果实施了全台节目调整和节目淘汰，对建立本台节目科学、客观的评价标准以及节目的优胜劣汰起到了积极的作用。

七、全方位参与北京卫视，提升并提供各项决策支持

对北京卫视实施收视监测，设计北京卫视收视运行与预测模型，为决策层的日常管理和决策提供依据。开展北京卫视落地情况与优化覆盖调查，全面了解北京卫视在全国、71个城市以及35个城市的覆盖、入户情况，研究实现北京卫视全国覆盖优化方案，并为针对性提高覆盖率保障收视率提供可行有效的方案。

八、完善节目测试设施，健全“节目资源库”

应用研发部开发的观众测试系统，完成了对财经节目中心、生活节目中心部分新节目的基本测试。测试形成的数据报告，为改善节目提供了有效的帮助，同时为领导决策提供数据支持。

定期搜集最新国内外节目样式，翻译、整理并完善现有节目样式资源，全年累计搜集样片100余部以上，目前全部国内外样片资源总计1100余部，并依靠专业电视研究机构，定期将节目样态研究分析成果，以趋势报告、节目期刊、光盘等多种形式推出。

思想政治工作概况

党委办公室

2013年，北京电视台围绕“一个中心、一个重点、八项特色工作”，深入开展党的建设和思想政治工作，取得了显著成绩。

“一个中心”，就是紧紧围绕学习宣传贯彻党的十八大精神这个中心任务，组织了各种形式的学习教育活动。一是围绕学习贯彻十八大精神，开展了27次党委中心组集中学习，召开以“学习贯彻党的十八大精神，进一步改进工作作风，密切联系群众，为民务实清廉”为主题的党员领导干部专题民主生活会，对全台党组织和党员干部职工学习贯彻十八大精神进一步提出了明确要求，增强了理论学习的自觉性；二是把学习贯彻十八大精神与学习领会十八大以来习近平总书记系列重要讲话精神紧密联系起来，特别是与学习“中国梦”重要论述、与学习“8·19”重要讲话、与学习贯彻十八届三中全会精神紧密联系起来，结合开展党的群众路线教育实践活动，开展了不同层次、不同范围、不同内容的学习教育活动近30场次，参与人数近4000人次；三是在全台大兴调查研究之风，组织各部门各单位按照十八大报告提出的有关要求，针对宣传管理中的有关重点问题，结合思想实际和工作实际，围绕74个课题开展深入调研，形成了一批优质调研报告，为下一步贯彻落实十八大精神、解决发展中遇到的突出问题打下了基础。

“一个重点”，就是深入开展党的群众路线教育实践活动，这是2013年台党委一项重中之重的工作。在市委督导组的直接指导下，立足实际、提前谋划、精心组织，成立了由台主要领导担任组长的领导机构和工作机构，研究制定了工作方案，确定了三个环节的17项具体任务；先后召开了动员大会、专题党课报告会、为期五个半天的集中培训班，提高了党员干部的思想认识；广泛征求群众意见，召开三场群众代表座谈会，设立征求意见箱，开辟网上征求意见专区，以信函的形式向各区县征求意见，累计收集汇总对台领导班子及班子成员“四风”等方面的意见建议160条；召开了一次成功的专题民主生活会，台领导班子和班子成员按照中央八项规定和市委15条意见，针对群众意见建议，进行认真对照检查，找到了问题，剖析了根源，明确了方向，拿出了措施；坚持边查边改、立行立改，召开党委“回头看”专题交流会，加强制度建设，开展专项整治，根据中央八项规定和市委十五条意见，制定了二十项措施，对大型活动、晚会等经费进行全面压缩，取消了一系列团拜会、联谊会等活动；加强宣传教育，开办了教育实践活动专网，编印教育实践活动简报28期，及时向上级部门报送有关情况，保证了活动的节奏和力度；各党支部也分别联系实际，结合“三个评议”工作，进行深入对照检查，召开了党支部专题组织生活会。

“八项特色工作”，就是结合改革发展和队伍建设的实际，创新性地开展的八个“自选动作”。一是强化马克思主义新闻观教育。分两批组织全台2000余名编辑、记者、播音主持人员开展马克思主义新闻观集中教育培训，邀请有关专家和领导连续作了五场专题讲座，组织了网上答题，进一步深化了全台采编人员对坚持马克思主义新闻观、做好党的新闻宣传工作的理解和认识。这次马克思主义新闻观培训，是我台近年来最大规模的一次集中培训，即使对于一些因为出差、生病等原因没能到场参加培训的人员，也都由所在部门组织安排在线学习，真正实现了全覆盖；二是深化拓展评议工作。在2012年首次开展的“群众评议党员、党员评议支部、支部评议党委”工作基础上，采取更加灵活多样的方式，以科室或党小组为单位进行评议，全台80%以上从业人员参加了这项活动，大家在评议过程中，提出了对台党委的意见建议17条，对台领导班子成员的意见建议30条，对有关党支部的意见建议近30条，这些意见建议都被吸纳到了党的群众路线教育实践活动群众意见的征集范围中；三是加强党员队伍管理。对全台现有党员情况进行了一次系统的摸底调查，特别是对于那些人事关系转出但党组织关系没有转走、未按时缴纳党费和未参加党组织生活的党员情况进行了深入了解，直接或通过所在党支部与有关党员进行了沟通，目前正在按照党章规定，开展有关的处理工作；四是狠抓中层后备干部队伍建设。制定形成了《北京电视台中层后备干部工作规定（试行）》，明确了中层后备干部选拔、使用、管理、考核等环节的工作要求，为推进中层后备干部队伍建设打下了重要基础，这是我台第一部针对中层后备干部管理工作的制度文件；五是建立岗位通道体系。完成了北京电视台岗位通道体系设计工作，在管理岗位通道之外搭建一套系统化的专业岗位通道体系，基本上覆盖了全台所有类型的岗位，这套体系落地实施后，将对调动从业人员的积极性发挥巨大的作用；六是全面开

展全台范围的清权确权工作。对各领域、各部门存在的管理权力进行了认真梳理，形成了台和部门层面《权力目录表》40多份，为下一步建设权力结构科学化配置体系、权力运行规范化体系、廉政风险信息化防控体系提供了重要基础；七是深入组织开展“五个一”创建活动。采取了15项工作措施，包括建立道德讲堂，动员1400余名职工注册加入学雷锋志愿服务行列，在台内开展了宣传语和公益广告张贴活动，建设了全台精神文明建设专网，营造了文明创建的浓厚氛围；八是加大青年人才培养力度。制定形成了贯彻落实《首都宣传文化青年英才培养工程实施方案》的工作安排，创新性提出了“导师+青年+项目”的人才培养模式，开展了第一次青年创新工作站的招募工作，征集到节目、技术、管理、营销等四类共38个青年创新候选项目，目前正在进行评审准备工作，拟定于2014年初产生第一批创新工作站，台里给予一定的经费扶持，鼓励青年人才在各自领域进行创新和创造。

此外，2013年党的建设和思想政治工作方面的其他各项工作也都得到了新的推进。一是强化学习教育，开展“加强职业道德建设，改进工作作风，严禁有偿新闻”专项教育活动，组织党员干部职工分批参加了北京市新闻媒体和主要网站负责人、中层骨干、终审发稿人及骨干编辑记者培训班；二是加强党组织和党员队伍建设，召开党委扩大会44次，表彰了19个先进党组织、141名优秀共产党员、34名优秀党务工作者和10个优秀党建工作创新项目，开展了慰问生活困难党员和“共产党员献爱心”活动；三是加大干部人才工作力度，实施中层干部职务调整18人次，选派3名同志参加北京市第七批援藏工作，制定形成北京电视台培训体系和《北京电视台内训师管理办法》，全年举办各类专业技术培训和业务讲座496期（次），参训人员达2.1万人次；四是进一步推进廉政风险防控管理，在副科级以上干部中开展会员卡专项清退活动，完成9名离任中层干部经济责任审计和4个大型节目专项审计工作，加大对大额资金使用的把关力度，促进财务运行规范化水平有效提升；五是加强群众性精神文明创建工作，积极做好全国五一劳动奖章、首都未成年人保护工作先进个人、首都绿化美化先进个人等精神文明建设奖项的评选、推荐、宣传活动，召开台情通报会11次，鼓励广大干部职工积极参与北京电视台的发展建设；六是扎实抓好工会、共青团、老干部工作，全面启动工会换届改选筹备工作，围绕派遣制员工工会组织建设、建设“职工之家”等进行充分调研，继续举办职工乒乓球、羽毛球团体赛，开展团干部培训班、志愿者对口帮扶等教育实践活动，举办“寻找历史痕迹，感受身边巨变”老干部主题党日活动，优化老干部社团活动机制。

办公室工作概况

办公室

2013年，办公室以“提升工作效率、提高工作水平”为主题，按照精确、细致、深入的标准，全面履行服务管理保障职能，着力推进各环节的精细化管理，积极开展管理服务创新探索与实践，努力从整体上提升工作能力和服务水平。

一、健全部门规章制度，规范管理服务工作

改进96168栏目热线，提升服务群众水平。召开座谈会，研究如何切实改进、完善、创新96168栏目热线服务工作，努力将96168栏目热线打造成为BTV的另一个品牌。此外，为最大限度满足观众互动，96168栏目热线以人工受理与自助服务相结合的方式，使观众参与量增加了15倍，更好地发挥了桥梁纽带作用。

有序组织年度体检，用心关爱员工健康。2013年健康体检工作历时3个半月，参检率85%，较上年提高了一个百分点。将近三年全台职工年度体检总检结果进行系统比较分析，以文字和图示形式在台内网发布，以指导职工科学防病。同时，开展系列专题专家座诊咨询活动，先后邀请专家就群众关心的健康问题和历年体检中检出率较高的异常情况进行专业性、针对性的现场解答，进一步扩大了健康体检的效果。

评选总机“服务之星”，助力话务品牌建设。通过基本业务笔试、实际操作、自评自查等形式，对话务员进行全方位业务考核，评选出4名“话务之星”，激发了员工工作潜能，倡导了端正服务态度，为进一步打造85336688总机优秀服务品牌起到了积极推动作用。

二、凸显工作重点亮点，推进业务创新发展

学习贯彻中央八项规定、北京市十五条意见的精神，认真对照，严格执行，结合本台实际和部门职能转作风、改文风、促会风，在精简文件简报、提高会议实效、厉行勤俭节约等方面采取具体举措，做到文字简洁，重点突出，发文针对性强；制定《台长办公会权力目录表》、《台长办公会权力运行流程图》等并严格遵照执行。合理缩减报刊订阅数量和经费，不再印制主持人形象挂历或台历，践行节俭美德。

因公出访工作进一步规范化、透明化。科学制定年度出访计划，严格执行审批程序；开辟台内网“因公出访”专栏，分设“出访公示”、“证照管理”、“出访总结”三个模块，加强对出访各个环节的管理和把控：事前通过台内网对团组出访任务及人员进行公示，并于出访团组回国后1个月内在台内网公布上述公示内容的实际执行情况和出访报告。

保密工作提升意识、强化管理。进一步完善职责，细化保密制度，确保在全台范围内将保密工作落到实处；按照宣传部统一部署，积极推进政务内网二期接入工作，准备好软硬件条件；切实加强对保密要害部位和涉密载体的技防、人防措施，做好保密桶发放与管理。

开发法律事务管理系统，推进科学管理进程，对全部法律事务工作建立基础数据库、实行电子化管理；制订合同审核标准，将合同审核的具体要求、多发问题等进行梳理细化，并在实践过程中不断修订完善，最终形成一套科学合理的审核规范；实施合同进程管理，对合同归档材料进行数据积累，有效促进了法律事务管理“精细化、数据化、科学化、模式化”。

三、强化创新意识，开展“第一次”创优工作

首次编制公文模板，规范全台公文工作。组织编写了“北京电视台公文办理要求及范例”（简称“公文模板”）在台内网发布，以方便各部门查阅和参考。该模板系统归纳了数十种常用公文以及“部门呈文审批单”的标准化办理流程、注意事项以及写作要求、格式及范例，对各部门日常公文工作起到了切实有效的统筹、规范、指导作用。

《文集》首次正式出版，助力理论学术创新。努力做好《北京电视台发展研究文集》（2012 年卷）的稿件征集、编审和出版印刷工作，并首次由中国广播电视出版社正式出版。该《文集》的首次出版，是对《文集》理论研究与学术创新“阵地”功能的进一步强化，能有效激发广大干部职工的学术创新动力。

首次召开 96168 栏目热线座谈会，共议提升服务良策。办公室召开了各节目中心 34 位栏目制片人、编导座谈会，认真听取节目一线对 96168 服务的改进意见和建议，形成《系统改造需求书》和《系统改造推进方案》，力争将 96168 栏目热线系统实施升级改造。

首次升级改造话务系统，优化全台通讯服务。对本台西门子程控交换座席操作系统进行升级改造，更换话务坐席 5 台并进行操作系统软件升级，使操控更加便捷，语音转接效率和速度明显提升。进一步优化服务程序，提高了应急事件处理的专业化水平。“通讯查询系统”已初具规模并加快设计调试，为下一步与已更新的话务操作系统实现“双屏合一”的服务模式打下坚实基础。

首次明确制定部门规章制度，切实完善制度建设。加强办公室精细化管理力度，健全岗位责任制，增强各科室工作的多元化及各项职能的统筹均衡，并针对部门内部职责分工，建立与时俱进的工作制度。

四、改善服务能力，提升服务水平

有效应对突发事件，提升应急保障水平。四川芦山地震发生后，办公室迅速完成情况报告、信息报送、会议服务、综合协调等工作，并结合前方报道经验形成《北京电视台关于突发公共事件新闻应急报道的实施办法》和《关于微信群在“四川芦山地震”抗震救灾报道中应用分析总结的报告》上报台领导。同时，强化重要节假日和关键期、敏感期的安全维稳保障，切实抓好相关领导干部排班、值班、带班工作。

认真做好信访接访，充分发挥纽带作用。截至 2013 年 10 月，共处理包括观众对节目内容的反馈、对主持人的评价、对节目创新的意见和建议，相关单位感谢信、简报等信访件 618 件，其中重点处理 46 件，并做好信件分类整理、登记存档等工作。

强化屏外形象宣传，配合打造 BTV 品牌。在综合楼一层大厅设立“北京电视台优秀主持人形象之窗”，展现优秀主持人良好精神风貌；制作内容新、品质高、质量好的文化宣传册和宣传片，展现我台独特文化气韵；创新设计制作精美、实用、特色宣传纪念品，立体化展现我台品牌形象。

全面拓展窗口功能，深入践行服务理念。截至10月底，共计接待国内团组113批次1706人次、境外团组20批次164人次到我台参观访问及座谈交流，接待服务给来宾留下美好印象；公文流转规范、高效、有序，全年处理外来收文，部门呈文、对外发文上万件次，办文办事工作受到广泛好评；结合我台需求完善内网建设，新增“内网论坛”、“因公出访”、“3D4K”等板块，方便各项工作开展和广大干部职工互动交流。

党风廉政建设工作概况

监察审计办公室

2013年，北京电视台结合党的群众路线教育实践活动，认真贯彻党风廉政建设责任制，加强教育引导，推进惩防体系建设，完善监督机制，切实开展党风廉政建设和反腐败各项工作。

一、全面落实党风廉政建设责任制

2月，制定下发了《关于认真学习贯彻中纪委十八届二次全会精神的通知》，传达了中央、市委、市委宣传部和北京广播电视台对加强党风廉政建设和反腐败工作的具体要求。当月，还制订下发了《北京电视台2013年党风廉政建设和反腐败工作主要任务及分工》，明确了党风廉政建设各项工作的主办部门、协办部门和完成时限，做到任务落实，责任到人。

继续抓好全台党风廉政建设责任书签订工作。3月中旬，台党委书记、台长王晓东同志分别与8名台领导班子其他成员和各中心、部、室一把手签订了廉政建设责任书，强化了责任意识。

二、切实抓好廉政风险防控管理工作

3月14日，监审办和信息网络管理部技术人员一同到西城区进行考察，深入了解电子监察平台的运行情况、技术要求和成效。4月中上旬，多次组织由总工办、网管部、监审办人员参加的研讨会，邀请西城区电子监察平台运营商负责人对该平台进行了全面而系统的介绍，对本台电子监察平台建设提出了宝贵的建议。

做好清权确权工作，逐步推进本台权力结构科学化配置体系、权力运行规范化体系、廉政风险信息化防控体系的建设。6月底，制定下发了《北京电视台进一步加强廉政风险防控管理工作的实施意见》，明确了未来五年内，北京电视台廉政风险防控管理工作的主要任务和阶段目标。9月6日，组织召开了全台各部门主要领导和台属企业负责人共45人参加的廉政风险防控管理工作会议，明确了清权确权阶段的具体要求。截至2013年底，共有40个部门和台属企业上报了《权力目录表》，为下一步科学配置各类职权、规范权力运行流程、分解落实防控责任打下了良好基础。

10月16日，监审办组织了全台各支

部书记和台属企业负责人共44人参加的落实中央八项规定专题会议，深入学习了中央“关于改进工作作风、密切联系群众”的八项规定和北京市委、市政府实施意见，传达了《中共北京市纪委关于查处违反中央八项规定精神的违纪案件的通报》，部署了我台建立落实中央八项规定精神情况月报制度工作，并组织大家观看了反腐倡廉教育宣传片《坚决反对特权》。

三、积极开展党风廉政宣传教育工作

4月26日，组织全台纪检委员、台属企业负责人和财务主管及计财部科长共计80人参加了全台纪检干部培训，邀请了中纪委廉政研究中心副主任孙志勇来台授课。

为使党风廉政工作规范化、科学化、有序化，同时也为督促各部门认真开展学习教育工作，首次印发了《2013年党风廉政建设手册》，并将在今后继续实行，要求各支部平常认真组织学习宣传，做好有关活动，同时作好记录，切实把加强廉政教育工作纳入日常工作中。

为全台科级以上领导干部购买了廉政学习材料《第十八届中纪委第二次全体会议专辑》、《〈事业单位工作人员处分暂行规定〉及相关法规》、《〈事业单位工作人员处分暂行规定〉学习问答及典型案例剖析》、《中国监察》杂志、《党风廉政建设》杂志；为各党支部购买了廉政教育光盘：《失德之害——领导干部从政道德警示录》2集、《拒腐防变每月一课系列》4集、《廉政中国系列》4集。监审办在台内网共刊登宣传文章533篇，做纪检监察宣传展板1期，编辑《纪检监察审计简报》3期。

四、认真做好各项监督工作，加大案件查办力度

监审办在技术设备及服务采购、工程建设及改造、人事、展览及节目等合作单位遴选、项目外包等方面加强监督。2013年以来，共参加各种招投标监督合计118次，涉及金额超过1.9亿元人民币。其中政府采购43次，涉及金额超过1.56亿元人民币；自主采购75次，涉及金额3200多万元人民币，为台里节约资金50余万元人民币。

2013年，监审办完成了2012年度财务审计，8个经济责任审计，4个大型节目专项审计等各类审计工作，对全台各部门加强管理、规范程序起到了积极的推进作用。此外，对资金支出达到规定金额的大型节目进行了初步审核和备案登记，共登记备案了21项大型节目，涉及资金共计1.04亿元。监审办积极协助总工办，共同完成了“北京地区高清晰度电视地面广播试验工程项目”的清理工作。

工会工作概况

工会办公室

2013年，工会在进一步建立工会服务职工的长效机制上下功夫，全面履行工会各项职能，圆满完成了各项任务。

一、加强工会组织建设，积极拓展工会工作覆盖面

根据北京市总工会《北京市2011——

2013 年推动企业普遍建立工会组织工作规划》要求，工会指导台附属企业北京卡酷动画卫视频道有限公司、经营管理部管辖企业组建了工会。依据《工会法》，开展了北京电视台第四次会员代表大会换届改选筹备工作。

二、继续做好台务公开、民主管理工作

一年两次协同本台行政部在职工中进行食堂服务质量调查，将职工对食堂的意见及时与行政部膳食科沟通，帮助他们改进工作。参与食堂的供货招标工作。参与新一年台历印制招标工作。

三、密切与广大职工的联系，加强服务型工会建设

慰问北京电视台参加北京市“两会”报道团队和春节联欢会剧组。开展两节送温暖活动。通过部门上报，台福利小组审批，对 64 名患大病重病职工发放困难补助共计 18.5 万元；慰问“两会”报道、春晚剧组及住院生病职工共计 11.76 万元；发放病逝家属慰问金共计 32.2 万元。夏季高温，工会把防暑饮料送到各节目中心一线岗位。“三八”节期间，工会为全台女职工发放节日费，邀请心理学专家就如何缓解女性婚恋压力与情绪调节进行专题讲座，以部门为单位组织女职工踏青采摘，给孕期女职工赠送育儿书籍。继续做好女职工安康保险续保工作，为一名患病女职工办理了理赔手续。

四、发挥工会宣传教育功能，树立先进职工典型，起示范和导向作用

“三八”国际劳动妇女节期间，工会在全台范围内评选表彰 85 名优秀女职工和 10 个“巾帼文明岗”优秀集体；利用宣传栏在台内广泛宣传。由台工会按程序推荐并报送的文艺节目中心徐春妮同志荣获“全国五一劳动奖章”。发挥工会宣传教育职能。利用两地三块工会宣传栏、台内网，多角度全方位反映工会工作。

五、积极推进职工体育运动，增强凝聚力和团队精神

以总台举办第一届运动会为契机，动员并组织了近 400 人参加了台内选拔赛，在总台运动会上，北京电视台以 13 个冠军、13 个亚军、多个项目获名次的好成绩，获团体总分第二名；优秀组织奖第一名。在 6 月和 11 月分别组织全台乒乓球、羽毛球团体两大赛事。每次逾 300 人参加活动，增进了部门间的沟通融合。组队参加北京百姓足球超级杯联赛，全国新闻界“海牛、中央广场杯”网球赛，全国广电系统第四届羽毛球比赛，北京新闻界“真人 CS”对抗赛获得第一名。

人事部工作概况

人事部

2013 年，人事部着力加强制度建设，积极推进人才培养，顺利完成了各项工作任务。

一、构建科学的人力资源管理体系

以建立机制、强化激励为重点，加强对从业人员的科学管理，借用外脑，探索和形成符合本台人才队伍特点的科学人力资源管理体系。

落实“定岗、定编、定员”工作。根据《北京电视台机构编制管理办法》，结合我台工作目标调整、栏目变动以及若干职能变化，对《北京电视台岗位编制汇总表》及《北京电视台部门及岗位说明书》进行修正，并印发了《北京电视台职能（技术、节目）部门岗位说明书》，为岗位管理打下基础。

搭建“薪酬及绩效管理体系”。为推动“三定”方案落地实施，实现“身份管理”向“岗位管理”转变，推进收入分配制度改革，组织召开多场次、多层级的座谈会，并征求各方面意见，协助知本咨询公司修改完善了《北京电视台岗位通道体系设计方案》和《北京电视台岗位体系管理办法》，制订了《北京电视台专业系列首席岗位管理细则》，为搭建薪酬及绩效管理体系提供保证。

构建科学的培训体系。在充分调研、广泛征求意见的基础上，会同北京人和汇力管理顾问有限公司，于2013年7月完成了培训体系的搭建工作。体系包括《培训制度体系》、《培训管理体系》、《分层分类分级培训课程体系》和《培训效果评估》四个部分，全面涵盖了中层领导和节目、技术、职能、经营岗位人员。

完善人才选拔晋升体系。根据《党政领导干部选拔任用工作条例》及上级有关要求，结合本台实际，通过在全台各部门广泛征求意见，修改拟订了《北京电视台科长、制片人选拔聘任办法（试行）》（草案）。

二、人才队伍建设卓有成效

科学引进人才。本着“人岗匹配”、“宁缺毋滥”的原则，经严格的笔试、面试考核，录用69名采编播等一线岗位人员，充实了新生力量。组织两次社会化招聘，引进人才15名，开辟了特殊人才引进使用通道。根据工作需要，在实习基地的7所院校，以及急缺岗位专业对口的部分高校发布暑期实习生招募启事，期间，共接收《实习人员报名审批表》1000余份，经审核录用了180余名实习生到岗实习。经过2个月暑期实习，经用人部门确认，有63人继续在本台实习，为2014年应届毕业生引进工作打下基础。

打造重点人才。在全台范围内组织开展了北京电视台“十佳”系列员工评选活动，评选70名“十佳”主持人等七个系列的优秀人才，并进行了大力表彰宣传，营造了有利于优秀人才脱颖而出、施展才干的良好氛围。

全方位培养人才。大力开展“台、部”两级培训工作，实现了人才培养全覆盖。组织开展贴近职工实际需求的“BTV夜校”讲座，近1000人次参加；在中国传媒大学举办主编、责编培训班五期，415人参加；组织两期“播音主持人员管理制度学习班”，共120余位播音员、主持人参加；举办《道德讲堂》讲座，全台39个部门264名干部职工参加培训；分两批对全台从事节目采访、编辑、播音主持等工作的从业人员2400余人进行马克思主义新闻观的培训。全年共举办专业技术培训和业务讲座共计496期（次），参训人员达2.1万人次。

三、强化人力资源管理基础工作

为理顺职能、规范全台事企发展，按照“事企分开、管办分离”要求，顺利完成了对保卫部苏州街台址停车场岗位28

人服务社会化的转制、行政部食堂岗位98人的划转工作。根据相关法律法规，核算并发放相关人员的各项补偿。

根据《劳动合同法实施条例》相关规定，向北京市人力和社会保障局专家、兄弟单位学习，制定了有关制度，为规范北京电视台用工管理打下基础。

为进一步完善人力资源管理，针对现行的“双轨制”用人制度，就采编岗位及其他岗位人员使用问题，在全台范围内进行了摸底调研，分析原因、查找问题、摸索解决方案，并为市委宣传部、人力资源和社会保障部门提供了五份相关调研报告。

计财部工作概况

计财部

2013年，计财部强化大局意识、责任意识、服务意识，严抓内部管理，不断探索新的财务管理模式和管理手段，积极应对、化解各种新变化带来的财务影响，提升资金使用效益，为事业发展提供保证。

（1）组织计财部全体党员干部深入开展党的群众路线教育实践活动，切实转变工作作风，听取意见广泛充分，突出问题边查边改，整改措施有力有效。组织党员学习贯彻十八届三中全会精神和习近平总书记系列重要讲话精神。组织开展“读经典、品人生、促进步”的读书活动和财务管理知识竞赛，鼓励部门每位同志坚持学习，不断提高解决实际问题的能力，为推进优质的财务管理打下了坚实的思想和业务基础。

（2）严格遵守国家各项财经法律法规和台内财务管理制度，加强预算管理，做好财务管理和会计核算工作，加强财务监督，努力为全台各项工作提供财务保障。

（3）不断总结经验，积极探索新的财务管理模式，继续推进节目中心派驻财务专员工作，加强节目中心的各项财务管理工作，进一步实现财务精细化管理目标，努力为节目中心提供更好服务。

（4）继续推进节目成本费用定额标准和台外人员劳务费定额标准制定进程，进一步规范节目成本管理，不断完善节目预算管理体系建设。

（5）修订和完善本台财务管理制度和固定资产管理制度。完善的财务管理制度和固定资产管理制度是财务管理和固定资产管理机制的重要基石，是明确责任、防范风险、保护国有资产的重要保证。2013年，随着国家新《事业单位财务规则》和《广播电视事业单位财务制度》的颁布，为进一步规范本台财务行为，加强财务管理和监督，提高资金使用效益，保障事业健康发展，根据《中华人民共和国会计法》、《事业单位会计准则》、《事业单位会计制度》、《事业单位财务规则》和《广播电视事业单位财务制度》并结合本台实际，在反复征求全台各部门意见的基础上，对现有的财务管理制度和固定资产管理制度进行了修改、补充和完善，重新制定了《北京电视台财务管理制度》和《北京电视台固定资产管理制度》。

（6）充分利用国家“营改增”税收政策，节约税收支出，2013 年减少纳税支出近 9000 万元。

（7）积极、主动向市财政局、市委宣传部、总台等上级单位申请资金扶持。充分挖掘、运用好各项政策，申请各项财政资金，极大地缓解了本台资金压力。

（8）在加强管理的同时，继续强化服务意识，克服各种困难，为节目部门和职能管理部门提供最优质、便捷的服务。

行政部工作概况

行政部

2013 年，行政部圆满完成了各项工作任务。

1. 完成全年的餐饮保证工作。配合全台各部室完成了各种大型活动约 4.8 万人的就餐服务保障。促进后勤服务工作社会化、专业化管理，进一步提高后勤服务保障水平，委托北京京视诚餐饮有限公司为苏州街工作区职工食堂提供餐饮服务，所涉及的从业人员按照人随岗走的原则，一并划转到产业发展集团所属的京视诚餐饮公司。在实施过程中，行政部坚持以人为本、依法办事的原则，深入细致地做好有关人员的思想政治工作，在与京视诚签订餐饮服务委托合同的同时膳食科与人事部配合完成了对 116 名员工的归属、调整、分配工作，其中有 101 人划转为京视诚统一管理，另有 15 名员工转成台一般派遣人员，确保了食堂的正常工作顺利进行。

2. 加强交通安全管理。签订交通安全责任书，对有违法行为的驾驶员在部例会上通报批评。继续做好交通安全宣传工作，制作宣传栏 10 期，接待参加安全活动月人员 60 余人，服务车辆 60 多台。组织召开交通安全工作会议暨交通安全员培训，全台 80 余人参加。继续做好车管科加油卡管理，完善加油量控制手段，延伸、精细油价的登记管理工作，做到日清月结。对 488 辆租赁车辆实现了 OA 系统的按月申报，租赁费用每月 260 万元，使用部门、使用栏目、使用人、租赁费用一目了然。

3. 完成修缮工作。一是完成小南庄 40 号楼、厂洼西街 6 号院的修复工程。此项工程涉及台内职工 180 多户。通过招标确定施工方、引入监理公司、交华建审计所审计等措施，保证了工期和施工安全。二是新台址剧场外立面石材加固工程。6 月 3 日剧场外立面装饰石材突然脱落，经与施工方、剧场原设计方、工程监理方及基建部多次现场勘查，反复讨论，更改三次设计方案，最终完成修复任务。三是新台址玻璃幕墙更换和漏雨点修复工程。2013 年更换 26 块玻璃，保证了安全无事故；漏雨点的修复 33 处，修复后经雨季检验，没有出现再漏雨现象。

4. 物业管理方面。一是按照月度对人员在岗、离职、入职等情况进行统计，严格按照合同办事。二是加强对物业公司的财务审核，要求物业公司在每季度申报物业费用时，提交上季度物业费使用情况及下季度的预计支出。二是加强对物业费用支出的控制，根据物业公司每季度的费用执行情况调整或核减费用支付。三是根据保洁用品、易耗品库存量控制费用，避免物业公司虚报、挪用等现象的发生。

5. 全年办理职工《房屋所有权》证 5 套。累计为职工出具售房、购房等证明材料约 50 余件。根据台里关于苏州街办公区的建设和装修要求，积极配合基建办公室及相关部门调整办公用房，圆满完成红绿蓝办公区的建设和装修的前期准备工作。完成新闻中心专题部与新媒体中心办公用房互换的前期准备工作，为后期的搬家工作奠定了基础。全年累计回收、入库固定资产物资 1 万多件。对斋堂基地的管理工作不断加强，修缮房屋屋面（翻新）380 平方米，支付维修费用 19.6 万元。为相关部门配备办公家具累计约 3000 件，保障职工有良好的办公条件。外租库房的管理逐步趋于规范，新租固定资产报废库房 1400 平方米，全年累计支付库房房租费 580 万元。

保卫部工作概况

保卫部

2013 年，保卫部以抓好园区安全，为一线节目部门和技术部门提供良好的安全环境为重点，努力做好安全保卫工作。

治安维稳工作。一是及时调整了台安全维稳工作领导小组成员。二是认真抓好“两节”、“两会”、“五一”、国庆等节日及重点敏感时期园区的安全保卫工作，在长假期间及重点敏感时期，采取了停止会客、停止施工、升级安检等级、加强外围岗位等措施，实现节日及重点时期园区安全。三是做好突发事件的处置工作。全年共处理来台上访事件 673 起，929 人次。特别是在处理养生堂栏目一位观众行为过激并无理取闹的事件，及时向公安、武警、护卫通报了情况，提前部署防范，化解了对电视台职工的人身安全构成的威胁。四是强化了日常安全管理工作。对会客、接待、治安、警卫、安检、停车场等工作进行了认真部署，强化管理，杜绝漏洞。全年共制订并以台名义下发涉及安全工作文件 5 份，以部门名义下发各类通知、文件、方案、应急预案等 49 份，通过台内网下发通知、通报等各类文件 63 份；全年会客人员共 146815 人次，安检中发现汽油、酒类或其他违禁品 243 件次，其中刀具 19 把；做好园区内车辆安全管理，日均疏导入台车辆 2000 余辆。五是加强了证件的管理工作。截止到 10 月底，共审核、制作、更换、开通权限各类证件 1958 个。六是完善了园区内车辆的管理。为规范车辆管理，地下车场系统升级改造完成后，及时起草并全台下发了《北京电视台新台址车辆管理暂行规定》，同时对近几年办理的园区车辆速通卡情况进行了认真梳理，对有变化的相关信息进行了重新采集，收回和废止不符合办理规定的速通卡 77 个，规范了车辆的秩序，做到了车辆管理不失控。七是配合台办公室完成接待任务，全年接待各类来访 93 批次，共计 1504 人。八是加强重点部位的防范措施。对播出区及新闻直播区的通行权限始终坚持严格审批程序，杜绝安全隐患。在园区南、北大门加强防护措施，为护卫员配备必要的防护装备，为北大门加装了玻璃岗亭。九是做好了治安保卫业务培训工作。分别对新入台的 80 名武警战士及 200 余名物业公司护卫部护卫人员进行了业务培训，提高了一线执勤岗位人员验证、安检和处置情况的能力。

消防安全工作。一是进一步明确责任制。建立台、部门、科组（栏目）三级安全责任网，在年初分别签订了安全责任书。二是建立和完善检查制度。全年共组织全台性联合大检查 4 次，保卫部单独检查 20 余次，下发隐患整改通知单 2 份。三是修订和完善台内消防安全制度。本着既严格管理，又服务一线的原则，先后制定和重新修订了《北京电视台消防安全管理规定》、《北京电视台台内施工消防安全管理规定》和《北京电视台演播厅、大剧院消防安全管理规定》，为做好消防安全工作提供了制度保障和法规依据。四是做好培训和演练工作。全年共组织消防安全常识讲座以及灭火实操演练 4 次，培训职工 400 余人，组织全台规模的消防疏散演习两次。五是围绕“11·9”消防宣传主题做好四项工作：1. 组织新台、老台职工进行了应急疏散演练和现场实操灭火，约 1500 余人参加；2. 在全台范围评选了 10 名“优秀安全员”，并给予物质奖励；3. 召开了 2013 年安全员培训会暨 2013 年安全工作总结会。会上还邀请了市公安局、市消防局、市安全局领导分别授课，效果显著。台安全领导小组成员及部门安全员共约 70 余人参加；4. 开展了消防知识答题竞赛活动，成绩前 100 名的职工还得到一定奖励，提高了全台职工的消防安全意识。六是对存在隐患问题的消防水系统进行维修改造，消除了隐患，堵塞了漏洞，使其处于良好运行状态。七是分别与 6 个消防设施维保单位签订了新的维保合同。八是认真细致做好消防设备的维护保养工作。截至 10 月底，拆、装、清洗火灾探测器 4800 只，维保检测各项设备、设施 7949 次，维修灭火器 3844 具，排除各项设备设施故障点 1735 个。九是抓好施工管理，杜绝违章作业和野蛮施工。全年新台施工改造共 23 场次，施工前消防科与施工方签订《施工现场安全责任书》，同时每天消防科都派出专人到施工现场进行消防安全巡查，发现问题现场整改，确保了园区内消防安全。共审核办理施工证、动火证 370 张。十是抓了大型活动的安全管理工作。如：“春晚”、“环球春晚”、第二届青年京剧演员北京擂台邀请赛颁奖晚会、第十七届北京影视春燕奖颁奖盛典、第二届红丝带百名受助儿童夏令营仪式及 CBD 商务节等各类活动共计 1061 场，总观众及演员嘉宾 92227 人次。全年制发各类制景装台、剧组工作等临时证件 1385 个，未发生任何问题。

充分发挥技术防范作用。截至 10 月底，监控系统完成实时监控值守 8000 余小时，上报并配合处置突发事件、特殊情况百余起，留存现场视频证据 79 段；完成数字监控录像 400 万小时，配合事件后期处理调查 5 起，协助控制非法闯入人员 8 人，协助台值班领导查找并追回机密文件1份；报警系统共处置各种警情百余起，其中协同处置一般警情70余起；组织维保单位排除各类故障267起，维修更换设备73件；保养各类设备1.8万余件，并严格进行了验收。此外，按照台里和部门计划完成了五项工作：一是依据总工办招标结果，组织中标单位实施新台址地下车库进出管理系统改造工程，现工程建设及软件修改开发已经完成，正在进行系统试运行，有望在年底投入使用。二是为综合业务楼39层加装了监控设备，现已投入正常使用。三是为播出部各控制机房进行了门禁改造，开通了门禁系统，加强了人员进出管理，提高了核心区域的安全防范水平。四是组织完成了行政部新、老台址餐饮区域加装监控设备的方案设计，正在准备组织实施。五是落实台领导指示精神，组织推进建国路工作区电子门禁及访客管理系统功能梳理及方案设计。

苏州街工作区安全保卫工作。保卫部内保二科负责苏州街工作区的消防、治安及技术防范工作，独立性强、工作面广，全年共做好了四项工作：一是严格督导施工安全。苏州街工作区红绿蓝宾馆四层防水项目施工期间和苏州桥下停车场电路改造期间，及时督促施工单位签订了《施工现场消防安全责任书》，对项目经理及施工人员进行了安全教育培训，提高了施工人员的安全意识。同时每天派出值班员对施工现场进行巡视检查，及时整改和排除安全隐患。二是认真做好苏州街工作区的消防安全工作。2013年10月30日在苏州街工作区举行了疏散演练，400余人参加，提高了工作区内职工的消防安全意识。在工作区内全年共组织安全大检查4次，查出并整改隐患10余条。做好苏州街工作区的治安管理及技术防范工作，将苏州街工作区域视频全面整合，及时将新媒体中心、职工食堂、桥下停车场监控器视频纳入安防中控室值守范围，由安防值机员统一值守监控。新媒体中心建成后，保卫部积极配合新媒体中心做好现场安保协调工作，并在重要岗位临时加强安保措施，保证了新媒体中心及整个苏州街工作区的安全和良好的工作秩序。

基建办公室工作概况

基建办公室

2013年，基建办公室较好地完成了全年工作任务。

一、重点工作完成任务

（1）完成了苏州街工作区主楼外墙改造工程的收尾工作。

（2）完成了网络电视台工程收尾工作，完成了与网络电视台配套的室外工程（北大门、泛光照明、绿化、连廊等），并配合网络电视台对内部装饰、机电系统进行了局部处理。

（3）完成了苏州街工作区为网络电视台服务的综合布线和通讯工程。

（4）完成了京视传媒办公室室内装修工程。

(5) 完成了苏州街工作区主楼南侧给水、雨水、热水、供暖管线更换和道路恢复。

(6) 完成了皂君庙空调管线改造工程。

(7) 启动了转播车库和转传部临时办公房工程，完成了工程设计工作，目前车库和室外工程已经完成。因需补办规划手续暂停的办公房，12 月 25 日已验收合格，交付使用。

(8) 红绿蓝宾馆四层防水基层施工已完成，按合同工期计划 11 月 30 日完工。

(9) 全面完成了北京电视中心工程的结算工作，并协助计财部开展工程决算工作。

(10) 继续与政府相关部门协调，办理北京电视中心土地使用证。

(11) 协助、参与完成了南戴河培训中心的改造工作。

(12) 按期完成了监审办隔断改造。

(13) 完成了工会体育场初步设计方案和招标技术文件的编制，目前正在组织施工招标工作。

二、日常工作稳步进行

(1) 先后四次编制了苏州街改造项目和红绿蓝宾馆后续改造方案，提交台领导和党委会研究。

(2) 对转播车库、办公楼活动房进行了技术调研、询价和方案论证，组织了内部招标。

(3) 与台监审办一起，就基建工程造价咨询服务单位进行了内部招标，建立了基建工程造价咨询服务备选库。

(4) 完成了苏州街工作区红绿蓝宾馆四层防水工程招标。

(5) 协助南戴河培训中心完成了工程、设备的招标工作，协助完成了工程结算工作。

(6) 配合工程进展，完成了各改造项目的合同签订工作，共完成洽谈、审核、签订合同 12 份。

(7) 完成了金螳螂、城建总包、消防、安防等单位变更洽商的办理，共计 200 余份。

(8) 完成了空调改造、外墙改造、消防、安防、网络电视台竣工资料的审核和整理。

(9) 配合工程进展，完成了工程款支付工作，按合同审核、办理支付 39 笔，共 2129.9 万元。

(10) 办理网络电视台消防、规划等手续。

(11) 办理转播车库规划等手续，已获取规划条件，正在办理人防及绿化手续。

(12) 协助南戴河培训中心制订了招标采购、合同审查、支付手续等内部管理制度。

广告部工作概况

广告部

2013 年，北京电视台广告经营面临着前所未有的困难和创收压力。广告部坚持“客户开发”和“深度融合”战略，坚持面向市场、统一经营，在广告经营的理念和方法上寻求突破，取得了一定的实效，全年实现广告收入30亿元。北京卫视实现广告收入15亿元，比去年上涨约26%。

1. 统一思想，加强经营与节目的深度融合。成立融合对接小组，建立有效沟通机制，将广告经营与内容生产深度融合，目标一致，协同作战，制作真正符合市场需求的内容，为广告经营工作提供坚实的资源保障。

2. 开展“走出去”战略，加大客户开发，升级客户服务。部领导带头密集出差，选取重点地区、重点客户进行有效开发，力争使客户构成进一步丰富、均衡。加大资源的推广力度，启动客户分级服务战略，针对VIP客户进行定制服务。

3. 积极探索内容营销，创新广告手段。与节目中心密切合作，成功营销《北京电视台春晚》、《环球春晚》等特殊项目。针对优质资源进行招标、签约预售，最大限度地挖掘资源价值。同时，努力开发新的广告产品，广告部、京视传媒公司与宝洁联合推出了宝洁广告双屏互动项目“寻宝行动”。针对北京本地商家，推出综合资讯商务服务类节目《商讯快报》。

2013年，北京电视台在积极面对市场，努力创收的同时，也十分注重诚信经营，加强制度建设，严格广告审查，杜绝虚假违法广告播出，在业界广受好评，2013年，被中国广告协会评为“诚信经营单位”。同时，北京电视台积极践行媒体责任，强化媒体意识，加大公益广告的制作和播出，全年播出公益广告3万多次。由本台自行制作的“平安出行公益广告”获中国公益广告黄河奖优秀奖。

经营管理部工作概况

经营管理部

2013年，经营管理部首次实现了台属企业的预算统一管理，年终奖统一核准发放，规范了企业的经营活动，激发了经营活力。截至2013年10月31日，五家台属一级企业总资产7.53亿元，较年初增加0.51亿元，增长7.3%；累计创收23737万元，同比增加1065万元，增长4.7%。

一、优化产业布局，强化资源整合

经过7个月的努力，完成了英特维公司的股权收购与无偿划转工作，彻底解决了公司在股权结构、法人治理等方面的历史遗留问题，还顺利将其由二级全资公司转化为一级全资子公司。划转后的英特维公司，股权明晰，管理层级压缩，运营效率提升，资源配置优化，经营活力增强，成为本台产业新的增长点。

积极推进北京国际纪实影像创意产业基地的组建工作，以纪实高清频道为抓手，将基地建设成具有国际影响力的创意产业实体，着力打造集纪实节目、纪录片生产、制作、国际融资、国际合作、国际营销于一体的纪实文化产业链，力争实现内容生产与经济效益双丰收。

在充分论证的基础上协同体育节目中心、北京电视产业发展集团稳步推进新维公司的股权收购工作。目前已初步确定股权收购方案，最终使其成为全资控股的二级公司，为产业发展注入新的活力。

积极谋划北京电视台培训中心组建发展方案。在多方调研、充分论证的基础上拟定了北京电视台培训中心组建发展方案，用好用足社会教育培训资质，整合现有资源，壮大产业实力。

二、建章立制，打牢企业管理基础

加强制度建设，企业管理制度体系初步形成。2013 年，经营管理部从制度建设入手，着力加强台属企业的管理基础建设。首次制定出台了《北京电视台台属企业全面预算制管理办法》，实现了对台属企业的预算制管理；编制了各家台属企业的年度预算方案，实现了企业运营状况的可管、可控；首次制定签署了台属一级企业年度经营目标责任书，明确了台属企业的全年经营工作目标；首次实现了台属一级企业负责人年终奖励与经营业绩的直接挂钩，以企业经营业绩为依据对年终奖励的发放方式、发放金额做出了明确规定。

与此同时，还积极推进《北京电视台台属企业经营绩效考核办法》、《北京电视台企业财务总监管理暂行办法》的制定工作。

建立企业法人治理结构，现代企业制度进一步完善。切实加大法人治理力度，继续对台全资、控股企业的公司章程及内部制度进行审核与修订，并梳理调整了多家企业的法定代表人、董事、监事及经理班子人选，健全台投资企业管理体制。完成了北京京视传媒有限责任公司、北京卡酷传媒有限公司和北京紫禁城影业有限责任公司董、监事会和经理班子调整及公司章程的调整修改，拟定了《北京电视台董监事选派工作建议》，为今后的董监事选派工作提供依据。

三、关停并转，推进企业清理

北京京视金广告有限公司、北京京视广告公司已完成所有工商注销手续，北京京视金广告有限公司正根据持股比例分配剩余金额及资产的报告进行剩余资产分配，北京京视广告公司清理工作全部结束。

北京版权代理有限责任公司按照法定流程，正在准备 2012 年度审计财务报表，并开始筹备股东会。北京第八区文化传媒有限公司已开始注销登记手续，顺利完成登报公示注销和地税注销工作。

四、切实履职，保证国有资产保值增值

建立台属企业财务、人力成本月报制度。每月从企业资产负债、利润、现金流量、经营收入明细、资金明细、人力成本 6 个方面，及时汇总全台产业运营的最新数据，方便领导及时掌握全台产业的最新状况。建立咨询、考察机制，共召开十余次政策法规咨询会，听取法律、金融、企业等领域专业人士的政策讲解、实例分析、个案解读，及时为台领导提供各种工作建议。拟定了英特维公司股权划转、新维公司股权收购、培训中心组建发展的路线图、时间表，立足全台产业发展现状，组织台属一级企业负责人，赴产业发展处于领先地位的省级广播电视台调研学习先进经验和运营模式，指导全台产业健康发展。组织产业运营发展专题培训，全台董监事专业水平明显提高。

着力加强针对投资企业的监管力度和风险防控能力。通过对台属企业财务收支的真实性、合法性和效益性进行的审计监督，提高了台属企业风险管理水平，增强了企业控制及治理程序的有效性，消除了企业经营管理隐患。配合卡酷公司、产业集团开展了相关同志的离任审计工作，核查了公司经营管理情况，确保公司制度合法按规执行，维护了股东投资权益。

总工办工作概况

总工办

2013年，总工办一如既往以安全播出管理、技术规划管理和项目招标采购三项工作为重点，顺利完成了各项任务。

一、安全播出管理工作

（1）完成本年度与各上下游传输单位的广播电视安全播出合作合同的新订和续签工作，督促合同的履行，保障安全播出。

（2）负责安全播出技术协调工作，完成交管局演播室改造、新闻大直播注入点、“两会”新闻报道、3G直播信号安全、体育高清网启用、纪实高清频道入网编排制播、新闻节目改版、环球神奇炫节目直播等技术组织协调工作。

（3）负责安全播出联络工作，制订每月技术部门安全播出值班表；每月向北京广播电视台报送安全播出月报表；协调完成台内每季度的停机检修工作。

（4）组织开展技术部门风险点排查，收集整理形成风险库。并对各部门逐一进行调研，了解系统情况、梳理风险类型、完善预防措施、督促措施落实。现已完成网管部、播出部的调研工作。

（5）全力支持北京村村通有线广播电视工作，建设北京市郊区县有线广播村村响覆盖工程，完成2014年度有线广播村村响技术方案设计、审批和工程预算的审核工作。

二、招标采购

（1）关于高清项目，截止到2013年10月，高清二期累计共签署了78个合同，合同总金额共计约4.67亿元，已支付约3.5亿元。其中，2013年完成高清二期18包的招标工作，合同金额共计约7638万元。

（2）负责日常技术工程项目的技术方案审查、财政立项、进口审批、组织招标、监督项目实施等工作，截止到2013年10月，共组织完成各类技术工程采购项目65项，共签合同130余份，合同总金额共计约1100万元。

（3）协助技术设备管理部组织完成维修、维保、运维类谈判70余项。

三、完善制度和规范

（1）坚持部门重要事项须经支委会、主任办公会集体讨论决定，并督促监督议定事项的执行落实。

（2）完成与广电局合作开展的《广电系统播出安全评估方法》的调研、编写、推广与评审工作。

（3）对设备采购类呈文审批单的填写、合同变更等工作流程进行了规范。

（4）建立技术工程项目技术方案汇报制度，对项目方案及预算执行方式在立项前端进行论证。自2013年8月底推行以来，已对17个项目进行了论证。

四、参加台四部门联合调研

参与总工办、总编室、广告部、研发部四部门针对 2014 年的节目改版和各节目组需求进行的联合调研，并梳理意见，汇总节目中心的技术需求，为各技术部门的服务工作提供参考。

五、推进新媒体业务

（1）组织研究制定《新媒体演播室管理规定（讨论稿）》，积极探索、协调新媒体演播室运行方案，以推进新媒体演播室使用。

（2）收集梳理本台现有新媒体系统情况和业务现状，研究探讨下一步工作思路，计划建立新媒体技术推进工作组，以统筹推进全台新媒体业务。

制作部工作概况

制作部

一、重要任务的技术保障高效、优质完成

（1）完成春晚、环球春晚、七夕歌会录制技术保障及中秋晚会直播技术保障。

（2）启动应急预案，全力保障抗震救灾直播报道。4 月 20 日四川雅安发生地震后，制作部迅速组织各工种专业人员，启动应急预案，全力保障历时 3 天 44 小时的直播报道，圆满完成保障任务。

（3）完成《军情解码》改版录制工作。2013 年，《军情解码》节目改版，制作部创新小组集合部门多个科室的优势资源和骨干力量，进行大量的前期准备工作，在短时间内克服困难完成虚拟植入各项任务，受到台领导和青年频道的好评。

（4）完成新媒体演播室直播保障任务。从 10 月份开始，制作部在新媒体演播室圆满完成 11 场《环球神奇炫》的直播任务。

（5）联合台办、总编室完成“十佳主持人”和“观众喜爱的主持人”的宣传拍摄工作。拍摄前制作部进行了深入探讨，在化妆、发型、服装和拍摄风格上整体严格把控，拍摄中把握主持人的主持风格、个性特征，对细节力求尽善尽美。通过拍摄主持人资料图片库，努力打造 BTV 主持人的风采。

（6）完成北京市“两会”、全国“两会”报道技术保障工作。北京市“两会”期间，重头戏有 25 号早晨领导作政府工作报告直播、28 号新领导记者见面会，制作部化妆师提早准备，圆满完成“两会”报道化妆造型工作。

（7）完成《最美和声》音频后期合成工作。该节目由专业公司制作完成，由于第一期音频立体声播出时出现了问题，制作部录音科连夜派人来台进行修改，保证了第二天的重播质量。从第 2 期开始一直到第 13 期，音频后期合成工作均由制作部承担，圆满完成了任务。

（8）BTV 大剧院完成 10 多次重点晚会、庆典活动的技术保障。包括春晚、环球春晚、北京影视艺术家协会举办的“第十七届北京影视春燕奖颁奖盛典”、《唱响

CBD》、“第二届红丝带百名受助儿童夏令营”开营仪式、“第二届青年京剧演员擂台邀请赛颁奖典礼”、《国粹之春》、《中秋晚会》、喜剧幽默大赛等大型晚会。

二、开展安全教育，确保安全播出

坚持开展安全教育，组织应急演练，组织节前及重大活动前安全检查及平日安全巡检，开展节目直播安全评比周活动，不断强化职工安全意识。认真进行系统风险点排查，共计查出28个风险点，逐个进行了分析，研究解决办法，有效规避了各类风险的发生。

三、技术培训有序开展，队伍建设不断加强

加大对年轻骨干培养力度，建设梯队人才储备。

（1）组建制作部创新小组，通过技术创新带动人才队伍建设。制作部于去年6月成立了新技术创新小组，通过项目研发、业务培训、参观交流等多种方式，在全部范围内形成“关注技术创新，人人参与创新”的良好学习氛围。

（2）成功演示灯光秀。2013年6月24日、25日，创新小组灯光专业的首次亮相——“灯光秀第一季”在BTV大剧院演示活动取得成功。灯光秀第一季演示活动后，灯光秀主创团队与卫视节目中心开展了务实的交流研讨会。灯光专业试水市场化运营，派出骨干赴浙江、广西、江苏等地，利用自身资源寻求与外围灯光市场的合作机会，在与业内合作中逐步推广灯完服务品牌。

（3）组织开展了多种形式的各专业技术培训，完成了70余次岗位专业培训。开展演播室视频岗位专项培训，聘请索尼高清学院专业教师讲解并指导实操。组织技术人员外出考察学习，拓宽视野：组织参观一年一度的BIRTV展会；灯光专业派出4人参加上海国际专业音响灯光展与技术研讨会；演播科室派出4位年轻骨干参观了湖南卫视的《快乐大本营》和《快乐男生》的录制现场，跟他们学习探讨了录制流程和相关技术细节；创新小组前往水晶石和捷成公司交流学习数字图像创新应用、3D和4K技术，组织参观本台新媒体中心。

五、探索技术创新，保障能力不断提升

（1）启用剧院后舞台演播厅。为了解决台里大型演播厅使用紧张问题，制作部去年建设性提出将BTV大剧院后舞台改造为演播厅使用。一年来，在不影响剧院正常使用的前提下，对后舞台进行了升级改造，完成卫视《我是大医生》、《一起唱吧》、《大戏看北京》等节目的录制。

（2）尝试新技术应用。《我是大医生》作为本台重点创新栏目，制作部虚拟植入小组为栏目提供了全程虚拟植入技术服务，设计制作了虚拟物件及相关动画，在剧院后舞台搭建了双虚拟摄像机位及双机位渲染播控系统，于8月30日完成了两期虚拟植入录制工作。

（3）全力保障“高清体育网”投入使用。高清体育网经过半年多的搭建、调试、培训和演练，于7月4日以崭新的面貌投入运行。新建设的高清体育网改善了演播模块，新建了外场系统，引入了新媒体的概念，增加了资料管理功能，拓展了素材归档模式。

播出部工作概况

播出部

一、安全播出成绩显著

安全播出是播出部的首要任务。截至12月31日，15个频道共播出节目116076.1小时，发生停播时间334秒，包括黑场、无声、劣播等事故现象，停播率为0.29秒/百小时。特别是在重大节假日和安全保障期中，无停播事故发生。

传送科保证了11个标清频道、4个高清频道向歌华网络、中央电视塔、总局无线局、中国有线网络公司等共约18万小时的安全传输。直播节目700余场、12000余小时顺利完成。特别是直播收录任务，如北京及全国“两会”的转播和新闻传送、十二届全运会连续13天每天14小时不间断直播、四川芦山地震、神舟十号发射升空、BTV大剧院中秋晚会等重要场次的直播传送，做到了万无一失。

备播科合计备播上载30800条素材，时长9233小时（以上数据由网管部提供）。共堵住各类漏洞40多起，筑起一道安全播出防线。技审科技审节目带总量达4000多小时，严格把住播出节目技术质量关。

技术、维修科完成播出系统设备常规维修养护和各季度检修任务。截止到12月30日，播出系统故障累计发生127机次，其中硬件故障92机次，软件故障35机次。除故障发生时的现场检修外，夜间检修86人次，更换备机41机次，系统软件升级23机次，硬件设备升级30机次。此外，还完成对苏州街台址设备的资产清查和千余件设备退库工作。

二、提升管理水平

制度化管理更上一层楼。进一步对新、老台播出设备辖区进行梳理，查隐患、抓落实，对播出区按属地的原则重新划分区域及明确责任人。建立一线中心机房设备系统应急响应机制，技术维修科实施维修技术首接负责制，制订详细值班表，统一技术支持响应接口，确保通讯和信息畅通，提高应急事件处理效率。在技术运维管理方面坚持技术维修科周例会制，加强系统设备运维日志管理，每周进行汇总，并按月编制《播出安全简报》，对安全播出问题进行分类记录，分析跟进，追查补漏，确保每个发生过的问题得到完善的解决。

针对卫星参数不全易造成接受信号质量差或无法接受的播出隐患，与总工办、总编室共同商讨了规范填写《卫星接收参数单》的必要性和可行性，制订出《卫星接收参数单》，作为直播单、收录单的必要补充及附件。推行统一格式的《卫星接收参数单》，由节目部门与传送科共同填写确认相关内容，有效提高了卫星信号直播、收录的规范性和安全可靠性。

加强技术培训，打造人才选拔平台。备播科组织索贝备播系统环绕声和大洋高清备播系统升级的技术培训；传送科组织RS频谱分析仪、哈雷播出编码器、新建节目传输系统的技术培训。技术科组织播出中心5个科室、共72人进行了《播出字幕流程管理及操作规范》以及播出字幕机软件使用的强化培训和考核。字幕机软件培训邀请字幕机厂家技术人员对值班员进行一对一培训，考核方式为上机操作，全员考核达标。

提倡创新创优，完成技术项目。组织部门员工深入学习《广播电视安全播出管理规定及电视中心实施细则》（总局62号令），并举办学习62号令的心得体会征文比赛。技术维修科完成《播出字幕在线包装系统》项目的实施，从设备验收、上架调试、系统联调、流程规划、功能开发，到原系统改造并入和用户培训等全部工作。传送科对现有传送系统进行改造升级，彻底拆除了苏州街原有的总控矩阵，更换为双路高标清兼容矩阵，作为后备矩阵；在皂君庙更换了备路发射机，提高了设备的稳定度；配合青海节目中心在苏州街老台新媒体演播室举办的大型直播活动，在时间短、任务急的情况下，提前圆满完成了联通苏州街网络电视台新媒体演播室与大北窑新台址播出机房的传输通路，保证了全新节目的按时首播。

转传部工作概况

转传部

2013年，转传部发挥技术优势，确保安全播出。全年完成各类节目直播及录像共计636场次。

1. 精心准备、认真工作，圆满完成北京市重大活动和多项体育赛事的直播272场次。主要有北京市“两会”、亚洲冠军杯足球赛、中国足球超级联赛、篮球联赛、排球联赛、台球比赛、乒乓球比赛、环北京公路自行车赛等多项国内、国际体育赛事等直播工作，为多场次直播提供了良好的技术支持与保障。

2. 圆满完成各类节目录制共计364场次。主要有多台北京电视台春节晚会的录制工作以及科教、文艺、财经、青年等各频道的节目录制工作。

3. 充分发挥技术优势，进一步加强新技术的应用。北京电视台在国内率先引进了在线虚拟包装技术。经过不断的熟悉和学习，技术人员对其掌握程度越来越熟练，该技术在中超联赛和亚洲冠军杯联赛的比赛转播中的全面使用，得到了广大球迷的认可和好评，也备受兄弟台的关注。与此同时，更多的先进技术被陆续引入转播比赛当中，高速和超高速摄像机的投入使用，让电视转播不丢失任何一个微小细节，特别的节奏让画面更具有感染力和表现力。最新投入使用的字幕包装系统，让整个字幕系统更加清晰、流畅，动画系统更具美感。

4. 进一步提高部门技术人员专业技术水平，为安全直播打下坚实基础。2013年，部门继续邀请视频、音频设备制造商、系统集成商的各方面专家，多次到转传部传授最新的高清转播设备的原理及操作规程。组织部门技术人员参加北京国际电视设备展览会（BRTV），直接接触最新的广播电视设备。在工作中充分发挥部门技术骨干的作用，采用手把手传帮带等方式，大大提高了年轻人对新设备、新系统的掌握，为安全播出打下了坚实基础。

技术设备管理部工作概况

技术设备管理部

2013年，技术设备管理部完成了对全台技术设备的周期管理，为安全播出和国有资产保值升值提供了技术支持和保障。

一、做好安全播出监录工作

（1）通过监录系统的实时监测和人为监听、监看，圆满完成安全播出质量监播工作。2013年共监测各频道播出质量故障69次，累计总时长1小时1分38秒。

（2）不断推进技术管理创新，充分利用最新的移动终端视频点播技术，开发基于移动终端的APP，实现了播出节目质量实时移动监看和点播。

（3）利用积累的大量各类播出质量故障信息，将繁杂的播出故障进行归类并量化标准，真正达到故障监测标准化，实时报警准确化，类别划分规范化，管理统计科学化，不断创新专业化。

（4）对全台安全播出质量监录系统进行技术引进和创新，对全台播出信号质量和内容进行实时监录。监录科在原有监录技术基础上大胆创新，积极引进新技术，通过核心交换机的网络交换，实时收录转码等，将各类视频信息以流媒体形式发布于台内网，满足全台用户的点播需求。

（5）认真完成全年各系统日常维护和应急维护工作。

（6）在保证监录系统正常运行的基础上，完成了监录存储系统项目的招投标和存储系统的实施工作，提高了播出信息存储的安全性。

（7）为相关业务部门提供播后节目在线点播服务。利用播后节目素材，协助总编室完成台主持人评奖工作；充分利用收录的播后节目素材，为总编室月评员系统及主持人纠错工作提供了极大的便利；为广告部、节目部门提供播后节目内容65次，累计节目时长710小时。

（8）协助完成了部门管理制度、操作流程、应急预案的编写，梳理简单有效的应急预案，方便处理应急情况。

二、做好技术设备维修管理工作

派出人员参加市广电局举办的3D电视技术培训工作；联合SONY公司和维修站对本台在用的SONY设备进行巡检工作；配合网管部完成全台维修审批手续的OA工作；配合台里完成新台址大屏幕的拆卸工作；完成全台办公计算机硬件和专业设备的日常维护维修工作。完成为确保关键时期新闻报道工作对全台前期设备和后期设备进行集中保养工作。

三、做好技术质量管理

会同广播电视规划院承担本台高清二

期验收工作。高清二期测试验收项目共计81个，第一批测试验收项目49个，已完成43个，一次合格率为89.5%。

需要报奖的技术项目多、任务重，技术设备管理部都按规定时间完成。主要有：完成2012年度市广电局华彩杯奖的客观评测、组织、申报工作，申报项目9个，共计25盘磁带；完成2012年度广电总局金帆杯奖的客观评测、组织、申报工作，申报项目13个，共计25盘磁带；组织2013年度市广电局科技创新奖专家技术鉴定工作。申报项目6个；完成第四届中国电影电视技术协会“高清晰度影视节目优秀制作奖”的客观评测、组织、申报工作，申报项目4个，共计12盘磁带；完成本台申报华北五省技术奖申报材料，并完成其他四个台的节目带客观评测工作。

完成本台技术系统验收项目，主要有：北京电视台特效演播室项目、苏州街台址400平方米演播室前后期改造后期部分项目、台信息化应用系统建设安全项目、苏州街台址400平方米演播室音视频工程、互动触控屏（HT11－127）项目、新大楼网络交换设备（ZXHT－0045）、新大楼信息网络集成（ZXHT－0022A）项目、机房LED温湿度数字显示屏系统（HT11－050）项目、IPTV集成播控平台（HT11－063ABC）项目、北京电视台节目生产管理系统（ZXHT0050）项目、北京电视台新址高标清同播应急系统（HT11－103）项目、北京电视台1000平方米演播室LED背景大屏改造项目（HT12－007）、北京电视台办公网服务器虚拟化系统（11－118）项目、北京电视台新址BTV在线网站改造建设项目（HT11－024）、北京电视台上下载平台项目（HT10－165）。

四、做好技术资源管理

全台技术资源管理软件开发建设完成上线试运行，效果良好。参与了多部3D电视节目的拍摄工作；台内大屏幕拖车的技术维护、日常保养工作；以及进行了大屏车辅助车辆的设备配套、维护保养等工作。

五、做好资产管理工作

参加总工办组织的招、评标工作30余次、近80个合同；办理固定资产合同入库手续50多个，价值近2.8亿元；办理低值易耗品合同入库手续9个；办理专业磁带合同入库手续4个；办理固定资产领用手续，价值近1.48亿元。

对全台资产管理系统，完成每月向总台和财政局上报台固定资产新增和减少资产工作，价值近1.2亿；完成系统Bug 20余个、数据备份60余份等相关工作；协助全台动力库、保卫库、车管库、行政库、台办库完成在用信息更新和报废盘亏资产业务工作。梳理广播电视专业设备及计算机设备的资产管理流程，初步制定了管理办法。

根据各个部门配置电视机、机顶盒、一体机、打印机、照相机等办公设备和单机设备的需求，对各类设备进行了前期设备调研，型号比较，提交购置申请。设备到货后进行了登记、统计发放等工作。

信息网络管理部工作概况

信息网络管理部

一、关于新闻网

国内首家电视台使用4G背包进行大型直播取得成功。2013年12月2日，信息网络管理部配合新闻节目中心顺利完成大型直播节目《生命灿烂》。作为全国首家电视台在正式节目中使用4G背包直播，视音频回传效果出色。

新闻外延系统主要功能完成，并陆续投入应用。完成了新闻外延系统搭建和后台系统保障。2013年6月8日，新闻节目中心记者颜葵在当日中午的《特别关注》直播节目中，首次使用手机爆料方式在线索汇聚平台上回传至台内，并在直播中使用，整个过程突出了一个“快”字。其中手机爆料方式也同时为国内电视台首家使用。

二、关于制播网

完成了“北京电视台高、标清兼容制播网运维管理系统”的建设。

与广电总局合作完成了基于高标清全台网络化制播体系管理维护模式的研究与实践工作。

完成了“北京电视台综合性生产业务支撑平台”的建设。

完成了“制播网信息安全系统”的建设。

2013年6月17日，历经6个月的建设和调试，信息网络管理部完成了高清体育制播网的建设，系统进入试运行阶段。6月24日开始，体育赛事、新闻等直发类节目陆续进入高清体育网制作。7月4日，随着《体坛资讯》、《天天体育》两档直播类节目进入体育网制播，本台高清体育制播网正式进入大规模试运行阶段。与此同时，与高清体育网配套的体育外场系统在台内开始搭建。9月，第十二届全运会在沈阳开幕，体育外场系统在十二运的报道和直播起到了重要作用。BTV体育外场系统规模包含：15台精编工作站（含蓝光驱动器）、1台配音工作站、2台审片工作站、4台播出服务器（含6播出通道、5收录通道）、2台Nfield核心服务器（一主一备，含存储25T）、1台传输服务器、4台合成工作站以及配套导入导出设备。文稿、收录、制作、合成、审片、播出、传输、新媒体互动一应俱全。在信息网络管理部网络维护人员和其他相关部门人员的共同努力下圆满地完成了第十二届全运会的转播工作。

媒资应用推广初见成效。北京电视台媒体资产管理系统自2009年初投入使用至今已近5年，5年间媒资已逐步为大家所熟知并为节目生产提供了有力的保障。为了更好地提供服务，2013年初开始实行技术层和应用层分离的发展战略，将检索等上层应用与底层技术系统分离，利用非结构化数据抓取索引中间件、智能流媒体镜像和访问路由引擎，建立中间库，提高检准度，提升检索效率。

媒体内容管理与共享体系初步建成并

发挥功用。本体系是一个实现台内文件化备播、送播、资料归档、回调；台外新媒体系统与台内系统资料交互；各区县间资料交互等跨系统、跨地域业务流程，并以板块形态粗颗粒度、松耦合方式实现系统级的业务互联互通的生产线式网络系统。在已完成的全台网 IT 架构基础上，为解决媒体内容的高效利用和全台媒体内容的共享使用业务需求，建立了全台内容分散存储与统一管理共享相结合的内容管理体系架构，在此体系架构下充分实现了以内容的多形式生命周期管理、内容的及时发现及资源调度等内容管理和共享技术理念。在统一内容共享架构管理体系中，建成了面向生产应用的生产媒资系统、面向备播资料管理的备播媒资系统、面向历史资料沉淀的中心媒资系统和面向区县电视机构内容通联的区县媒资系统。在既分散、又融合建设思路指导下，几类用途不同的媒体内容资源库相互结合，统一管理，形成了北京电视台资料内容统一管理的先进理念。有效地解决了不同业务场景下，高效利用内容资源的业务需求；同时，在全台层面上，构建统一检索应用平台、统一流媒体发布平台，利用智能内容挖掘技术、特征数据分析技术，通过不同平台数据间的内在联系，把分散的内容资源有序地整合在一起，统一展现发布。实现了全台内容资源的多位一体、有机融合，高效地支撑了各类节目生产业务的媒体内容需求。

三、关于办公网

OA 项目取得突破性进展。2013 年是 OA 项目在北京电视台深入应用的一年，提高了本台规范化、精细化的管理水平。1 月 28 日，办公自动化 OA 项目一期“因公出访申请管理、设备采购申请管理、设备维修申请管理”三项，涉及台领导和部门主任审批的功能开始正式启用。6 月至年底，“中层干部离京请销假、人事转单、通讯科业务管理、外协制作申请管理”等 OA 项目多类功能依次上线应用。第四季度，重点工作是调研我台呈文申请业务的需求，为 2014 年 OA 系统呈文应用推广奠定基础。

《北京电视台办公网监控管理系统》建设完成。该系统是对全台办公网基础运行平台、IT 设备及各种业务管理系统进行统一监控和运维管理的综合化信息服务管理系统。系统不仅可以实现对办公网内所有服务器、网络设备及应用系统运行情况的动态实时监控，而且通过对监控数据的管理分析还能够早期预知系统中存在的问题，及时报警突发的故障。该系统将监控模块和运维管理模块紧密结合，能够让监控中发现的问题迅速转为工单，使系统管理人员第一时间收到告警信息，快速发现问题并排除故障。该系统包括资源管理、网络管理、业务管理、物理位置管理、3D 机房管理、事件分析管理等 9 个功能模块，通过采用多项先进技术，实现了对北京电视台新旧两个办公区域、近 500 台设备、上千个技术指标实时的监控分析。为便于工作人员使用本系统，该系统在监控数据展示上运用了多层次、多视角的方法，能够更精细定位数据分析结果，极大地提高了系统的可用性。同时系统还借助数据采集、处理方面的强大功能，将过去对全网的手工巡检变为自动巡检，使巡检一次的工作时间由 40 分钟左右缩短为 2 到 3 分钟。另外，该系统还突破传统监控只对核心设备监控的界限，将监控范围扩大至全网 2000 多台终端设备，通过对终端设备物理位置的管理和与第三方系统的衔接，能够方便地监控和接管办公网内每一末端设备管理，极大提高了办公网的安全性。

《办公网服务器虚拟化项目》建设完成。2013 年完成北京电视台办公网服务器虚拟化项目建设工作，实现了北京电视台办公网计算资源虚拟化、网络资源扁平化、存储资源共享化以及备份系统简单化。进一步提高了办公网各业务系统的整合度以及降低了运维人员的硬件运维难度。

苏州街台址无线网建设完成并投入使用。为了方便本台职工和来台工作人员使用移动终端设备访问互联网，顺应移动终端的发展趋势，信息网络管理部在开通了覆盖新台办公区的无线网基础上，又对苏州街台址进行了无线网覆盖工作，并于 2013 年底正式投入使用。苏州街台址无线网覆盖范围涵盖主楼、二期办公楼（演播室除外）和红绿蓝办公楼等区域，采用与新台无线网相同的 SSID 和认证方式。苏州街台址无线网的建成，标志着北京电视台无线网全覆盖工作已经顺利完成。

四、关于新媒体技术

2013 年 2 月 1 日，北京地区 IPTV 业务正式投入试商用，年内北京 IPTV 业务频道总量达到 106 路，点播总时长达到近 2. 6 万小时。

2013 年 8 月，信息网络管理部设立新媒体网络管理科集中负责我台新媒体技术系统建设和维护工作。

2013 年 12 月，北京网络广播电视台一期工程通过国家新闻出版广电总局广播电视规划院验收，标志着北京电视台新媒体推进工作全面进入运营阶段。北京电视台新媒体技术系统工程项目搭建完成。

动力部工作概况

动力部

2013 年，动力部较好地完成了设备运行管理工作和对物业公司的监管工作，确保了新中心、苏州街、皂君庙办公区动力系统的安全稳定运行。

一、完成动力设备的运行及维护检修工作

一年来，动力部严格落实、认真执行各项规章制度、操作规程和应急处置程序，加强巡视检查和运行维护工作，对隐患做到早发现早处置，在全体职工的共同努力下，较好地完成了动力系统设备日常运行维护及重要保障期内的安全保障工作，确保了安全播出。

二、对动力系统进行更新改造

（1）对建国路北京电视中心新办公区及苏州街办公区中央空调系统风道进行了清洗消毒。

（2）对建国路新办公区部分空调机组新风系统进行了智能化改造。2012 年 12 月 10 日至 2013 年 2 月 28 日，集中空调系统的冷冻主机停机近 3 个月，利用室外天然冷源为演播楼及部分机房降温的目的，不但节约了能源也为集中空调系统的维修维护赢得了时间，与往年同期相比节约电费、热力费约80余万元。2013年9月中旬至10月底，对综合楼、演播楼共计18台空调机组进行新风改造，提升节能效果，改善综合楼高区办公室的冬季空调供热效果。

（3）更换新办公区演播楼、生活楼电梯钢丝绳和扶梯扶手带。6月17日至7月4日，更换了15部电梯的钢丝绳及扶梯扶手带。施工中，动力部派专人监督施工现场的每个环节，确保工程施工安全有序。通过这次电梯钢丝绳和扶梯扶手带的更新，使演播楼、生活楼的电梯达到了较好的运行状态。

（4）对擦窗机钢丝绳进行维护更换。新办公区综合楼三台擦窗机钢丝绳内的电缆芯断线，已不能安全使用。经多次找厂家沟通、洽谈，在11月中旬对擦窗机钢丝绳进行更换。

（5）制播部门部分技术机房因设备的增加和调整提出加装分体空调的要求，动力部及时调派人员到现场查看现场环境，选择合适的型号，全年共安装、更换了24套空调设备，满足了机房的温度需求。

（6）空调机组实现联网监控。新办公区大部分工艺机房和苏州街办公区部分编播网络机房都装有大金分体空调机组，设备安装量大、面广，为了便于及时发现并处理设备故障，实现科学化运行管理，动力部组织施工单位对重要部位的大金机组加装了监控系统，对设备实现了远程监控，提高了效率，节约了能源。

三、做好对物业公司的监管工作

一年来，动力部认真地做好对物业公司的监督管理工作，每月召开动力部和物业公司的工作协调会，解决工作中遇到的问题。检查物业公司的设备运行情况和日常工作情况，发现问题及时提醒、帮助解决，确保物业公司所辖设备安全正常运行。

根据动力部与物业公司职责划分规定，动力部完成了物业公司所运行设备的更新改造大修工作，完成了物业公司所需备品备件的采购工作和设备固定维保合同的新签续签工作，保障了物业公司系统设备的安全正常运行。

四、做好台外直播活动供电保障工作

动力部参与了市“两会”、农业嘉年华、园博会、北京电影节、京交会、全运会等台外直播供电保障工作。动力部对台外直播节目供电保障工作高度重视，克服人员、设备紧张的困难，抽调技术骨干，积极筹措、准备UPS电源等供配电设备，提前进入现场查看，制定施工方案，并派人员驻会对用电设备进行巡视检查，做好各种突发情况的应对准备工作。尤其是动力部赴沈阳参加前方演播室保电工作，参加直播210小时，安装了UPS电源2台、配电箱4个，确保了安全供电。

五、做好重要节日及保障期内动力系统安全运行保障工作

为做好重要节日及保障期内的安全运行工作，动力部定期对一线值班人员进行了应知应会内容及应急处置预案考核。对所辖设备进行了全面细致的检查和隐患排查；对所有变配电室和工艺设备机房的配电柜带电部分进行测温，防止因接线松动或过载产生高温而造成事故；对自备柴油发电机组进行了空载运行试验，以保证当外电源失电时能够在短时间内为重要保障负荷恢复供电；对播出、制作、网络机房加装的分体空调进行了检查维护，确保动力设备在保障期内安全运行。

艺委会工作概况

艺委会

2013年，艺委会有序地推动了各项评奖工作的顺利进行。

一、主要评奖活动

与总编室一起组织了2012年下半年度及2013年上半年度台内评奖工作，从全台350多件参评作品中共评选出142件获奖作品，并下发奖金259.6万元，圆满完成这一任务。

组织本台节目参加“2010—2012年度北京市广播影视奖”一系列参评工作，共有62件作品获奖。

组织本台节目参评“第二十二届北京新闻奖”，共有18个节目获奖。

推荐组织本台节目参加“2013年北京影视春燕奖”的参评报送工作，共有18件作品获奖。

组织本台节目参加2011—2012年度中国广播电视节目奖及第23届“星光奖”的报送工作，获奖结果于2014年初公布。

推荐本台6部具有中国民俗特色的电视作品参评第五届美国伯班克国际电影节，其中，卡酷传媒有限公司制作的系列电视动画片《飞越五千年》获得最佳国际动画短片奖。

完成各有关专业协会举办的评奖工作，协调相关节目中心自行参加了几十项二级协会的评奖和行业评奖，约获奖项100多个。

组织推荐本台37件作品节目参加“2013年度北京广播电视台创新奖”的评选，共有14件作品获奖，8件作品获入围奖。

2013年年底前，根据各项评奖陆续公布的结果，通过台内网征集获奖信息，对全年节目获奖情况进行收集整理，为台里的年终总结表彰提供相关数据，做好各类节目奖金的发放工作。

二、其他相关工作

（1）邀请大奖评委评审把脉，通过评奖为节目提供指导信息。在2013年台内评奖工作中，邀请部分有影响力的国家级奖项（如中国新闻奖、星光奖等）评委担任分组评审和点评，为一线节目部门提供富有活力和高质量的评审信息。

（2）梳理报奖流程，遵守报奖规范。根据以往评奖报送过程中出现的多头报送、格式不一等问题采取措施进行改进。例如：对需由本台统一报送并有数量限制的参评奖项，严格按照报送审批流程，在向各中心征集整理后，报请总编辑审核；需提请编委会讨论通过的参评节目严格按照编委会决议精神执行报送；加强与各中心节目管理科室的联系与沟通，不断提高报奖材料的规范化水平。

（3）扩大国际视野，积极组织相关节目参评国际奖项。2013年首次尝试性地向国际评奖组委会推荐北京电视台节目参评并获得一些奖项。同时，通过参评也了解到国际电视同行业间的交流信息和规则规范。

老干部工作概况

老干部工作办公室

2013年，北京电视台老干部工作确立两个重点，一是进一步加强思想政治建设，深化老干部党总支作用和离退休职工党员创先争优活动；二是做好各项服务管理工作，促进老同志身心健康。老干部党总支荣获了2013年北京电视台先进党支部称号。

一、注重实效，离退休老同志思想政治建设和党建工作再上新台级。坚持每月一次的老干部党总支学习交流制度和工作通报制度，及时向老干部传达上级重要文件和会议精神。定期召开老干部座谈会，通报有关情况，征求老同志意见。围绕开展“中国梦·我的梦”活动，老干部党总支发起“寻找历史痕迹，感受身边巨变”主题党日活动，以多种形式开展符合老干部实际的政治学习活动。2013年8月，结合实际制定了《老干部党总支党的群众路线教育实践活动计划安排》，组织全体党员学习有关文件，开好党内民主生活会，开展群众评议党员、党员评议支部、支部评议党委工作。

二、搭建平台，开展适合老干部参加的各种活动。4月，老干办组织离退休职工参加“美丽京郊，田园生活”主题活动，160余名老同志冒雨参观首届“北京农业嘉年华”。雨中，年轻的提醒着年长的，身体好的照顾着身体弱的，每一名老同志都定格成一名互递关爱的志愿者。目前，全台老干部志愿服务团成员已增至130人。

5至10月，老干部党总支开展“寻找历史痕迹，感受身边巨变”——“中国梦·我的梦”主题党日活动。老党员们从身边点滴入手，把老照片、日记、旧物件儿找出来、讲出来、写出来，同时结合参观“我看新北京”展览等活动，感受身边的巨变。比如：老干部西区党支部在首钢老址组织“感受北京巨变——国企在改革开放中前进”主题党日活动。25名党员以书法、美术、影像、实物和诗歌文章等形式，开展“寻梦”历程。北区党支部30名党员冒雨前往红星二锅头酒博物馆参观。百年老字号翔实的历史图片和实物，让党员们增强了实现“中国梦”靠实干靠理想的思想内涵。东区党支部20余名党员到大兴现代农业生态园举行特色党日活动，在森林公园里，党员们学习了党在不同历史时期的入党誓词，重温了入党宣誓仪式，以合唱、朗诵和舞蹈等形式演绎了电影《建国大业》的主题曲《追寻》与《共和国之恋》。南区党支部组织参观抗日战争纪念馆，并组织党员认真填写中国梦知识竞赛答卷，把中国梦教育活动与“寻找历史痕迹，感受身边巨变”有机结合。老干部党总支还到顺义区太阳村儿童教育咨询中心开展“奉献爱心”党日活动，培植捐资认养的“BTV老干部爱心树”，捐赠学习用品、音像资料、图书、衣物玩具等250余件，价值近3万元。

10月，台老干办组织近160名离退休职工举办“BTV老同志科技绿色亦庄行”主题活动，老同志称赞说，科技绿色亦庄行主题活动，把参观和游览相结合，开了眼界，强化了绿色环保意识，内容既丰富又有意义。

10月，老干部党总支还举办庆国庆、迎重阳老同志“中国梦·我的梦”主题活动成果展，精选出的部分实物和5幅书法作品及130幅摄影作品，展现了老同志高尚的情怀和积极向上的精神风貌。

三、认真落实离退休职工的各项生活待遇，努力为老同志展现精彩的退休生活创造条件。合唱团和摄影书画社每周组织一次活动，专门聘请了高水准的老师，辅导摄影、书画和合唱活动。垂钓俱乐部会员现扩大到48人，举办垂钓7次，近500人次参加了各类垂钓活动。季求时、杨中力、欧阳程、郑世昌、隋凤珍5位老同志书画摄影作品被选送参加市宣传系统老干部重阳节书画摄影展。

坚持走访慰问活动。仅2013年元旦春节期间，就走访慰问患重病和困难老同志32人，同时为16名有特殊困难的老同志发放补助款4.7万元，为10余名老同志报销大额药费20余万元。

细心开展日常服务。发放劳保卡、蛋糕卡、游园门票、退休证等5000余张；组织老同志体检、注射流感疫苗，及时为老同志报销医药费，发防暑降温药等；为近200人分门别类地办理公园年票。

四、从编印《老干部服务管理手册》入手，提升离退休职工服务管理工作水平。为进一步做好老干部工作，老干办经广泛调研，用5个月的时间编印出《老干部服务管理手册》（下称手册）。手册内容1.1万字，涵盖了北京电视台离退休职工服务管理工作简介、有关政策制度、各社团相关规定、办公场所及活动站服务管理规范、相关机构及常用电话等5个方面的内容。在离退休职工服务管理工作简介、政策制度、社团等环节，手册用近8000字的篇幅来规范服务管理。对政治待遇及政治学习、党员过组织生活、生活服务及文体活动、医药报销及困难补助、老同志丧葬办理、各社团章程及活动组织都有明确规定。如今，老同志高兴地把手册放在电话机旁边，遇到什么事先翻手册已成为习惯，手册的综合利用效果非常明显。

北京卡酷传媒有限公司概况

北京卡酷传媒有限公司

2013年，北京卡酷传媒有限公司积极梳理主营业务并开拓业务转型和新的发展空间，进一步加大在原创动画、动漫游戏、动画电影、产业动画片方面的投资运营，实现公司运营均衡。

一、保有基础业务，创新节目制作

积极进行节目研发与选题策划，与动画节目中心紧密合作，顺利完成台委托的《七色光》、《十分开心》、《谁敢挑战小学生》、《卡酷全卡通》等四档栏目和一档动画剧场的制作，为卡酷少儿频道提供了富有特色的节目，且较好地实现收视预期。

其中，《谁敢挑战小学生》是2013年首创的一档大型成年人与小学生同台对抗的知识竞技类栏目。节目以小学课本知识为依托，搭建成年人与小学生平等沟通的平台。现今社会，大多数成年人因为忙于工作而疏忽了与孩子之间的交流，很多家长常常不太了解孩子真实的成长情况。本节目在创立之初就本着更多展示小学生的真实性格的立意，以节目为平台，让家长看到孩子的更多侧面，同时将孩子平时学习的课本知识灵活运用，使其变得更加生动和好玩，让孩子爱上学习。

《谁敢挑战小学生》于2013年1月2日星期三19：30分首播，最初节目时长60分钟。节目在创立之初就本着凸显北京地区少年儿童整体风貌，立足首善、立足创新的目标，从简单的基础知识、生活常识出发，寓教于乐，让枯燥的学习生活变得更有趣，每期都以新鲜的主题和新颖的创意来面对广大观众。原品牌栏目《动漫地带》的主创团队充分借鉴了国内外的益智答题类游戏的模式，加入独创性思考，积极利用本土优势，全力打造了一档知识性与娱乐性兼顾的节目，从以下五个方面提升了节目的创新性：

一是明星全优班。节目组赴北京近百所小学选拔优秀小学生，通过层层选拔，将每个年级富有代表性性格的孩子重新组合变成卡酷全优班，不仅局限在展示每个孩子单独个体的成长，而是着重将某一类孩子的精神风貌展示给观众，以此来引发家长对孩子教育的思考。全优班的概念不是仅仅集中在学习成绩上，而是凸显小学生自己擅长的方面，用一种更加全面的角度来看待成长中的小学生。

二是插班生。北京作为中国的政治和文化的中心，不仅在各种公共资源上非常丰富，同时也汇集了全国各地各个行业的精英人士。节目组就充分利用了北京的人才优势，积极邀请各个行业的精英人士作为插班生与全优班进行知识竞技。让孩子们看到每个职业的优秀人才的精神面貌，也给参与的大人们一个重温童年记忆的平台。

三是课本知识。节目在内容上最重要的呈现就是将小学课本搬上了荧屏。从开播至今，播出的节目呈现了大概3000多道题目，内容覆盖了小学1~6年级语文、数学、英语、体育、音乐、美术、科学等科目，结合小学生日常生活中出现的百科常识题与动画片题，节目在知识性上拥有非常抢眼的看点。节目组还邀请了北京市优秀小学的一线教师与教研组的专家作为节目题库顾问，以保证题目的适宜性与科学性。

四是竞技感。通过真实的知识对抗感和紧张的竞技氛围来营造独特的节目气质，开创了成年人闯关晋级、期中考试、期末考试等环节，让参与者与守擂的插班生通过特定的模式进行舞台竞技，让观众在观看的过程中能够被吸引，从而在很大程度上做到了约会观众。

五是舞美包装。节目在整个舞台设计上完全独创，以炫酷的时空科技背景，守擂区与挑战区等将节目形式化，独特的节目标识以红领巾图案配合深蓝色背景凸显节目主题。在后期节目包装上也融入了非常多的太空感元素，不落俗套。节目独创了小V机器人作为形象标识，并赋予了它鲜活的个性：来自2046年卡酷星系的按下课铃的可爱机器人，性格活泼，喜欢热爱知识的孩子。自节目播出以来，小V受到了非常多小朋友的喜欢。

节目自首播至今就以强烈的知识性、生动的趣味性与娱乐性广受社会各界的好评，收视与市场占有率也是一路攀升，单期最高收视0.95%，市场占有率2.7%，月平均收视最高0.54%，市场占有率1.53%，全年平均收视0.43%，市场占有率1.22%。《谁敢挑战小学生》充分利用了新媒体资源，在开播首期就同步跟进了新浪、腾讯的官方微博以及微信平台，与广大观众及时互动，节目直播过程中同时以家庭作业的形式与观众在新媒体平台上同步答题互动，以此吸引了更多的年轻群体受众。在传统媒体和新媒体的全方位配合下，节目获得了极高的社会美誉度。2013年底一举获得北京广播电视总台评选的“最佳创新节目”金奖和中国电视艺术家协会颁发的《2013十大优秀专栏》殊荣。

二、推进主营业务，打造精品项目

公司加强推进在原创动画、动画电影、产业动画片方面的设计制作及投资运营，并积极探索相关项目投资运营。

（1）已完成《飞越五千年》项目前50集动画片制作，并已申请成功前50集的发行许可证。受到业界广泛好评，且在国内国际舞台获得佳绩，跻身第5届美国博班克国际电影节，并荣登厦门国际动漫节“金海豚”奖、四川电视节“金熊猫”奖及中国动漫游戏行业“金手指”奖的领奖台。目前，公司正积极进行该片在全国各大专业动画频道、省级卫视、地方电视台，以及新媒体网站的播出发行和图书音像、形象授权、移动媒体终端APP等衍生产品开发工作。

（2）完成动画电影《雪域奇缘》项目前期策划，跟进项目的进展情况，建立项目组与公司的高效沟通机制，预计将在2014年下半年制作完成。

（3）参与投资出品动画项目《魔晶猎人》，积极参与和跟进该动画片的制作、推广和产业运营开发。

三、开拓业务转型，扩大发展空间

2013年，根据台党委对“卡酷传媒公司要依托北京电视台，不断探索产业多元化”的具体要求，公司积极推进主营业务的同时，在2012年积极调研、创新思维的基础上，开拓业务转型和新的发展空间。进一步开发、策划网页游戏、手机游戏及手机应用。

（1）全力开发《KK赛车》网页游戏项目，对项目的进展情况进行监督管理，及时推进项目进度，有效解决遇到的困难，并落实该项目的追加二期投资。该项目已进入上线内测阶段，并与国内及国外多家大型互联网公司不断沟通，获得外界对该项目的一致好评。

（2）2013年初开始策划《港湾战争》手机游戏项目，完成了项目策划、立项、投资，为公司抢占移动互联网手机游戏市场夯实了基础。

（3）为了迎合当今市场传统媒体与新媒体不断交融的发展趋势，双向促进节目收视率与用户粘合度共同增长的双赢局面，公司开发完成《卡酷精灵》手机应用，旨在打造一个创新的手机平台与电视媒体完美结合的休闲儿童社区，《卡酷精灵》已顺利完成上线，颇受儿童的青睐。

四、大力开展合作，拓展衍生产业

在台广告部和台计财部等有关部门的大力支持下，与优扬传媒展开合作，拓展栏目软植合作项目。

（1）成功与“蒙牛未来星”签署《七色光》栏目全年冠名合作，除常规节目冠名植入外，还为客户量身定制了6期特别节目，取得了较好的收视效果，得到了优扬公司及客户的一致好评。

（2）在图书出版、新媒体应用等动漫衍生领域，公司做出了有益尝试。联合长江文艺出版社打造了《二秃子！不许笑！》少儿精品漫画系列图书，这是公司基于电视栏目衍生开发动漫图书的首次尝试。该书丰富有趣的内容深受孩子们的喜爱，先后于2013年1月及7月推出了第一部和第二部，累计销售已近10万册，两次在北京图书大厦举办签售活动，读者反响热烈。第三部于2014年寒假出版上市，延续了前两部的热销之势。

（3）与青岛少儿出版社合作《卡酷派》月刊杂志，从2014年1月起在全国校网发行。

五、社会认知增强，品牌效应凸显

2013年，公司积极推进各项业务的长足发展，原创动画、栏目、游戏、书籍等作品相应问世，在业界受到一致好评，在肯定作品的同时也提升了公司在业界的美誉度。自主原创动画作品《星游记》获第七届北京市文学艺术奖、北京市广播影视奖优秀作品及四川电视节“金熊猫”奖——最佳国产电视系列动画片提名奖；动画春晚“卡酷年”获北京电视春燕奖最佳电视美术品形象设计奖；《麻辣教师》获北京电视春燕奖最佳短篇电视剧奖；《我们小孩有力量》获北京市广播影视奖优秀作品；《谁敢挑战小学生》栏目获北京广播电视台创新栏目奖、2013电视优秀专栏；《二秃子！不许笑！》获北京市原创动漫形象作品专项扶持资金。

北京京视传媒有限公司概况

北京京视传媒有限公司

2013年，京视传媒超额完成了任务。截至2013年12月底，公司实现收入7195.48万元，较2012年增长90.27%，利润1006.58万元，较2012年增长51.5%。

2013年，公司以全新的方式拓展了传统版权经营业务，扩大了演艺统筹业务规模，启动了演艺培训业务、演艺经纪业务，以及北京电视台观众俱乐部等多项创新业务。

立足节目版权市场，开拓经营新思路。版权节目发行是京视传媒公司的主营业务，截至2013年12月底，电视节目传统版权经营收入2260.84万元，同比增长12.02%。总发行节目涵盖北京电视台卫视、文艺、科教、生活、财经、体育、青年、新闻、纪实9个频道的50档栏目，以及《人民大会堂》、《人民的艺术》等4部纪录片，节目发行覆盖辽宁、山东、山西、湖南、江苏、浙江、天津、上海等25家省级电视台，杭州、成都、南京、青岛、武汉等28个地市级电视台，以及文化部、铁道部等部委宣传机构。公司新媒体版权发行虽然只进行了半年，但发行收入已达到894.36万元。

2013年，公司还着力拓展图书音像制品营销新模式，开拓了图书音像制品的直销渠道。12 月，京视传媒《养生堂》音像出品《于康系列——营养与健康》制作完成；《档案》图书出版至第九册；《食全食美》、《辛亥》、《昨天的故事》、《投资者说》、《财富故事》等也将陆续出版面市，创造了版权销售的新模式。

创新思维，开发新媒体广告营销新平台。京视传媒以创新思维开拓新媒体业务。2013 年 4 月，京视传媒与广告部合作开发的双屏互动客户端“摇乐摇”正式上线开始运营，为台创造 1000 万元的广告增量，为公司实现 360 万元经营收入。截至 12 月底，“摇乐摇”注册用户数已突破 60 万。

一年来，“摇乐摇”还成功支持了台影视频道的电视剧互动、青年频道《青春 A 计划》、北京卫视《最美和声》等节目的互动以及生活频道“生活有礼、快乐问答”的互动活动。

从市场出发，启动“北京电视台观众俱乐部”。2013 年，京视传媒与台总编室、广告部共同配合，通过逐步推进、认真调研、隆重揭幕等几个步骤，成功启动了“北京电视台观众俱乐部”项目。

2013 年 1 月，公司开始承接 BTV 科教频道节目录制现场观众的组织工作，为筹建观众俱乐部打下基础。公司还与近 40 个国家部委机关、中央直属机关及北京市机关建立了良好的合作关系，建立起数万人的观众基础队伍。

2013 年 8 月，经过认真的调研、分析，公司与台总编室、广告部联合制定了“北京电视台观众俱乐部”的启动方案。9 月，“北京电视台观众俱乐部”名称与 LOGO 征集活动在蓝色港湾启动，征集活动共收到投稿 200 多幅。12 月，由中央美院设计学院刘波教授设计的“北京电视台观众俱乐部”LOGO 及 VI 发布，同时正式宣布“北京电视台观众俱乐部”诞生。

面向市场，统筹规划演艺经纪与培训业务。京视传媒拓展演艺统筹规模，尝试演艺经纪、艺人培训以及大型活动、节目地面推广等项目。截至 2013 年 12 月底，演艺统筹业务实现收入 3388.52 万元。

2013 年 4 月，京视传媒培训业务的各项准备工作也基本就绪，完成了化妆造型、播音主持、音乐、舞蹈、表演等 10 大类、34 项演艺培训课程的研发工作，建成由台内外 42 名专业人士组成的基础师资库，完成了招生网站——“京视文化人才网”的一期开发工作。

2013 年 3 月，京视传媒在台广告部、总编室支持下，达成本台主持人春妮代言大中电器的签约，签约总金额 460 万元；7 月，公司推动春妮出任“中华红丝带基金”宣传大使，并成功举办了“百名艾滋孤儿夏令营开营仪式暨春妮担任红丝带宣传大使聘请仪式”，初步探索出一条适合北京电视台主持人的包装、推广思路。

2013 年 12 月，京视传媒作为北京电视台经纪业务运营公司与北京格格旗袍有限公司签订《品牌代言服务协议》，由主持人张栗坤代言格格服装品牌，签约总金额为 500 万元。

2013 年京视传媒还配合台总编室完成了《北京电视台主持人经纪管理办法》及《主持人经纪管理办法实施细则》，保障主持人参与商业活动有章可循。

北京紫禁城影业有限责任公司概况

北京紫禁城影业有限责任公司

北京紫禁城影业有限责任公司成立于1997年，注册资本3200万元，是一家集影视策划、制作、营销于一体的大型专业影视制作公司。成立16年来，北京紫禁城影业公司的经营业绩一直稳居中国电影生产企业的前列，多部影片票房居当年年度票房冠亚军的地位，总票房超过30亿元，影片还行销到美国、日本、韩国、香港、台湾等多个国家和地区。

北京紫禁城影业公司共摄制完成影片70余部，电视剧千余集。其中既有《甲方乙方》、《不见不散》、《没完没了》、《刮痧》、《红色恋人》、《赤壁》、《倩女幽魂》、《大海啸之鲨口逃生》、《小时代》等商业大片，也有《离开雷锋的日子》、《张思德》、《生死牛玉儒》、《背起爸爸上学》、《法官妈妈》、《紫日》、《嘎达梅林》、《香巴拉信使》、《山乡书记》、《一个人的奥林匹克》、《铁人》、《万家灯火》、《第一书记》、《杨善洲》等主旋律影片，均取得社会效益和经济效益的双丰收。紫禁城影业公司摄制出品的《重案六组》、《玉观音》、《少年天子》、《天下第一楼》、《牟氏庄园》、《人是铁饭是钢》、《李春天的春天》、《双城生活》、《怪医文三块》等电视连续剧在中央电视台和各地电视台播出后，均创造了极高的收视率。公司成立16年来，连续获得过"华表奖"、"五个一工程奖"、"金鸡奖"、"百花奖"、"金鹰奖"、"百合奖"等多个国家级大奖以及开罗、莫斯科、东京等国际电影节的大奖。

北京紫禁城影业公司具备一支由一流专业人士组成的影视制作及发行队伍，并融入国际化的制片营销理念，建立了庞大的明星网络，让·雅克·阿诺、吴宇森、黄建新、冯小刚、叶伟信、叶大鹰、冯小宁、陈国星、胡玫、吕乐、尹力、夏刚、陈道明、葛优、王志文、张国荣、冯巩、陆毅、吕丽萍、斯琴高娃、徐帆、刘蓓、梅婷、徐静蕾、瞿颖、范冰冰、陈好、古天乐、吴镇宇、刘亦菲、冯绍峰、杨幂等一大批国内外知名导演、演员都与紫禁城影业公司有过良好的合作。

2013年，由北京紫禁城影业有限责任公司购买影视改编权的小说《小时代1.0》，经过3年的策划筹备，拍摄成为电影《小时代》与《小时代：青木时代》，分别在2013年6月、8月上映，合计取得了近8亿元的票房好成绩。由北京紫禁城影业有限责任公司购买影视改编权的小说《狼图腾》，经过9年的策划筹备，2013年用8个月时间拍摄了绝大部分镜头，预计2014年底全部制作完成，在国内上映。电视剧方面，北京紫禁城影业有限责任公司积极筹划开发具备中国梦主题的电视剧项目，目前已拍摄完成30集励志爱情喜剧《创业伙伴欢乐多》。此外，40集年代剧《同门》（原名《永不低头》）已进入发行阶段；40集北京题材电视剧《乞丐大掌柜》（原名《丰泽园》，与北京人艺、首旅集团和全聚德等单位合作）也已完成拍摄并进入后期制作阶段；策划筹备45集古装喜剧《神机妙算刘伯温》。

专项纪事

北京电视台全面开展"中国梦"宣传报道活动

总编室

2013年，北京电视台紧密联系首都改革发展实际，综合运用专题纪录片、新闻报道、大型活动、公益宣传等多种形式，深入宣传"中国梦"的重大意义、基本内涵、本质要求和实践路径，广泛报道全市人民学习贯彻党的十八大精神、加快推进首都改革发展的新思路、新举措、新气象，全面掀起"中国梦"宣传报道的热潮。

1. 推出三大专题片，着力增强干部群众道路自信、理论自信、制度自信。精心制作《正道沧桑——社会主义500年》，展现500年来社会主义波澜壮阔的历程，揭示社会主义从空想到科学、从理论到现实及社会主义在中国的发展阶段和历史必然，展望社会主义的美好未来。推出《从一大到十八大》，全景记录中国共产党的苦难与辉煌。制作系列片《家国十年》，通过记录30余位不同行业优秀基层党员的故事，展现北京改革开放和城市建设方面的成就。

2. 统筹新闻报道，大力宣传首都各界为实现"中国梦"的不懈追求。党的十八大胜利闭幕后，《北京新闻》等栏目围绕"中国梦"主题，开辟"与梦齐飞"等专栏报道，充分反映首都广大干部群众的热烈反响和立足岗位、真抓实干的生动实践。北京卫视《身边》、《杨澜访谈录》、《全景对话》等推出了女宇航员刘洋、诺贝尔文学奖得主莫言等专访；科教频道以"中国梦　人民的梦"为主题拍摄制作的《为你而歌》（第十一部），讲述了12位优秀共产党员努力奋斗、实干兴邦的真实故事；财经频道推出大型纪录片《双轮驱动的诗篇》，记录北京文化建设的新风貌、新境界和新追求。

3. 打造文艺精品，依托丰富多彩的文化活动唱响"中国梦"的时代赞歌。推出"爱我家　唱我家　我的北京我的家"大型群众性歌曲征集演唱电视竞赛和"北京公园群众文化活动巡礼"活动。制作播出《国学开讲》系列片，从传统文化中汲取精神营养。主讲人范曾先生用国学阐释国家价值观、民族价值观和百姓价值观，引导观众致良知、树正气、讲修养、重品行。发起"行动中国"大型公益主题活动，展示和帮助小人物实现大梦想。联合多家地方台共同推出"发现中国美丽乡村"活动，全景展示中国农村蕴含的丰富文化、民俗及风情、风景，表现日渐成熟的中国农村生态。

4. 关注青少年群体，引导未成年人树立理想信念。卡酷少儿频道制作纪念中国动画发展90周年的纪实片《梦的家园》，开展"童心共绘'梦的家园'"90米长卷绘制活动；推出大型公益系列动画短片《北京宝贝》，以孩子视角弘扬身边美德和社会主义核心价值观。青年频道《北京青年》策划制作"创业梦"、"公益梦"、"拼搏梦"等一系列优秀青年追梦故事，《青年公益》推出"残疾青年公益宣讲团”节目，来自全国各地的数位残疾青年与青年大学生一起探讨生活与奋斗的梦想。

5. 加大公益宣传，用身边的感动共筑中国梦想。北京电视台把“中国梦”这一关键词融入全年宣传片制作播出计划，策划制作并播出“中国梦　北京路”、“春节·家”、“推进生态文明　建设美丽北京”等五大主题约50部宣传片，积极投身实现“中国梦”的生动实践。此外，北京卫视还积极筹划50集系列短片《中国梦》（暂定），用1分钟长度浓缩身边敢于梦想、勇于实践、成功圆梦的典型故事，激励人们脚踏实地、不懈奋斗。

北京电视台第二届“观众喜爱的主持人”大型评选暨公益圆梦新闻行动启动仪式成功举办

总编室

2013年9月28日，“华夏银行杯”北京电视台第二届“观众喜爱的主持人”大型评选暨公益圆梦新闻行动启动仪式在蓝色港湾成功举行。来自全台10个频道的50余位参评主持人齐聚现场，共同唱响“心悦百姓　行为民生”的活动主题，与观众现场互动推介，为这项大型品牌活动宣传造势。本届评选活动延续了“心悦百姓　行为民生”的公益主线，在42天投票期内，通过观众投票，评选出百姓心目中最有影响力的主持人，打造BTV主持人团队彰显媒体追求、传播时代主旋律、勇担社会责任的公益形象。当晚的活动现场，主持人各展才艺，携多位重量级嘉宾，给到场的观众带来了一场异彩纷呈、火爆热辣的视听享受。

当晚，各中心邀请的10位观众代表为本届评选活动郑重地投下选票，开启了本届评选活动的投票环节。

启动仪式上，北京电视台台长赵多佳向广大观众介绍了本次评选活动的主旨。本届评选活动将牢牢把握“中国梦”的时代主旋律，贯彻党的群众路线教育实践活动要求，坚持“三贴近”、践行“走转改”，在“心悦百姓　行为民生”的主题下，启动“BTV主持人公益圆梦新闻行动”，从环境保护、交通安全、文化传承、青少年保护、关爱残疾人等方面，组织全体参选主持人实施公益项目，让主持人深入社区基层，关注百姓生活，服务首都市民，传播人间真情。“观众喜爱的主持人”评选是北京电视台重要的品牌宣传活动，今年的评选将继续坚持“来自观众，服务观众”的原则，谁是优秀主持人由观众说了算。通过这次评选活动，强化电视精品意识，倡导敬业奉献精神，坚持主流价值观，承担起向受众提供正能量的媒体人责任。

活动现场随处可见忠实的BTV观众久久驻足的身影。每个频道的推介展位前，他们满怀期待，希望与自己喜爱的主持人零距离交流，面对面地表达出最质朴的喜爱与鼓励；现场的主持人也积极回应热情的观众，签名、留影、送小纪念品，到处洋溢着温暖的气氛。

“我们要加倍努力，践行公益，来回馈社会、回馈观众”。主持人在被观众的厚爱和这份职业带来的荣耀深深感动的同时，纷纷表示要珍惜平台，全心投入，创作出更多佳作，为百姓更好地服务。

与参评主持人与观众拉家常式的温情互动场面呼应的，是中心舞台上依次绚丽登场的现场拉票环节。从荧屏上走下的主持人当晚别具风采，他们不着华服、不施浓妆、不靠噱头，只凭自己的真诚、才艺和火热的激情，或高歌一曲，或动感热舞，或互动游艺，或对口相声，着实让现场观众领略到了 BTV 主持人荧屏外的别样风采。在主持人异彩纷呈的亮相中，在重量级助演嘉宾的给力支持下，现场气氛被数次引爆。

无论是展台前与观众零距离交流互动，还是在中心舞台上才艺展演，本届活动参评主持人当晚的集体亮相，都充分地将这个团队阳光、热情、专业、敬业的优秀素养展现在了现场观众面前。在持续近 4 个小时的整场活动中，以他们为代表的 BTV 主持人团队体现出了最为可敬的职业素养和优秀品质。

在当天的启动仪式上，北京电视台观众俱乐部也宣布同时成立，并面向观众广泛征集俱乐部名称及标识设计方案。

从 9 月 28 日至 11 月 8 日，北京电视台第二届“观众喜爱的主持人”大型评选活动进入正式投票期。在此期间，84 位参评主持人将陆续展开以“走进身边城市绿地，共绘首都绿色地图”、“慈善义工”、“美好声音之旅”、“爱心信笺”、“我承诺不闯红灯”、“守护小天使”、“书香北京有声阅读”等为主题的丰富多彩的公益行动，身体力行地为有需要的社会群体提供贴心关怀与真诚帮助，为本次评选活动增添社会正能量，传递出 BTV 作为首都电视台“首善媒体，大美品质”的媒体责任和品质内涵。

《杨澜访谈录》探讨北京科技发展的现状与未来

卫视节目中心

2013 年 3 月 24 日，北京卫视《杨澜访谈录》播出《两会看北京——科技北京》特别节目，以北京科技资源丰富、科技创新却面临困境的大环境为背景，通过面对面专访相关领域专家的形式，探讨了如何以科技创新推动北京发展的问题。

1. 采访多领域权威人士。演播室中，杨澜面对面采访了北京科学技术委员会主任、全国人大代表闫傲霜。节目以她为主要嘉宾，全程贯穿，主导话题，解答疑问。同时，记者也针对相关问题，实地走访了人民医院、北京大学实验室等场所，采访相关人士，进一步说明了北京科技创新发展的现状。例如，在谈到专利发明因体制制约迟迟不能投入生产时，采访了人民医院创伤骨科主任姜保国，他讲述了在专利投入市场过程中遇到的困难；在说明“首都科技服务平台”的搭建对资源共享的贡献时，采访了仁创董事长秦升益，他介绍透水砖的科研难题由北京大学实验室解决，增加了资源的使用效率。几位相关领域专家的现身说法，使得节目生动细致，便于观众理解。

2. 名人举亲身实例为青年创业引路。科技北京的发展，需要有新思想的青年进行创业探索。创立了“创新工场”的李开复，在节目中讲述创业之初，四个合伙人忙做一团的窘迫，并设想如果自己当时是个刚毕业的学生，必定更被环节程序所困而不知所措，以致于错失发展良机。他告诉杨澜，小微企业的创业热情非常强，有些青年每天都来创新工场与他约谈。但他也提醒这些青年，创业光有热情不够，还需看到创业之中将会遇到的困难。如果不能把大部分的时间都放在创业上，而是被琐碎事情绑住手脚，就会大大增加创业失败率。作为成功人士的李开复，把创业艰辛娓娓道来，既表达了科技创业对城市发展的重要性，同时又对想要创业的青年起到了引领、帮助的作用。

3. 深入剖析科技产业现状。节目话题层层递进，探讨了科技创新中哪些环节政府不该越位，哪些环节又不该缺位。对于不可缺位的环节，节目建议政府加强对一些国家战略性问题的研究，如对纳米材料等不能完全靠市场回报的项目，应给予资金支持，在金融机构不敢进入这些项目时，政府的资金先行进入。而行政流程的繁冗，则属于政府的越位，碍于体制原因技术不能投入市场，一定程度造成了我国科技创新落后的现状。由此，节目对于“首都科技服务平台”这种由政府建立的第三方经营模式，表示肯定与鼓励，认为其代表了制度上的创新，可以改善科技产业现状。最后得出“比起某项科技创新，制度创新更重要”的结论，合情合理，水到渠成，令观众信服。

大型系列片《正道沧桑》方向正确、形式活泼、观赏性强

卫视节目中心

北京电视台卫视频道和新闻频道从2013年5月6日起连续播出大型电视系列片《正道沧桑——社会主义500年》，深入浅出地讲述500年来社会主义从空想到科学，从一国实践到多国发展，历经高潮与低潮、成功与挫折，跌宕起伏、波澜壮阔的历史进程，生动形象地宣传了社会主义的道路自信。该系列片由中共北京市委宣传部、中共北京市委讲师团、北京电视台联合首都社科理论界权威专家学者共同打造，共50集，每集15分钟。

1. 内容以道路抉择为主线，突出政治性、思想性和与中国特色社会主义道路的联系。第一阶段“空想社会主义的产生和发展”共5集，分别讲述了莫尔、康帕内拉、圣西门、傅立叶、欧文等空想社会主义者的空想“悲歌”；第二阶段用7集的篇幅，集中阐释马克思、恩格斯如何将社会主义从空想变为科学，开启拓荒之路；第三阶段讲述了列宁如何缔造、捍卫第一

个社会主义国家；第四阶段反映了苏联探索社会主义道路的经验与教训；第五阶段展现的是中国革命和建设的历史长卷。电视片站在时代的高度，既描述了社会主义发展史上的辉煌发展，也毫不掩饰地记述了社会主义曾走过的弯路、付出的代价，充分说明中国特色社会主义道路是实现中华民族伟大复兴的唯一正确道路。

2. 形式采用“具象化”、“辞条式”表达方式，突出故事性、知识性与传播的有效性。按照“一个人物、一个故事、一个论断”的形式，通过讲述一个核心人物的一个完整故事，用辞条式的表达方法集中说清一个理论观点。如乌托邦岛上，英国人莫尔在苦思冥想，为何会发生“羊吃人”的悲剧，怎样才能人人平等；太阳城里，意大利人康帕内拉在黑暗中顽强不屈地寻找光明，如同盗天火的普罗米修斯；欧文在美国印第安纳州呕心沥血，建立了第一个“共产主义新村”等等。电视片用人物带悬念，用悬念带故事，用故事讲道理，真实展现了社会主义发展进程中的艰难探索、大胆实践。该片运用大量历史资料和珍贵镜头，对重大历史事件和历史人物进行精确的诠释，通过主持人讲述、视频短片、权威专家访谈三种样式，形象地展示了社会主义500年的宏伟画卷。节目片尾设计独具匠心，内容提要虽短却极富力量。这一系列的专业创意，保证了电视片的严谨性、专业性与生动性、通俗性的统一。

3. 传播上制作全媒体内容，形成系列化多样化载体，集中进行全方位覆盖。电视片不仅在北京电视台首播，同时联合北京日报、北京人民广播电台等北京市的媒体，以及新浪网、搜狐网等网络媒体与北京卫视同步进行多样化传播。另外每集电视片还设置了与观众互动的话题，扩大在微博、微信上的影响力。北京市委教工委和北京电视台还共同组织了首都高校开展“社会主义500年”知识竞赛。通过这些手段，进一步拓展了节目内容传播的覆盖面。

广大观众反映，北京电视台播出的系列电视片《正道沧桑——社会主义500年》，集权威性、思想性、观赏性于一体，形成一部展示社会主义500年波澜壮阔历史进程的视听大辞典。该片策划周密，内容厚重，形式活泼，观赏性很强，有助于干部群众坚定信仰、增强自信、明确方向、凝聚共识。在当前复杂的社会环境和舆论环境下，制作这样的大型系列电视片，方向是正确的，效果也是比较好的。

季播栏目《最美和声》引起社会关注

卫视节目中心

北京电视台新创季播节目《最美和声》首播后引起社会广泛关注。2013年7月20日节目播出当晚，新浪微博关于《最美和声》的专题升至“热门话题榜”第2位；腾讯视频点播量达150万次。网友普遍认为，节目没有太多“煽情故事”，更多地关注音乐本身，明星导师与学员的天籁“和音”带来了一股与其他选秀类节目完全不同的清新之风。同时，节目收视表现良好，全国收视率1.13%，本地收视率3.72%，全国同时段排名第二，开创了北京卫视周末综艺节目的三大历史性突破。

一是创下北京卫视周末栏目的全国排名最好成绩。7月20日北京卫视首期《最美和声》本地收视率3.72%，33个城市收视率1.13%，全国份额4.3%，仅次于江苏卫视《非诚勿扰》，超越浙江卫视《转身遇到TA》、东方卫视《谁能百里挑一》、天津卫视《天下无双》等节目，同时段排名第二。

二是改变了北京电视台观众年龄结构老化的现状。《最美和声》首期节目的观众分布中，15~24岁、25~34岁青少年观众比例显著提升，其中，15~24岁年龄段的观众提升幅度达123%。

三是实现了对外地观众的高度吸引。《最美和声》首期节目的受众分析显示，本地、外地的观众贡献比例为23：77，即超过四分之三的收视贡献来自外地。清华大学新闻与传播学院常务副院长尹鸿表示，北京卫视首次通过制播分离的形式加入综艺选秀类“红海大战”，体现了北京电视台“开门办卫视”的开放心态。中国社会科学院世界传媒研究中心秘书长冷淞认为，既是评委又是观众，既是老师又是选手——导师独特的“四重身份”定位，使得《最美和声》在创意上别具一格。

《最美和声》使用网络立体声备播，信息网络管理部、制作部、播出部通力配合，提前对节目制作播出流程进行全面测试。播出当天全程跟踪节目业务制作流程等技术环节，确保节目播出和网络微博互动顺利完成。

北京电视台圆满完成市“两会”报道任务

新闻节目中心

2013年1月28日，北京市“两会”落幕。北京电视台组建200多人的报道团队，做到了播出安全、报道及时、亮点纷呈、内容创新，圆满完成各项报道任务。

1. 依托新闻频道直播平台，打造“两会”新闻播出带。新闻频道打造包括《北京您早》、《特别关注》、《都市晚高峰》、《北京新闻》、《晚间新闻报道》、《红绿灯》、早中晚三档《直播北京》等节目在内的全天候报道模式，实现了“两会”报道全覆盖。政协北京市第十二届委员会第一次会议开幕、北京市第十四届人民代表大会第一次会议开幕等重要新闻，实现了在新闻频道直播节目中及时播发。21日至28日，全台共播发“两会”新闻近300条，每日“两会”报道时间超过4个小时。

2. 各类专题节目展现高水平。推出《小曹跑两会》、《小范听两会》、《两会新观察》、《对话基层》、《蓝图》、《心声》等六个专题报道，并通过搭建在“两会”现场的BTV“两会”演播室邀请了代表、委员参与节目的录制。《小曹跑两会》推出了包括社区通勤车建设、社区老旧电梯改造、幼儿园收费问题等7集系列报道。节目将采访中发现的问题与代表、委员进行沟通交流，展现了代表委员关注民生、传递社情民意的热情。《小范听两会》邀请相关委办局的领导、新闻发言人及人大代表、政协委员共话社会热点问题，共录制7集，节目分别就提高空气质量、首都城市发展、交通建设等热点问题与嘉宾进行了深入交流。《对话基层》聚焦基层代表、委员，邀请16区县有代表性的人大代表和政协委员畅谈来自基层的“中国梦”和“美丽北京”，反映“中国梦”的实现过程，畅想“美丽北京”的新生活。《两会新观察》选取社会关注的新焦点、百姓关注的新热点或“两会”期间出现的新话题进行访谈。《蓝图》主打政府工作报告解读，节目在忠实于报告本身的基础上适度改变语态，力求更加贴近和通俗。《心声》通过“两会”期间代表和委员的小组讨论，抓取代表、委员的特色建议建言，对市民关心的问题进行新闻特写式的报道。据统计，共60多位代表、委员走进了BTV“两会”演播室参与节目录制，鲁炜同志在“两会”期间也多次来到BTV“两会”演播室视察节目录制情况，并对现场工作的编辑、记者的工作给予了好评。

3. 高水平完成四场重要直播任务。“政协北京市第十二届委员会第一次会议开幕式”、“北京市第十四届人民代表大会第一次会议开幕式”、“北京市十四届人大一次会议举行第三次全会”、“新一届北京市人民政府领导人员与中外记者见面会”是今年“两会”期间北京电视台承担的四场重要直播。新闻节目中心与制作部、转传部、办公室等部门组成的直播团队发扬连续奋战的精神，圆满完成节目直播13场、录像15场，实现了直播零差错。

4. 利用多种新媒体手段搭建新媒体宣传报道平台。“两会”报道中，首次启动了全媒体报道方式，采用网站、官方微博、微信公众平台等新媒体手段，全方位、多渠道、多终端地完成“两会”报道工作。BTV在线与北京卫视、新闻频道在“两会”期间共进行了4场并机直播，网络直播的总访问量达9900人次。此次宣传工作为市“两会”扩大社会影响开辟了良好的新媒体舆论氛围，并成为北京电视台第一次尝试全媒体报道的成功范例。

新闻频道圆满完成四川芦山抗震救灾直播报道

新闻节目中心

2013年4月20日，四川芦山地震发生后，北京电视台新闻频道第一时间进行了直播报道，《北京您早》引用新华社通稿进行口播，《直播北京》通过电话连线播出第一条来自震区的消息，并于当日上午插播“地震专家分析地震原因”、“成都军区先头部队迅速赶赴震区”等近10条地震最新消息。当日中午，新闻频道打通栏目，开辟全天直播档报道芦山抗震救灾。新闻节目中心迅速组织直播报道团队，整合央视、四川卫视新闻，持续连线了本台前方记者，并迅速报道在市委市政府统一指挥下，首都各界积极向灾区伸出援助之手的情况。

4月21日，随着北京电视台前方直播团队进一步深入震区，新闻频道直播迎来了新一轮的信息高峰：“震区灾民特写——震后生活”、“震后灾民特写——祭拜逝去的亲人”、“遥感飞机空中巡视地震灾区”、“本台记者跟随蓝天救援队挺近宝兴县”等地震核心区的新闻相继播出。此外，“芦山震后第一餐”、“记者走进安置点”等现场新闻的播发，展示了前方灾区及首都各界支援灾区的情况，传达了本台在抗震救灾报道中的声音。

4月22日，新闻频道共播发各类稿件400多篇，其中超过150篇为本台前方记者自采发回的报道，新闻节目中心还重点报道了中共中央政治局常委、国务院总理李克强在灾区的相关活动。推出“记者日记”专栏，发掘地震中人性的闪光点，跟踪报道在抗震救灾中忘我奉献的人们，“老黄：忙碌只为奉献”、“一个都不能少”、“雨中的灾区生命通道”、“震中平凡志愿者”、“守护学生疏散 女老师最后离开”等新闻报道展现了“团结一心抗震救灾”的精神。据统计，截至4月24日，“记者日记”专栏已经播出报道20余篇，有关北京市在震区开展救援的报道也达30余篇。此次芦山地震直播报道期间，BTV新闻频道直播期间收视率和市场份额稳步上升，4月22日新闻频道收视率达到0.35%，市场份额达到2.84%，北京地区排名第八，取得了良好的收视成绩及广大观众的认可。新闻频道抗震救灾直播报道总时长46小时，播发新闻报道1100余条，彰显了媒体责任与人文关怀。

园林城市·美丽家园——第九届中国（北京）国际园林博览会报道圆满完成

新闻节目中心

2013年5月18日，北京电视台新闻节目中心顺利完成“园林城市·美丽家园——第九届中国（北京）国际园林博览会”大型直播报道。这次直播共两个小时，北京卫视收视率为2.15%，占有率为16.98%；并机直播的新闻频道收视率为0.27%，占有率为2.1%，取得了较好的收视成绩。本届园博会是北京举办的规模最大、活动最多、持续时间最长的以园艺为主题的活动之一，也是继北京奥运会后又一大型国际性活动。本次直播以“园林城市·美丽家园”为主题，以立足园博、宣传北京为目标，展现了首都地域特色及园林绿化建设成果，为本届园博会的成功举办营造隆重、喜庆、热烈的文化氛围。

本次直播以“隆重、新颖、绿色”为关键词，通过园博会设计规划、环境治理、民风民情等方面展示了市委市政府及各相关部门在城市规划、建设宜居城市等方面所取得的辉煌成就，并以此宣传城南计划，充分展示实施城南计划的成果。直播内容围绕“一轴、两区、三地标、五展园”，集服务、攻略于一体，推出“传统园林系列”、“异想天开大师园系列”、“园博园瞬间”等报道，重点展现园博园内的景区亮点和设计亮点。“园博园瞬间”用逐格镜头展现北京园、锦绣谷等特色景区魅力；“动感园博”侧重介绍各园内的特色活动表演；“园博地图”介绍了园博园的游览攻略和游览路线；“直通园博”、“园博园游览提示”策划制作的服务性信息，全面播报了票务、停车、天气、自驾车路线、公交路线等。直播整合现有新闻资源，除在《北京您早》、《特别关注》、《北京新闻》、《都市晚高峰》、《直播北京》等栏目中进行适时连线和重点报道外，还专门开辟直播时段，新闻频道与北京卫视并机直播。报道还融入公益宣传知识和公益活动的内容，倡导“绿色出行”理念，产生了广泛的社会效益。

同时，制作部提供3套非编设备、一台P2对编机在直播现场和驻地搭建临时机房，并提前对设备进行测试及模板导入。转传部派出四讯道高清卫星车和8＋2高清转播车团队，承担现场演播室及开幕式盛况的转播工作，并在开幕式报道工作完成后，负责现场主持人与台内若干时段的直播连线，用于报道园博园内花车游行及观众入园等情况，圆满完成此次园博会直播报道技术保障工作。

北京电视台推出“美丽北京·快乐端午”大型直播节目

新闻节目中心

2013年6月10日，北京电视台新闻频道推出了“美丽北京·快乐端午”——第五届端午文化节大型直播报道。本次直播以顺义、延庆为前方直播报道区，在东城龙潭湖、西城什刹海、丰台园博园、昌平十三陵、平谷丫髻山、门头沟妙峰山等地设立3G直播点，并连线交管局、气象局、首都机场等单位，全方位展现北京各个区县端午小长假丰富多彩的旅游信息，为观众提供及时、准确、全面的服务资讯。节目内容丰富、服务性强、互动鲜活、文化浓郁，呈现如下特色：

一是全景展示浓厚节日文化。直播节目以“端午情·中国梦”为主题，实时直播各个区县丰富精彩的民俗文化活动及龙舟赛事，营造了喜庆、热烈的节日气氛，在突出节日传统文化内涵的同时，赋予其更多现代元素，彰显了北京世界城市形象。

二是充分彰显“美丽北京”活力。直播全方位介绍各区县的节日活动与特色习俗，带动北京旅游业，提振假日经济。

三是提供丰富实用的资讯服务。直播着重提供了交通、旅游等实用资讯信息，提前派出了多路记者探访各区县，为观众推荐旅游好去处，并从市旅游委获取旅游客流信息，为游客进行信息提示。

四是精心策划打造端午文化节开幕式。6月10日，以“传承端午情　共圆中国梦”为主题的第五届北京端午文化节暨“临空经济区杯”龙舟赛启动仪式在顺义奥林匹克水上公园举行，市委常委、宣传部部长李伟等北京市领导和顺义区领导到场出席。北京电视台承担了本次启动仪式的组织与电视直播工作。启动仪式上，精心编排的中华传统文化的鼓乐《龙腾虎跃》、歌曲《幸福家园》、端午童谣《五月五》等文艺节目营造了浓郁的喜庆氛围。

五是互动节目探索全媒体播报新模式。本次直播报道中，北京电视台首次启用了最新落成的新媒体演播大厅，录制完成了新媒体互动环节。新闻节目中心和新媒体发展中心积极探索台网融合，通过本台官方微博和微信公众平台提前一周发布端午直播相关信息。新媒体演播大厅系统采用IP播控系统，实现了信息实时获取、实时发布、实时播报，进一步提升了报道的时效性。转传部派出8+2高清车和高清卫星车，顺利完成了第五届北京端午文化节开幕式、文艺演出、龙舟赛以及相关主题活动的直播、对播报道。

本次端午节大型直播报道中，北京电视台干部职工上下齐心，总编室、办公室、新闻节目中心、文艺节目中心、新媒体发展中心、转传部、播出部、制作部、信息网络管理部、动力部等多部门紧密配合，围绕“端午情·中国梦”宣传主题，联合打造了一档主题明确、立意宏远、内容宏博的新闻综合直播节目。

北京电视台“房山长沟大墓发掘”直播新突破

新闻节目中心

2013年6月22日9时至12时，北京电视台北京卫视、新闻频道对“房山长沟大墓发掘”进行了独家直播。节目展示了北京市重要考古成果及在文物保护方面的成就，传播了中华历史传统文化，展现了首都作为历史悠久的文明古都和全国文化中心的独特魅力。直播节目引发了观众广泛关注和兴趣，据统计，节目在北京卫视播出收视率高达3.55%，在新闻频道播出收视率达到0.6%，为同时段平均收视率的3至4倍，直播呈现以下特点：

一是直击考古现场、传播传统文化。本次“房山长沟大墓发掘”现场直播，是北京电视台首次开展的考古发掘专业直播。据不完全统计，该节目在全国地方台范围内也开创了电视直播重大考古事件之先河。本次直播客观记录了新闻事件，实时传递了考古进展，是一次真正意义上的“事件性专业直播”，具有一定的开创性意义。节目内容以三大考古焦点为主线，以相关历史脉络为副线，依托考古现场划分出来的“访谈区”、“发掘区”、“陪葬品展示区”三大区域之间的配合与呼应，为观众呈现了一场集速度、深度、新鲜度于一体的精彩直击，同时通过对历史、考古专家采访，还原大墓发现缘起及周边地区环境，揭晓一系列考古谜团，解读古墓所处时代的文化背景，充分满足观众的好奇与期待。

二是体现文化担当，彰显媒体责任。自大墓发现后，北京电视台与市文物局以及多位考古资深专家就发掘工作和未来保护方案进行了密切沟通，最终确定了以电视直播方式作为首发平台，成为媒体积极推动文物保护工作的成功案例。首先，节目将考古现场与历史背景、考古科技、文物保护相结合，对相关的历史文化资源进行了梳理，传播了“尊重历史、保护文物”的价值理念。其次，节目对同时期历史遗迹进行类比分析，对当下高科技的考古手段进行普及，对类似遗址保护情况进行探访，精心制作了《幽州风云》、《“考”问真相》、《梦回大唐看北京》等专题片，在实时展现考古现场的同时，融合穿插专题片播出，较好地普及了考古知识。最后，直播对考古现场进行解构式展示，结构严谨，悬念迭起，充满戏剧化构思与传奇性渲染，使节目容知识性、趣味性、观赏性于一体，更富吸引力和传播力。

三是充分拓展资源，开创宣传北京文化和历史传承的新途径。围绕考古发掘活动进行直播，做足文化内涵与外延，为宣传北京文化、促进历史文化名城保护、塑造世界城市形象开拓了一个新途径、新平台。首先，围绕大墓发掘这一题材，多档节目投入报道，将大墓发掘的社会关注度逐渐推向高潮。《这里是北京》在发掘前一周推出《大墓开启倒计时》系列节目；发掘当天，《北京您早》、《特别关注》、《北京新闻》等新闻节目实时连线、专题综述。其次，与市文物局共同策划了新闻发布会，通过首都各家媒体进行广泛宣传报道。第三，积极开展全方位媒体互动，在前期通过官方微博、微信等方式，连续6天开展大墓发掘新媒体互动。每天发布《节度使官职揭秘》、《唐代壁画大盘点》、《解剖大墓机关》等网络话题，解析考古专业名词、唐代历史，并为直播进行预热，形成观众期待。直播期间，电视直播与BTV官方微博直播进行联动，发布微博7条，截至直播结束，网友转发2100余条，评论700余条。

“个人梦”铸就“中国梦”
北京电视台推出《中国梦与梦齐飞》大型系列报道

新闻节目中心

为深入贯彻习近平总书记关于实现中华民族伟大复兴的“中国梦”的重要讲话精神，落实中宣部、市委宣传部对“中国梦”的宣传报道要求，2013年5月，北京电视台成立了由台领导担任总指挥的“中国梦”报道组，新闻节目中心精选实力记者组成报道团队，深入基层，深入群众，以“走转改”活动理念，集中策划实施了《中国梦与梦齐飞》大型报道，自6月17日起在《北京新闻》等栏目播出。该系列报道从个人梦想入手，用心灵化、纪实性的叙事风格，真实记录、生动地展示了普通人实现梦想的奋斗过程，一个个生动的故事感动着广大观众。

1. 多栏目滚动、多平台联播，增强报道传播力。《中国梦与梦齐飞》自6月17日起首播，每天在北京卫视、新闻频道的《北京新闻》、《北京您早》、《晚间新闻报道》等多档栏目中滚动播出，每期3至5分钟，截至7月1日累计播发新闻30多条，报道普通创业者11名，播出总时长150多分钟。同时，该系列报道还被中国网络电视台CNTV、新浪、优酷、酷6、华数TV等视频网站广泛转载。在每个子系列全部播出后，还集结报道精华，将创业者的故事精编为专题片，在新闻频道开辟专门时段重播，进一步壮大报道声势，扩大社会影响。

2. 主题集中化、故事系列化，提升报道关注度。“中国梦”是中华民族的宏大梦想，每个普通人追逐梦想、实现梦想的过程就是构筑“中国梦”的一块块基石。《中国梦与梦齐飞》大型系列报道创新报道形式，确立了不同阶段推出不同“子系列”的报道概念，即一周一个主题，集中报道某个领域的人物和故事，主题集中，避免报道碎片化，在一段时间内形成集合效应和报道声势。第一周的主题为“创新梦”，五位来自中关村的青年创业者以对科技创新的执着探索，追求着属于自己的“创新梦”；第二周的主题为“励志梦”，五位外来务工人员在北京以对美好生活的向往，编织着属于自己的梦想。他们在北京的城市建设中，正在成为各自领域的“中国梦之队”。此外，《中国梦与梦齐飞》大型系列报道还陆续推出“先锋篇”、“奉献篇”、“健康篇”等多个主题，进一步加强报道力度，全力烘托“中国梦”主题。

3. 鼓舞人心、激发动力，扩大社会影响力。《中国梦与梦齐飞》大型系列报道播出以来，引起广泛关注，许多观众打来电话，表示《中国梦与梦齐飞》报道中一个个小人物实现梦想的故事真实亲切，主人公为了实现梦想而经历的跌宕起伏的故事鼓舞人，教育人。不仅观众对报道给予了好评，报道对象和参与报道的记者也都深有感悟。潜心研制中国无人机的田刚印一直觉得无人机是小众领域，做出了成绩也不为人知，在接受采访时，他还一直问记者是怎么找到他的，通过《中国梦与梦齐飞》报道让他感受到只要自己有梦想，能够脚踏实地去实现梦想，即使从事的是默默无闻的行业，也会被大家认可。目前，田刚印的报道在视频网站的点击量最高，达数万次。执着追寻播音梦的中国传媒大学保安陈胜看完报道后，感受到电视报道和社会关注为他增添了追求人生更大梦想的动力。有梦想就要有行动，这些人之所以能够成功，就是因为他们为实现梦想而付出超乎寻常的努力。追逐梦想是无止境的，要一直鞭策自己不断前行。

北京电视台中秋特别节目《月圆梦正圆》圆满落幕

文艺节目中心

2013年9月19日晚，《月圆梦正圆》——北京电视台2013年中秋特别节目在BTV大剧院拉开帷幕，文艺频道同步直播，北京卫视当晚10：20重播，现场和电视机前的观众朋友共享中秋节，共度月圆夜。

北京电视台积极落实中宣部等五部委“制止豪华铺张、提倡节俭办晚会”通知精神，大幅削减本次中秋特别节目的制作经费，紧紧围绕“情暖中秋夜，月圆梦正圆”晚会主题，以北京人中秋大联欢的思路，和观众们分享温暖中秋节，畅想崭新中国梦。《月圆梦正圆》呈现以下特点：

一是舞台设计精简制作，围绕主题精心构思。合理利用北京电视台自有的演出场地资源，大大节省了搭建室外景观晚会舞台所需的昂贵费用。舞美设计简约而不简单，凸显了首都大气、温暖、包容的城市气质，灯光和视频内容根据节目变化呈现丰富多彩的变化效果，观众席中的“圆桌茶座”设计营造出欢聚一堂的节日氛围。

二是明星友情加盟出演，新人新作精彩不断。北京电视台的影响力和吸引力，使很多深受观众朋友喜爱的明星如孙悦、周笔畅、魏晨、巫启贤、平安、曲婉婷等均友情加盟出演此次特别节目，且大多数人都携最新作品表演。为吸引更多年轻观众，《中国最强音》、《中国梦之声》等选秀节目中崭露头角的歌坛新秀以及2013年北京电视台文艺频道《爱我家　唱我家　我的北京我的家》大型群众电视演唱竞赛的三甲选手也纷纷亮相，节目充满青春、时尚的气息。此外，众多“老北京”和“新北京”同台欢唱，来自五湖四海的“京城御林军”北京国安队与观众热情互动，曾登上央视春晚和北京春晚的“年画娃娃”邓鸣贺康复后携家人动情表演，凸显了“共享中国梦，全民大联欢”的概念。节目组倾力奉上八个原创改编类节目，数量占全部节目的一半以上，实现了节目内容和呈现方式的全新突破。

三是主持人担纲秀才艺，倾情奉上“综艺大餐”。春妮、栗坤等十余位当家主持各显身手，在民俗秀《鱼龙百戏闹中秋》、小品《选择》、歌舞秀《我和月亮有个约会》等节目中联袂献艺，从造型到表演都令观众耳目一新，体现了“大联欢”的办节目思路。

四是设计抽奖与第二现场等环节，场内场外充分互动。为营造浓厚节日氛围，强化台上台下、场内场外的互动，2013年中秋特别节目特别设计了两轮现场抽奖环节，幸运观众在街拍观众和新浪微博粉丝中产生。提前拍摄的两个小片在宣传前期投放网络预热，彰显首都家庭的幸福、美满，体现北京精神的厚德、包容。连线第二现场，回顾卢沟桥的历史文化，展示上万市民夜眺卢沟月、放飞孔明灯的盛况，同时特邀新婚、银婚、金婚夫妇各十对，表达月圆人圆的美好心愿。

北京电视台《光荣绽放》弘扬新时代雷锋精神

文艺节目中心

2013年3月5日，北京电视台文艺频道《光荣绽放》在“学雷锋”纪念日里播出《永远的雷锋》特别节目，一方面讲述雷锋生前的点点滴滴，让观众对雷锋有了更加真实、深入的了解，同时也邀请老中青三代嘉宾，与听众一同分享他们对雷锋精神的感悟。节目以新时代为背景，以更加生动、鲜活、亲切的形式传扬雷锋精神，号召大家学习雷锋，为社会传递了正能量。

节目将雷锋生前故事娓娓道来，潜移默化地加强观众对雷锋精神的理解。朗诵一段《雷锋日记》、唱上一首雷锋喜爱的歌、听一段雷锋的往事，这些环节设置都让观众对雷锋的性格、生活状况有了更进一步的了解，同时也有助于观众对雷锋精神的进一步认知与感悟。从为雷锋拍照的摄影师口中，观众得知了雷锋是一个爱学习、爱文艺、爱体育、爱拍照的阳光青年；从雷锋的战友乔安山口中，观众得知了雷锋是一个艰苦朴素、助人为乐的好战友；而演唱了雷锋同志最喜爱的诗歌《唱支山歌给党听》的才旦卓玛，更坦言当年正是被这首歌词和雷锋精神深深打动，才主动要求演唱这首歌曲。而正是这一个个生动的例子、一句句朴实的语言，让观众心中的雷锋形象生动而鲜活了起来。

节目将雷锋精神与时代背景结合，与时俱进地向观众传扬雷锋精神。通过对老一辈嘉宾的访谈，观众对雷锋有了一定基础的了解，同时，节目还邀请了中年、青年嘉宾结合自己所处的时代背景，谈谈他们心中的雷锋精神。在电影《离开雷锋的日子》中饰演乔安山的演员刘佩琦，在生活中也时时刻刻以雷锋精神为榜样。他认为，在道德出现滑坡的当今社会，人们更应在心中播种下善良的种子，让它成长为一棵参天大树。做了15年好事的“顺风车”发起人王永，则结合时代背景重新阐释了雷锋精神。他认为，如今的社会人与人之间充满了不信任，而他要做的就是用他的坚持来赢得人们的信任。他认为，做好事留不留名不重要，重要的是能通过自己的影响力与号召力，让更多的人参与到助人为乐的行列中来，让更多的人感受到温暖。90后演员张一山也表示，虽然他生活的年代距离雷锋比较远，但是他仍希望能够通过自己的号召力，带动同龄人学习雷锋助人为乐的精神，让雷锋精神生生不息，永远传承。

42集大型系列专题片《北京公园群众文化活动巡礼》获得成功

文艺节目中心

42集大型系列专题片《北京公园群众文化活动巡礼》及收官活动“北京公园群众文化活动展演”由北京市委宣传部、市文化局、市园林局、市公园管理中心共同主办，其中42集大型系列专题片《北京公园群众文化活动巡礼》自2012年12月15日在北京电视台文艺频道播出，每周播出两集，每集20分钟。期间创作推出了“北京公园群众文化活动”主题歌《美好幸福在唱响》；收官活动暨“北京公园群众文化活动展演”于2013年6月21日在北京国际雕塑公园成功举办，集中展示了公园群众文化活动的精华，主办单位向42个群众文化表演团队、42个公园分别颁发了“北京公园群众文化活动”参与奖、组织奖，向51位明星颁发了“北京公园群众文化活动推广大使”证书。

从专题片拍摄到活动收官，历时7个月，经历了冬日严寒与夏日酷热的双重考验。为了拍好专题片，北京电视台文艺节目中心制定了严格的工作手册，工作手册主要分为：节目形态、画面元素、风格特色、创作方式、选题范围等主要内容。科学有效的工作手册保证了专题片从始至终的品质，使每位编导在拍摄过程中把握准方向，始终围绕着群众热爱生活、社会和谐、积极向上的主题展开。

本专题片涉及42个公园，拍摄行程6000多公里，参与明星50多位，团队100多支，人员近2000人，为提升播出覆盖面，除了在文艺频道首播外，同时在新闻频道和纪实高清频道播出，受到观众好评。

《爱我家　唱我家　我的北京我的家》大型群众歌曲演唱电视竞赛活动成功举办

文艺节目中心

由中共北京市委宣传部主办，北京市文化局、北京电视台承办的《爱我家　唱我家　我的北京我的家》大型群众歌曲演唱电视竞赛，于2012年11月18日正式启动，有近万名怀揣音乐梦想的报名者参与了歌曲征集和歌手招募。2013年3月上旬，经过初步筛选，近1500位报名选手参加了初选面试，通过业内专家和导演组的综合考评，最终有96名选手通过面试进入电视竞赛阶段；同时，在近千首报送的原创歌曲中，由专家精心挑选出30余首优秀的原创作品，作为复赛阶段选手的演唱曲目。

《爱我家　唱我家　我的北京我的家》大型群众歌曲演唱电视竞赛分为初赛、复赛、决赛共计8场，2013年4月7日至5月26日，每周日晚间黄金时段在BTV文艺频道播出一场。为了更好地提升参赛选手的专业素养，从选手和歌曲的初选阶段，到每一场电视竞赛现场，共邀请了数十位国内乐坛的著名音乐人参与其中，包括邀请徐沛东、孟卫东担任艺术顾问，邀请滕矢初、阮昆申、宝玉、包胡尔查、接厚芳、李昕、郭亮、董冬冬等担任初选评委，邀请孙悦、戴玉强和蒋大为担任嘉宾导师，邀请李杰、刘和刚、黄征、谷峰、李丹阳、周晓欧、王莉、雷佳等以导师好友的身份助阵，总决赛暨颁奖典礼更是邀请了孟卫东、滕矢初、雷蕾、刘斌、吕继宏、吕薇、孙楠等著名音乐人担任开奖嘉宾、颁奖嘉宾和助演嘉宾。

为了体现《爱我家　唱我家　我的北京我的家》电视竞赛的广泛参与度和社会代表性，整个竞赛流程以大众评委作为评判基础。现场评委全部由普通群众担任，他们都是来自北京各个社区、高校及厂矿企业的文艺爱好者。前7场比赛每场500名大众评委，总决赛现场扩大至800名，最终决出1、2、3名选手和12首“最受观众欢迎的优秀歌曲”，充分实现了“百姓写、百姓唱、百姓评”的节目宗旨。

百姓创作、百姓演唱、专家指点、百姓投票，真正让广大群众绽放音乐梦想、歌唱美好生活，节目播出后，不仅在群众中反响热烈，也获得了业内人士的认可和好评。在电视竞赛开播前以及播出期间，平面媒体发稿50余篇，通过新浪网、搜狐网、腾讯网、人民网、新华网、千龙网等主要网站发布新闻稿件50余篇，百度新闻量2210篇，百度搜索节目相关结果23.9万条。娱乐官网日均浏览量43万，5月26日总决赛当天浏览量近176万；节目视频总播放量326万；新浪微博话题量244万；节目原创歌曲在线收听28万次。

科教频道探索周末晚间黄金档差异化竞争之路

科教节目中心

2013年12月8日晚，在北京电视台科教频道年终改版的集结号声中，安全教育类节目《虎口脱险》正式推出。作为科教频道“坚守频道定位”、以“差异化竞争”理念在周末抗衡娱乐节目的代表作之一，台领导、中心领导都格外重视，但《虎口脱险》面临的竞争劣势却让很多人心里没底。

没有华丽的演播室舞美，没有强大的明星阵容，没有独家的报道资源……再加上“科教”类节目特有的专业性强、受众面窄、分众背离主流观众群等“先天不足”的因素，《虎口脱险》要想在周末晚间黄金时间闯出自己一片天地，并不容易。

面对种种困难，栏目组在执着和坚守中，寻找着解决之道。

创新与突破一直是栏目组坚守的理念。在节目改版初期，栏目组提出了一个大胆的想法，试图将一辆真实的事故车搬到演播室现场，一是为了突出栏目符号，二是为了能够给观众起到警示作用。面对这个艰巨的任务，无数个难题摆在面前，从哪儿找一辆事故车？一辆小汽车的重量至少在一吨左右，怎么运到台里？即使运到台里，又怎能每次录像都放在公用的600平方米演播室？然而，就是这样一个看似不可能完成的任务，在大家共同的努力下完成了。经过多番辗转，在大兴的一个事故车现场，栏目组找到了这个特殊的“舞美道具”。这辆事故车在节目组的第一次录像中，就“崭露头角”。在搬运事故车到演播室的过程中，制片人手指被车辆的锐角划出了一条又长又深的伤口，血流不止，虽然迅速的进行了伤口处理，但手指活动极不方便。即便如此，这位1988年出生的小姑娘还是忍着疼痛，坚持上道具，坚持录完了节目。

求真与服务一直是栏目坚守的定位。每一期节目，栏目组都希望通过实证研究方法和严谨的实验，来传递科学的安全知识。首播节目《离奇的女子护栏被卡案》中，为了能够让观众对护栏的间距有直观的认识，栏目组希望可以搬来一个真实的护栏到演播室现场。随之而来的难题出现了，上哪儿可以借到护栏呢？节目编导通过联系北京市应急办，最终找到了北京市公联的负责人，他们愿意提供护栏给节目组。可是当栏目组了解到，一个普通的护栏重达上百斤，长度至少有三米，小车根本无法搬运，难题又再次摆在眼前。不过在编导的多方协调之后，这个护栏顺利地出现在了演播室。也正是有了这个真实的护栏，节目现场得以还原女子脖子被卡时的真实场景，观众能直观而又深刻的认识到，一个小小的橙子也无法轻松地穿越间距仅有 6 厘米的护栏，更何况人的脖子呢？

品质与人文关怀一直是栏目坚守与追求的目标。为了给观众传递“远离危险，珍爱生命”的宗旨，每一期节目的结尾，都播放一段 30 秒的新生儿诞生记录，这是编导去医院产房实地蹲守所拍摄到的新生儿诞生时的感人瞬间。虽然呈现给大家的只是简短的 30 秒，却是节目组编导坚守一天、用真诚打动家属获得同意后才争取到的宝贵素材。电视机前的观众，当他们看到母亲在分娩时的痛苦与勇敢时，当他们看到父亲焦急又兴奋地等待着新生命诞生时，当他们看到一个稚嫩又鲜活的小生命来到这个世界时，会记住自己的生命，并不仅仅属于你一个人。

也许正是这样一份坚守，《虎口脱险》在 2013 年 12 月 8 日播出第一期节目后，受到了业内的认可与好评。监评报告给节目作了这样的评价：“这期节目结合典型案例讲解了相关的安全自救知识，实用性很强，节目综合运用了演播室访谈，短片回放，社区调查，演示分析，安全提示等多种形式，可视性和感染力较强。”

第六届“北京影响力”彰显北京发展成就

财经节目中心

2013 年 5 月 24 日下午，由北京电视台财经频道主办的第六届“北京影响力”在国家会议中心拉开帷幕，以“寻找、发现谁在影响百姓生活”为主旨的“北京影响力”评选活动历经九年的风雨历练，已经成为彰显北京经济界成就、体现都市活力的最大展示平台。

“生态、超越、共享”是本届“北京影响力”的关键词。作为京城 13 家主流媒体共同智慧的结晶，“北京影响力”自 2004 年创办以来，一直在内容和形式上探索着创新之路。

赛制创新。本次晋级赛的形式由影响力组委会全新原创，在全国财经媒体也是“头一份”。第六届“北京影响力”20 强晋级赛评分共分两部分，其一是比赛现场部分，由 5 位评委代表根据企业参赛人现场表现综合打分；其二为“第二评审区”，由评委团 40 位评委根据入围 50 强企业的各项指标综合评定后打分。两部分的打分权重各占 50%，其赋权后的两项总分相加即为参评企业的最终得分。所有参与角逐“北京影响力”前 20 强的企业、品牌和企业家的最终得分进入前 20 名即为晋级成功，随后进入第六届“北京影响力”下一阶段评选，力争荣耀至尊的“北京人奖”。

舞美创新。本次的舞美设计也别出心裁，在中央节俭办晚会的号召下力求简洁，但注重功能。舞台紧紧围绕比赛需求而设计，为选手和评委营造了一个通透、开敞的对话空间，没有任何冗余的、华而不实的点缀。同时为了烘托气氛，导演组又通过简单的小设计——比如演说开始时的追光和音效、演说即将结束时的倒计时、评委的发问和点评来营造比赛的紧张气氛，力图通过“软件”部分的创新让比赛更具新意。

选手创新。这是本次比赛最大的亮点，即由入围 50 强企业的领军人物——企业“一把手”亲临比赛现场，通过演讲的形式，用最简练、精准的语言在 2 分 30 秒内将自己所带领的企业风采和业绩向公众呈现。

这无疑是一个高难度的挑战，与以往企业员工用表演节目来展示企业风采的惯常形式大相径庭，但也因此迎来了更多高水准的参与者。“企业家”这个群体，被人们誉为引领时代步伐、带动经济发展、具有超越精神的战士。他们具有超前的理念和大刀阔斧的胆魄，对于这样具有创新性和挑战性比赛，他们反而具备空前的参与热情，同时给予了高度评价。

评委创新。本次比赛每场设 5 位评委，共有来自 10 家主流媒体的 10 位总编和副总编担当起现场推荐、打分、提问的职责，资深媒体人敏锐的观察能力、独特的视角，以及多年磨练的提问技巧使得现场互动极佳，不仅让观众大饱眼福，也为参赛嘉宾提供了更多展示自己和本企业的机会。

因为要在现场推荐上场企业，评委们在赛前都做了大量的案头工作，对自己推荐的企业再度做了深入细致的了解，给出的推荐意见更为扎实和生动，令人信服。在提问环节中更是一展“好记者”的专业素质和基本功，发问快速、视角刁钻、落点巧妙，但又不咄咄逼人——良好的气氛营造甚至令俏江南集团总裁张兰女士在“国籍风波”后首度敞开心扉，在公众场合回应该话题，并给出了清晰明确的答案。现场观众大呼过瘾的同时，也对这种尖锐却不伤人、趣味十足却不八卦狗血的发问技巧感到钦佩和感动。

2013 年 12 月 22 日下午，北京，国家会议中心。第六届“北京影响力”揭晓仪式暨颁奖晚会正式拉开帷幕。“最具影响力十大企业”、“最具影响力十大品牌”、“最具影响力十大企业家”、“北京影响力传媒大奖”等奖项逐一揭晓。

本届影响力晚会虽然形式上有所简化，但却取得了实质的突破——内容做得更为扎实和“接地气”，与民众全程互动，更加反映了民心、民意，参与企业的数量和性质也更加广泛、更具代表性；活动环节设计得也更为科学和深入人心，“与你同行”和“20 强晋级赛”都已经成为各具亮点的子品牌。“北京影响力”将以此为新起点，再创下个 10 年的辉煌。

清凉一夏　相约海沙

——“2013 北京海洋沙滩狂欢节”开幕

体育节目中心

“城市里看海，公园中玩沙”。2013年6月22日至9月1日，由北京电视台体育节目中心主办的第五届“北京海洋沙滩狂欢节”在朝阳公园盛大开幕。作为北京夏日户外大型活动的黄金品牌——“北京海洋沙滩狂欢节”已成为北京文化创意产业的典范，得到了国内外的广泛关注。拥有2万平方米奥运沙滩、5000平方米湖景泳池的“海沙节”依托优质资源，为广大市民和海内外游客在北京市区打造出一个高品质的夏日乐园。

亮点一：海狮表演奇趣无穷。来自南美洲的两只可爱小海狮成为第五届“海沙节”的最大亮点，它们为游客带来了精彩新奇的现场演出！

亮点二：舞台演出热力十足——俄罗斯风情舞、乌克兰滑稽秀轮番上场。本届“海沙节”舞台演出延续了往届活动的异国风情。来自乌克兰的专业舞蹈演员带来绚丽斑斓的乌克兰民族舞蹈、热情狂野的巴西桑巴舞和动感活泼的爵士舞。同时，来自乌克兰的金奖滑稽表演组合，其特有的表演方式让人忍俊不禁、流连忘返。“海沙节”用热情和欢笑点燃北京的夏天。

亮点三：沙上攀岩挑战极限，水上飞驰其乐无穷。作为“海沙节”的经典沙滩游乐项目——“沙上飞”再一次挑战游客的极限。本届“海沙节”全新推出沙上攀岩游戏项目“高不可攀”，挑战极限、乐趣无穷，成为2013年夏天户外运动的新亮点。同时，“沙上飞”和“高不可攀”也出现在BTV体育频道周末的直播节目中，现场游客均有机会参与节目录制。

亮点四：微信、微博来助力，海沙掀起新媒体风暴。“北京海洋沙滩狂欢节”联手微信、新浪微博，把活动现场的精彩内容传至手机和电脑屏幕。

亮点五：超级沙滩宝贝，海沙更美丽。在2013年“海沙节”，“海沙宝贝大赛”继续举行。大赛全程悬念丛生，对佳丽的考验更加全面。不论年龄、职业，“海沙节”为美丽健康的普通人提供了一个展示自己的舞台。

亮点六：各路明星畅游海沙。2013年“海沙节”依然迎来了大批文体明星到场。长达两个月的“海沙节”中，篮球先生马布里、勇争第一的北京国安队、CBA强者北京金隅队的队员们、奥运冠军和演艺明星们都出现在了“海沙节”中。

亮点七：参与直播，闪亮荧屏。依托优质的软硬件条件，“海沙节”吸引了众多名牌电视栏目。活动期间，BTV体育、卫视、新闻、财经、生活频道以及卡酷少儿卫视都先后来到现场录制节目。

第三届北京国际电影节开幕式直播成功

青少·海外节目中心

由北京电视台青少·海外节目中心承办的第三届北京国际电影节开幕式于2013年4月16日晚在北京卫视、BTV青年频道同步直播。国家新闻出版广电总局局长蔡赴朝、北京市市长王安顺、美国电影艺术与学院主席霍克·考奇、本届电影节评委会主席、俄罗斯著名导演米哈尔科夫及来自四大洲五个国家的六位世界级知名电影人组成的评委会成员等中外贵宾出席了开幕盛典。

开幕式在尊崇庄严的天坛祈年殿举行，以“天人合一、美美与共”为主题，将千年古都沧桑和百年光影梦想融为一体，链接起电影与北京、中国与世界，对北京国际电影节“共享资源、共赢未来”的价值理念进行了完美的艺术阐释。在视频投影及灯光等视效的塑造下，寓意天、地、万物的祈年殿三重琉璃圆顶和坛体幻化出星宿、节气及四季的演变，展现处处“象天法地”的天坛寒来暑往、秋收冬藏的历史变迁；由音乐、拟声、皮影表演和百年电影历程的代表作品剪辑而成的光影秀表演回顾了人类最早的影像之梦中国皮影、黑白电影、彩色电影到3D电影的百年电影史；国际钢琴巨星郎朗为开幕式演奏《我爱你中国》；中国三大男高音戴玉强、莫华伦、魏松在梦幻般的光影舞美视觉中演唱了北京国际电影节主题曲《我在你的世界里》，他们的精彩演出为开幕式带来了高端国际的文化特色。

开幕式直播得到了各界的高度评价，被认为整个开幕式为全世界的观众呈现了东方影视之都——北京的魅力，及中国文化的蓬勃生机，时任北京市委宣传部部长鲁炜同志认为：“在一个庄严的场所显示了浪漫的情怀，效果不错。”中央和北京市各平面媒体、电视、广播，以及商业网站和视频网站均对开幕式进行了全面报道并给予了高度评价。

童心共唱儿时歌　和声共谱中国梦

动画节目中心

北京电视台卡酷少儿卫视精心打造“童心共唱中国梦”——中国动画90年大型演唱会，于2013年7月29日19：30在卡酷少儿卫视频道播出。

经典汇聚。演唱会撷取中国动画90年中最具代表性的歌曲和乐章，展示最有中国文化价值、艺术特色和国际影响的动画作品，将“音乐”、“美术”、“动画”三种艺术的魅力合集一身，打造了一台与众不同的电视音乐盛会。演唱会精心选取的27首中国动画经典歌曲，共分为“岁月留痕”、“新的跨越”、“放飞梦想”三大篇章。“岁月留痕”篇章，以经典的动画作品作为时代的标记，在《大闹天宫》、《葫芦兄弟》、《黑猫警长》等传唱至今的旋律中，回顾光阴的故事，串联记忆中的幸福点滴；“新的跨越”篇章，《雪孩子》、《蓝精灵》、《天地在我心》等充满情感和力量的动画歌曲，见证中国动画的成长，展现动画艺术和本土文化共融的不同阶段；深受小观众们喜爱的人气动画金曲《别看我是一只羊》、《熊出没》、《巴啦啦小魔仙》，唱响第三篇章梦想活力。

一首首影响了几代人的动画歌曲，用音乐的形式演绎中国动画的追梦之旅；大小观众都耳熟能详的动人旋律，让人们从内心去感受时间的力量、音乐的力量与影像的力量。

明星汇聚。各路明星与全国知名少儿卫视主持人组成强大嘉宾阵容现场表演，结合“舞台表演+同期幕后访谈”的电视真人纪实编辑手法后期呈现，是本次演唱会的一大闪亮看点。

台上，小柯一曲《美丽人生》谱写梦的记忆；鞠萍姐姐和七色光艺术团的小朋友合唱《劳动最光荣》；人气偶像武艺《邋遢大王》形神兼备，黄英演绎《雪孩子》温暖人心；李菁、何云伟变身舒克贝塔爆笑登台，《喜羊羊与灰太狼》原唱、配音明星首度幽默对唱！更让小朋友惊喜的是卡酷少儿、央视少儿、浙江少儿、炫动卡通、嘉佳卡通、天津少儿等全国少儿卫视知名主持人卡酷齐聚首，强势集结，齐声唱出童真梦想！

台下，围绕演出内容，采访现场明星、动画人、音乐人、普通观众，全景呈现每个人相同或不同的童年梦想，触动各年代观众的温暖回忆。

梦想汇聚。“童心共唱中国梦”——中国动画90年大型演唱会，是国产动画片首次以视听音乐会的形式和观众见面。演唱会以音乐为桥梁，展示了卡酷少儿卫视9年来和孩子们一同成长的脚印，更引领大小观众浏览了中国动画90年的追梦长廊。在这场音乐盛会中，孩子们手舞足蹈，大人们也随歌哼唱。

卡酷少儿卫视以这场演唱会将动画给人的力量延伸到影片之外，让每个人想起孩童时最初的梦想。正如晚会导演所说，动画是人们心中梦想的投射，音乐则是梦想的名片。童心唱响儿时歌，用音乐和动画将几代人的情感共融；和声共谱中国梦，将动画片中弘扬的勇敢、正义、乐于奉献、执着追求，用最淳朴的中国精神和中国力量，汇聚成最具童心的中国梦想。

北京电视台新媒体平台助力“两会”报道

新媒体发展中心

2013年北京市“两会”期间，北京电视台依托网站、官方微博、微信等新媒体平台，全面开展“两会”报道工作，倾听和关注百姓的声音，加强与受众的交流互动，获得了观众和网民的广泛关注与好评。截至1月25日16：30，在“两会”开幕后的短短4日内，北京电视台官方微博（新浪平台）的粉丝增长量近1.2万，发布博文176条，总提及次数为32028次，网友参与互动达7356次。

1月21日市政协会议开幕后，北京电视台启动“三屏联动”报道模式，在电视荧屏、电脑屏幕（BTV在线）、手机移动终端（官方微博、微信公众平台）等新媒体平台，同步报道“两会”内容，同步进行多种形式的开幕式直播。为更好地聚集网友关注度，利用新媒体平台扩大“两会”宣传报道效果，北京电视台首次在电视屏幕上打出了官方微博和微信公众平台的二维码，在屏幕下方24小时滚动播出欢迎加入的字幕，快速扩大了BTV新媒体影响力。为及时跟踪传递“两会”动态、代表言论，官方微博推出“两会微直播”；策划了“政府报告解读”、“两会·蓝图”、“两会·心声”、“小范听两会”、“小曹跑两会”等一系列热点话题，做好热点舆论引导。此外，官方微博正逐步与727个来自BTV各频道、栏目和员工的实名注册微博账号建立互粉关系，搭建BTV微博矩阵。“两会”期间，部分主持人、上会记者编辑积极与官方微博进行互动，有效拓展了官方微博的品牌认知，放大了传播效果。

北京电视台官方网站BTV在线开设了“2013开门红”、“我从基层来”、“两会五年间”等板块，设计制作了“蓝图”、“心声”、“小范听两会”、“小曹跑两会”等专题页面，整合本台电视报道资源和市属其他新闻媒体资源，做好重要环节的视频直播，与官方微博积极联动，以重要版面浓墨重彩地宣传报道“两会”。BTV在线还首次派出了网络记者前往会场参与报道，与电视节目专题互相呼应，形成了“跑、听、看”全方位、多角度的报道格局。截至1月25日17时，BTV在线陆续发布“两会”报道稿件340篇。

北京网络广播电视台开播

新媒体发展中心

北京网络广播电视台（BRTN）是按照国家新闻出版广电总局要求，整合北京广播电视台旗下18家单位共同创建的“以宽带互联网、移动通信网等新兴信息网络为节目传播载体的新兴广播电视播出机构”，由北京电视台具体负责建设和运营。北京网络广播电视台共有4个新媒体业务平台，分别是北京网络广播电视台网站（www.brtn.cn）、北京IPTV、“BTV大媒体”等移动客户端、BTV微平台，这是在“大媒体”战略下，建设全媒体平台的具体体现。

一、“四位一体”业务平台并驾齐驱，北京网络广播电视台建设取得实质性的突破

（1）北京网络广播电视台网站（www.brtn.cn），经过两年多的建设，在2013年9月全面完成网站建设基础准备工作，通过近三个月内部测试，北京网络广播电视台网站以“北京时间，全球共享”为口号，利用北京电视台内容资源与品牌资源，以台网交互与创新应用为核心，推出全新焦点新闻聚合方式“我在现场”，建立了内容产品经理管理机制与外协机构管理机制，于2014年1月8日正式上线。

（2）北京IPTV于2013年2月开始试商用。通过两次大规模平台扩容，频道总量扩充到106路，至今已累计新增内容超过3万小时。

（3）“BTV大媒体”APP产品是北京网络广播电视台布局移动互联网的业务重点。该产品整合BTV全台资源，是基于BTV内容的互动应用，是连接观众与BTV的桥梁。“BTV大媒体”与电视节目、BRTN网站“我在现场”打通，聚合BTV节目和最新现场资讯，通过客户端上传的UGC视频可为各平台提供内容。

（4）BTV官方微平台由BTV新浪微博、BTV腾讯微博、BTV腾讯微信公众号、腾讯微视共同构成。北京网络广播电视台创新微平台管理，对BTV全台微博展开矩阵化管理，共汇集各频道、栏目、主要主持人等1360个微博账号，组成微博矩阵，遇重大事件和重要任务全台统筹，一键发布，形成推广合力。同时还与市政府“北京发布”关联，重大信息联动发布。

二、新媒体工作基地建设完成

2013年5月，通过两年半的时间，建设完成了北京网络广播电视台新媒体工作基地，开创性地集应用展示、演播制作、播出监控系统、私有云中心及办公于一体，是国际领先的高科技工作基地，被认为“对全国广电机构建设新媒体具有示范意义”。

三、开创性提出“大媒体”战略，建立了“一云、多屏、多桥”的运营机制

2013年，北京网络广播电视台（BRTN）提出了建设“大媒体”战略。基于“大媒体”的发展理念，该台开创性地建立了“一云、多屏、多桥”的运营机制。“一云”指的是在后台建立了涵盖“云媒资库”和“云用户库”的“私有云计算中心”，一方面为旗下所有媒介提供内容支持，另一方面汇聚所有平台的用户信息；“多屏”指的是BRTN通过旗下各业务平台；“多桥”指的是包括“BTV大媒体”移动客户端及周边APP在内的智能终端产品矩阵。

随着北京网络广播电视台（BRTN）全球开播，“BTV大媒体”移动客户端同步上线，北京IPTV完成产品升级换代。在大媒体战略下“1个品牌（BRTN）+4个平台（PC端、电视、微博微信、移动客户端）+12个产品项目组”的运营模式初步形成。

北京电视台举办首次全媒体主持人培训班

人事部

2013年6月20至21日，北京电视台举办了首次全媒体主持人培训班，帮助主持人提升综合业务素质，了解全媒体节目制作理念和全媒体主持人角色转型要求，掌握全媒体技术操控和信息解读手段。这次培训班由北京电视台总编室、人事部、新媒体发展中心共同举办，全台近30位优秀主持人及重点栏目制片人参加了培训。

培训班邀请中央电视台体育中心体育新闻部副主任张斌、搜狐视频首席执行官邓晔、天脉聚源传媒科技公司执行总裁尹逊钰以及本台新媒体发展中心负责人蒋虎授课。他们分别从全媒体体育节目主持经验及思维逻辑建立、搜狐视频与互联网视频行业发展、新媒体演播技术的运用手段以及北京电视台新媒体建设工作和发展理念等多个角度解读了目前新媒体技术、理念及发展的态势。

这次培训将课堂直接搬进了北京电视台新落成的新媒体大厅。在授课过程中，大家边认真听课，边体验电子签名、3D电视、多屏互动等高科技设施，主动参与wifi plus、微博、微信等新媒体互动，同时通过现场的各类屏幕和新媒体手段与授课老师积极交流，并结合自身主持风格和在实际工作中遇到的问题，提出了疑问和思考，使学习过程变得快乐而高效。

科技带来的改变是直观的。在对新媒体工作基地的参观和体验过程中，大家不时发出惊叹和感慨，并表示出对于这种崭新的全媒体播报方式的新奇和向往，对新的技术手段和呈现方式跃跃欲试，希望做好向全媒体主持人转型的准备。

为了更好地实现现场互动教学的目的，制作部、网络信息编辑室的同事加班加点调试设备，使参训人员在培训中体验了全媒体演播室带来的多屏开放式互动效果。

通过这次培训使大家从多个角度了解了主持人在全媒体节目呈现中的角色转变，以及实现这种转变需要具备的业务能力和素质，为打造北京电视台全媒体主持人创造了一个良好的开端。

技术管理和新技术应用

2013年北京电视台技术发展情况

总工程师办公室

2013年，北京电视台的技术实力通过积累和沉淀实现了一定的发展，主要体现在以下五个方面：

一、高清技术能力占比提升至60%

截至2013年底，高清第二期工程项目招标基本完成，约80%的项目完成建设实施，累计支付款项占总金额的70%，近50%的项目完成测试验收。高清二期项目的建设增强了北京电视台高清节目的制播能力，提高了高标清兼容节目制播网络的系统健壮性，并于2013年6月实现了BTV体育频道的高标清同播，使北京电视台成为除央视外播出高清频道最多的电视台。经过两期高清工程项目的建设，全台高清系统设备、技术能力占比达到60%以上。

二、网台技术系统投入运行

网台技术系统包括IPTV集成播控平台、北京网络广播电视台网站BRTN、基础网络安全平台、内容生产服务平台、云计算支撑平台共5个项目，经过两年多的建设实施，整体项目于2013年9月全部完成，于12月完成验收。其中，IPTV播控平台于2013年2月开始试播，现直播信号已增加到百余路，引入CNTV、百事通、优酷等高清视音频点播文件数万小时，并正在积极扣展增值业务类型的试用；BRTN网站也于2014年1月正式上线。

三、办公信息化全面铺开，应用加速推进

2013年，继续积极推进办公信息化进程。自2012年新台址办公区开通无线网络以后，相继在2013年6月、11月开通了新台址技术区、苏州街老台址的无线网络，实现了全台两地的无线网络全覆盖；OA系统2013年推出了设备购置、设备维修、因公出访审批、人事转单、中层干部离京请销假、通讯业务申请共7项应用；并积极应用虚拟化技术搭建办公环境，以节约资源，现正在生活节目中心试用虚拟办公电脑桌面。

四、形成一定的3D电视节目生产力

2013年，北京电视台购置的3D转播车、四讯道3D EFP、3D节目编辑设备陆续投产，形成了采、编、审的工作流程，培养了一支技能完整的3D电视节目创作队伍，有效支撑起了节目生产任务。节目产出主要供“中国3D试验频道”播出，每天送播一小时首播节目，2013年累计送播365小时。其中包括《2012时尚大典》、《2013环球春晚》和《2013春节晚会》、《CBA全明星赛》、《CBA篮球联赛季后赛》等主要节目。此外，北京电视台还积极参与了由新闻出版广电总局、中央电视台、上海电视台牵头的国家科技支撑计划项目《立体影视内容产业关键系统研发集成与服务示范》。

五、积极参与科研和评奖，彰显技术实力

2013年，北京电视台技术工作共获得各类奖项130余项，包含国家级奖项32项。其中主要包括2013年度金帆奖分项奖若干、综合大奖第三名，国家新闻出版广电总局

科技创新一等奖3个，中国立体（3D）影视作品最佳、优秀奖各1个，电视美术灯光设计工程奖4个等。此外，北京电视台承担的国家新闻出版广电总局科技司“基于高标清全台网络化制播体系管理维护模式的研究与实践”科研项目，历时一年半时间，于2013年12月顺利完成，并在验收鉴定会上得到业界专家的高度认可。

数字化“采制、播出、储存”一体网应用及设备改造情况

总工程师办公室

北京电视台制播网络系统，包括新闻节目制播网络、体育节目制播网络、收录网络系统、媒体资讯管理网络系统、总编室编播网络系统等大型制播系统共计18个，地跨新老台址，设备共计约2000台。能够完成节目的上载、编辑、配音、审查、演播、包装，以及节目演播室录制、完成外来信号收录、资料检索/调用、节目单编排和备播库管理等工作。从正式投入运行至今一直运行平稳，使北京电视台各部门工作紧密地结合在一起，生产业务实现高清化、规范化、流程化，成功支撑了北京卫视、文艺等5个高清频道及青少、海外、影视等7个标清频道的节目制作、播出，提高了节目生产效率。为全台转变工作模式，业务进入高清化、信息化网络时代奠定了良好基础。

2013年，北京电视台高标清节目制播体系的业务运行基本数据如下：

节目首播和备播情况：节目日均首播数量约730条，首播时长约135小时。

资料管理和收录情况：制作系统日均归档节目约77条，归档时长约50小时。媒资系统调用资料日均约175条，调用时长约47小时。收录系统日均收录素材约75条，收录时长约39小时。

演播室素材准备和回采情况：演播室日均素材准备量约37条，时长约1小时；演播室日均节目回采约53条，时长约21小时。

2013年，北京电视台高标清节目制播体系的库存业务数据保有量如下：

总编室系统节目备播库：储存高标清节目约68万条、时长约15.6万小时，占用存储空间约1.55PB。

媒资系统资料管理库：共储存高标清资料约57万条，时长约49.3万小时，占用存储空间约9.36PB。

北京电视台安全播出监录技术应用与创新

贾玉升　赵江怀

北京电视台技术设备管理部监录科负责全台所有播出信号的安全播出监录工

作，为安全播出管理提供技术与数据支持，为台内相关部门提供播后节目综合应用服务。经过长期实践经验的总结和对新技术的不断研究探索，2013 年对原有系统进行全面的创新设计与技术应用，为数字视音频监测、监录、监播提供了更有效、敏锐直观的监测监录发布机制，丰富了播后节目应用，提高了全台对播出质量的监管能力和节目、广告、收视率等查询效率。

系统整体架构及各平台的建设引进了一些新技术的创新与应用，使系统整体运行安全可靠，监测精度提高，展现方式多样，存储利用率大大提高。具体技术创新应用包括：

一、基于 IP 软交换技术及源流监测技术的 CPI 嵌入式架构

该平台为全 IP 化的高标清播出监测系统，系统核心硬件模块采用 CPI 嵌入式硬件结构并融入源流监测技术和 IP 软交换技术。系统中硬件监测前端设备有几个最主要的技术特征：采用分布式架构，支持分布部署、独立监测、集中管理；机箱内背板采用无源设计，监测板卡全独立运行，相互隔离，按需启动备份替换；接口协议统一标准化；针对源流直接进行监测，防止衍生故障导致监测误报；监测前端采用 IP 软交换技术，系统结构简单，易于部署，实施成本低，灵活度高。

二、预警信息的多终端发布机制

该平台采用多终端发布机制，支持电脑屏、电视屏和手持终端的多终端预警信息发布。值班人员可以通过多画面电视墙实时监看实时视频流，故障预警信息等；通过电脑客户端快速查看系统中监测到的报警信息，实现报警提示、报警处理、视音频故障信息预览；手机短信 APP 终端的推送查询预览技术，在发现异常时能够第一时间通过移动网络将预警信息推送到相关责任人手机终端，保证各级责任领导能够第一时间跟踪并查看到故障信息及其故障视频。

三、收录节目多节点/全局去重技术

该平台采用全新去重技术，通过收录节目预处理、周期性比对去重，有效解决了因多个节点重复收录和重复节目或栏目播出带来的存储空间浪费问题，并可实现节点之间的负载均衡，在不减少自身价值的情况下可以大大降低台内成本，减少存储空间 30% 以上，大大提高了存储空间的利用效率。

四、多类型信号同屏组合展示

根据业务需要，该平台电视墙大屏采用定制化的多画面发布服务器和拼接屏幕矩阵实现两级组合，将实时视音频信号、报警信息、监控信号等不同传输方式的多类型信号进行同屏组合展示及管理，降低了多画面发布服务器的资源堆叠，有效降低了系统造价。

在该系统的建设过程中，我们充分意识到在系统技术应用与创新上要密切关注相关领域的技术发展，深度理解系统建设需求，在创新的驱动下，将技术与需求紧密结合，这样才能使建设完成的系统既能有效满足用户需求，又具有很好的技术前瞻性。

北京电视台基于云架构的全媒体新闻生产平台建成

总工程师办公室

北京电视台以新址建设启用为契机，全面推动数字化改造，网络化节目制播体系于2009年1月投入使用。系统以数字化为基础，网络化为核心，在“采、编、播、存、管”的整个电视工艺流程中，全面实现“前期数字化、制作网络化、播出硬盘化、存储数据化、管理科学化”五大目标。

根据2009年5月北京市有关决定，北京电视台于当年9月28日与央视及其他省市共9个电视频道实施高标清同播。与此同时，北京电视台前瞻性地把握高清化这一行业发展趋势，积极开展现有网络化节目制播体系的高清化改造设计规划工作。至2011年底，北京电视台已经完全制播网台高清化改造工作，以此为基础，深挖系统潜力，通过新技术的引入和开发，提升技术系统的服务水平。作为业务系统重点的高清新闻制播网络系统在这次改造过程中充当了排头兵的角色。新闻节目制播业务具有突发性强、响应时间快、报道时间短等特点，因此，技术系统的改造主要面向适应这几个方面的需求。

该项目基于私有云平台的软硬件架构，构建新一代“私有新闻云平台”+“多应用”+“多终端”的全媒体新闻生产平台，主要功能模块包括新闻线索汇聚云、3G综合业务支撑、新闻编辑应用云、远程文稿、新闻内外场联动及其支撑等模块，全面扩展了传统新闻制播网络的外延生产能力。

该项目利用互联网和3G网络平台，开发互联网信息智能挖掘引擎，实现互联网信息及多格式素材的自动入网，丰富新闻生产的内容来源，同时借用智能分析技术对内容进行深度智能分析，使发现高价值内容更加容易。同时将互联网内容生产环节引入流程监控，加强了新闻从发生到播出的全流程管理；通过建立3G综合业务支撑平台，实现信号和文件的智能调度和灵活的权限控制；采用虚拟化技术的远程文稿系统实现了新闻生产向台外的延伸，提高新闻的时效性。

该项目利用硬件虚拟化技术构建新闻私有云辅助节目生产平台，制订开放的接口规范，满足采用不同技术开发的多种应用和终端的接入需要。在技术上有所创新，达到国内领先水平，建成以来运行稳定可靠，产生了较好的社会和经济效益。

北京电视台新媒体发展综述

新媒体发展中心

2013年是北京电视台新媒体发展取得实质性突破的一年。新媒体基地投入使用，四大业务平台齐头并进，大力推进台网融合，有力促进了新媒体业务快速成长。

新媒体基地投入使用。基地集应用展示、演播制作、播出监控系统、私有云中心及办公于一体，成为国际领先的高科技工作基地，为下一步建设北京大媒体和本台全媒体战略发展打下了基础。年内，基地共接待国家新闻出版广电总局、北京市委宣传部等上级领导部门、新华社等媒体机构和各类商业机构参观调研220批次、2500人次，对全国广电媒体建设新媒体产生了良好的示范作用。

新媒体业务发展迅速。北京广播电视台主办、北京电视台承办的北京网络广播电视台（BRTN）网站年底正式上线。北京IPTV利用宽带有线电视网的基础设施，以家用电视机作为主要终端电器，通过互联网络协议来提供包括电视节目在内的多种数字媒体服务，年内正式放号，投入试商用，频道总量扩充至106路，累计新增内容超过3万小时。BTV手机电视是北京电视台倾力打造的手机新媒体，2013年全新改版。移动互联网业务推出多款智能客户端软件，BTV手机电视APP产品矩阵逐步构建。微博微信平台影响力进一步扩展，BTV新浪官司方微博粉丝数达265万，影响力排名全国电视台官方微博第六，BTV微信公众平台粉丝数达16万。全台数百个微博的矩阵式管理平台初步搭建，实现重大节目和活动推广的统筹联动，一键发布。

多领域台网深度融合。成立新媒体发展中心，建立适应融合发展的组织结构和管理机制，加强了对全台新媒体版权的统一管理。充分发挥新媒体优势，积极探索重大突发事件新媒体直播及全媒体报道，IP化全媒体演播室投入使用，实现观众与节目现场的深度互动。

北京电视台手机电视发展情况

北京京视传媒有限公司

2013年，BTV手机电视在手机电视牌照缺失、手机节目版权授权存异议的情况下，艰难运营北京移动、北京联通、北京电信、中国电信天翼视讯等视频平台。在此基础上，BTV手机电视与上海网达软件有限公司合作，形成中国移动全网计费点代计费合作模式。

一、中国电信天翼视讯业务

BTV手机电视于2012年接入中国电信天翼视讯全网业务。接入业务名称为“BTV产品包”，全网独立计费点，包月费用8元/月，单条点击费用1元/条。“BTV产品包”共有2路直播，分别为北京卫视频道、北京生活频道。BTV北京卫视频道于2013年12月接入天翼视讯综艺频道。

BTV手机电视在完成自有业务“BTV产品包”的同时，也为天翼视讯“全能看”业务提供每日精选的优质节目。天翼视讯垂直频道分别为：生活频道、娱乐频道、法制频道、音乐频道、传奇频道、综艺频道。BTV手机电视在天翼视讯平台定期举办营销活动，线上线下与用户进行互动，为新老用户赠送礼品，增加用户的使用黏性。

BTV手机电视在中国电信天翼视讯平台主要收入类型为信息费，2013年天翼视讯平台收入逾百万。

二、中国移动全网计费点代计费通道

2013年，BTV手机电视与上海网达软件有限公司开展合作，由上海网达软件有限公司提供技术服务，制作带有中国移动全网计费点的手机客户端（仅限于安卓平台）。这样，BTV手机电视在手机电视牌照缺失的情况下，也可以在中国移动进行全网的计费业务服务。

三、BTV手机电视发展现状

截至2013年12月，BTV手机电视拥有4个自主运营平台（北京移动、中国电信、中国联通、北京联通），2个手机客户端（IOS、安卓），2家合作cp（央广、北京联通手机报）。

自主运营直播平台包括：北京卫视、文艺、生活、新闻4路，点播节目分为：娱乐、生活、体育、影视、音乐、北京、专题焦点等板块。

安卓与IOS客户端以及3GBTV客户端共有8路直播，分别是：北京卫视、文艺、科教、影视、财经、生活、青年、新闻，点播节目大致分为：娱乐、生活、体育、影视、音乐、北京、专题焦点等板块。

为央广提供影视频道和生活频道直播，设立BTV专区提供点播节目包括：《法治进行时》、《光荣绽放》、《每日文娱播报》、《时尚装苑》、《天天影视圈》、《笑动2013》、《周末喜乐汇》、《大戏看北京》等。为移动搞笑垂直频道提供的节目包括：《笑动2013》、《周末喜乐汇》、《明星欢乐汇》等。

与联通产创部合作，创办联通视频多媒体杂志，每期设置13条节目，包括新闻、娱乐、生活、专题等，每月24期。

BTV手机电视每月转码制作成3.6万至4万条手机视频文件，制作1800～2000条节目，2至3个营销专题。

典型经验

家国情怀引共鸣　追求创新接地气

——北京电视台春晚系列节目有特色受好评

总编室

从2013年2月3日（农历腊月二十三）到2月14日（正月初六），北京电视台陆续推出八台春晚，其中北京电视台春节联欢晚会以朴实的“京味儿”和大气的家国情怀引发广泛赞誉，被称为最有“邻家味道”的春晚；BTV环球春晚中西合璧，格调高雅，凸显“世界城市　汇聚梦想”的主题；卡酷少儿动画春晚七天连播，炫彩创意，引爆童真童趣；“美丽乡村”主题晚会植根乡土，抒发乡情，晒出美丽乡村的幸福生活；平安北京——首都政法综治系统春节晚会庄重大气，构思巧妙，展现了一线政法干警无私奉献的风采……

据统计，2013年春节期间，约有18家省级卫视加入到“春晚”大战之中。纵观北京电视台系列春晚节目，无论从内容的丰富性、创意的独特性、节目的贴近性、草根民众的参与度，还是从新媒体的互动推广来看，都达到了新水准，广受电视观众、网友以及业界好评，特别是主春晚、环球春晚等获得了《人民日报》、新华网、《北京日报》等20多家主流媒体的盛赞。

一、春晚系列节目创作特色

北京电视台春节联欢晚会。2月10日（大年初一）晚，长达四个小时的2013北京电视台春节联欢晚会在北京电视台卫视频道和文艺频道同步播出，以大气唯美的舞台呈现、真实质朴的百姓故事、深沉浓厚的家国情怀引发了广大观众的情感共鸣，将温暖与感动带到了千家万户。晚会从“当代的、原创的、北京的、世界的”四个维度，渲染当代的幸福主题、推崇原创的节目内容、挖掘北京的独特元素、推动世界的文化沟通。

晚会的一大亮点是从“小家到大家”，递进式展现浓浓的家国情怀。节目开场，四对明星夫妇牵手联唱，唱出家的温馨；“萌萌一家”跨度30年的父女合影及其一家人的真情讲述动人心弦，催人泪下，生动诠释了“爱在北京，幸福共享”的主题；最后，对“家庭”的爱递进到对国家的爱，晚会不仅描绘了《美丽中国》、深情放歌《中国梦》，还将爆红网络的“航母Style”成功搬上舞台。一位网友表示：“火热的‘航母Style’走上北京台春晚，令人想起辽宁舰舰载机成功起降、‘蛟龙’入海等一个个‘中国梦’实现的曲折历程，家国同梦！”

晚会的另一大亮点是在深入基层的采访采风中挖掘了很多鲜活的素材，将“走转改”成果体现在春晚创作中，不仅丰富了春晚舞台，还让节目接地气，百姓与明星一样出彩。春晚创作组在门头沟深山里的淤白村发现了村民们自编自导自演的大河之舞，于是将这些“日出而作、日落而息”的淳朴村民请上了春晚舞台。在《淤白村的大河之舞》节目中，这些村民一亮相就惊艳了全场，她们几近专业级的踢踏舞表演折射出中国农民积极乐观的生活态度以及对美好生活的向往与追求，网友感叹说：“永定河畔的大河之舞让我们对生活在新农村的村民有了新的认识”，“大妈们的大河之舞，让高雅艺术接了地气，走进了普通人的家庭，我赞美！”赵萌萌等多个家庭表演的《让爱住我家》、沈飞集团普通职工演绎的《航母，走你》同样打动人心。邀请普通百姓登上舞台，演绎真情，传递正能量，使得本次BTV春晚接地气、有灵气，回味绵长。

“京味儿”和“北京精神”也成为贯穿本次春晚创作的一大特色。在晚会中，虚拟视频先锋相声《北京好青年》、北京人艺老中青三代艺术家们的集体拜年、全部以北京人熟悉的声音制作的音乐歌舞剧《听，北京的声音》以及京味歌曲《微琴书》等“京味儿”浓厚的节目均给观众留下深刻印象。另外，京剧浓墨重彩的亮相也让人为之振奋，85岁高龄的谭元寿携儿子谭孝曾、孙子谭正岩三代以及谭派弟子登台，扮演谭家七代都曾演绎的角色，唱响经典名段《定军山》与《将相和》，观众不仅听到了纯正地道的京剧，还领略到了谭派老中青三代演绎京剧世家七代人的芳华。

BTV环球春晚。2月11日（大年初二）晚，北京电视台卫视频道、青年频道并机播出了以“世界城市、汇聚梦想”为主题的2013BTV环球春晚。晚会有这么几个亮点：

一是融合多元文化，整合中外文明的优秀成果，开创对外宣传新路径。环球春晚不仅展现了中华文化以及北京地域文化的现代活力，也将多元的全球文化融进了喜庆祥和的中国年，不仅体现了文化的包容，更体现了文化的创造，彰显了媒体的国际传播视野和价值理念追求。

二是中西合璧，以跨界交流推动跨文化传播。晚会采用了中西组合、中外混搭的多样化表达，如德国武馆和山东莱州武校合作的《中外青年功夫梦》、青年歌手沙宝亮和法国新香颂天后Berry合作的中法双语歌曲、来自五大洲的组合五洲唱响和老北京的黑祥子人体活雕塑表演团体合作的老外原创中文RAP《南锣鼓巷》等，中外艺术家共同演绎中国文化，在中西合璧的艺术表现形式中，超越国家、民族、语言的隔阂，拉近中国人民与海外各国人民的心理距离，开辟了对外宣传的崭新路径。

三是多平台播出，将世界优秀文化推广到全球。本届环球春晚同时通过北京电视台国际频道的北美平台、拉美平台、亚洲平台、欧洲平台以及美国中文电视、新加坡新传媒、香港亚洲电视、台湾TVBS等合作媒体在全世界范围播出，BTV在线、爱奇艺网站还进行了同步直播，来自全球各地网友收看了环球春晚，获得了良好的外宣效果。

四是大使推介，海纳全球性综艺精品。环球晚会是文化博览会，共有中、美、法、俄等14个国家的近千名演员参与了晚会演出；有14个国家的66位外国大使、公使、文化参赞及贵宾们出席录制现场；其中法国、以色列、澳大利亚等国大使还登上了环球春晚的舞台，亲自推介本国的优秀艺术家和非物质文化遗产类的国宝级艺术精品，为观众打开了一扇“世界文艺之窗”。

五是国际家庭同台，打造“梦想汇聚”的新概念。共有四对年轻人上台分享他们跨越文化和民族的动人情感经历，他们都曾走遍全球各地，但最终还是在北京这座开放包容的世界城市选择了他们的落脚点。环球春晚以拥抱世界、五洲欢动的胸襟勾勒了中国谋求人民友谊、共创和谐世界、“一起成就梦想”的盛世风范。

BTV卡酷少儿动画春晚。2013BTV卡酷少儿动画春晚首次尝试主题化、系列化、集群化的创作形式，形成由1部动画贺岁剧+5天通档综艺节目+1场大联欢构成的春晚节目带，一部动画贺岁剧《谁动了我的节日》在小年（2月3日）打响头一炮，五档综艺节目《戏说节日》、《吃遍节日》、《玩转节日》、《秀出节日》、《漫游节日》连续五天进行传统节日大盘点，除夕播出一场大联欢《动画春晚盛装大典》，真人与动画结合的经典模式，有效地扩大了动画春晚的规模效应与品牌影响。

“美丽乡村”主题晚会。“美丽乡村”主题晚会以“寻找美丽”为主线，以“相约幸福”为主题，首次将“美丽中国”理念作为创作主题，通过小品、快板、音乐舞蹈剧等形式，浓缩诠释北京城乡统筹发展综合成果。晚会节目基本是京郊人自编自导自演的身边事，500多位来自密云、平谷、延庆、门头沟等13个区县的群众演员参加演出。乡土气息浓郁自然，舞台表演突出“混搭”风格，风趣幽默。在晚会即将结束时，80名身着婚纱的美丽新娘和新郎走上舞台，讲述着来自美丽乡村的爱情。美丽乡村联接美丽与幸福的晚会主题被推到了最高境界。

平安北京——首都政法综治系统春节晚会。平安北京——首都政法综治系统春节联欢晚会于2月12日（正月初三）晚19：38在北京卫视频道播出，晚会大气恢弘，以情动人，烘托了平安北京的主题。特别是音舞诗画节目《雨中情》真情缅怀了房山区燕山派出所所长李方洪在“7·21”洪灾中英勇牺牲的事迹，当主持人讲述李方洪牺牲的细节，并采访李方洪烈士的妻子、同事和被救助者时，台下观众感动得热泪盈眶。在对烈士的缅怀追忆中，“忠诚、为民、奉献”的政法核心价值观得到体现和升华。

此外，首都迎新春双拥文艺晚会、旅游美食春晚、首都教育系统春节联欢晚会等也紧扣时代主题，各具特色，温馨感人，丰富了首都节日荧屏。

二、新媒体传播迈出实质性步伐，台网互动扩大春晚影响力

2013年北京电视台主春晚、环球春晚、动画春晚、美丽乡村等四大系列春晚全面启动新媒体宣传，电视屏、电脑屏（网站）、手机等移动终端（微博、微信）“三屏联动”，通过在电视屏幕嵌入微博微信二维码、网站论坛与微博话题进行实时联动呈现、电视节目播出与微博评议抽奖同步直播等方式，对四大系列春晚进行多手段联动宣传，把春晚的影响力从一个时间点扩展到一个时间段，把受众从被动收看春晚变为主动参与春晚，使北京电视台官方网站、官方微博微信成为传统媒体之外，网友观看和参与春晚的又一重要平台。

春晚宣传期间，北京卫视每天滚动挂标北京电视台官方微博二维码和微信公众平台二维码，主春晚、环球春晚、动画春晚、美丽乡村播出时挂标北京电视台官方微博，BTV 在线主页全天候挂标北京电视台官方微博二维码和微信公众平台二维码。观众可以通过扫描二维码加关注的方式直接成为北京电视台官方微博微信用户，简便、快捷地发表自己观看晚会的心得体会。

春晚播出的同时，采用新媒体手段进行了同步传播，24 小时随时随地点播节目，互动评论，这是北京电视台四大春晚首次启用微博直播形式，全球华人可以通过北京电视台官方网站“BTV 在线”、北京电视台官方微博收看网络直播，并可通过直播聊天室、微信公众平台、微博话题讨论参与互动。在 2 月 10 日主春晚播出当天，晚会视频点击量合计达 500 多万次，新浪微博发起的微直播活动收到了 10 多万条网友的评论，新浪微博媒体影响力排行榜上，我台官方微博名列第 10 名。

春晚播出后，官网、微博微信继续发起“我喜爱的春晚节目”等活动和话题，延长了春晚的播出热度，取得了裂变式的传播效果。

截至 2 月 15 日，北京电视台官方微博的粉丝增长量达到 23.6 万人，网友参与互动达 57.8 万次，微信公众平台粉丝人数突破万人大关，达到 11951 人；截至 2 月 16 日，系列春晚共制作相关网络专题页面 15 个，发布图文、视频稿件 1820 篇，专题页面总访问量 112.5 万，进一步扩大了春晚影响力。

三、收视情况及社会反响

北京电视台春晚系列节目取得了良好的收视成绩。主春晚在北京卫视平均收视率达 9.39%，当日与文艺频道并机播出收视总计为 13.3%，合计市场份额在 35% 以上，表明当日晚间北京地区所有电视人口中有三分之一在收看北京电视台春晚。环球春晚在北京卫视收视率达到 3.65%，较 2012 年“环球春晚”增幅 6%，两频道并机播出合计收视率为 4.12%；从观众结构来看晚会高学历观众所占比较突出，大学以上和高中以上学历观众占总比重的 73% 以上，15～24 岁的青年观众比重突破 11%，青年观众和高知观众比重增加。除夕夜上演的《卡酷少儿动画春晚盛装大典》是卡酷动画春晚的收官之作，当日全众收视达到 0.71%，4～14 岁目标观众收视为 4.4%，市场份额超过 15%。此外，2 月 9 日播出的《2013 首都迎新春双拥文艺晚会》收视率为 1.01%，2 月 12 日北京卫视播出的《平安北京 2013 年首都政法综治系统春节联欢晚会》收视率为 2.71%，2 月 14 日北京卫视播出的《BTV 旅游美食春晚》收视率为 0.99%，2 月 13 日北京卫视播出的《美丽乡村主题晚会》收视率为 3.14%，均取得较为理想的收视。

BTV 春晚系列节目广受各大媒体关注。《北京日报》以《北京台春晚最有“邻家味道”为题》为题刊发评论：“北京台春晚演出了普通人生活的甘与苦，演出了老百姓的欢乐与憧憬”，认为在众多春晚里，北京台春晚最有“邻家味道”；《北京晚报》以《BTV 春晚大气唯美受好评》为题，赞赏节目展现新北京风貌，又不失老北京文化味道；《北京青年报》评论认为“北京台春晚‘京味儿’扑面而来，找到归属感”；《法制晚报》认为“草根参与互动，打造百姓春晚，BTV 春晚接地气，得人心”；《新京报》刊文认为北京台春晚打出感动牌，“引发了人们在万家团圆时刻的集体情感共鸣”；《京华时报》表扬“北京台春晚传递正能量”，千龙网也认为北京台春晚“家国情怀引共鸣”。

2013BTV环球春晚也受到了众多媒体和业内人士的关注。2月18日，《人民日报》刊发以环球春晚为评论主线的《新年春晚，各有各的花样》，指出“在众多春晚中，北京电视台独创的环球春晚成为一个亮点”，“环球春晚呈现高雅的艺术格调，不同于传统春晚热闹、喜庆的主打风格，让不少观众直呼‘洋气’”。资深电视策划人喜宏认为：“环球春晚节目精彩纷呈，高潮不断，串场干净利索，幽默叠出，舞美大气纯美，科技创新，文艺通贯中西，境界优雅。”中央党校政策研究室副主任杰伦则用“三秀”给予晚会极高的评价：“一是秀外慧中，凸显北京台务实作风与艺术品位；二是大使秀中文，展现中外交流友好氛围；三是齐聚世界文化瑰宝之秀，体现北京台主创人员独具慧眼的文化品质。”一位网友说：“今年大年初二看什么呢？北京卫视的环球春晚，有国际视野，我曾说BTV志向远大指的就是这个。”

“美丽乡村”主题晚会受到了《北京晚报》的表扬，认为晚会“深植乡土晒京味儿幸福”。此外，众多网友对北京台系列春晚评论不断，截至2月17日，网民参与“BTV蛇年春晚”的话题讨论量已达140万余条。

四、体会和启示

根植人民沃土，锻造大美品质。春晚创作要坚持一贯的走基层、贴地气的方式，只有把根深深地植于生活之中，贴近百姓，提升媒体品质，才能最终赢得受众。

坚持内容为王，追求创新制胜。在坚持首善媒体定位的基础上，我台如何延续已有的春晚品牌，如何在激烈的红海竞争中寻求突围之路，需要我们进一步开拓视野，敢于尝试，勤于创新。

放眼世界文化，增强文化自觉。环球春晚已经成功举办四届，成为民间外交的一张文化名片，搭建了一个让世界了解中国、让中国走向世界的文化桥梁，具有双向性的跨文化交流让环球春晚成为解读异国文化、传播中华文明、感受人类共通情怀的文化品牌。春晚不仅是一种艺术跨界合作的大胆尝试，更是集成创新、体现文化自信文化自觉的有力实践。

探索全媒体传播，抢占新媒体阵地。新媒体时代，受众收发信息的方式发生了深刻变化，北京电视台应更加注重与新媒体嫁接互动，拓展新媒体阵地，成为先进文化的引导者、优秀内容的提供者，提升媒体传播力、影响力。

北京电视台综艺节目《一起唱吧》亮点频现

卫视节目中心

北京电视台北京卫视频道继2012年推出大型季播综艺节目《一见你就笑》之后，2013年又推出全新季播综艺节目《一起唱吧》。该节目特点突出，亮点频现，受到观众好评。

一、综艺节目的本土创新

在当下众多的综艺节目中，人们不得不面对一个尴尬的现状：全国有五成以上的综艺节目都是引进版权，比如，湖南卫视根据韩国音乐节目改编的《我是歌手》，以及根据美国《X 元素》研发的《中国最强音》和脱胎于英国节目的《超级男声》；浙江卫视全力打造脱胎于荷兰 *The Voice* 的《中国好声音》和植根于英国 *Tonight's the Tonight* 的《中国梦想秀》；而东方卫视则推出了植根于英国版权的《中国达人秀》和脱胎于荷兰 *Sing It* 的《我心唱响》；辽宁卫视的《激情唱响》引自英国的 *X FACTOR*，东南卫视的《欢乐歌唱团》源于英国同名原版节目。中国的综艺节目缺乏自主研发能力，缺少本土创新力已经成为不争的事实。

在这种背景下，北京卫视推出的《一起唱吧》具有一定的开创意义，从节目形态与内容上看，这完全是一档本土原创类节目。它突破了音乐类综艺节目固有的程式化编排特点，以不拘一格的结构形态演绎了顶尖音乐人与音乐发烧友之间的情感互动，与其他卫视季播类音乐综艺节目相比较，《一起唱吧》无疑具有独特的品牌价值。在节目形态上，它将演唱、表演、模仿、竞技等多种元素融为一体，奉献了一档全新的音乐类综艺大餐。

《一起唱吧》的成功还在于它充分挖掘了北京的文化资源，吸纳全国顶级优秀音乐人，以歌友会的形式，让顶级音乐人与他们的朋友们一起唱谈人生，用记忆中的好歌品味时代。每期节目都邀请一位顶尖级的音乐人和其好友，以栗坤、曹杨、阿杰为主持人，邀请陈佩斯、朱时茂为特约嘉宾，联袂上演音乐人生的品鉴盛典。其既有讲述音乐人生故事的往事钩沉，也有歌声旋律的时代记忆，还有那些让歌友欢呼雀跃的惊喜欢呼。它与以往的歌友会最大的不同在于，它用一种娱乐性、戏剧性的方式，配合主持人与众多嘉宾之间的互动挖掘了音乐人生的精彩故事。它既是火爆的，又是醇香的；既是深情的，又是雀跃的；既有滑稽搞笑的一面，又有情动心声的表白。

二、音乐人现场的倾情演绎

《一起唱吧》所邀请的歌星大都是在国内具有较高知名度的乐坛人物，编导抓住音乐人身上的亮点，贯穿于整个节目中。如第一期杨坤专场，编导以杨坤第 33 场演唱会为主题，充分挖掘杨坤编曲的才能，使其连唱《站台》、《无所谓》、《空城》、《月亮可以代表我的心》、《那一天》、《穷浪漫》、《里约热内卢》等 12 首歌曲，引发全场千人合唱，气氛热烈、场面火爆。第三期，韦唯以独特的嗓音演绎了《亚洲雄风》、《命运不是辘轳》、《和从前不一样》、《爱我中华》等 11 首经典歌曲，引发现场所有观众的怀旧情愫。她曾经红透大江南北，她曾演唱了四届全运会会歌，参加了奥运会、亚运会、世博会的开闭幕式，是中国歌坛的代表。总是在成功中带给大家惊喜的韦唯，在沉寂一段时间后首次亮相荧屏，完整立体地展现了自己的演唱与生活，其用"回眸经典"、"一路走来，兄妹情深"、"孩子，让生活充满希望"回顾了一位勇敢而多情女子走过的人生历程。而其三个孩子的助阵，更是平添了几分亲情。第八期蔡国庆专题，《365 个祝福》、《北京的桥》、《同一首歌》等老百姓耳熟能详的歌曲在绚丽的舞台上被重新演绎，为大家打造一场视听盛宴。

而一段《周总理来到少年宫》的珍贵音频重现，成为节目的一大惊喜，带大家穿越岁月，回味美好的时光。

三、艺术的讲述音乐人生

《一起唱吧》还邀请了诸多嘉宾一起艺术化地讲述人生中的悲欢故事。讲述方式既有陈佩斯、朱时茂的插科打诨，也有歌手至爱亲朋的真情诉说，同时，还配以影音介绍的小片以及音乐DJ的现场ROB告白等。多样化的艺术方式讲述音乐人的人生历程，观众与他们一起分享人生悲欢喜乐。如在第一期杨坤回想自己走上歌坛的历程，其用了“隔空对唱”这样的艺术形式，表达内心对音乐领路人已故旧友陈琳的怀念与感恩。生死两相隔，当主持人栗坤问起杨坤内心对陈琳是一种怎样的感情，杨坤的声音有些哽咽，他努力地调整着自己的情绪，回忆着与陈琳交往的点点滴滴。情至真处，杨坤隔着一块巨型LED显示屏，与画面中的陈琳一同合唱了《两个人的世界》。在天籁和谐的歌声中，很多人为杨坤内心的这份真情而感动。再如《韦唯：女人如歌》那一期，当韦唯的三个孩子用自己创作的歌曲现场为母亲演唱的时候，韦唯眼中闪烁着美丽的母爱之光，三个孩子的歌词唱出了韦唯这些年的无悔付出和所承受的情感之痛，同时，也唱出了一位母亲的坚强内心和深沉母爱。

四、饱含朋友深情的温暖阐述

《一起唱吧》邀请来的特殊嘉宾，基本都是与音乐人相交多年的知心朋友，无论是杨坤的朋友胡军，汪峰的知己白岩松，还是齐秦的忘年之交沙宝亮，他们都与节目的主角之间有着诚挚的友谊。这些特邀嘉宾与音乐人之间有着共同的人生记忆，他们不仅讲述与音乐人相交的往事，更是其歌声的欣赏者和品鉴者。

比如，《汪峰：春天里》那一期，白岩松作为汪峰的知音，其对汪峰歌唱生涯做出了三个阶段的总结。他认为汪峰的第一阶段是鲍家街43号，中央音乐学院时期，代表作品是《晚安北京》，表现了一位音乐人的社会良知；第二个阶段是从《花火》到《勇敢的心》，这期间包括流行一时的《飞得更高》、《春天里》等歌曲，表达了歌者内心的焦虑和苦闷；第三个阶段是充分表达的时期，汪峰在一个专辑中创作了26首歌曲去表达内心的诉求，其中《光明》是让白岩松怦然心动的歌曲。作为歌手的知己，白岩松对汪峰的定位是“伤感的理想主义者，敏感的诗人，用歌唱面对和关注现实的知识分子”。这是白岩松第一次参加综艺类节目录制，他以他独有的冷静、深刻的方式评价着朋友汪峰。同样，还是这一期，赵宝刚作为汪峰歌曲的发烧友也首次在荧屏上开嗓，他与汪峰一同合唱了《北京北京》、《存在》等歌曲，并坦言正是因为听了汪峰的《北京北京》才有了《北京青年》这部电视剧作品。无论是白岩松还是赵宝刚，都是因为音乐才使得他们成为了好朋友，也正是音乐，让他们彼此看到了内心那个满含真情、满含正义的汪峰。在韦唯那一期，本来作为娱乐元素出场的陈佩斯、朱时茂由于与韦唯之间的朋友交情，反而成了讲述韦唯故事的叙述者，陈佩斯与韦唯共同追忆了陈强，韦唯也讲述了与陈强、陈佩斯父子交往的感人往事，两人水到渠成地合唱了《兄妹开荒》。而后，韦唯又将一首《英雄赞歌》献给了天下伟大的父亲们。尤其是节目组还准备了韦唯三个孩子的小塑像，以陈佩斯、朱时茂两位舅舅的名义送给外甥，更使节目充满了浓浓的人情味。

五、多种形式的超级模仿秀

《一起唱吧》里的模仿，不仅是草根对明星的模仿，还有主持人对歌星的模仿，嘉宾对歌星的模仿，甚至加入了竞技的元素。比如韦唯那一期，端庄的栗坤也参与到模仿中，她穿着皮衣皮裤，带着80年代流行的大耳环，与装扮成刘欢摸样的主持人曹杨一起唱着《亚洲雄风》走上舞台。而后，又插播当年韦唯演唱的MTV与模仿秀相对照，在这样的模仿中，人们看到的不仅仅是歌迷对偶像的简单模仿，还包括年轻人对上一个时代歌声记忆的模仿，还原了那个年代的服装造型和舞蹈动作造型，将记忆追溯到韦唯红极一时的岁月中，营造了热烈的现场氛围。

再如孙楠那一期，编导抓住了孙楠"高音王子"的特点，不仅请来了台湾的高音王信与之同台献艺，彼此模仿各自的歌曲，同时，还选拔了几位粉丝外加陈佩斯、朱时茂一起模仿飙高音，增加了不少欢乐。

六、笑星戏剧性的搞笑演绎

用陈佩斯、朱时茂这两位资深小品演员来客串嘉宾从形式上看并不算创新，但是，从具体的表现方式上看，人们不得不认可编导的独具创意。两位资深笑星不仅充当了主持人的角色，同时，他们更是节目的表演秀的组成部分。无论是在《韦唯：女人如歌》中的民歌对唱，还是在《孙楠：不见不散》中陈佩斯的惊艳高音《我的太阳》，都提升了节目的艺术品味。而他们两位的表演天赋还在于一唱一和中，以朋友的身份讲述音乐人的故事人生。比如，在齐秦那一期，朱时茂以陈佩斯为参照物，讲了齐秦的三个方面的缺点：第一是要名片，第二是迟到，第三是打高尔夫球技差。而后，两人又上演了竞争齐秦美国演唱会的特约嘉宾的表演，互相比试老板扮相，陈佩斯以传统地主的形象出现，而朱时茂则扮成了上海滩中的黑帮老大。同样的竞技在杨坤那一期也曾表现过，两人为了争夺杨坤第33场演唱会的嘉宾，在舞台上飙歌，由此引发了现场50人欢唱团的出场，也引发了其与杨坤、胡军组合之间的互相飙歌，从80年代的流行音乐一直唱到90年代。而蔡国庆那一期，陈佩斯、朱时茂将蔡国庆曾经主演过的电影《唐伯虎点秋香》现场重现，笑翻全场。

北京卫视《国学开讲》系列节目呈现六大亮点

卫视节目中心

北京卫视从2013年2月18日开始播出《国学开讲——范曾教授讲国学》系列节目，特邀中国当代著名学者、书画家、诗人范曾主讲。范曾教授不但将国学经典的真正含义向观众娓娓道来，而且每期都回答观众提出的问题，运用国学的古老智慧，结合自己的生活经历和感悟，架起国学智慧与当代人需求的桥梁。

该节目呈现六大亮点：

一、立意高远，是一个重建中国人文化自信的好节目

创办《国学开讲》节目，主创人员有两个层面的思考：一是中华文化经典是始终值得中国人骄傲和沿袭的宝贵思想，它应当成为电视媒介传播的重要内容之一；二是现实中，中国大陆人近些年表现出来的“浮躁”、“急躁”、“功利”的多种情绪，将通过学习国学的过程，学习古人关于“天、地、人”关系的阐述，排解、舒缓、解决现实中的各种心态问题。

《国学开讲》节目的播出，也是一个重建中国人文化自信的信号。原《中国日报》记者胡亦南说，反抗外来强者在历史上对吾国吾民的蹂躏，有赖于自信自强的民族精神和游刃有余的强者风范，而不是在弱者身上肆意宣泄的流民鄙俗。打倒我们面前的“鬼子”或许容易，但继续打倒我们心中的“鬼子”却任重道远，这就需要我们的文化自信。《国学开讲》的播出，国学精神的广泛传播，将会给每个乐于学习的人提供打倒自己心中“鬼子”的思路、方法和思想工具。

二、与以往同类节目相比，从有到好

央视的《百家讲坛》推出的系列节目，其中很多内容即与“国学”相关，这是“电视国学”从无到有的第一个阶段。

北京卫视的《国学开讲》可以称得上是电视国学“从有到好”发展的第二个阶段。因为在节目立意、录制形式、传播方式上，《国学开讲》均较前期“国学”节目有了一定的改观和提升。一是改换了曾经的章回小说、说书人的形态开讲国学，而是在现场由主持人与主讲嘉宾对话，又有观众现场聆听与提问。二是系统展示了“国学”的整体性。比如：20集中，有1集《简介》（国学大观），1集《易经》（易经解析），3集《孔子》（孔子其人、孔子仁政、何谓君子），2集《老子》（老子其人、老子哲思），3集《庄子》（庄子其人、庄子环中说、庄子的本真之性），2集《佛学》（忏悔词、《心经》、《妙法莲华经》），2集《孟子》（孟子的性善与性恶、孟子的仁义礼智之思），1集《大学》，1集《中庸》，4集《诗词书画》（诗词欣赏、书法艺术的欣赏之道、中国画之美、中西绘画比较）。虽然，这些内容只不过是“国学”中很小的一部分，但特别适合现时观众学习。三是每期节目开篇的“以霜雪之洁求其品，以岱宗之高求其志，以潭壑之深求其学，以大地之博求其德”的吟颂形式与“国学”所讲述的内容极为相配，显示了主创人员的用心。

三、根据传播对象需求与接受程度，设计国学与现实的互动环节

北京卫视的《国学开讲》栏目设计了一个非常重要的环节：现场观众与主讲嘉宾互动。这一环节的设计，将“国学”经典中的思想通过观众的一个个问题与嘉宾的对答，融入到了现实生活中。比如：在第10集讲佛学中的经典《心经》时，主持人考虑到了观众对于《心经》的陌生，于是在提问时说：“我们在座的观众朋友都是从红尘中来，如果愿意，请跟大家分享一下：你现在的烦恼是什么？”这时一位北京吉利大学的学生说：“我觉得我现在就是一个纠结体。因为我是一个女孩子，将来总要为人妻。作为女人应该是学得简单一点、单纯一点，在老公的事业上给他以强大的动力。”主讲范曾对这一问题的回答也很机智、幽默。他说：“女子很多，我不能够给每一个女子提供我的帮助。可是我可以讲一点就是以平常心来对待自己的婚姻。既不要过高地要求，也不要使自己的爱情世俗化，要善于耐心地等待，不要急于求成。”其实这一回答看似与当期节目所讲的《心经》无关，其实是对《心经》中“心无挂碍”的一个具体而现实的阐释。

四、观众反应：国学将成为“养心”良剂

《国学开讲》一经播出，便引发了媒体的关注和网民的热议，在新浪微博上，一位名为“朗诵表演李昱老师”的说：“刚看了范曾大师的讲座《国学开讲之诗词之韵》精彩！大师推荐的两本书刘熙载的《艺概》和王国维的《人间词话》，已在网上买下，以便更好地享受这近代文、词盛宴。”名为“七好女人”的微博说：“每周末回看北京卫视的《国学开讲》，太享受了。国学博大精深，范曾先生言简意赅，融会贯通，让观众用极短的时间领略圣贤哲理之精髓，从治国兴邦到修身养性，句句皆令人受益。感谢北京卫视，感谢范老！”一名为“禧果”的网友讲得更为深刻：“最近每天都在追看非常好的节目。这几年开始痴迷中国的传统文化，也一直在回想读书时似乎根本没有渠道真正接触到的国学。全世界没有任何一个国家像我们，恨不得把英文当母语来教，甚至给一出生的婴儿制造英语环境。我很喜欢‘民族的就是世界的’这句话，当你做好自己的时候，世界的大门自然就会打开。”

五、经典话语，印象深刻

在《国学开讲》节目中，主讲人范曾教授的讲课非常生动，非常深刻，给观众留下了难忘的印象。如在讲到人不能有过高的物质追求时，范曾讲道：“物质的追求无穷极，我们最好是甘其食、美其服、安其居、乐其俗就可以。”这一点恰恰是现在很多人心灵中最需要的一个点拨。他还在第一期节目中着重谈到“为己之学，实为利他”的学习目的。他说：“孔子讲古之人学为己。而今之人学为人，我是一个为己之学，为了自己快乐，而这种为己之学，会使你的学养不断地丰富，使你的身心不断地净化，那你的为己之学，它就渐渐地趋近一个终极的目标——就是利他。”学习的目的到底是什么？周恩来的“为中华之崛起而读书”的话语曾经激励过几代人，但在当下更多的人在离开学校后慢慢变得失去了学习的目标。除了功利性的“考大学、考研、国考”外，能够持续不断地为了给养心灵的读书和主动学习者变成了少数人的自觉意识。但是，功利和有近期目标的读书很难持久，而孔子的“为己之学”的思想，才真正能够鼓励大家多读书、读好书、向内看，更深刻地明白自己的心之所向。

六、通篇贯穿电视国学“启蒙”思想，教授学习方法

3月2日的《北京日报》，刊登了题为《范曾：学国学要有“赤子”之心》的文章，作者对他心目中的“开讲”做了补充。其中提到范曾认为自己的讲授只为“启蒙”，“引导人们回归传统国学，找回属于自己内心的一片安宁，汲取支持自己不断向前的恒久力量”。作者认为学习国学的方法在于“阅读经典”，因为“电脑等新媒体新技术，让国学成了网络上的只言片语，拒绝阅读原典，也让很多人与国学的乐趣失之交臂”。一定要以古人之心来体物，一定要以古人之舌言情，这样才是原来文本的意思，而不是用古人的文本来解释自己的东西。他同时认为：“从读书方法来讲，选准重点很重要，过去中国文人床头四本书——《史记》、《汉书》、《庄子》，还有《楚辞》。为什么是这四本书，因为它们文笔都非常好，《庄子》是诸子里文字最优美的，而对儒学的论著，范曾先论孔子《论语》和《孟子》，再谈《大学》、《中庸》，剖析孔子之仁与孟子之义。”这一番言论其实是告诉观众，《国学开讲》不过是一个引子，而带入门后，一切修行在个人。个人的国学修行应当阅读经典。

北京卫视《家国情　长相忆》感人至深

卫视节目中心

北京电视台北京卫视于2013年4月1日至4月4日推出4期清明特别节目《家国情　长相忆》。该节目分别以《菊香书屋　草色伴书香》、《西花厅的海棠花又开了》、《幽兰吐秀自含芳》、《宋庆龄　追寻生命的纯真》为题，缅怀开国元勋的非凡人格，追思革命领袖鞠躬尽瘁为国为民的高尚情怀。

节目的成功之处在于：

一、延续既有品牌特色，风格更为鲜明突出

2013年清明节期间的4期节目，延续了2011年“七一”为庆祝建党90周年而开辟的“家国情”系列节目品牌。节目选题上，围绕开国元勋人物进行讲述，邀请这些伟人日常生活的见证者来回忆和讲述老一辈革命家工作、生活中的感人事情，从具体细节入手展现他们在普通生活和工作中彰显出的非凡人格、严于律己的作风和鞠躬尽瘁为国为民的精神。

在《家国情　长相依》系列品牌下，清明4期节目又有自己的特点，除第四期节目外，前三期节目开始的镜头切入，或从背后大屏幕照片入手，或从主持人身边的道具开始，进而主持人入镜点名节目主题。相似的节目开场在保持了各期特点之外，也鲜明地体现出清明系列节目独有的风格——追忆与思念的主题。虽然主题人物的选择与之前节目有些类似，但讲述内容的侧重点有了明显区分，更多了追忆、怀念的情绪表达。例如在《菊香书屋　草色伴书香》这期节目中，蒋含雨、彭淑清夫妇讲述了自己与毛泽东主席合影的前后故事，并展示了他们收集保存的毛主席遗物，深切地表达了对已故伟人的思念。

二、实物展示睹物思人，拉近情感距离

清明系列节目的一大特点就是通过细节彰显伟人生活中普通人的一面，在很大程度上能使观众的情绪产生共鸣。在这种生活化的讲述基础上，清明系列节目通过照片、VCR资料来展示嘉宾讲述故事中的真实物品，增强节目的感染力、说服力和直观性。如第三期节目《幽兰吐秀自含芳》中，朱德元帅的嫡孙朱和平带来了延安为朱老总贺寿时的条幅、朱德元帅家的记账本、元帅在最后一次视察海军舰艇后提笔写下的“革命到底”字幅，还有由康克清同志口述、朱和平将军写下的遗嘱和发黄的信封，以及上交衣物的收据等。主持人和朱将军在讲述朱德元帅生平故事的同时，把相关的物品展示给现场观众。这些珍贵物品的展示大大拉近了观众和伟人的距离，使节目更具感染力和说服力。第四期节目《宋庆龄　追寻生命的纯真》中，跟随宋庆龄生活20多年的隋永清女士身着宋庆龄送她的衣服上场，将宋氏姐妹情深的故事鲜活地表达了出来。隋女士在讲述宋氏父母深爱女儿的故事时，展示了宋母仓促中没有为其准备好的嫁妆——一块尚未绣好的菊花衣料。在现场，嘉宾讲述衣料背后的故事细节，情绪饱满；主持人则细致地展示了精致布料的细节和未绣好的部分。这些展示，不但让观众了解了宋氏家庭成员间的感情，而且，更加感受到宋庆龄追随孙中山投身革命的决然态度。

三、层次丰富，细节动人

清明期间的4期特别节目，内容层次丰富，借助嘉宾讲述、史料播放、实物展示、VCR采访录像等多种手段，展现了主题人物对工作、对同事、对家人、对下属的方方面面，给观众留下了生动、立体、鲜活的伟人形象。如第一期节目《菊香书屋　草色伴书香》分别讲述了毛泽东主席学生时代平易近人、心系土地、关注农民、生活简朴、渴望与人民在一起、对家人的愧疚和思念、重病中坚持接见慕名而来的外宾、处理国内外重大事件等，环环相扣，层层推进，呈现毛泽东身为农民儿子的质朴、身为父亲的舐犊情深、身为主席的为国为民、身为世界主要发展中国家领导人的国际影响力，从不同方面彰显了一代国家领导人的人格魅力。第二期节目《西花厅的海棠花又开了》先后讲述了周总理和邓颖超夫妇给生育后的工作人员送鸡、二人的书信传情、生活上互相关心、工作中严守纪律、总理患病最后阶段带病坚持工作、总理逝世后邓颖超的情绪表达、总理骨灰撒向中华大地以及邓大姐对总理的追忆等。从整个节目的讲述中，观众可以感受到总理夫妇相濡以沫和为革命、为祖国献身的高尚情操，以及工作人员对他们的热爱和怀念。第三期节目《幽兰吐秀自含芳》从延安群众为朱老总庆生日入手，讲述年轻的朱德如何抛弃富庶的高官生活投身革命、建设时期如何自降工资生活简朴、怀念妻子伍若兰、对母亲的愧疚、要求儿子降级转业、死后家人遵从其遗愿为国家建设贡献所有积蓄和仅有的贵重物品等。通过节目，一个为人民投身革命，对母亲、妻子感情细腻内敛，对子女从不溺爱，对国家鞠躬尽瘁的有血有肉、平凡而伟大的开国元帅的形象鲜活地呈现出来。第四期节目《宋庆龄　追寻生命的纯真》讲述了宋庆龄离家追随孙中山、对家人的思念和孙中山生活往事的回忆、对革命的支持、对工作人员的照顾、与周总理的友情、怀念家人盼望祖国统一等。国母的坚强、慈爱和面对爱人时的羞涩甜蜜，对家人的款款深情都得到了很好的表述。

四、多位嘉宾交叉讲述，增强生动性

节目邀请多位嘉宾，从不同角度讲述，增加了节目的丰富性。如在第一期节目中，节目组请来与毛泽东合影的蒋含雨、彭淑清夫妇讲述伟人对一对普通夫妇的影响，表达了普通民众追忆毛主席的情怀。除此之外，还找来了毛泽东的生活管理员吴连登，从与伟人朝夕相处的工作人员角度讲述毛主席的生活细节，使观众能真切感受到毛主席对普通百姓的影响。第二期节目邀请在周总理夫妇身边工作的两位嘉宾：赵炜侧重讲述邓颖超大姐的故事，高振普则侧重讲述周总理的生活细节。在讲述周总理逝世后把骨灰撒向大海的情节时，高振普详细描述了在飞机上撒骨灰的细节，而赵炜则着重讲述邓大姐的情绪释放。交叉的叙述方式把同一时间下不同空间发生的故事共同展现出来，更加生动真实地把全国人民对周总理去世的悲痛展现得淋漓尽致。第三期节目中，除了朱老总嫡孙的讲述之外，节目组还借助VCR采访资料展示了在开国大典上受朱老总帮助的前苏联记者对于老人的评价，以及保健医生回忆朱德批评厨师加菜的故事。

五、节目衔接流畅，主持人引导自然

4期节目各自涵盖不同的内容，但各部分之间衔接流畅，这与节目中间VCR的插入和主持人的引导分不开。节目开场后主持人由物及人，从身边的照片和道具引入主题人物介绍。随后嘉宾入场，主持人适时提问，一步步引导嘉宾围绕伟人家国情怀这一主题全面展开。整个过程中，主持人积极融入嘉宾感情，又很好地把握自己的情绪，流畅自如地引导话题逐层递进，推动节目内容顺利进入下一环节。如第一期节目中，一对夫妇讲述完与毛主席的故事之后，节目中插入视频配以解说“这份幸运已经让很多人羡慕了，而接下来我们请到的这位嘉宾则更加令人尊敬”。这样自然地把一对夫妇和即将出场的嘉宾有机地串联了起来。第二期节目中，讲到做鞋师傅连夜为周总理赶制布鞋时，主持人说“我相信那一夜他们都是含着泪或者流着泪在给周总理赶制这双鞋的”，两位在现场的嘉宾不断点头连声说“对对对，是这样的”。高振普讲到周总理逝世后他在飞机上撒总理骨灰的细节，主持人接道“我看到现场的很多很多观众都已经是泣不成声了，其实周总理的离世，最悲痛的是邓颖超大姐”，之后话题顺理成章转入周总理辞世后邓大姐的三哭。第三期节目通过VCR资料提出开国大典为何没有朱德总司令的身影？进而引出家人以及前苏联记者讲述的朱老总如兰花般不与人争艳、时时以他人为重的品格。在讲到朱德对土地热爱的时候，主持人说：“相信很多孩子都读过《朱德的菜园》的文章……”引入朱老总在中南海种地，并问嘉宾“当时那块地，您也跟着一块儿种了吗？”嘉宾随后很有感触地讲述了与朱德一起种地的过程。第四期节目在讲述宋庆龄离家追随孙中山先生时，主持人问到“下这样的决定离开父母也是内心特别痛苦的一个抉择吧？”后面嘉宾回答说“对”，然后讲述了晚年宋庆龄回忆这段故事，流露出宋庆龄对家人、对父母的愧疚，从中也能看出她在小家和国家之间作抉择时一心为国的付出。

《城南新事》用故事展现城南变化

新闻节目中心

从2013年3月18日起，《北京新闻》每日播出7分钟系列报道《城南新事》，以“城南行动计划”第一阶段（2010—2012年）目标实现和第二阶段（2013—

2015年）方案公布为契机，用一个个小故事，展现“城南行动计划”带给普通市民的大变化，进而展示近几年北京市在城区规划、产业升级、生态治理等多方面的成就，以及未来城南的发展蓝图。

一、故事化叙事让变化更具体、更真实

系列报道没有采用今昔图片对比、数字图标罗列的简单方式展示城南变化，而是通过居住在城南的北京人讲述发生在自己身上的故事，具体说明城南变化带给自己的感受。开篇《陈万福的梦想照进现实》，用一直生活、工作在永定河边的二七车辆厂退休工人陈万福对永定河碧波荡漾的怀念，对永定河断流干涸的痛心，体现出一个“老北京”对永定河的爱，而当他执着为永定河治理建言献策终于变成“城南行动计划”中一个个被落实的科学规划时，那种欣喜溢于言表，老伴儿笑言：“他老是操心那条河，也不操心我。”《孔令鹏的幸福生活》描绘了一个90后房山小伙在家门口实现的汽车梦，从往返100多公里到顺义汽车城工作到因父亲生病不得不放弃梦想回家务农，从应聘落户房山的长安汽车公司当一名技术工人到成为公司中年龄最小的工程师，再到贷款买房、买车、接父母到身边生活、谈朋友，小伙子两年间的四喜临门为“城南行动计划”加快产业结构升级，在房山发展高端制造产业的规划方案做了一个生动有力的注释。

二、“连续剧”编排让报道更生动、更贴心

系列报道采用上下集编排、每两期一个主题、每个主题又相互关联的连续报道模式，将“城南行动计划”的多个方面用故事串联起来。如第一集《陈万福的梦想照进现实》中，陈万福到北京园博园建设工地找到永定塔总设计师纪怀禄谈自己对永定塔的设计思路，第二集就播出《永定塔上的父子兵》，讲述“清华派”老纪和“留洋派”小纪在永定塔设计上的较劲，两集主题衔接得很紧凑。在《开往春天的地铁》中，上集讲大兴青年赵学大学毕业后成为大兴线地铁司机，并以地铁为鹊桥，找到了家住顺义的女友；下集讲家住皇城根的5号线地铁乘务员杨倩百般不愿意被调往亦庄线工作，却在两年间改变了看法，决定和男友定居亦庄，享受城南发展的成果。两个地铁职工的命运与南城地铁发展带来的变化息息相关，轨道交通和路网结构的规划成果自然不言而喻。目前，系列报道已经播出9期5个故事，涉及生态治理、产业升级、基础设施建设、传统文化保护等方面，使观众从故事中了解了“城南行动计划”中各个项目的落实情况，并从随后介绍的2013—2015年第二阶段新规划中知晓了城南的发展前景，从而更加明白北京市政府发展城南的决心和行动力。

大型电视财经论坛2013《点击年关键》顺利收官

财经节目中心

财经风云又一年，再度点击年关键。

经过紧张录制，北京电视台财经节目

中心的品牌项目——大型电视财经论坛《点击年关键》于2013年1月11日顺利完成。

把握"北京关键 媒体视角"两大原则

《点击年关键》作为财经频道的品牌活动到2013年已经是第5年，每次均邀请知名经济学家、政府官员走进演播室，与主持人、观察员共同探讨全球背景下的中国经济走向等宏观经济话题。在2012年全球经济持续低迷、国内经济增速放缓的背景下，北京的经济增长呈现出"转中趋稳、稳中向好"的态势，走出一条属于自己的独特"曲线"。因此，2012《点击年关键》将历来关注中国经济的视角聚焦北京经济，从产业升级、金融中心城市建设、科技创新、文化创意四个方面，深入分析"北京特色"的产业发展，梳理首都经济发展规律，探寻中国特色世界城市的经济增长之路。在这样的思路下，2013《点击年关键》牢牢把握两大原则："北京关键"，即2012年北京经济发展的关键行业、关键数字和关键人物；"媒体视角"，即用专业电视财经媒体的视角去思考、去解读。

"走转改"引入财经论坛，勤研究切准北京经济脉搏

2012年北京经济，科技、文化双轮驱动，产业升级，依势而动。要做好这一篇探讨北京产业发展的鲜活文章，必须深入到发展一线去，才能读懂振奋的数字，才能感受创新的力量。因此，财经频道宣传科在项目启动之初，就要求所有的主编、编导首先要"走转改"。杨文明、郑雪涛两位主编带领年轻的编导们历时一个月，先后走访了市发改委、市科委、市金融局、文资办、中关村、北京文化创意产业促进中心、亦庄经济开发区、北京高端制造业基地等，深入采访，搜集信息，确定选题。

一方面是尽可能地接地气，一方面是多学习、勤研究。财经节目中心主任宗燕红多次要求创作团队要通读、细读十八大报告全文，深入领会十八大精神和中央经济工作会议精神，并细加研究北京产业发展的特点和规律，为2012《点击年关键》打下坚实的理论基础。

历经一次次地学习、研讨，随着采访不断深入，一个个访谈主题逐步成形、渐趋饱满。

有"展"有"演"，有"争论"有"互动"

2013《点击年关键》，四期节目，两天录完，这并不是件轻松的事。但是节目组发现，部分观摩过节目录像的观众、技术人员以及参与嘉宾都觉得挺快乐，似乎一期两个小时的录制时间并没有那么漫长，原因就是，这个财经访谈节目并不枯燥！

观众们会看到，虽然是访谈节目，但是中间不乏各种展品的形象展示，还有别具特色的文艺表演，除了主持人和嘉宾们对话题的热烈讨论外，更有现场的各种互动，可谓有"展"有"演"，有"争论"有"互动"，内容相当丰富，形式格外活泼。

"展"：节目组在节目录制现场，专门辟出一个展示区，累计展示了近百种科技、文化类展品，更把一些最前沿、流行的技术拿到现场演示：比如3D打印机现场打印主持人长盛的立体雕像；京东方研制的智能玻璃屏幕冰箱、3D电视等等，让观众对北京科技创新、文化创意以及战略性新兴产业的发展等有了更为直观的认识。

“演”：是指演艺元素。节目组将一些特定的文艺节目恰当地穿插在财经访谈节目中，比如录制《科技创新》一集，最新的智能机器人在演播室集体跳起了时下最火的舞蹈——“江南 style”；录制《文化创意产业》一集，大型实景演出《昆仑神话》被搬进了演播室……这些演艺元素的注入，为访谈节目增加了更多的可视性。

“争论”：著名财经评论员、主持人长盛，与北京市发改委副主任赵磊、北京市金融局新闻发言人柯永果、北京市科委副主任伍健民、北京市文化创意产业促进中心主任梅松这些重量级嘉宾之间展开话题讨论，本身就已经很精彩了，除此之外，还有十几位知名财经媒体的总编、行业专家等以观察员的身份加入话题讨论，足以想见财经论坛《点击年关键》的讨论话题之热烈了。

“互动”：《点击年关键》现场互动方式多样，第一类是观众全参与，通过数字竞猜展示行业成就，接龙游戏展现多样服务，让全场观众参与节目之中，既形象诠释主题，又增加节目趣味性。第二类是政企互动，节目中很多中小科技、文创企业来到现场，将他们最困惑的问题，或是面临的难题，拿出来向政府官员讨教，现场的嘉宾积极回答、出手帮助，形成良好的互动，比如3D打印机负责人向科委领导提出资金扶持时，主嘉宾提出种种解决途径，而现场两个投行当即表示节目后马上洽谈，引来现场阵阵掌声。

巧用技术和道具，凸显电视特点

好的内容，要有好的形式来展现。电视技术与道具的恰当运用，无疑会为节目“锦上添花”。此次《点击年关键》录制，节目组首先在硬件上做足准备，制片许俊歆提前与我台制作部灯光科郭震渊老师就节目形式与灯光配合展开探讨，为节目专门设计灯光机位图和配合方案，用最新的电脑灯组与简约的舞美配合，为节目提气不少。

此外，创作团队还充分开动脑筋，用多种技术形式和道具为节目增添意想不到的效果。比如《金融产业》一集，如何把专业的金融工作用形象的方式展现？最终，大伙儿共同理出一条思路：金融是城市经济发展的血液，是命脉，它对于北京各个产业、各个方面的发展都有注入活力的作用，因此我们就设计了由金融局的领导，现场灌溉三棵大树，分别代表2012年金融的三个重点工作，即“民生金融”、“科技金融”和“文化金融”。想法很好，怎么实现？最终有“技术控”之称的导演田鸿，采取人屏互动的方式，制作了三棵3D大树，录制现场，在金融局副局长柯永果的“浇灌”之下，大屏幕上三棵大树瞬间拔地而起，参天叶茂，让所有场上嘉宾和观众都备感震撼。

现场还有很多道具，或是编导们搜罗而来，或是亲手制作。这些设计不仅有效凸显电视节目形象化的特点，更成为解读北京经济发展、展示行业成果的有效载体。

经过五年的历练，《点击年关键》不断创新、不断突破，为财经节目中心打造品牌财经活动和特别节目积攒了宝贵经验。

《幸福厨房》倡导健康生活方式

生活节目中心

《幸福厨房》是北京电视台生活频道推出的一档互动厨艺比赛节目，于每周日19：30播出。节目以“关爱家人、为爱而战”为核心内涵，选手与亲人、朋友结队参加进行厨艺展示，讲述情感故事，在小厨房缩影大生活，号召人们回归家庭、关爱亲人，传达积极健康的家庭观、生活观。

一、主题鲜明，功能性强

《幸福厨房》每期节目中均设立一个贴近生活、契合时令的主题，选手以该主题为指导进行厨艺展示。如，考虑到渐入夏季，大量生鲜食品开始进入北京地区市场，4月28日节目以“一百元吃海鲜”为题，向观众介绍了当前北京市场上物美价廉的海鲜及其做法，贴合观众实际生活。5月12日适逢母亲节，节目以“为妈妈做一顿饭”为主题，邀请几位厨艺达人向观众展示了如何为母亲做出一桌美味又营养的饭菜。同时还在厨艺展示之余，和场内观众一起畅谈母亲与厨房的故事，倡导观众理解母亲的辛劳，多为母亲分忧的理念。同时作为一档厨艺类节目，《幸福厨房》在进行厨艺比赛的同时，更注重为观众介绍生活实用技能。考虑到观众多为上班族时间紧张，节目一般选择早餐10分钟之内、正餐20分钟之内即可完成的快手家常菜进行介绍。针对生活中经常出现剩余食材不知如何处理的现象，节目开辟了“超市食品大改造”环节，向大家介绍对隔夜饭等常见剩余食材如何在保证健康营养的基础上进行加工的方法。这些环节契合了观众实际需求，突出了节目的生活服务类功能。

二、倡导健康生活方式

《幸福厨房》注重向观众传达营养和健康均衡摄取的理念。节目邀请营养专家，对展示的每一道菜肴均给出营养方面的建议，指出选手在加工食材过程中存在的破坏食物营养的做法。如在早餐后厨艺环节比拼之前，先邀请专家向观众介绍长期不吃早餐的危害性和可能导致的疾病、营养充足的早餐标准等知识。节目针对食材的不同营养价值，向相关人群进行健康提醒：如“一百元吃海鲜”专题中，特别提醒海鲜存在大量的嘌呤物质，有痛风等疾病的人群应当慎食，而对于普通人群海鲜则是非常健康的食物。

“1+5+1”规模升级 “用心过年”传统回归

——《2013BTV卡酷少儿动画春晚》再度创新

动画节目中心

北京电视台“卡酷少儿动画春晚”历时六年，2013年再换新装，又推出全新“1+5+1”模式，以“聚童心 聚快乐”为口号，通过新形态、新理念、新角色、新玩儿法，展开从小年（2月3日）到除夕（2月9日）一连七天的春节大狂欢，传递“用心过年”、团聚过节的和谐理念，为全国少儿观众奉上一道有滋有味儿的春节电视大餐。

一、形式突破，规模升级——推出“1+5+1”旗舰模式

《2013BTV卡酷少儿动画春晚》首次尝试主题化、系列化、集群化的创作形式，将“动画春晚”概念进行拓展，形成由“1部动画贺岁剧+5天通档综艺节目+1场大联欢”构成的春晚节目带，节目形态囊括原创动画片、才艺真人秀、竞技游戏比拼、综艺舞台剧等形式，让动画春晚不再只是除夕晚上的一道菜品，而成为延续整个春节期间的少儿春晚饕餮盛宴。

一部动画贺岁剧《谁动了我的节日》，在小年（2月3日）打响头一炮，通过“节日失踪”这种极具新鲜感的故事悬念，让小朋友运用智慧和勇气抢回属于自己的节日，并在天马行空的冒险故事中，蕴含亲情、友情主题。这部2D加3D结合、完全原创的高品质动画影片，画面精致，情节动人，影片角色、场景、道具设计体现中国风元素，以迪士尼动画《白雪公主》、《花木兰》等经典歌舞剧模式推动情节发展，在各大卫视真人春晚屏幕上增添一抹别样的童趣色彩。

五档综艺节目《戏说节日》、《吃遍节日》、《玩转节日》、《秀出节日》、《漫游节日》，连续5天进行传统节日大盘点，集合传说、美食、娱乐、才艺、地域特色等元素于一身，全方位展现中国传统节日特色。比如《戏说节日》中，卡酷少儿瘦不了、彩虹姐姐等当家主持人通过夸张风趣的表演，为孩子们欢乐戏说七夕、重阳、中秋等节日的来历；《秀出节日》中，来自全国的才能小达人倾情表演了《卡酷节日STYLE》、《清明雨上》等节目，让孩子们深刻感悟踏青、赛龙舟、登高等文化传统，为中国传统节日增添了诗情画意的美感。

一场大联欢《动画春晚盛装大典》，来自北京电视台《北京您早》、《每日文娱播报》、《养生堂》等栏目的知名主持人化身经典动漫形象，亲切温婉的春妮化身三头六臂的哪吒，大气端庄的栗坤成为史上最潮最酷的白雪公主，靓丽秀美的陈晨变身《葫芦兄弟》里的美艳蛇精。她们以前所未有的卡通造型和表演设计个性亮相，和来自《喜羊羊与灰太狼》、《快乐东西》、《摩尔庄园》等作品的动画明星一起向全国的小朋友贺岁拜年。

真人与动画结合的经典模式、意想不到的明星阵容、酷炫奇特的盛装造型，三种形式、七天连播、纵横编排，今年的动画春晚打出一套组合拳，有效地扩大了动画春晚的规模效应与品牌影响。

二、立意大气，用心过年——回归中国传统节日文化

本届动画春晚最初策划之时，就把节目立意和主旨放在首要位置，深挖文化内涵和社会价值，把2013年春节定义为卡酷少儿的“团圆年”，围绕“团聚”主题进行设计编排：代表动画形象“卡酷年”不再孤单，第一次和其他节日伙伴一起度过团圆节；来自《向上吧！少年》的“马头琴王子”包迪，以一首《明月几时有》献给天下父母；瘦不了带头挑战游戏“鹊桥穿针”，帮助牛郎、织女在七夕节成功相聚。

春晚以娱乐、游戏的形式展现节日的特点与差异，以欢快热烈的舞台表演及外景游艺的形式，呼吁观众们重拾过节真谛，回归传统过年理念，在给小观众们带去节庆快乐的同时潜移默化地传递中华民族特有的价值理念，让小朋友们了解到“团圆”、“团聚”、“团结”的重要意义，并帮助他们认知传统节日，让中华文化得以传承和发展。

三、形象创新，全民贺岁——引爆全年龄童真童趣

在本届动画春晚的舞台上，端午、清明、元宵、中秋、七夕、重阳六大汇聚了中华文化、牵动华人情怀的传统节日首次被赋予卡通形象及性格。每一个节日都代表了一种过节的心境、一种独有的快乐，当所有节日团聚到春节——这个中国人最重要的辞旧迎新的时刻，快乐将成倍累加，以最大的能量迸发而出。把节日具象化、符号化，让小观众们更直观地体验每个节日带来的传统情思，憨态可掬的卡通形象也成为“00后”、“10后”的新伙伴。

而在最后一场“盛装大典”上，知名主持人对葫芦娃、大力水手、哪吒等经典动漫角色的重新演绎，勾起了“80后”观众温馨的童年回忆，展现了卡酷少儿极具童真童趣的超凡想象力，形成全家共同收看的气氛，成为全龄观众讨论话题。

四、宣传立体，多元互动——多渠道调动观众参与热情

本届动画春晚制订了海、陆、空全方位、多元化的宣传预热策略。以电视媒体宣传为核心，借助报刊杂志等平面媒体影响力，充分调动腾讯、新浪、搜狐等门户网站、地铁电视、移动电视、城市电视和微博等新媒体平台互动优势，推出“团聚”照片征集活动、节日形象网上涂鸦、“掌上好节”移动终端游戏三个线下宣传活动，共有近万名小朋友参与了互动活动，提前感受节日带来的快乐；发挥明星影响力，选定具有公益形象的演员佟大为担任“动画春晚节日大使”，召开“节日仓库启动仪式”，全程参与春晚宣传。在最后一场盛装大典播出前，还特别制作了四小时倒计时特别节目，回顾动画春晚的精彩看点，对盛装大典播出进行预热。

从2012年11月到2013年2月春晚开播，动画春晚先后围绕“节目理念”、“节日形象”、“互动活动”、“节日大使”、“精彩内容曝光”、“倒计时”等九个宣传主题，进行了多角度、多渠道的滚动式宣传推广，在媒体和网络上掀起了多轮热议话题，充分调动了观众的参与热情，形成收看期待。

五、高端评价，反响热烈——主流媒体与观众口碑双赢

在本届动画春晚的筹备过程中，《北京新闻》、《电视先锋榜》、《每日文娱播报》、《首都经济报道》等电视栏目对动画春晚进行了全过程跟踪宣传；《北京日报》、《中国青年报》、《北京晚报》等几十家重点媒体，也以《北京台动画春晚连播七天》、《动画春晚蛇年换装》等题目进行不同篇幅的报道。其中，《北京青年报》用整版篇幅推荐了本届动画春晚，称“这场为孩子们打造的动画春晚，让你我重拾那份难得的对童真的期盼”、“动画春晚不仅将成为新一代小观众的集体记忆，成年观众们也可以重拾那份难得的对童真的期盼，让磕碰了一年的心灵重新感知柔软”。

同时在网络上，“动画春晚”也成为了春节期间的热议话题，丑鱼尼莫、阳光等草根名人发表了《2013动画春晚媲美央视春晚10大精彩看点》等博文，上万人点击阅读；微博上卡酷少儿的几十万粉丝也实时对节目进行热议，有人说“BTV的卡酷少儿节目七天大连播实在是太帅了!!! 太给力了!”“卡酷的盛装大典酷爆了!! 蛇精很妖艳，‘希曼’真的很像王宝! 彩虹姐姐很漂亮!! 总之很不错!!!”“2013BTV卡酷春晚主持人的着装让我好怀念童年的动画片”，“在看卡酷春晚……充满了想象力!”

动画春晚2013年2月3日至9日每天18：30的连续七天播出，北京地区全龄收视份额最高达到2.64%；4～14岁核心受众收视率七天平均4.00%，最高收视率触及9.66%。而2月10日（大年初一）在北京卫视的重播，全龄收视份额达到了5.90%，可以说今年的动画春晚受到了各年龄层观众的接受和喜爱。

大型文献纪录片《梦的家园》亮点多

动画节目中心

大型文献纪录片《梦的家园》以中国动画电影90年发展历史为题材，用生动的电视手法对中国动画片的发展成果进行了系统梳理。该片以时间为轴，因“梦”开局，以“梦”收官，抓住中国动画电影艺术发展史这条主线，辅以中国动画电影产业发展这条次要线索，同时关注了中国动画电影的相关艺术元素，可谓是对中国动画电影90年发展历程的全景式扫描。

中国动画的主要作品有1000多部，纪录片精选其中具有代表性的100多部作品，其中不乏一些收藏在影像博物馆中的早期作品，在呈献给广大观众的同时，也借此机会整理编纂出那些珍贵的影像，向中国动画致敬。该片共8集，分别是《梦开始了》、《岁月留痕》、《新的跨越》、《水墨重生》、《歌声飞扬》、《赋音传神》、《痴人追梦》、《放飞梦想》。

这部大型文献纪录片彰显以下亮点：

一、口述历史保留珍贵记忆

《梦的家园》作为追忆中国90年动画片史的纪录片，历史性是其特点之一。该片采用口述历史的方式，搜寻中国动画创作的原始资料，以几代动画工作者的口述为叙事的主要载体，最大程度为观众呈现经典动画作品创作过程中最真实、最鲜活的故事，再现中国动画人在开创、探索中国本土动画的历程中所经历的酸甜苦辣。

为此，创作团队走遍中国，寻找中国动画各时期的亲历者，不仅为中国动画的创作史留下了珍贵的原始资料，也是对老一辈中国动画人的一次抢救性采访。如跟随万籁鸣制作《大闹天宫》时只有 24 岁的严定宪回忆了万老圆梦的过程，以及后来导演制作《小蝌蚪找妈妈》时反复实验的过程。常光希回忆了为创作《草原英雄小姐妹》而去内蒙古采风的过程，以及学习西方前期配音模式制作《宝莲灯》的故事。戴铁郎讲述了他从废纸篓中找回《黑猫警长》草稿、自己动手改编剧本、请小朋友帮忙造型设计等创作过程。

二、紧扣中国动画人追梦和圆梦主题

《梦的家园》作为大型电视文献纪实片，记录的是中国历代动画人的追梦、圆梦历程。8 集纪录片紧扣追梦和圆梦主题，观看全片就像坐上一台时光机，穿梭于不同的场景、人物、事件中，在喜悦和感动中跟中国动画一起兴奋、一起紧张、一起坚守、一起欢呼，被片中一代代造梦人的追求与拼搏震撼着。动画是人们心中最美好的梦的投射，中国动画 90 年所构筑的“梦的家园”，不只是几代人的梦，更是全民族最纯真梦想的体现。每一个动画创作者的幕后故事，每一段经典动画形象产生的过程，对观看纪录片的每一个人来说都给予了榜样的力量。

该片展示的 100 多部作品大都具有划时代的意义。其中很多作品对各个时期的思潮都有不同角度的折射。民国时期的作品带有抗日救亡的召唤，新中国成立初期的作品呼唤劳动人民积极参与生产建设的精神，60 年代的作品试图探索中华民族的特色，80 年代的作品展示了一个逐渐开放、多元化的中国，新世纪以后的作品选材更广、制作更精，代表了当代中国动画人的表达欲望。

该片选取了不同的切入点展现作品独特的艺术魅力和时代特色。以中国动画经典作品（特别是新中国成立以后）的创作过程回顾为叙事基础，以动画产业发展的阶段性特点为叙事线索，在几代动画人的集体记忆中寻找中国动画的成长印记。老一代动画人克服资金不足的困难，苦苦探索；当代动画人信念坚定，痴痴追梦；更有喜欢动画的儿童带着最美好的纯真参与动画创意的采集、动画配音甚至是画面制作的过程，在动画中放飞他们最纯真的梦想。

该片包含的就是动画人最初的最久的梦——中国的动画曾经拾级而上依稀瞥见艺术顶峰的绚丽，中国的动画人曾经浓墨重彩巧手点染出让世界惊奇的中国气派，动画人的心灵更是听凭着童真的召唤，让那些最初的梦生出中国式的根茎和枝丫，传承过往又与时俱进、生生不息地延展成一个时代的精神风貌。

在中国 90 年的动画发展道路上，不光有那些创制经典的老动画人的孜孜以求，当代动画人也怀有同样的热情痴迷于动画，他们创作得精心、真诚、不遗余力，让关注中国动画的人看到了它的未来和希望。

三、多角度、全方位记录中国动画发展历程

该片以动画人的梦为线索，每一集从

不同的角度诠释了中国动画人90年的追梦、圆梦历程，全方位记录中国动画发展历史，展示中国动画在艺术创作、人才培养等领域的丰硕成果。

第1集《梦开始了》以手工制作到二维电脑技术到三维数字技术的技术变革为线索，概述了中国动画90年的发展历程。从万氏兄弟的《铁扇公主》讲起，老一代人用双手描绘带有中国传统特色的美术电影形象，新一代人则利用高科技在20世纪80年代和新世纪到来的时候分别创造了两次创作高潮。

第2集《岁月留痕》从《草原英雄小姐妹》入手，讲述了新中国成立早期，动画在弘扬道德风尚方面发挥的作用。而随着中国的开放，动画的投资模式也有了新的变化，从《宝莲灯》开始，正式走上了市场运作道路。

第3集《新的跨越》则记录了新时期动画片史上两次巨大的转折，第一次是在20世纪80年代后，受外国动画片带动，国内动画遍地开花，改变了上海美影厂一家独大的局面；第二次是2004年，国家出台文化产业激励政策，以《喜羊羊和灰太狼》为代表的动画新生力量蓬勃兴起。

第4集《水墨重生》介绍了至今仍属于保密项目的中国水墨动画技术，以及在此基础上发展的水墨剪纸动画艺术，凸显了中国动画中的中国特色。

第5集《歌声飞扬》和第6集《赋音传神》则分别从配乐和配音两个在动画片中举足轻重的角度来记录中国动画的发展历程。

第7集《痴人追梦》记录了一批当代的动画人用心去追求自己的动画梦。

第8集《放飞梦想》则把视角放到了动画最主要的收视群体——儿童身上，他们的赤子之心给了创作人员最好的创意，逐渐兴起的儿童动画教育更是动画界的希望。

纪录片的8集，选择了八个具有独创性的角度，从中国动画技术的研发到动画作品的运营，从内容到取材创作、到配音配乐的完成，从成年动画人的执着到儿童的动画梦想，从各个方面全方位地记录了中国动画的90年，呈现中国动画的光影魅力。

四、挖掘人物故事凸显主题

该片从观众熟悉的角度切入，挖掘动画人背后的故事，呈现其追梦、圆梦的创作经历及心路历程，起到凸显主题的作用。该片每一集的结构各有特色，每一集的话题不是直接切入，而是由一个相关故事，或者一首广为传唱的歌曲导入。如《梦开始了》由齐白石创作《蛙声十里出山泉》的故事开端引出把国画变动画的话题，《岁月留痕》从《美丽的草原我的家》引出《草原英雄小姐妹》的创作过程。

纪录片通过采访动画人，充分挖掘那些尘封已久的幕后创作故事，通过具有细节感的线索设计，以动画创作人和观众的不同视角，充分挖掘人物故事。该片有丰富的影像资料内容，包括经典作品的经典片段、对动画人的访问、对不同观众的采访、早期访谈录像、动画人采风创作的资料等。在充满时代感的影像中，还原温暖的童真记忆，探寻放飞梦想的家园，以点带面、由浅入深，在文献性、故事性和艺术性中达到最佳观感的平衡与统一。

五、突出表现中国动画的民族特性

该片从多个角度突出表现了中国动画的民族特性，着重展示中国动画的民族特色和中国风味。这种民族特色体现在动画片中的传统文学、戏曲艺术，以及水墨画、剪纸等中国美术的应用，凸显了中国动画人对中国传统文化在动画中的延伸的追求。

早期的《铁扇公主》借鉴了迪士尼的动画元素，但是取材于中国古典文学，让观众用一种新奇的方式体验了传统的故事。经典作品《大闹天宫》在创作过程中邀请著名的京剧表演艺术家“南猴王”郑法祥示范猴戏，把京剧的精髓融到动画片中。《小蝌蚪找妈妈》是中国特色动画艺术的极致，让中国传统的水墨画动起来，把齐白石老人笔下栩栩如生的蝌蚪、虾等形象搬到荧幕上，创造了最具中国特色的民族动画。而在中国动画技术从手工进步到数字化之后，数字制作的水墨画《桃花源记》依然震撼。在当代的动画作品中，依然不缺这种中国特色，比如《卖猪》就是取材于贾平凹回忆困难时期的小说，成片的风格从画面颜色到元素设计，都透露出一股浓浓的西北气息。纪录片在展现经典作品的同时，也再现了传统动画制作的手法与工艺，力求将传统的民族动画技艺真实细腻地展现给观众。

中国动画从创始初期就与传统民族艺术元素紧密相连。随着近年来数字化技术的迅猛发展，传统的动画制作手法几乎完全被新媒体技术替代，水墨、剪纸、皮影、木偶等民族工艺所呈现出来的动画效果也逐渐被电脑特效取而代之。但不变的是中国动画人在作品中对中国传统艺术特性的表达。

六、采访对象范围广泛，同期声等内容丰富

该片讲述的是和中国动画有关的梦，是创造动画和欣赏动画的人共同的梦。因此，该片采访对象范围广泛，既有万籁鸣、钱家骏、特伟、严定宪、常光希、戴铁郎等国产动画的主创人员，他们是中国动画追梦、圆梦的生力军；也有李扬、陈佩斯、范伟、周华健、小柯等动画配乐和配音工作者，他们用声音和音乐诠释和丰富着动画片中的角色；还有鞠萍、何云伟、李菁等名流和普通百姓作为观众对动画的童年记忆和真切感受。

同期声是纪录片起叙事作用的声音元素中最重要的一部分。同期声、动画作品的原声、动画音乐等丰富了纪录片的内容。该片的主题曲是音乐人小柯量身定做的——“好人最终会赢的，坏人总会败的，说谎鼻子会变长的，憨厚的总是个胖子，去努力总会有收获，懒惰的人会挨饿，只要善良就一定会快乐。”简单的句子、简单的旋律，唱出的是动画片中包含的最质朴的价值观，这也是最打动观众的地方。

电视系列片《环球同此凉热》获得成功

纪实频道节目中心

从2013年7月12日起，北京电视台纪实高清频道《全纪实》栏目播出了电视系列片《环球同此凉热》，引发了观众的关注和热议，收到了较好的社会效果。

一、主题深刻，立意高远，探讨人类文明发展与气候变化的关系

《环球同此凉热》从气候变化入手，汲取中国传统文化的精髓，借助古代先贤对天、地、人三者关系的认知，深刻阐述在人类发展的漫漫征途中，自然生态环境变化与人类文明发展的辩证关系，呼唤当今民众应充分地意识到，自然与人类的和谐共存，是社会可持续发展的先决条件，启发观众对于人类文明未来命运的思考。

在仅有九个小时的片长中，节目巧妙选取时间坐标和空间坐标的相交处，以此为立足点，全方位环顾周围，向上回溯，向下展望，准确描述了千万年来人类文明发展的历史进程，以及我们赖以生存的空间——地球环境、气候变化这之间简单而又复杂的关系。系列片通过视频拍摄、影像制作、人物表演等多种表现手法，将历史先贤久已悟出的和当今民众通过伤痛代价所认知的关于人和自然的“真理”通过艺术形式表达出来。

二、结构清晰，制作精美

按照人类文明发展历程，12 集纪录片分为三个部分：第一部分（1～4 集）《黑色·困惑》讲述工业文明；第二部分（5～8 集）《黄色·回忆》讲述农业文明；第三部分（9～12）《绿色·抉择》讲述生态文明。三部分各以不同颜色配合表现主题——黑色的工业文明、黄色的农业文明、绿色的生态文明。这一整体结构非常清楚，易于观众快速把握节目主题。

《环球同此凉热》的电视表现，也值得特别肯定。该片无论在拍摄手段、用光考虑上，还是在后期制作上，均反映出制作者精益求精的高标准要求和用心程度。具体而言，节目中每个画面的用光和色调几乎都讲究到完美和精致的程度——画面华丽，调子柔和，采访必布置光线，几乎所有采访不插画面，采访抠像配背景，音乐铺陈到位，编辑节奏把握准确……总之，该片制作精美，几乎找不到质量上的瑕疵，给观众带来电影胶片般的视觉享受。《环球同此凉热》代表了我国当今纪录片制作的最高水准，成为我国一部具有代表性的纪录片中的“大片”。

三、关注社会热点，推出恰逢其时

2013 年老百姓所关注的话题中，气候变化问题不能不说是一个具有持续热度的内容。尤其是在 PM2.5 概念广泛传播后，几乎没有人能够忽略气候变化这一与每个人息息相关的问题。尤其是 2013 年年初，全国大部分地区爆发的雾霾天气，更是引发了普通人对全球气候变化的更多关注。但是，在媒体相关的报道中，极少有媒体能够站在人类与自然关系的高度，全面辩证地展示二者的关系，并提出人类应当抑制自己的欲望，正确看待环境保护与社会发展的关系。《环球同此凉热》正是通过“气候变化”这个切入点，提醒观众认清人类只是自然界中极小极小的一个部分。只有尊重自然，作为自然界一部分的人类才能延续得更久。在气候变化话题成为讨论热点之际，《环球同此凉热》可谓在适当的时机，以适合的角度，首次明确地提出了每个人都值得思考的环境保护问题。

北京电视台“三个评议”成效显著

党委办公室

北京电视台党委从2012年11月起启动了群众评议党员、党员评议支部、支部评议党委工作（以下简称“三个评议”）。通过自下而上的评议活动，树典型、学先进，找不足、促转变，推动各级党组织成为团结带领群众贯彻党的理论和路线方针政策、落实党的任务的战斗堡垒，推动广大党员发挥先锋模范作用，为北京电视台事业发展提供强有力的政治、思想和组织保障。

一、开展“三个评议”活动的主要情况

1. 提前谋划，把握主动。台党委对开展“三个评议”活动高度重视，2012年下半年，在组织开展基层党组织分类定级和晋位升级工作的基础上，深入研究制定加强基层党组织和党员队伍建设的具体措施。党的十八大召开之后，台党委全面启动“三个评议”活动，将该项活动作为深入学习宣传贯彻党的十八大精神重点工作之一，对全台基层党组织工作和党员现状进行一次全面检验。

2. 科学组织，精心部署。结合本台实际情况，不断完善“三个评议”活动实施方案，为活动全面、有序、顺利地开展创造了良好条件。台党委把“三个评议”工作划分为“学习动员、民主评议、组织评定、反馈情况、整改提高、总结工作”六个阶段来抓。在群众评议党员环节，根据党的十八大对党员提出的新要求和党章规定的党员标准，从理想信念、综合素质、工作业绩、群众威信、模范作用、遵纪守法六个方面，对党员进行评议；在党员评议支部环节，根据党的十八大对创新基层党建工作的新部署新要求和党章规定的基层党组织的基本任务，从贯彻落实党的路线方针政策和上级决策部署、加强和改进党员队伍教育管理、联系和服务党员群众、提高发展党员质量、发挥党员和群众的积极性创造性、推动基层组织工作创新、发挥党支部战斗堡垒作用等七个方面，对党支部工作进行评议；在支部评议党委环节，根据党的十八大对全面提高党的建设科学化水平的新部署新要求和党章规定的基层党组织的基本任务，从贯彻落实党的路线方针政策和上级决策部署、贯彻落实科学发展观、加强对党建工作的领导和党员干部的教育管理、践行党的群众路线、积极发展党内民主、加强干部和人才队伍建设、推动基层组织工作创新、加强党风廉政建设和反腐败工作、发挥领导班子和班子成员模范带头作用等九个方面对台党委工作进行评议。

2012年11月26日，北京电视台召开了“三个评议”工作动员会，讲清了开展“三个评议”工作的目的和意义，并就如何确保此项工作取得实效作了部署。11月28日，党委办公室组织各党支部有关工作人员进行了专题培训，确保“三个评议”工作严格按程序推进。

3. 广泛参与，认真评议。“三个评议”活动中，全台党支部严格按照工作方案要求，在认真组织学习的基础上，结合各自的实际和党员的思想动态，制订了具体的工作计划。为发挥群众监督作用，增强评议工作的针对性，各党支部采取灵活多样的方式，以科室或党小组为单位进行评议，充分调动广大党员、群众参与的积极性，拓宽活动覆盖面。全台95%以上的干部职工参与了评议活动，收回各类测评票4390余张。在广泛征求意见的基础上，各党支部召开了专题讨论会和民主生活会，组织党员、群众紧紧围绕评议的内容，本着实事求是的原则，发扬民主，坚持标准，对每位党员和支部工作进行“面对面”的民主评议。

4. 量化指标，严格考核。“三个评议”工作科学设计组织评价方法，采取百分制量化考核方式，对党员、党组织评价设定了四个等级：好、较好、一般、差。凡综合得分在90分以上的评定为“好”，80～89分的评定为“较好”，60～79分的评定为“一般”，60分以下的评定为“差”。

全台52个党支部，4330余人次参加了评议，1202名党员被评议。其中：1113名党员被评定为“好”，占92.6%；81名党员被评定为“较好”，占6.7%；8名党员被评定为“一般”，占0.7%；没有党员被评为“差”。被评定为“好”的党支部占98%，1个党支部被评定为“较好”，占2%，没有支部被评为“一般”和“差”。台党委综合得分95.42分，被全台党支部评为“好”。

5. 分析研究，整改提高。评议第三阶段工作结束后，台党委召开党委扩大会，全面分析民主评议和民主测评情况，对各支部工作进行综合评价和等级评定，提出相应意见，并结合支部评议党委的情况，进一步明确台党委今后工作目标和整改重点。

各党支部把梳理出来的问题进行充分讨论，逐一分析，查找原因，找准解决办法，研究制订切实可行的整改措施，确保取得实效。

一是加强支部班子建设，形成凝聚力。支部班子成员坚决执行民主集中制原则，对涉及“三重一大”的事项，做到集思广益，严格按台内规章办事。行政部党支部制订了《党支部议事规则》，凡涉及重要事项须通过领导班子集体研究决定，增强了决策透明度，营造风正、气顺、劲足的和谐环境。在日常工作中，支部成员之间注重交流沟通，相互了解，相互支持，发挥了领导班子的合力，有效地推动各项工作的顺利进展。

二是进一步建立健全各项规章制度、监督约束机制。播出部党支部在部门经费使用上严格把关，采取阳光透明的公开方式，接受计财部和监察审计部门的监督；严格按招标制度流程办事，从项目实际需求出发，集体决定，保质保量、公平公正地完成了项目招标任务。制度建立后，他们还建立了切实可行的监督系统，自下而上，上下结合，专人负责和定期检查制度落实情况，及时改进，并将制度执行情况列入年度工作测评范围。

总工办党支部结合部门实际制订工作流程，把好工程项目立项审批关，做好招投标前准备工作，严格执行预算；实行项目责任制，制订了《北京电视台高清电视技术系统工程专项资金使用流程》，将其列入台“三重一大”事项的讨论范围，项目招标完成后，由各技术部门负责组织项目实施；同时将设备的采购、入库、保管、出库、使用由多个部门分别负责，形成相互制约的机制。

影视剧中心建立了相互监督和制约的“购剧工作三审系统”。电视剧“采购系统”负责电视剧一审工作，“审评系统”负责电视剧二审，经过二审筛选出的电视剧，签订播出意向，进入“播出审查系统”，由编排会和审片会执行电视剧三审。“三审系统”的建立，有效地提高了购剧工作决策的科学性、民主性，形成了较为完善的风险防控体系。

三是加强作风建设，提高党员队伍整体素质。党支部树立为广大群众服务的理念，开展谈心活动，了解他们的工作、学习、生活等情况，定期分析党员队伍中存在的问题和产生的原因，掌握动态，及时统一思想，提高认识，理顺情绪，化解矛盾，帮助解决群众关心的热点难点问题。总编室、文艺节目中心党支部为每名党员评定了等级，还根据每个人的特点认真写出评语，不仅肯定其自身优点和取得成绩，还指出了今后努力方向，促进同志间相互了解、共同进步，进一步营造了团结、和谐的工作氛围。信息网络管理部党支部将民主生活会制度作为加强自身作风建设的重要组成部分，广泛征求意见，认真开展批评与自我批评；查找自身风险点，研讨解决风险的办法；要求全体党员严格遵守廉洁自律规定，加强党员干部队伍的思想作风建设。

二、开展“三个评议”活动的主要收获

1. 促进了党组织和党员队伍先进性建设。台党委以开展“三个评议”活动为契机，对全台各党支部和全体党员进行了一次全面“体检”，比较全面地掌握了全台党建工作现状及基本情况。各党支部根据评议情况进行认真总结、研讨，既充分肯定了成绩，也查找了薄弱环节，强化党员意识，增强荣誉感、使命感，鼓舞士气，提振精神，调动工作积极性，提高了党员接受群众监督，充分发挥先锋模范作用的自觉性；涌现出了一批工作积极、勤恳忠实、善于开拓创新的优秀党员，形成了比学赶超、创先争优的良好局面。

2. 树立了党组织的良好形象。活动期间，台党委和台领导班子成员虚心倾听群众意见，客观分析存在的问题，切实维护群众利益，赢得了大家的信赖和称赞。广大干部职工真心诚意地出谋划策，推动北京电视台又好又快地发展。在此次评议中，全台职工对绝大多数党员干部，全体党员对全台党支部，各党支部对党委的工作都给予了充分肯定。

3. 开辟了党组织生活又一新的形式。评议活动中，台领导班子成员和部门领导都作为普通党员参加到活动中，自觉接受党员和群众的评议，密切了党群关系、干群关系。评议活动成为党员、群众相互交流和沟通的新平台，例如：办公室、新闻编辑部、科教节目中心在群众评议党员环节中，虽然是以科室或栏目组为单位进行评议，但部门领导却在全部门范围内接受评议，以便更广泛地征询意见。行政部党支部在评议时先向全体职工汇报了支部工作，然后分三个层次有针对性地进行点评：一是支部委员分别点评自己主管科室的党员，二是科室内部的党员相互评价，三是普通群众评议党员。评议活动促进了党员干部的思想作风和工作作风的转变，增强

了党组织的凝聚力和战斗力，调动了同志们的积极性，推动了各项工作的开展。

4. 积累了加强党的建设和思想政治工作新经验。“三个评议”活动的广泛开展不仅丰富了党组织生活的内容，同时还提升了我台党建工作水平和思想政治工作的创新能力。通过“分类量化标准，个性考核评价”的党组织评价体系，使每个基层党组织和党员都能看清现状、明确目标。活动结束后，我台将认真总结开展“三个评议”工作的成功做法和经验，将评议结果作为加强党员教育管理和基层党组织建设以及党内评优、干部选拔任用的重要依据，建立和完善评议结果使用的长效机制，推动评议工作常态化、制度化，不断增强党建工作的活力。

北京电视台深入开展党的群众路线教育实践活动

党委办公室

从2013年8月开始，北京电视台在全台党员干部中深入开展以为民务实清廉为主要内容的党的群众路线教育实践活动。在开展教育活动期间，台党委坚持把开展党的群众路线教育实践活动，作为加强和改进党的建设的重要任务，精心组织、狠抓落实，圆满完成了教育实践活动各项工作，取得了良好效果。

一、高度重视，把握要求，精心组织开展了一系列准备工作

党的十八大召开后，台党委结合学习贯彻十八大精神，结合研究部署2013年工作，认真了解情况、收集资料，深入分析研究教育实践活动涉及的有关工作，并将开展教育实践活动作为2013年的重点工作列入折子工程。党的群众路线教育实践活动工作会议召开后，台党委迅速传达学习习近平总书记重要讲话和中央、市委的有关精神，对全台开展教育实践活动和深入做好全市教育实践活动宣传报道工作分别作出部署、提出要求。活动开展前，《论群众路线——重要论述摘编》、《党的群众路线教育实践活动学习文件选编》、《厉行节约　反对浪费——重要论述摘编》等学习材料均已发放到位。制定了《北京电视台深入开展党的群众路线教育实践活动工作方案》，确定了三个环节17项工作任务，成立了由台主要领导牵头、台领导班子全体成员组成的台教育实践活动领导小组及其工作机构，明确了具体工作责任。

二、加强沟通，全面动员，确保了教育实践活动有序启动

按照全市第一批深入开展党的群众路线教育实践活动的总体部署，台党委与市委教育实践活动第26督导组多次沟通，就活动的整体方案、工作步骤、时间安排、联络机制等充分征求了市委督导组的意见。8月7日，北京电视台党的群众路线教育实践活动动员大会召开，赵多佳同志作动员讲话，深入阐述了开展教育实践活动的重大意义、目标任务和工作要求，市委第26督导组组长董颖同志对开展教育实践活动提出了具体指导性意见，标志着北京电视台党的群众路线教育实践活动全面启动。动员大会期间，市委督导组采取民主评议、个别谈话的方式，向台领导班子成员、各部门负责人和群众代表了解了有关情况。动员大会结束后，各党总支、党支部也迅速召开会议，层层进行了传达部署。

三、多措并举，狠抓学习，有效提高了全台党员干部的思想认识

在自学指定辅导读物的基础上，台党委组织了为期五个半天、近120人参加的教育实践活动培训班，通过观看电影《周恩来的四个昼夜》和电视系列片《正道沧桑——社会主义500年》、听取3名专家学者关于党的群众路线的专题讲座、开展分组学习讨论等形式，进行集中培训教育。台党委中心组举行了专题学习会，台领导班子成员结合自身思想实际和工作实际，就进一步把握和践行党的群众路线、切实解决“四风”问题、提高服务群众工作能力、增强教育实践活动实效性等谈了学习认识和体会，并对下一步推动北京电视台改革发展进行了思考。9月17日，赵多佳同志以《深入群众创作优秀作品，以坚强的党性传递社会进步的正能量》为题，作了一场专题党课报告。结合学习贯彻习近平总书记“8·19”重要讲话精神，台领导班子累计开展学习培训11次，台党委组织开展不同层次、不同范围、不同内容的学习教育活动近30场次，参与人数近4000人次。

四、广开言路，倾听意见，及时了解了群众反映强烈的突出问题

台领导班子成员根据分工，建立了各自的联系点，每人至少三次深入联系点指导开展教育实践活动，听取联系点干部职工对台领导班子和本人的意见建议，帮助联系点群众解决实际问题。台党委召开了三场群众代表座谈会，台领导班子成员与44名群众代表面对面交流座谈，了解情况、听取意见、沟通感情。此外，台教育实践活动领导小组在台内设立了专门的征集意见箱，开设了网上建言献策专用平台，以信函形式征求了各区（县）委宣传部的意见建议，台领导班子成员利用各种机会与干部群众交流思想，通过“支部评议党委”工作渠道集中征求大家的想法和意见，形成了广开言路、畅所欲言的生动局面。经过对各方面意见建议的收集汇总和整理归纳，累计形成意见建议160条，包括对台领导班子的意见建议82条和对台领导班子成员的意见建议78条，为台领导班子对照检查、开展批评打下了重要基础。

五、对照检查，深入查摆，及时明确了整改方向

台领导班子和班子成员带头开展对照检查，领导班子对照检查材料由台主要领导主持起草，查摆出台领导班子“四风”方面存在的突出问题12条，从理想信念、宗旨意识、党性修养、政治纪律和政绩观、权力观、世界观等方面深刻剖析了产生问题的原因，提出了五个方面15项具体整改措施。台领导班子成员结合自身思想和工作实际，认真撰写个人对照检查材料，查摆出“四风”方面存在的问题85个，提出了79项整改措施。在此基础上，台主要领导与班子其他成员、班子其他成员之间、班子成员和分管部门负责人之间分别进行了谈心谈话，开诚布公、坦诚相待，以解决问题为出发点和落脚点，以建设性的态度交流思想，达到了相互帮助、增进团结、促进工作的目的。11月29日，台领导班子召开专题民主生活会，赵多佳同志代表台领导班子作对照检查发言，班子成员逐一作个人对照检查发言。发言围绕遵守党的政治纪律、贯彻中央八项规定和市委十五条意见、转变作风方面的基本情况以及“四风”方面存在的突出问题、产生问题的原因分析、今后的努力方向和改进措施等四个方面进行了认真对照检查，班子成员相互提出了批评意见。专题民主生活会气氛严肃、认真、坦诚，体现出了准备工作充分、查摆问题到位、原因剖析深刻、相互批评中肯、整改措施务实的特点，得到了市委督导组和上级有关领导的高度评价。按照要求，赵多佳同志向来自各部门的干部群众代表通报了专题民主生活会的主要情况。在此基础上，全台55个党支部也分别召开了专题组织生活会，结合党组织建设和所在部门的工作实际，深入开展了批评和自我批评，台领导班子成员以普通党员身份，分别参加了所在党支部的专题组织生活会。各部门主要负责人按照活动要求，认真撰写形成了个人对照检查材料。

六、制定方案，安排整改，积极回应了干部群众的关切和要求

根据学习教育、听取意见和查摆问题、开展批评两个环节的情况，台领导班子和班子成员分别开展了“回头看”自查工作，形成了台领导班子“回头看”自查报告。12月20日，台党委召开专题交流会，台领导班子成员逐一发言，交流了参加教育实践活动的感想和体会，对下一步工作提出了具体设想。根据对照检查、开展批评以及“回头看”自查情况，台领导班子和班子成员分别研究制定了整改方案和整改措施。整改方案涉及7个方面内容，针对台领导班子“四风”方面存在的主要问题，逐项作出了整改安排，明确了责任领导、牵头部门、配合部门、具体负责人和完成时限。班子成员分别结合实际，针对自身存在的问题，累计提出了131项整改措施。

七、完善制度，整治“四风”，初步解决了一批突出问题

台党委把加强制度建设贯穿于教育实践活动的始终，着力践行群众路线、改进工作作风，下大力气推动教育实践活动期间形成的好做法、建立的好举措制度化，研究制定了《北京电视台关于贯彻落实中央八项规定和市委市政府实施意见的工作措施》，明确了包括改进调查研究、简化公务接待、精简会议活动等在内的20项具体举措；改进了台情通报会制度，实行台领导班子成员轮流通报，加强班子成员与群众的互动交流；研究建立有奖征集群众意见建议常态机制，鼓励献计献策，激发基层的创造活力，初步形成了联系服务群众的常态化工作机制。目前，正在着手制定《北京电视台公务接待制度》，进一步推动作风建设的制度化、规范化。同时，针对“四风”方面存在的问题，台党委及时组织开展正风肃纪集中整治工作，取消了全台和部门层面的新春联谊会、团拜会等活动，大幅压缩了2013年重阳节晚会、中秋节晚会、2014年春节联欢晚会等节庆晚会的节目成本，严格控制会议和活动经费，加快推进办公行政管理网络化建设和无纸化办公，初步解决了一批作风方面群众反映强烈的突出问题，有效改进了工作作风。

八、边查边改，立行立改，有力推动了教育实践活动成果的转化应用

台党委在调查研究的基础上，针对本

单位改革发展面临的形势任务和主要矛盾，出主意、想办法、找思路，形成了一系列新的工作举措。对涉及员工切身利益的职称、薪酬等问题，经过深入研究，台党委决定为2006年后取得专业技术职称的410名从业人员进行职称认定和基本工资兑现，初步解决了这一历史遗留问题。针对财务管理和固定资产管理工作中出现的管理责任不清晰、管理措施不到位等问题，制定出台了新的《北京电视台财务管理制度》和《北京电视台固定资产管理制度》，提高了财务管理和固定资产管理的科学化水平。针对人力资源管理工作中的基础性矛盾，制定完成了北京电视台岗位通道体系管理办法，为推动“三定”方案全面落地、实现从业人员从身份管理向岗位管理转变提供了重要基础。教育实践活动期间，台领导班子加强对改革发展有关重大问题的研究，着力提高决策力和执行力，建立了地面频道周末季播栏目管理办法、新媒体演播室管理规定等重要制度；明确了2014年频道改版思路，完成了2014年多档重要节目广告招商工作；积极推动“大媒体”平台建设，北京网络广播电视台网站正式上线；北京英特维文化传播有限公司人员划转等工作顺利推进，研究提出了北京电视台培训中心发展建设的基本思路；开展全台采编岗位人员马克思主义新闻观集中培训，实施青年英才培养工程，各方面工作呈现出了新的气象。结合学习贯彻党的十八届三中全会和全国、全市宣传思想工作会议精神，台领导班子召开两次务虚会，就进一步深化改革、建立践行群众路线常态化工作机制、安排部署2014年重点工作，就发挥市场在资源配置中的决定性作用、全面释放发展活力、促进事业产业融合发展、不断提高管理运行的效率和效益、加强管理制度建设等达成了重要共识，组建了6个由台领导班子成员分别牵头的工作小组，开展改革调查研究和方案设计工作。

九、狠抓宣传，积极引导，大力营造了有利于教育实践活动开展的良好舆论环境

党的群众路线教育实践活动开展以来，按照中宣部和市委宣传部的有关部署要求，北京电视台相关节目中心认真做好全市教育实践活动宣传报道和舆论引导工作，通过开设专题专栏，集中报道全市第一批教育实践活动开展情况，挖掘采访广大党员干部深入基层、深入群众的先进典型，累计播发相关节目和报道近200条（期），为教育实践活动的深入开展提供了有力的舆论支持。特别是新闻节目中心联合北京市非紧急救助服务中心开设的《听民意　解民忧》特别报道，架起了市级相关部门与群众沟通交流的桥梁，受到普遍好评，得到了中央教育实践活动督导组的高度评价。

组织机构

组织机构

中共北京电视台委员会

书　记：赵多佳
副书记：窦晓东　彭司海
委　员：田方

北京电视台领导班子成员

赵多佳　北京电视台党委书记（2013 年 10 月任）
　　　　北京电视台台长（2013 年 9 月任）
窦晓东　北京电视台党委副书记
　　　　北京电视台纪委书记（2013 年 11 月免）
　　　　北京电视台常务副台长
彭司海　北京电视台党委副书记（2013 年 5 月任）
　　　　北京电视台纪委书记（2013 年 11 月任）
田　方　北京电视台总工程师
朱　江　北京电视台副总编辑
王　澎　北京电视台副台长
李岭涛　北京电视台副台长（2013 年 4 月任）
艾冬云　北京电视台副总编辑（2013 年 4 月任）
徐　滔　北京电视台副总编辑（2013 年 4 月任）

王晓东　北京电视台党委书记（2013 年 10 月免）
　　　　北京电视台台长（2013 年 8 月免）
张　亮　北京电视台副总编辑（2013 年 4 月免）

北京电视台工会委员会

主　席：李　珍
副主席：孟传妍
委　员：马世飞、王　奇、王　峥、王金生、王宝德、刘绍芬、伊国庆、陈志明、李　珍、李　湧、李志国、张　立、孟传妍、周　红、周久兰
经费审查委员会：温江南、齐学耕、周志豪

共青团北京电视台委员会

书　记：李　莉
副书记：彭　嘉
委　员：彭　楠　林　遴　王　岩

机构设置

内设机构：

党委办公室、办公室、监察审计办公室、人事部、保卫部、计划财务部、工会办公室、行政部、基建办公室、研究发展部、总编室、广告部、经营管理部、新媒体发展中心、总工程师办公室、制作部、播出部、动力部、技术设备管理部、转播传送部、信息网络管理部、卫视节目中心、新闻节目中心、海外节目中心、文艺节目中心、科教节目中心、影视剧中心、财经节目中心、体育节目中心、生活节目中心、青少年节目中心、动画节目中心、纪实频道节目中心

内部机构：

艺委会、史志办、老干部工作办公室

注：青少年节目中心、海外节目中心，在台内合并为青少·海外节目中心。

北京电视台在职中层干部

序　号	姓　名	部门及职务
1	赵国旗	党委办公室副主任（主持工作）
2	孙书明	党委办公室副主任
3	宋　莲	办公室主任
4	秦新春	办公室副主任
5	王　昕	办公室副主任
6	史椰森	总编室主任
7	张冬林	总编室副主任
8	高　譪	总编室副主任
9	何　蔚	总编室副主任
10	林　平	总工程师办公室副主任（主持工作）
11	蒋　虎	研究发展部主任兼任新媒体发展中心主任
12	马克燕	研究发展部副主任
13	宁文茹	研究发展部副主任
14	周久兰	监察审计办公室副主任（主持工作）
15	钱　毅	工会办公室党支部书记
16	孟传妍	工会副主席
17	杨建忠	人事部主任
18	李迎军	人事部副主任
19	孙成刚	计划财务部主任
20	汪　红	计划财务部副主任
21	王京梅	计划财务部副主任
22	王开平	行政部主任
23	纪　勇	行政部副主任
24	卢英锁	行政部副主任
25	姚大禹	行政部副主任
26	钟　强	保卫部主任
27	赵修明	保卫部副主任
28	马世飞	保卫部副主任

续表

序 号	姓 名	部门及职务
29	张晓耕	广告部副主任（主持工作）
30	刘 泓	广告部副主任
31	赵峥铮	广告部副主任
32	程云泽	基建办公室主任
33	张宇青	基建办公室副主任
34	朱晓宇	基建办公室副主任
35	孙洪斌	经营管理部主任
36	买剑平	经营管理部副主任
37	齐学耕	经营管理部副主任
38	杨 东	卫视节目中心副主任
39	张 丽	卫视节目中心副主任
40	李利影	卫视节目中心副主任
41	牛振青	卫视节目中心副主任
42	张 庆	新闻节目中心副主任兼新闻编辑部主任
43	王 毅	新闻节目中心新闻编辑部副主任
44	周永萍	新闻节目中心新闻编辑部副主任
45	徐京玲	新闻节目中心副主任兼要闻采访部主任
46	张晓鲁	新闻节目中心要闻采访部副主任
47	丁晓阳	新闻节目中心副主任兼社会新闻采访部主任
48	袁 朴	新闻节目中心社会新闻采访部副主任
49	刘 民	新闻节目中心副主任兼新闻评论部主任
50	黄 瑎	新闻节目中心副主任兼新闻专栏部主任
51	史月光	新闻节目中心新闻专栏部副主任
52	郝 洪	新闻节目中心副主任兼综合管理部主任
53	李大功	新闻节目中心综合管理部副主任
54	袁子勇	青少年节目中心副主任（主持工作）
55	严 崴	海外节目中心副主任
56	李文升	青少年节目中心副主任
57	刘 虎	青少年节目中心副主任
58	李 兰	文艺节目中心主任
59	潘全心	文艺节目中心副主任

续表

序　号	姓　名	部门及职务
60	齐建彤	文艺节目中心副主任
61	朱礼庆	文艺节目中心副主任
62	杜　研	科教节目中心主任
63	张　宾	科教节目中心副主任
64	陈　晔	科教节目中心副主任
65	王　勇	科教节目中心副主任
66	张　恒	影视剧中心主任
67	曹力宁	影视剧中心副主任、北京紫禁城影业公司副总经理（兼任）
68	郭跃进	影视剧中心副主任
69	严　澍	影视剧中心副主任
70	宗燕红	财经节目中心主任
71	岳　民	财经节目中心副主任
72	宗　昊	财经节目中心副主任
73	蓝　霖	财经节目中心副主任
74	焦少波	体育节目中心主任
75	邱大卫	体育节目中心副主任
76	宋健生	体育节目中心副主任
77	王少华	体育节目中心副主任
78	赵　彤	生活节目中心主任
79	刘学军	生活节目中心副主任
80	任友红	生活节目中心副主任
81	白艳军	生活节目中心副主任
82	张　帆	动画节目中心主任
83	杨晓轩	动画节目中心副主任
84	曾伟京	动画节目中心副主任
85	陈大立	纪实频道节目中心主任
86	曹　征	纪实频道节目中心副主任
87	赵　波	纪实频道节目中心副主任
88	赵志成	新媒体发展中心副主任
89	张　红	新媒体发展中心副主任
90	毕　江	北京电视台副总工程师

续表

序　号	姓　名	部门及职务
91	王　方	播出部副主任（主持工作）
92	刘宏亚	播出部副主任
93	王立冬	播出部副主任
94	金　强	播出部副主任
95	郑　星	制作部主任
96	鲁高潮	制作部副主任
97	王　浩	制作部副主任
98	程　军	制作部副主任
99	王　喆	转播传送部主任
100	朱雨稼	转播传送部副主任
101	王晓龙	动力部主任
102	刘　颖	动力部副主任
103	刘晓光	技术设备管理部副主任（主持工作）
104	章泽群	技术设备管理部副主任
105	戴巧玲	技术设备管理部副主任
106	周旭辉	信息网络管理部主任
107	李　湧	信息网络管理部副主任
108	刘　冰	艺术委员会主任
109	赵福明	艺术委员会党支部书记
110	冯　平	史志办公室主任
111	闫军才	史志办公室副主任
112	刘绍芬	老干部工作办公室主任
113	李　果	北京卡酷传媒有限公司总经理
114	高　扬	北京卡酷传媒有限公司副总经理
115	马　宏	北京京视传媒有限公司总经理
116	霍　胜	北京电视产业发展集团总经理
117	许建海	北京紫禁城影业有限公司总经理
118	刘方平	北京儿童艺术剧院股份有限公司总经理
119	李雅涛	行政部主任助理
120	于金伟	影视剧中心主任助理

（截至 2013 年 12 月 31 日　党委办公室）

北京电视台科级干部

序号	部门	姓名	职务名称	职务级别
1	办公室	李晓亭	科长	正科级
2	办公室	曹勇	科长	正科级
3	办公室	张铭	副科长	正科级
4	办公室	李晗	科长	正科级
5	办公室	王伟	科长	正科级
6	办公室	刘海述	科长	正科级
7	办公室	贾岩	副科长	副科级
8	办公室	李宇	副科长	副科级
9	办公室	秦爽	副科长	副科级
10	办公室	王宇哲	副科长	副科级
11	办公室	刘星	副科长	副科级
12	保卫部	张毅	科长	正科级
13	保卫部	李锐	科长	正科级
14	保卫部	张建宁	科长	正科级
15	保卫部	毕小兵	科长	正科级
16	保卫部	戴晋军	副科长	副科级
17	保卫部	王喜宗	副科长	副科级
18	北京卡酷传媒有限公司	池浩洋		副科级
19	播出部	李皓	科长	正科级
20	播出部	王峥	科长	正科级
21	播出部	张皓	科长	正科级
22	播出部	王进	科长	正科级
23	播出部	刘威	科长	正科级
24	播出部	董秀琴	科长	正科级
25	播出部	张宏斌	科长	正科级
26	播出部	刘新同	科长	正科级
27	播出部	梁建华	科长	正科级
28	播出部	安贵江	科长	正科级
29	播出部	王志华	科长	正科级
30	播出部	于莹	副科长	副科级
31	播出部	张勃	副科长	副科级
32	播出部	杨建英	副科长	副科级

续表

序　号	部　门	姓　名	职务名称	职务级别
33	播出部	程　宏	副科长	副科级
34	播出部	于先靖	副科长	副科级
35	播出部	苏　力	副科长	副科级
36	播出部	赵　悦	副科长	副科级
37	播出部	肖春艳	副科长	副科级
38	播出部	王　辉	副科长	副科级
39	播出部	武　岳	副科长	副科级
40	播出部	贾京蓉	副科长	副科级
41	播出部	褚　存	副科长	副科级
42	财经节目中心	李铁军	科　长	正科级
43	财经节目中心	韩　梅	科　长	正科级
44	财经节目中心	宋北光	科　长	正科级
45	财经节目中心	白　平	科　长	正科级
46	财经节目中心	鲍　文	科　长	正科级
47	财经节目中心	王春元	科　长	正科级
48	财经节目中心	刘　浩	科　长	正科级
49	财经节目中心	李　玲	副科长	副科级
50	财经节目中心	谢燕秋	副科长	副科级
51	财经节目中心	梁　岚	副科长	副科级
52	财经节目中心	陈　栩	副科长	副科级
53	财经节目中心	司　健	副科长	副科级
54	财经节目中心	杨　健	副科长	副科级
55	财经节目中心	马　旭	副科长	副科级
56	财经节目中心	马　昊	副科长	副科级
57	财经节目中心	关　月	副科长	副科级
58	财经节目中心	赵文涓	副科长	副科级
59	党委办公室	蒋奕雯	科　长	正科级
60	党委办公室	李　莉		正科级
61	党委办公室	高艺激		副科级
62	动画节目中心	曾　艺		副科级
63	动力部	方亦军	科　长	正科级

续表

序号	部门	姓名	职务名称	职务级别
64	动力部	程　毅	科　长	正科级
65	动力部	杜　伟	科　长	正科级
66	动力部	赵　阔	科　长	正科级
67	动力部	左云彩	科　长	正科级
68	动力部	张　焱	科　长	正科级
69	动力部	黄晓峰	副科长	副科级
70	动力部	殷　鹏	副科长	副科级
71	动力部	张　岩	副科长	副科级
72	动力部	宋明防	副科长	副科级
73	动力部	苑宏伟	副科长	副科级
74	工会办公室	董英秀	科　长	正科级
75	广告部	李　伟	科　长	正科级
76	广告部	张　云	科　长	正科级
77	广告部	尹　悦	科　长	正科级
78	广告部	孙元元	科　长	正科级
79	广告部	王文献	科　长	正科级
80	广告部	苏　勇	科　长	正科级
81	广告部	朱义婕	副科长	副科级
82	广告部	张　弢	副科长	副科级
83	广告部	商屹楠	副科长	副科级
84	广告部	潘海云	副科长	副科级
85	广告部	周　轩	副科长	副科级
86	广告部	王晓薇	副科长	副科级
87	行政部	段　平	科　长	正科级
88	行政部	姜　涛	科　长	正科级
89	行政部	侯宏炜	科　长	正科级
90	行政部	闫　欣	科　长	正科级
91	行政部	李金明	科　长	正科级
92	行政部	崔国飞	科　长	正科级
93	行政部	张红燕	副科长	副科级
94	行政部	祁景田	副科长	副科级

续表

序号	部门	姓名	职务名称	职务级别
95	行政部	朱　洪	副科长	副科级
96	行政部	曹京立	副科长	副科级
97	行政部	崔子强	副科长	副科级
98	行政部	马树军	副科长	副科级
99	基建办公室	李有成	科　长	正科级
100	基建办公室	李学红	科　长	正科级
101	基建办公室	张向华	科　长	正科级
102	基建办公室	周　疆	副科长	副科级
103	计划财务部	李耀仙	科　长	正科级
104	计划财务部	赵亚波	科　长	正科级
105	计划财务部	杨维玲	科　长	正科级
106	计划财务部	李培云	科　长	正科级
107	计划财务部	赵跃东		正科级
108	计划财务部	陈　方	科　长	正科级
109	计划财务部	赵景瑞	科　长	正科级
110	计划财务部	冯　妍	副科长	副科级
111	计划财务部	李天莉	副科长	副科级
112	计划财务部	史楠楠	副科长	副科级
113	计划财务部	石　慧	副科长	副科级
114	计划财务部	彭　嘉		副科级
115	纪实高清频道筹备组	秦　蕾		正科级
116	纪实高清频道筹备组	高国华		正科级
117	纪实高清频道筹备组	俞　恺		副科级
118	纪实高清频道筹备组	王　悦		副科级
119	纪实高清频道筹备组	李丽君		副科级
120	技术设备管理部	王晓光	科　长	正科级
121	技术设备管理部	李　玲	科　长	正科级
122	技术设备管理部	徐冬丽	科　长	正科级
123	技术设备管理部	王　克	科　长	正科级
124	技术设备管理部	王　嘉	科　长	正科级
125	技术设备管理部	金　雯	科　长	正科级

续表

序 号	部 门	姓 名	职务名称	职务级别
126	技术设备管理部	张保军	副科长	副科级
127	技术设备管理部	邹 庆	副科长	副科级
128	技术设备管理部	贾玉升	科 长	科级
129	技术设备管理部	刘顺平	副科长	副科级
130	监察审计办公室	周志豪	科 长	正科级
131	监察审计办公室	林 敏		正科级
132	监察审计办公室	蒋效中	科 长	正科级
133	监察审计办公室	白希军	科 长	正科级
134	经营管理部	牛伟旗	科 长	正科级
135	经营管理部	李 健	科 长	正科级
136	经营管理部	李峪华	科 长	正科级
137	经营管理部	杨 播	科 长	正科级
138	科教节目中心	陶继忠	科 长	正科级
139	科教节目中心	杨子云	科 长	正科级
140	科教节目中心	姚 远	科 长	正科级
141	科教节目中心	施卫平	科 长	正科级
142	科教节目中心	吴 江	科 长	正科级
143	科教节目中心	张 鹏	科 长	正科级
144	科教节目中心	许 越	科 长	正科级
145	科教节目中心	许世忠	科 长	正科级
146	科教节目中心	于 瀛	科 长	正科级
147	科教节目中心	穆 彤	科 长	正科级
148	科教节目中心	杨韵仟	科 长	正科级
149	科教节目中心	王丹英	科 长	正科级
150	科教节目中心	王壮壮	科 长	正科级
151	科教节目中心	董炬光	副科长	副科级
152	科教节目中心	彭 浩	副科长	副科级
153	科教节目中心	郑 兵	副科长	副科级
154	科教节目中心	白红洁	副科长	副科级
155	科教节目中心	刘 佳	副科长	副科级
156	科教节目中心	钟南南	副科长	副科级

续表

序号	部门	姓名	职务名称	职务级别
157	老干部工作办公室	梁爽	科长	正科级
158	老干部工作办公室	韩梅		正科级
159	老干部工作办公室	文平		副科级
160	青少·海外节目中心	石涛	科长	正科级
161	青少·海外节目中心	姜华	科长	正科级
162	青少·海外节目中心	寇建国	科长	正科级
163	青少·海外节目中心	张苏	科长	正科级
164	青少·海外节目中心	沈澜	科长	正科级
165	青少·海外节目中心	吴玮	科长	正科级
166	青少·海外节目中心	徐春梅	副科长	副科级
167	青少·海外节目中心	马嘉	副科长	副科级
168	青少·海外节目中心	李孜	副科长	副科级
169	青少·海外节目中心	徐剑	副科长	副科级
170	青少·海外节目中心	王赤	副科长	副科级
171	青少·海外节目中心	张立	副科长	正科级
172	青少·海外节目中心	张弘	科长	正科级
173	青少·海外节目中心	李晓军	科长	正科级
174	青少·海外节目中心	王旗	副科长	正科级
175	青少·海外节目中心	刘岩	副科长	正科级
176	青少·海外节目中心	崔笑田	副科长	副科级
177	青少·海外节目中心	吴筠	副科长	副科级
178	青少·海外节目中心	宫昊	副科长	副科级
179	青少·海外节目中心	刘健辉	副科长	副科级
180	青少·海外节目中心	章向东	副科长	副科级
181	青少·海外节目中心	敖娜	副科长	副科级
182	青少·海外节目中心	郭巍	副科长	副科级
183	人事部	陈冬	科长	正科级
184	人事部	唐乐平	科长	正科级
185	生活节目中心	刘继东	科长	正科级
186	生活节目中心	钱丹丹	科长	正科级
187	生活节目中心	霍雯	科长	正科级

续表

序 号	部 门	姓 名	职务名称	职务级别
188	生活节目中心	张 军	科 长	正科级
189	生活节目中心	王 宏	科 长	正科级
190	生活节目中心	倪小康	科 长	正科级
191	生活节目中心	凌 英	科 长	正科级
192	生活节目中心	许 亮	科 长	正科级
193	生活节目中心	王 昆	科 长	正科级
194	生活节目中心	王蔚然	科 长	正科级
195	生活节目中心	李 璐	科 长	正科级
196	生活节目中心	高 燕	科 长	正科级
197	生活节目中心	宋虹君	科 长	正科级
198	生活节目中心	刘春艳	副科长	副科级
199	生活节目中心	李 翔	副科长	副科级
200	生活节目中心	黄殿琴	副科长	副科级
201	生活节目中心	王 倩	副科长	副科级
202	生活节目中心	王昱斌	副科长	副科级
203	体育节目中心	宋 民	科 长	正科级
204	体育节目中心	李长平	科 长	正科级
205	体育节目中心	周 欣	科 长	正科级
206	体育节目中心	胡宁扬	科 长	正科级
207	体育节目中心	赵 华	科 长	正科级
208	体育节目中心	孙 松	科 长	正科级
209	体育节目中心	郭 斐	科 长	正科级
210	体育节目中心	田 丰	科 长	正科级
211	体育节目中心	章 玫	科 长	正科级
212	体育节目中心	曹晓磊	科 长	正科级
213	体育节目中心	司 虹	副科长	副科级
214	体育节目中心	林 琛	副科长	副科级
215	体育节目中心	高海宁	副科长	副科级
216	体育节目中心	丁 屹	副科长	副科级
217	体育节目中心	张 洪	副科长	副科级
218	体育节目中心	金 巍	副科长	副科级

续表

序　号	部　门	姓　名	职务名称	职务级别
219	体育节目中心	刘　宇	副科长	副科级
220	体育节目中心	王　速	副科长	副科级
221	网络信息编辑室	侯国强	科　长	正科级
222	网络信息编辑室	张宝生	科　长	正科级
223	网络信息编辑室	孙　兵	副科长	副科级
224	网络信息编辑室	王　烨	副科长	副科级
225	卫视节目中心	伍　力	科　长	正科级
226	卫视节目中心	齐　婷	科　长	正科级
227	卫视节目中心	李志兵	科　长	正科级
228	卫视节目中心	王旭东	科　长	正科级
229	卫视节目中心	邵　晶	科　长	正科级
230	卫视节目中心	景　林	科　长	正科级
231	卫视节目中心	吕　军	科　长	正科级
232	卫视节目中心	韩　勇	科　长	正科级
233	卫视节目中心	周　方	科　长	正科级
234	卫视节目中心	郑　蓉	科　长	正科级
235	卫视节目中心	李　彬	副科长	副科级
236	卫视节目中心	陈小健	副科长	副科级
237	卫视节目中心	张小南	副科长	副科级
238	卫视节目中心	黄　炜	副科长	副科级
239	卫视节目中心	卿　晨	副科长	副科级
240	卫视节目中心	田　天	副科长	副科级
241	卫视节目中心	华剑雄	副科长	副科级
242	卫视节目中心	王　泓	副科长	副科级
243	卫视节目中心	邢志国	副科长	副科级
244	卫视节目中心	李玉国	副科长	副科级
245	卫视节目中心	赵　菁	副科长	副科级
246	卫视节目中心	王　璐	副科长	副科级
247	文艺节目中心	盛启立	科　长	正科级
248	文艺节目中心	付德刚	科　长	正科级
249	文艺节目中心	田　歌	科　长	正科级

续表

序　号	部　门	姓　名	职务名称	职务级别
250	文艺节目中心	段　嵘	科　长	正科级
251	文艺节目中心	姜　力	科　长	正科级
252	文艺节目中心	赵　楠	科　长	正科级
253	文艺节目中心	高文曦	科　长	正科级
254	文艺节目中心	庄晓红	科　长	正科级
255	文艺节目中心	郭　悦	科　长	正科级
256	文艺节目中心	裴晓林	科　长	正科级
257	文艺节目中心	孔　洁	副科长	副科级
258	文艺节目中心	王炳川	副科长	副科级
259	文艺节目中心	张文华	副科长	副科级
260	文艺节目中心	孙　仝	副科长	副科级
261	文艺节目中心	顾　杨	副科长	副科级
262	文艺节目中心	赵果珍	副科长	副科级
263	文艺节目中心	宋　毅	副科长	副科级
264	文艺节目中心	杨　行	副科长	副科级
265	新媒体发展中心筹备组	海　仑		正科级
266	新媒体发展中心筹备组	杨文华		副科级
267	新闻节目中心	马　莉	科　长	正科级
268	新闻节目中心	董二兵	科　长	正科级
269	新闻节目中心	史　慎	科　长	正科级
270	新闻节目中心	张　耀	科　长	正科级
271	新闻节目中心	伊国庆	副科长	正科级
272	新闻节目中心	陈　楠	科　长	正科级
273	新闻节目中心	李　斌	科　长	正科级
274	新闻节目中心	李　欣	科　长	正科级
275	新闻节目中心	颜　匀	科　长	正科级
276	新闻节目中心	张文天	科　长	正科级
277	新闻节目中心	柏广群	科　长	正科级
278	新闻节目中心	吴　群	科　长	正科级
279	新闻节目中心	王　晔	科　长	正科级
280	新闻节目中心	朱晓梅	科　长	正科级

续表

序　号	部　门	姓　名	职务名称	职务级别
281	新闻节日中心	刘晓隽	科　长	正科级
282	新闻节目中心	赵　欣	科　长	正科级
283	新闻节目中心	赵　波	科　长	正科级
284	新闻节目中心	代　晓	科　长	正科级
285	新闻节目中心	林　力	科　长	正科级
286	新闻节目中心	刘　钊	科　长	正科级
287	新闻节目中心	肖艳萍	科　长	正科级
288	新闻节目中心	楚　钊	科　长	正科级
289	新闻节目中心	胡　阳	科　长	正科级
290	新闻节目中心	马国颖	科　长	正科级
291	新闻节目中心	国培源	科　长	正科级
292	新闻节目中心	张若南	副科长	副科级
293	新闻节目中心	徐志贤	副科长	副科级
294	新闻节目中心	卢晓南	副科长	副科级
295	新闻节目中心	赵金春	副科长	副科级
296	新闻节目中心	宋　扬	副科长	副科级
297	新闻节目中心	张　炜	副科长	副科级
298	新闻节目中心	尹　航	副科长	副科级
299	新闻节目中心	樊　煜	副科长	副科级
300	新闻节目中心	赵　蕾	副科长	副科级
301	新闻节目中心	范红军	副科长	副科级
302	新闻节目中心	刘非非	副科长	副科级
303	新闻节目中心	刘　效	副科长	副科级
304	新闻节目中心	梁雪松	副科长	副科级
305	新闻节目中心	刘　婧	副科长	副科级
306	新闻节目中心	李　颖	副科长	副科级
307	新闻节目中心	李光军	副科长	副科级
308	新闻节目中心	杨晓飞	副科长	副科级
309	新闻节目中心	田　刚	副科长	副科级
310	新闻节目中心	黄　广	副科长	副科级
311	新闻节目中心	马　迟	副科长	副科级

续表

序号	部门	姓名	职务名称	职务级别
312	新闻节目中心	韦　嘉	副科长	副科级
313	信息网络管理部	李　程	科　长	正科级
314	信息网络管理部	许之明	科　长	正科级
315	信息网络管理部	孙　波	科　长	正科级
316	信息网络管理部	陈　宇	科　长	正科级
317	信息网络管理部	韩益亚	科　长	正科级
318	信息网络管理部	冯新春	副科长	副科级
319	信息网络管理部	郑　岩	副科长	副科级
320	信息网络管理部	陈广鑫	副科长	副科级
321	信息网络管理部	季　民	副科长	副科级
322	信息网络管理部	王学奎	副科长	副科级
323	信息网络管理部	芮　浩	副科长	副科级
324	信息网络管理部	赵　涛	副科长	副科级
325	信息网络管理部	柴　焱	副科长	副科级
326	研究发展部	史　兵	科　长	正科级
327	研究发展部	马英男	副科长	副科级
328	研究发展部	李　玲	副科长	副科级
329	影视剧中心	鹿新新	科　长	正科级
330	影视剧中心	张立新	科　长	正科级
331	影视剧中心	杨凌一	科　长	正科级
332	影视剧中心	陈　彤	科　长	正科级
333	影视剧中心	贾晋平	科　长	正科级
334	影视剧中心	张　蕾	副科长	副科级
335	影视剧中心	李　燕	副科长	副科级
336	影视剧中心	贾建华	副科长	副科级
337	制作部	陈立强	科　长	正科级
338	制作部	李　建		正科级
339	制作部	韩　烜	科　长	正科级
340	制作部	余一华	科　长	正科级
341	制作部	何　旭	科　长	正科级
342	制作部	李　力	科　长	正科级

续表

序　号	部　门	姓　名	职务名称	职务级别
343	制作部	匡　葵	科　长	正科级
344	制作部	孙　游	科　长	正科级
345	制作部	崔歌平	科　长	正科级
346	制作部	陈嘉超	科　长	正科级
347	制作部	姚银壮	科　长	正科级
348	制作部	章文博	科　长	正科级
349	制作部	周　宏	科　长	正科级
350	制作部	孙海峰	科　长	正科级
351	制作部	殷　亮	科　长	正科级
352	制作部	刘伟立	科　长	正科级
353	制作部	张　硕	科　长	正科级
354	制作部	覃　刚	科　长	正科级
355	制作部	李文军	科　长	正科级
356	制作部	周东红	科　长	正科级
357	制作部	左　晶	科　长	正科级
358	制作部	王建业	科　长	正科级
359	制作部	周海峰	副科长	副科级
360	制作部	冯耀华	副科长	副科级
361	制作部	石　巍	副科长	副科级
362	制作部	王　江	副科长	副科级
363	制作部	郭振渊	副科长	副科级
364	制作部	赵新生	副科长	副科级
365	制作部	孙大庆	副科长	副科级
366	制作部	刘光辉	副科长	副科级
367	制作部	黄之为	副科长	副科级
368	制作部	李　勇	副科长	副科级
369	制作部	王　祎	副科长	副科级
370	制作部	陈志明	副科长	副科级
371	制作部	王　倩	副科长	副科级
372	制作部	陆　军	副科长	副科级
373	制作部	韩正雷	副科长	副科级
374	制作部	梁　爽	副科长	副科级
375	转播传送部	杨梓江	科　长	正科级
376	转播传送部	叶志云	科　长	正科级

续表

序　号	部　门	姓　名	职务名称	职务级别
377	转播传送部	姜世杰	科　长	正科级
378	转播传送部	宋健强	科　长	正科级
379	转播传送部	韩士聪	科　长	正科级
380	转播传送部	张　倞	科　长	正科级
381	转播传送部	谢苏文	副科长	副科级
382	转播传送部	刘燕伟	副科长	副科级
383	转播传送部	康金平	副科长	副科级
384	转播传送部	谢　原	副科长	副科级
385	转播传送部	魏建国	副科长	副科级
386	转播传送部	马　捷	副科长	副科级
387	转播传送部	郝　纪	副科长	副科级
388	总编室	罗丽红	科　长	正科级
389	总编室	李　昕	科　长	正科级
390	总编室	张　俭	科　长	正科级
391	总编室	黄　晋	科　长	正科级
392	总编室	孙湘源	科　长	正科级
393	总编室	刘　锐	科　长	正科级
394	总编室	周　红	科　长	正科级
395	总编室	田爱民	科　长	正科级
396	总编室	王　华	科　长	正科级
397	总编室	丁　军	副科长	副科级
398	总编室	黄新荣	副科长	副科级
399	总编室	连燕青	副科长	副科级
400	总编室	苏小兵	副科长	副科级
401	总编室	李　鹏	副科长	副科级
402	总编室	肖　崴	副科长	副科级
403	总工程师办公室	赵宏伟	科　长	正科级
404	总工程师办公室	翟小辉	科　长	正科级
405	总工程师办公室	徐志军	科　长	正科级
406	总工程师办公室	叶晋卿	科　长	正科级

（截至2013年12月31日　人事部）

人员情况

全台在职职工总数3686人。其中：在编人员1427人，派遣人员2259人。

政治面貌

人员＼政治面貌	合　计	中共党员	共青团员	其　他
在编人员	1427	786	0	641

年龄情况

人员＼年龄	合　计	≤30	31～40	41～50	51～60	≥61
在编人员	1427	4	415	666	341	1

学历情况

人员＼学历	合　计	博　士	硕　士	大　本	大　专	中　专	高　中	初中及以下
在编人员	1427	4	141	1104	150	7	14	7

专业技术人员情况

专业技术资格系列＼技术职务级别	初级（4）	初级（5）	中　级	副高级	正高级	未评聘	总　计
播音	18	1	22	6	3		50
档案管理	1			1			2
工程	37	4	106	96	7		250
会计	14	1	5	11			31
经济	1		31	12			44
审计	1		2				3
统计	1		1	1			3
图书资料	3		3				6
卫生			2				2
新闻	122		340	145	29		636
艺术	22		63	41	5		131
政工	14		11	8			33
						236	236
总计	234	6	586	321	44	236	1427

（截至2013年12月31日　人事部）

频道·栏目

频道设置

BTV 北京卫视

2013 年，北京卫视以“首善媒体，大美品质”为宗旨，坚持“首、善、大、美”的设计理念。“首”是定位，首都形象是北京卫视的品牌优势，也是行为准绳；“善”是态度，传递正能量，弘扬真善美，是北京卫视毫不动摇的使命与责任；“大”是格局，北京卫视希望成为具备产业链格局和卓越品牌影响力的综合媒体平台；“美”是品质，是北京卫视对于节目制作水准的要求。

2013 年，北京卫视播出的主要栏目有：《养生堂》、《今日京华》、《档案》、《身边》、《好人故事》、《全景对话》、《天下收藏》、《大戏看北京》、《杨澜访谈录》、《我是大医生》、《我爱中国味》、《一起唱吧》、《最美和声》（第一季）、《光阴》。

BTV 文艺

北京电视台文艺频道以“欢乐的创造者、价值的传播者、文艺潮流的引领者”为宗旨，致力于打造文艺节目创新基地，将文娱资讯、明星访谈、大型综艺、喜剧表演、文娱评论、文化专题和访谈作为频道核心内容，不断吸引和拓宽年轻观众比例。

2013 年，BTV 文艺共有 18 档节目，包括日播栏目 5 个，周播栏目 10 个，编辑类栏目 3 个。日播栏目：《每日文娱播报》、《文娱午报》、《笑动 2013》、《最佳现场》、《音乐风云榜》；周播栏目：《我爱我家》、《光荣绽放》、《影视风云》、《星夜故事》、《我家有明星》、《春妮的周末时光》、《文化之约》、《欢天戏地》、《脱口而出》、《超级播出季》；编辑类节目《今晚 80 后脱口秀》、《周播节目日播化》和《大戏看北京》精编版。

BTV 科教

北京电视台科教频道以“点亮智慧人生”为核心理念，把“点亮”作为关键词，将“智慧”和“人生”贯穿于全天的节目中，秉承“三化运营理念”——即规模化、概念化、碎片化的频道运营理念，针对科教节目的框架构成，努力开拓人文、科学、健康和法治节目的创新空间和市场空间。

2013 年，科教频道全方位改版。首先进行的是晚间科教时段的整合，先后推出了《直通科考站》、《应急》、《非常时刻》、《虎口脱险》和《探索新纪录》等栏目。继而，又对午间法治时段进行了扩版升级，并打造了一个由新开办的《法治·北京》和《超级陪审员》与原有的《第三调解室》共同组成的晚间法治时段。同时，对《八点非常故事汇》这一品牌在形式上和内容上做了彻底改造，并实行“4+3”编排模式。其中，“4”为周一至周四的平日编排，播出《超级陪审员》；“3”为周五至周日的周末编排，播出新版《非常向上》、新版《今晚我们相识》和新开办的《虎口脱险》。此外，创办的新栏目还有《文化大家》、《您吃对了吗》、《我爱中国节》和《非常幽默》。

2013 年，科教频道主要栏目有：《法治进行时》、《庭审纪实》、《大家说法》、《现场说法》、《第三调解室》、《健康北京》、《非常记忆》、《非常说名》、《非常向上》、《非常夫妻》、《非常接触》、《非常父母》、《应急》（后改名《非常时刻》、《虎口脱险》）、《直通科考站》、《文化大家》（曾用名《大讲堂》）、《晚晴》、《我爱中国节》、《警法目录》、《新纪录》（曾用名《非常时空》）等。

打开科教频道，可以增长智慧，启迪人生。

BTV 影视

北京电视台影视剧频道是播出电视剧、电影等影视节目的专业频道，全天候 24 小时播出。影视频道负责北京电视台卫视频道、文艺频道、科教频道、影视频道、财经频道、青年频道六个频道的 15 档剧场（7 档首播、8 档重播）和 1 个影院时段的电视剧电影的购买、宣传、排播等工作。全天播出量近 60 小时，占北京电视台播出比重 18%，收视比重超过 30%。

北京电视台影视频道播出的电视剧均为国内品质高、口碑佳的优秀作品。北京电视台影视频道是北京本地排名第一的电视剧专业频道，是北京观众收看电视剧的首选频道。影视频道的核心任务是选好剧、播好剧，不漏掉市场上的好剧。2013 年，影视剧中心负责全台 18 个影视剧场的购播工作，日均电视剧的播出量达 56 集，全年播出总集数约为 2 万集，占到了全台总播出时长的 20% 以上。

BTV 财经

北京电视台财经频道于 2001 年开播，是宣传北京经济发展、传递前沿财经资讯的专业财经频道。财经频道以“价值无所不在”为核心理念，凸显专业性和服务性的有效契合，致力于搭建以专业化为发展基础、以权威性为品质保证、以服务性为传播宗旨的面向大众的专业财经媒体平台。

2013 年，财经频道整合节目资源，形成鲜明的“5+2”编排格局，工作日突出专业属性，休息日凸显娱乐元素。工作日晚间黄金时段着力打造专业财经节目带、财经资讯节目带、经济法制节目带、财富理财节目带四大板块：《天下财经》以证券市场动态为主要内容，打造专业财经节目带；《首都经济报道》关注重要财经资讯，形成财经资讯节目带；《经济法眼》支撑经济法制节目带，从经济的视角解读法律案件、演绎人情法理；《财富故事》、《理财》、《财富晚间道》形成财富理财节目带，以理财节目带为点状突破、带领频道收视整体上扬。周末晚间以富有娱乐元素的节目《拍宝》、《无底价拍卖》、《财高八斗》为主，辅以具有专业特色的《财经锋汇》、《一周财经综述》、《谁在影响我》、《成长在北京》，在凸显周末轻松娱乐氛围的同时兼顾财经专业品质，共同打造具有高度、深度、广度、温度的“四度”财经频道。

BTV 体育

北京电视台体育频道是北京地区最有影响力的专业体育频道。该频道是以转播体育赛事和传播新闻信息为内容，以弘扬积极进取精神、倡导全民健身为宗旨，具有全国影响力的都市体育频道。常年转播中超、CBA、NBA、英超等国内外赛事达5000 小时，并有《天天体育》、《足球一百分》、《快乐健身一箩筐》、《体育议起来》、《节节高升》等品牌节目。全年举办海洋沙滩节、“京超”百姓足球等全民参与的大型活动。制作的高水平国际比赛信号，经常在世界上几十个国家播出，彰显了 BTV 品牌。2005 年实现 24 小时播出，2013 年实现全频道高清播出。目前已成为北京体育迷最喜爱的专业化体育频道。

BTV 生活

北京电视台生活频道以“爱家”、“爱北京”、“爱生活”为核心理念，以输出正能量，传播主流价值观为导向，以紧扣热点人物、封面故事，传播善意，传递温暖为核心，以生活服务、答疑解惑、消费调查为报道重点，致力宣传展示北京的时尚感、都市感和现代感。频道以人为本，关注民生，全力打造都市生活频道的第一品牌。自频道成立以来，推出了大量脍炙人口的优秀栏目，这些栏目历经风雨仍旧受到广大电视观众的热爱与追捧。

2013 年，生活频道播出的主要栏目有：《食全食美》、《美食地图》、《生活2013》、《生活面对面》、《生活调查》、《大城小事》、《生活 +》、《咱爸咱妈的美好时代》、《生活实验室》、《时尚装苑》、《北京话话北京》、《四海漫游》、《我爱我车》、《幸福厨房》、《健康生活》、《快乐生活一点通》、《快乐周末》、《魅力周末》、《选择》、《生活广角》等。

BTV 青年

2012年1月1日正式开播的北京电视台青年频道是全国第一家青年电视频道。BTV青年频道以“弘扬北京精神，做文明有礼的北京人”为核心内容，将“爱国、创新、包容、厚德”理念融入日常节目生产，弘扬社会主义核心价值观，兼顾社会效益与节目收视，一方面对观众进行正确的舆论引导，一方面展现北京人的时代面貌，并在此过程中时刻倾听观众的心声，力求满足观众的精神需求，凸显青年频道“青年成长坐标，青春动感平台，青年电视伙伴”的价值理念，对包括未成年人在内的广大青年观众进行正能量传播。

BTV青年频道以全天近5小时的首播青年节目，强力锁定15至34岁青年受众，以三网融合的先进理念和手段，打造北京地区一流的青年电视频道，与BTV其他频道形成优势互补，全力凸显BTV作为首都媒体和未来城市媒体的应有气质。

栏目设置分日播栏目和周播栏目。日播栏目:《军情解码》、《北京客》、《北京青年》；周播栏目：《书香北京》、《SK状元榜》、《动物乐园》、《最强阵容》、《青春风格汇》、《青年公益心》、《青年榜样》、《青年探秘者》。此外，还有外购栏目：《谁在说》、《探索》、《青年电影手册》。

BTV 新闻

北京电视台新闻频道是以电视新闻为主要内容的新闻专业频道，其前身为2011年1月1日开播的北京电视台公共·新闻频道。经国家广电总局批准，2012年开始，BTV公共·新闻频道改为BTV新闻频道。

BTV新闻频道立足于新闻资讯的传播和新闻观点的表达，通过新闻栏目、滚动新闻、新闻直播等多种形式，全面覆盖北京本土、国内、国际新闻资讯。《北京您早》、《直播北京》、《特别关注》、《都市晚高峰》、《北京新闻》、《红绿灯》、《锐观察》、《晚间新闻报道》、《北京新发现》、《这里是北京》等新闻栏目构成频道的主体框架，新闻大型直播节目、精耕细作的新闻专题片等不断作为重头产品播出，使BTV新闻频道呈现出别具一格、权威大气、架构稳定而又灵活机动的频道气质，其影响力日益凸显，它已成为北京市新闻发布的一个主流平台。

BTV新闻频道24小时全天播出，从2012年12月28日开始，BTV新闻频道实现从6：00到23：00新闻直播。

BTV 卡酷少儿卫视

北京电视台卡酷少儿卫视开播于2004年9月10日，目前落地覆盖全国近百个大中城市，覆盖人口近8亿。BTV卡酷少儿卫视4~14岁少年儿童收视北京地区独占鳌头，全龄收视领跑全国动画少儿媒体。

BTV卡酷少儿卫视以打造全国一流的

少儿服务专业频道和优秀动漫播出平台为目标，海量库存动画节目30万分钟。精心策划《中国创造》、《酷片酷映》、《周末超级大连播》、《酷播萝》等7大动画剧场；打造《七色光》、《闪天下》、《十分开心》、《和自己对话》、《蹦蹦跳跳》等10档面向不同年龄层的少儿动漫栏目。

BTV卡酷少儿卫视屡获中共中央宣传部、国家广电总局的表彰嘉奖，先后获评国家优秀动画频道特等奖、最佳动画播出机构奖、最具影响力动画媒体奖、最具成长性媒体品牌大奖。

BTV纪实

北京电视台纪实频道是全国首家也是唯一一家以全高清格式播出的纪实节目专业频道，依托北京电视台的雄厚品牌资源与经济技术实力，作为首都的区位优势资源，其影响力从开播至今得到迅猛提升，目前已跻身全国纪实类专业频道三强之列。

频道自2011年7月1日起开播，呼号为“北京电视台纪实高清频道”。2013年3月31日，频道播出序号由620转到020，频道关注度大大增加，收视率飙升300%，在北京全频道大排名中前进了30位。

2013年7月17日，频道呼号由“北京电视台纪实高清频道”改为“北京电视台纪实频道”，正式拉开了频道品牌化发展的序幕。

2013年8月30日，纪实频道改版，提出了“树立品牌、提升收视、面向市场、创造收益”的发展目标。此次调整，包括建立频道视觉识别系统，增加全天播出时长、节目编排调整以及节目内容的扩充等方面，旨在围绕“北京纪实”这一品牌，打造消费者信任的本土纪录片专业频道，通过传播具有文化引领力的价值观，提升频道的高端品质，丰富“北京纪实”品牌的独有内涵与潜在价值。

北京纪实频道的品牌定位一贯清晰，将目标受众锁定为高收入、高学历、高品位的中青年男性群体，并致力于为目标受众提供兼具人文关怀和清新风格的精品纪实节目，并通过国内领先的高清技术和5.1杜比环绕立体声技术，为观众带来极致的视听享受。

截至2013年底，频道节目信号通过歌华高清机顶盒传播，从早6：00点至次日凌晨2：00每天播出20小时。主要栏目包括：各类境外纪录片、国产纪录片、纪录片资讯栏目、历史讲述类纪录片以及社会现实、文化娱乐类纪实节目等。

长城平台BTV国际频道

长城平台的频道组合分别由来自中央电视台、地方电视台、香港和美国的十多个汉语、英语、西班牙语和法语等综合和专业类频道组成，节目内容集各家所长，服务方式因地而异，在已经实现播出的地区引起强烈反响，受到广大华人观众和主流媒体的热烈欢迎。

长城平台BTV国际频道是长城电视平台中最具影响力的骨干频道，2004年作为平台发起频道之一，在美国开始播出。在随后各地区陆续推出的其他平台中，BTV国际频道一直为首发频道。2012年，BTV国际频道因其内容丰富、定位准确、编排合理被评为双A电视频道。

长城平台BTV国际频道（BTV－International）是一个以人文节目为主打，包括资讯、时尚、健康、旅游、服务类节目的大型综合频道，荟萃了BTV10个频道的精品节目资源，题材广泛，内容丰富。

目前，BTV国际频道每天首播7.22个小时、以24小时滚动的方式播出，2013年首播2635小时，全年滚动播出总量为8760小时。在长城平台上仍坚持“（无电视剧）纯自制栏目”播出。

坚持首都特色，是BTV国际频道的一大特点。一直以来，BTV国际频道以北京电视台自制版权节目为依托，选择具有北京特色和文化品质的优秀节目进入频道节目单，《这里是北京》、《北京客》、《大戏看北京》、《北京新发现》、《档案》、《书香北京》等节目，凸显了“首善媒体、大美品质”的定位。

坚持时效性，做好国际版《北京新闻》是BTV国际频道的又一大特点。BTV国际频道的《北京新闻》，将节目定位于“全面反映北京发展变化，反映市民生活，展现古都文化风韵及国际城市活力”这一主题。将庞杂的信息归纳到“城市生活”、“财经资讯”、“文娱舞台”、“天天体育”和“读报时间”等板块，强化节目的条理性，体现北京地域特色，体现首都特点。在进行对外传播时，不但关注北京作为国际大都市的风貌，也同样关注表现北京人的面貌，见事、见人。也正是因为这样的节目特色，BTV国际频道《北京新闻》节目固定住了稳定的海外观众流。

BTV国际频道在操作中注意对现有节目进行合并同类项的调整，打造大板块的编排播出带，提高节目粘性，形成稳定的观众流。节目带涵盖地域特色类、健康养生类、新闻资讯与深度评论类、娱乐综艺类等。

优秀栏目

北京卫视频道优秀栏目

《身边》

《身边》栏目是北京卫视历史悠久的名牌栏目，定位为全国视野的新闻专题栏目。北京卫视周三 22：00 黄金时段上星播出，周播形式，每周一期，时长 50 分钟。《身边》栏目报道发生在身边的好人好事，讲述百姓身边的感动，记录火热的生活，刻画鲜活的人物，弘扬主流价值观，传递社会正能量。

《档案》

2009 年 2 月 4 日，《档案》栏目在北京电视台卫视频道周三 21：35 开播。该栏目利用人类与生俱来的天性——好奇心，不断引起观众的追看与共鸣。栏目选题广泛而深刻，包括涉及中外交往和引起国际关注的内容，如第二次世界大战以来，国际国内已经解密的高等级军事档案、公安档案、安全档案。通过解密档案中的历史秘密，探寻解读各种历史人物和事件的缘由脉络，告诉观众一个又一个惊人的事件和传奇背后的真实故事。节目形式以案件和事件现场实录回放为线索，首次披露国内大案要案、社会传奇、情感故事等。节目贴近百姓生活，紧跟时代脉搏，展现人生百态，透视社会万象。而最重要的是栏目在内容上力求原创的诉求，持续一致的栏目价值观，独到的视点和深度的挖掘。

节目定位为演播室节目，由一个特定的、极具个性化的讲述者（主持人）现场讲述和展示为基本形态。讲述者是拥有资料、道具的现代说书人，他以全新的观念把节目的内容和独特风格结合起来，通过舞台元素、活动影像元素、音效元素、实物元素等完成节目任务。节目采用拍摄影视作品时常用的单机分镜的拍摄方式，是目前国内电视节目中唯一一个采用此种方式拍摄的电视栏目，极大地提升了节目视觉呈现水平。

2013 年，该栏目在中国广播电影电视报刊协会举办的 2013 年度全国优秀广播电视栏目推荐表彰活动中获电视社教品牌栏目；获得亚洲广播电视协会颁发的“两岸四地原创电视栏目四小龙”大奖；在中央组织部举办的全国党员教育电视片观摩交流活动中获特别奖。

《养生堂》

《养生堂》节目采用演播室访谈结合专题片的方式，以“传播养生之道、传授养生之术”为宗旨，秉承传统医学理论，根据中国传统养生学“天人合一”的指导思想，系统介绍中国传统养生文化、同时有针对性地介绍实用养生方法。

该栏目 2009 年 1 月开播，每天 17：40 在 BTV 北京卫视首播，节目时长 30 分钟。为扩大节目的社会影响力，增强信息性和服务性，《养生堂》节目 2011 年元月进行全新改版。节目时长从原有的 30 分钟扩展至 45 分钟 ~ 61 分钟，并从北京科教频道移至北京卫视播出，播出时间调整为每晚 17：25 至 18：25。为了适应观众的收视需求，新版《养生堂》还在以下几点上做出调整。一是突出专家的权威性和贴近性。《养生堂》继续严把“嘉宾关”，树立了几个硬标准：比如是否在专业杂志上发表过论文、是否有医师执业资质等。在确保专家专业性的同时，节目也注重嘉宾的“贴近性”，即让这些顶级养生专家以最浅显易懂的方式传递最实用的养生知识。二是增强话题的社会性和新闻性。养生类节目应与老百姓关心的社会话题、时政新闻紧密结合，提供更多即时、实用的信息。三是注重内容的服务性和实用性。节目在“献给亲人的爱”的宗旨下，系统介绍中国传统养生文化，并有针对性地介绍实用养生方法，让观众在轻松的氛围中学到养生的知识。

《大戏看北京》

《大戏看北京》是北京卫视全新打造的集明星访谈、才艺表演和现场互动于一体的大型综艺节目。周五晚 22：00 在 BTV 北京卫视首播，节目时长 75 分钟。《大戏看北京》是以文化艺术作品为切入点，围绕人物展开的演播室互动、纪实、访谈节目。它说的是戏，看的是人。因此，人是节目的灵魂。

2013 年，《大戏看北京》收视较去年有较大提升，市场排位提升 2 位，平均排名全国前 8 位，全国同时段最高排名第二。

文艺频道优秀栏目

《每日文娱播报》

北京电视台自办的文娱资讯栏目《每日文娱播报》自 2002 年 1 月 1 日创办以来，一直把“娱乐价值发现者”作为栏目口号，坚持“文化彰显品味，娱乐创造价值”的理念，坚决摒弃低俗报道，抵制虚假新闻，不八卦、不猎奇、不炒作，不以花边新闻吸引观众眼球，始终坚持客观、真实、及时的新闻观，坚持为观众奉献健康、清新的娱乐节目。播出时间为每天 18：45，节目时长 45 分钟。

在内地每一个文娱事件的现场，都会有播报记者的忠实记录，每一个热点文娱焦点话题，都会有播报记者冲锋在第一线，挖掘其中内幕。经过 10 多年的发展，《每日文娱播报》已经成为业界同类栏目中的佼佼者，树立了行业标杆。栏目收视率名列前茅，所创造的经济效益和广告价值，居全国同类节目前列。2009 年，栏目被评为北京电视台最具品牌价值的三个栏目之一，北京地区最具品牌价值的文艺类栏目第一名。广告年收入最高达 1.8 亿元人民币，位居全台各栏目广告收入第一名，投入产出比在北京电视台所有栏目中名列前三甲，树立了优质的品牌形象。

2013 年 7 月，《清明特别节目——追忆逝水流年之远去的背影》荣获北京电视台2013年上半年节目评奖电视文艺类一等奖；2013年10月，荣获“2010—2012年度北京市广播影视奖”优秀作品奖。

《春妮的周末时光》

2012年7月，北京电视台文艺频道推出了首档以主持人命名的栏目《春妮的周末时光》。该节目以BTV看家花旦徐春妮的家为核心元素打造的首档大型全景式戏剧访谈节目。播出时间为周六19：35，节目时长50分钟。

《春妮的周末时光》主打“家”的概念，春妮首次尝试以女主人的身份邀请各界明星好友来“家”中做客，以各个领域中的明星代表为嘉宾阵容。围绕亲情、友情、爱情等话题进行轻松聊天，并穿插才艺或反串表演，营造居家氛围，寻找情感共鸣。畅谈理想，描绘时代印记，品味生活感悟，追忆青春年华，梳理万千情丝。栏目不断向社会传达“正能量”，努力围绕在创新、责任、品质、影响四个维度进行创作，在内容、模式、运营创新上或自成一格或引领潮流。

在第六届《综艺》年度节目暨电视人评选上，《春妮的周末时光》凭借独特的节目创意、亲切温馨的家庭氛围，在全国近百个节目中脱颖而出，荣获“地面频道节目20强”。2013年12月，栏目又获得北京广播电视局栏目创新奖金奖。

《我家有明星》

北京电视台文艺频道《我家有明星》是一档原创的、凸显定位差异化、极具首都特色的文艺互动、励志、圆梦类综艺节目。该栏目自2012年1月由《百姓秀场》栏目改版而成，播出时间为周五19：35，节目时长50分钟。

该栏目坚持“文艺服务生活，传播北京精神”的宗旨，成为文艺频道一档独树一帜的为百姓搭建舞台的栏目。该栏目邀请阎肃、李光羲、金铁林、孟玲、李金斗、陈爱莲、孙毓敏、梁厚民、王洁实、潘志涛等艺术家组成梦想助力团，为百姓才艺达人实现梦想助一臂之力。栏目充分利用电视表现力和感染力，呈现嘉宾现场对草根才艺达人的帮教和带领，起到了主流媒体的舆论引导作用，营造前人积极扶持后人的良好氛围。

栏目除了为北京本土的才艺达人实现梦想外，同时也吸引着越来越多的外地才艺达人慕名而来，体现了北京文化中心的独特地位。至2014年3月，节目已为200多位普通百姓圆梦。因节目彰显北京百姓的文化幸福感，体现电视节目植根百姓服务社会的理念，播出后屡次受到领导的表扬和社会各界的好评。

2013年，《我家有明星》栏目收获颇丰，主持人顾阳在“观众喜爱的主持人评选”中荣获十优主持人称号，主编焦峰被评为北京电视台十佳编辑。

《脱口而出》

《脱口而出》为北京地区首档“京味儿脱口秀”节目。2010年5月开播，节目最初以欧美脱口秀节目为范本，根据方清平“一张口，一个人，一台戏”的表演特色，结合北京文化，体现北京精神，讲述北京人身边事，打造北京话语言博物馆。每期节目，方清平将以单口相声的形式，用自己独特的角度娱乐、调侃身边的大事小情，把日子说成段子。播出时间为周五、周六20：30，节目时长20分钟。

节目开播之初，由“开篇笑话”、“清平单口”、“逗趣贯口”三个板块组成。每期节目结尾短小精悍的“贯口”形成了鲜明特色。不同于传统相声，《脱口而出》打造了全新贯口概念，利用相声演员基本功，以飞快的语速播报1分钟的信息量，大到人生哲理，小到网络趣文。因其简短、精炼、有趣且机动性强，受到众多网友的喜爱。

《脱口而出》于2013年初进行第一次改版，开创了简短有趣的微剧环节。邀请何云伟、李菁、应宁、王文林、艾莉等相声演员与方清平一起以情景微喜剧的形式为观众带来欢乐。此期间，栏目打造了一系列令人印象深刻的微剧，并以话题“婚前婚后”获得了2013年《脱口而出》单期最高收视率2.29%。2013年底起，《脱口而出》进行第二次内容改版，从方清平的个人脱口秀拓展为“北京人的脱口秀”。栏目引入1分钟脱口秀概念，致力于打造一个全新的接力脱口秀形式。节目在围绕方清平、何云伟、李菁、王玥波等人的脱口秀基础上，每期融入不同演员的脱口秀小段落，大量丰富节目素材和表演形式，并通过各种出乎预料的脱口秀接力方式，吸引观众注意。

科教频道优秀栏目

《法治进行时》

《法治进行时》是一档新闻资讯类节目，每天12：00在BTV科教频道播出，节目时长20分钟。

《法治进行时》栏目自1999年12月27日开播以来，历经14年，安全播出近5000期。《法治进行时》以独特的新闻视角、“我在现场”的报道方式，解读真实、鲜活的法治案例，推出了众多家喻户晓的精品，打造了品牌化法治节目。《法治进行时》节目具有新闻信息量大、节奏快的特点，在午间时段打造了第一时间发布、独家解读法治案件的信息平台。

《法治进行时》的收视率、占有率和栏目广告创收连续10年在北京电视台的所有节目中稳居前三位，2013年，栏目全年平均收视率为4.25%，全年广告创收约9300万元。栏目荣获中国电视艺术家协会评选的全国名优电视栏目“十大名专栏栏目”、中国广播电视协会评选的创优现场直播和特别节目类一等奖、创优消息和评论类节目二等奖，主持人王振龙还荣获全国十佳主持人节目提名、北京电视台十佳节目主持人。

《大家说法》

《大家说法》是一档专题服务类节目，每天12：20在BTV科教频道播出，节目时长20分钟。

《大家说法》是北京电视台的一档法治专题栏目，遵循“关注法治进程、聚焦热点事件、剖析法理人情”的栏目定位，致力于运用纪实守法纪录发生在北京百姓身边的法治事件，追踪当事人亲历案件的全过程，把观众带入当事人最生活化的状态中，对法治事件进行深度剖析和提出警示参考意见，从而达到普法、守法、用法和宣传法律精神的目的。

《大家说法》2013年全年平均收视率

为4.2%，广告创收约8000万元。栏目组荣获首都精神文明建设委员会评选的“第一届首都未成年人思想道德建设工作先进单位”。

《第三调解室》

《第三调解室》是一档演播室谈话类节目，周一至周日12：54在BTV科教频道播出，节目时长50分钟。

《第三调解室》是北京电视台的一档法制调解栏目，遵循“坚持依法调解，追求公平正义，倡导理性宽容”的栏目定位，与北京市司法局合作，将人民调解制度引入电视节目，将矛盾双方当事人请入演播室现场调解，并出具人民调解协议书。是全国第一档具备法律效力的电视调解节目。

2013年北京地区收视率2.65%。对科教频道收视份额贡献率16%，排名频道第一。2013年中国广播电视协会“全国电视法制节目创优评析”活动中，《第三调解室》荣获“全国十佳栏目”奖。2013年8月28日，在人民大会堂举行的由最高人民法院和司法部联合举办的“全国人民调解工作会议”上，《第三调解室》获得“全国模范人民调解委员会”称号。全国数万个基层调解组织中，获此殊荣的一共只有10家。

《庭审纪实》

《庭审纪实》是一档专题服务类栏目，周日下午13：44在BTV科教频道播出，节目时长50分钟。

《庭审纪实》以直播或准直播方式记录北京各级法院审理重大案件的庭审过程，深入探访当事人的庭外境况，就庭审中的法律问题进行解读，普及法律知识；突出“现场意识”理念，打造北京电视台唯一的庭审直播平台。

节目以庭审现场为主、案外故事为辅。用纪录片的手法记录法庭调查、举证质证、法庭辩论、最后陈述等每个庭审环节，引领观众走进庭审现场，了解诉讼程序，以期使观众就法律问题产生共鸣、引发思考。在庭审结束后，记者回到案件现场，用客观细致的观察和采访展现案件的全貌，为观众交待案件产生的来龙去脉。

《庭审纪实》栏目以全程直播（或录播）、真实记录的方式为观众展现法院审理案件的全过程，一方面有利于社会各界了解法院为司法公正所付出的努力和探索，另一方面，我们作为新闻媒体也履行了监督职责。

《庭审纪实》2013年北京地区收视率1.51%，其中单期最高收视率3.05%，全年平均收视份额9.4%，多次入围北京地区收视率前50名。《庭审纪实》以栏目的稀缺性、独特性和不可替代性，以及节目内容的法律专业性、服务性、指导性和提示性，赢得了京城百姓的信任和肯定；并得到了北京公检法司各单位工作者的认可。

在北京电视台2013年度节目评奖中，《庭审纪实》被评为北京电视台优秀栏目。

《现场说法》

《现场说法》是一档栏目剧类节目，周一至周日11：30在BTV科教频道播出，节目时长25分钟。

作为科教频道午间法治时段的首档栏目，《现场说法》在遵循电视栏目制作规律的前提下，以单一故事为蓝本，运用影视剧的创作表现手法打造节目。选题均取材于有普法宣传教育意义的真实案例，以反映社会涉法现实生活为主，同时也展示着北京公、检、法、司系统工作中的突出成绩。设置“律师说法”环节，由知名律师对剧中涉及的法律问题进行专业性的评论和阐释，并为观众提出实用的法律建议。力求做到“百姓身边事，牵动众人心”。2013 年，《现场说法》推出了新类型节目——真实采访结合戏剧再现，一经播出取得了良好反响。

2013 年北京地区平均收视率 1.45%，份额 10.17%，在同时段节目中收视率位列前茅。2013 年获奖情况：1. 2013 年中国栏目剧第八届评优年会作品三等奖（《倒按揭》）；2. 2013 年中国广播电视协会二等创优栏目剧奖（《鸡蛋撞石头》）。

影视频道优秀剧场

《BTV 红星剧场》

《BTV 红星剧场》在北京卫视播出，每天 19：42 开播，每天播出 2 集。

《BTV 红星剧场》立足于“大戏看北京”的定位，精选年度首播、独播大戏，全力提升北京卫视晚间黄金档的收视率和份额排名。近年来，北京电视台推行全新的电视剧运营战略，通过精心的差异化编排、声势浩大的宣传推广，将北京卫视《红星剧场》的收视和影响力抬升至前所未有的高度。截止到 2013 年 10 月底，北京卫视晚间黄金档的《红星剧场》在省级卫视排名中名列第 5 位，较去年提升了 3 位。2013 年播出的《娘要嫁人》、《正阳门下》、《打狗棍》等剧在北京和全国范围内均获得了突出的收视反响。

《BTV 午茶剧场》

《BTV 午茶剧场》在 BTV 北京卫视播出，每天 13：55 开播，每天播出 4 集。

《BTV 午茶剧场》作为北京卫视的另一个重要档位，定位为首播剧 + 精品大戏重播，题材以家庭生活剧和精品战争剧为主，旨在打造北京卫视的次黄金时段，与《红星剧场》形成相互呼应的收视和观看效果。非黄金档的《午茶剧场》省级卫视排名第 8 位，也较去年上升了 2 位。

《BTV 首都剧场》

《BTV 首都剧场》在 BTV 影视频道播出，每天 18：55 开播，每天播出 4 集。

《BTV 首都剧场》是影视剧中心在北京地面打造的又一个主力阵地。以“故事从这里开始”的亲切姿态将观众牢牢地锁定在电视机前。与以“大戏”著称的卫视《红星剧场》不同，《BTV 首都剧场》擅长将家庭伦理、现实情感类的故事娓娓道来，贴近百姓身旁，抒写生活滋味，二者形成了差异化的完美互动。《首都剧场》在全国地面频道中一直保持强势地位，成为北京电视台地面频道的黄金品牌。

2013 年，在卫视竞争和地面萎缩的不利局面下，《BTV 首都剧场》依靠类型化剧目的挑选、专业化的编排、创新资源的开拓，进一步巩固了 45 岁以上主力观众，同时对拓展 25 岁以下年轻观众进行了有益尝试。全年频道份额稳居北京地区第二位，遥遥领先于中央电视台电视剧频道。2013 年 1 至 10 月份晚间黄金时段的市场份额达到10.32%，是同时段中央电视剧频道份额的近6倍。全年播出的现实题材剧《六块六毛六那点事》、《我们的快乐人生》平均收视率达到了6.33%和5.87%，抗战剧《火线三兄弟》收视5.47%，均在北京地面频道中名列前茅。

《BTV炫剧场》

《BTV炫剧场》在BTV文艺频道播出，每天19：35开播，每天播出两集。

《BTV炫剧场》作为晚间黄金时段的又一重点电视剧播出平台，与黄金档的两大强势剧场“红星”和“首都”形成差异化组合拳，带来更富动感、时尚、青春和都市情趣的电视剧作，全面丰富BTV频道组的黄金时间的剧场产品线。

财经频道优秀栏目

《首都经济报道》

《首都经济报道》是一档以报道首都经济发展为主要内容的大型经济资讯“脱口秀”栏目。周一至周日18：58在BTV财经频道首播，节目时长60分钟。

《首都经济报道》关注百姓身边的新闻，透视新闻背后的经济，紧抓首都经济发展的热点、焦点、难点、亮点、冰点问题，反映首都经济火热的变化。以贴近首都市场、服务北京市民为宗旨，追求独家线索、独到视角、独特画面、独有声音，为观众提供内容实用鲜活、形式丰富多彩、节奏明快简洁的经济资讯。

经过多年的努力，《首都经济报道》形成了诸多优秀板块：“记者关注”成为每天的亮点和收视高点，成为观众津津乐道、认识和记住《首经》每一位记者的窗口；“记者调查”板块是《首经》展现深度的阵地，参与新闻调查的记者走进演播室，进行补充发言、背景阐述、采访感言，补充画面中无法展现的内容；“首经帮帮忙”板块本着“您的问题，财经节目中心帮您解决”的出发点，对社会亟待解决的问题进行报道，得到社会广泛关注和援手，体现了媒体的社会责任和节目的温度。

《理财》

《理财》是北京地区唯一一档以投资理财为主要内容的专业性理财节目。周六、周日20：55在BTV财经频道首播，节目时长50分钟。

《理财》报道范围包括理财规划、投资、消费、收藏等多个领域。以说理财、爱理财为节目宗旨，坚持轻松理财的节目方针，突出专业性、权威性，为观众提供专业性的理财服务。力求用轻松幽默的白话语言讲理财，把金融学的普遍原理用百姓喜闻乐见的形式表现出来，让观众在潜移默化中融会贯通、学以致用，在目前的财经专业节目中独树一帜。

截至2013年底，《理财》节目收视率排名在财经频道第一名，多次进入北京地区收视排行前50名，根据索福瑞针对《理财》节目的调查，35岁至55岁之间的观众为主力收视人群，占62%。目标收看人群中高收入者占61%以上。

《拍宝》

《拍宝》栏目是一档集知识性、娱乐性于一体的主持人、嘉宾互动节目。周六、周日 21：50 在 BTV 财经频道首播，节目时长 50 分钟。该节目通过收藏界顶尖专家及拍卖市场资深分析人士，为收藏爱好者所持宝物进行鉴定并推荐拍卖，引导观众，拓宽理财渠道，探寻艺术品知识的财经类节目。开办一年来，收视节节攀升，始终在财经频道占据前两名的位置。

《拍宝》栏目在沿袭“演播室外明星与藏友娱乐”、“演播室内专家详解艺术品知识”两个颇受观众欢迎的板块基础之上，在每期节目中推出一件“超级宝物”惊艳登场的环节，以突出节目的悬念性和猎奇性。

《拍宝》栏目秉承线上线下齐头并进的操作方式。线下活动除定期举办艺术品鉴定会和艺术品知识讲座之外，还将不定期为藏友举办市场动向分析会。

《财富晚间道》

《财富晚间道》栏目开播于 2011 年，是财经节目中心一档高收视节目整合而成的子夜精编节目。周一至周五 22：15 在 BTV 财经频道首播，节目时长 70 分钟。

《财富晚间道》栏目的开播，结束了电视剧占据财经频道晚间时段 10 年的历史，掘金频道后晚间时段，填补了该时段专业节目的空白，提高了财经频道的专业品质。开播以来，节目收视率位于频道前三甲，观众口碑好，节目反响高。2013 年以来，随着“理财道”、“投资道”两个固定板块在“收藏类”选题方面的精耕细作，收视率不断攀升。

《财富故事》

《财富故事》周一至周五 20：46 在 BTV 财经频道首播，节目时长 30 分钟。节目讲述与财富相关的人和事。搜罗京城各领域资深玩家，选取最具特点的人物，以人带事，又以故事为载体，展现、品评在中国经济发展、时代变迁这个宏观背景下，有代表性、启迪性的财富故事。故事的讲述从大处着眼，从小处入手，通过展现大背景下的小人物，小人物身上的大乾坤，来反映时代纵深及其与个人命运的关系。

体育频道优秀栏目

《天天体育》

《天天体育》是一档体育新闻资讯类栏目，周一至周日 21：25 在 BTV 体育频道首播，节目时长 50 分钟。该栏目定位于服务北京的体育迷，主要受众是京城喜爱体育健身，关心北京各项运动队的观众，年龄层次从小学生到退休的老人。主要内容以新闻、专题为主，特色板块包括《速评》、《三言二拍》、《集结哨》等，并且随着制作手段的不断丰富，采用新媒体新技术进行的包装手段日渐多样，收视率近几年来一直处于稳中有升的态势。

近年来，各项大赛层出不穷，《天天体育》致力于保有自己特色不变，紧抓北京本土运动队品牌的基础上，争取推陈出新，在新媒体技术的应用上争取有所突破。

《足球 100 分》介绍

创办于 2005 年的《足球 100 分》，是北京电视台体育节目中心唯一一档涵盖足球专题与新闻评论的足球直播型节目，周一 19：35 在 BTV 体育频道首播，节目时长 105 分钟。该栏目立足北京，辐射全国，围绕足坛焦点赛事、风云人物，采用主、分演播室访谈、播报及专题片相结合的方式展开焦点热议，层层深入，力争还原事件之根本，实现纵深调查和深度报道。近年来，栏目更是重点围绕北京国安这支本土球队以及国内联赛展开追踪报道，以分析的专业性、报道的独特性和制作的精良考究而享誉全国同类专业节目。栏目收视一直保持在 1.2% 以上。近期，《足球 100 分》增大新媒体的互动，更加突出球迷、球队和节目的互动性，使其成为北京地区最具关注度的全景展示国内足球的电视平台。

《体育议起来》栏目推介

《体育议起来》开播于 2011 年 5 月，是目前全国唯一一档体育电视评论节目，周四 19：35 在 BTV 体育频道首播，节目时长 50 分钟。该栏目以体育焦点事件、人物为核心内容，以博采众人观点为表达方式，兼顾新媒体形态的体育评论，节目现场设置一名主持人与四名嘉宾。

2013 年，马重阳开始担纲《体育议起来》的主持人工作，其幽默、睿智的主持风格与《体育议起来》轻松、活跃的节目氛围相得益彰，最大限度地发挥现场嘉宾的能动性，从而营造出全视角、多层次、百家争鸣的热议效果。

《体育议起来》的主要受众来自于 35 岁左右的中年人群，节目传达出的信息能充分引起这部分人群的参与与共鸣。《体育议起来》的收视数据呈上升态势，目前稳定在 0.9% 左右。

近期，《体育议起来》在新媒体方面有所拓展，在保持栏目官方微博活跃的前提下，增开栏目官方微信、设置 APP 手机客户端，为受众提供更多的互动参与平台。

《快乐健身一箩筐》

《快乐健身一箩筐》作为一档日播谈话类节目，是北京电视台体育频道自 2007 年来重点打造的一档非竞技类栏目，也是体育频道生命力最强的栏目之一，周一至周五 22：20 在 BTV 体育频道首播，节目时长 30 分钟。主要受众是 45 岁以上爱好健身、注重健康的中老年观众。

《快乐健身一箩筐》栏目是一本无微不至的健身百科全书，旨在引领京城健身时尚和潮流，打造一个权威性的健身、健康平台。如今的《快乐健身一箩筐》中，筐叔、小张、李鹏等外景记者的形象早已深入人心，他们亲临街头巷尾，寻访民间高人、探寻健身秘诀、体验锻炼高招，使栏目在内容上更加贴近百姓，突出全面、细致、生动的特点，以真实、可行、有信服力的健身方式来指导广大电视观众，以最直接、最贴近的形态引领百姓快乐健康的新生活。

《足球·家》节目简介

《足球·家》是体育频道的一档国际足球专题节目，以英超联赛为主要报道内容。周四 20：30 在 BTV 体育频道首播，节目时长 50 分钟。节目以周播形式力求对每轮即将进行的赛事做出精准分析，为球迷和足球彩票消费者提供权威观点，同时为体育频道的英超转播进行预热。节目力求在更加国际化的视角上，利用软硬件两方面独特资源，为球迷提供精辟观点和独到分析，同时吸引球迷参与节目，与演播室主持人和嘉宾形成观点交锋。《足球·家》的演播室构成采取1+2形式，即主持人魏翊东、嘉宾詹俊、颜强的固定阵容。詹俊是在ESPN解说英超十几年的专家，堪称英超华语解说第一人；颜强精研英超数十载，并著有英国足球的专著，是国内首屈一指的国际足球评论人；魏翊东解说和钻研英超也有10多年时间，此三人的演播室阵容可以算得上是国内英超评论的顶级配置，完全可以承担为观众解读和深入延展国际资讯的任务。

生活频道优秀栏目

《生活2013》

《生活2013》首播时间为每天18：29；重播时间为每天00：29、07：00；播出时长90分钟。

2013年，《生活2013》由60分钟拓展到90分钟。该栏目恪守民生取向，聚焦都市生活，始终关注市民生存状态、记录城市发展进程：以民生为先，以民生为重，以民生为本，秉承平民视角，关注民生百态，以“伴随式”状态关注城市进步及其过程中市民精神状态变迁，倡导积极健康的生活方式与价值理念。同时，《生活2013》还沟通市政府与市民联系，倡导互助共建，着力在政府与公众之间搭建有效沟通、顺畅交流的平台，实现信息、意见、行为的三重交互。另外，《生活2013》还注重舆论监督，传递正向能量，透过热点揭示社会矛盾时代变迁，展示生活的美好、人性的崇高。

《生活2013》编排上采用三段式重点段落编排法，分热点、调查、人物、大家帮助大家、服务、奇妙“路”制和今日热评七大板块。样态上融合了新闻播报、评论、访谈、纪实等多种表现形式。《生活2013》年收视率1.67%，市场份额为5.3%。

2013年，《生活2013》与多家政府部门及行业协会的公共服务热线合作，联手打造了权威、有影响力的“热线联动平台”。栏目组与12316（农业服务热线）、12320（公共卫生服务热线）、8008100789（法律服务热线）、96315（消费服务热线）、119（消防热线）、999（急救热线）、12369（市环保热线）、96156（民政社区服务）等10多条公共服务热线联手合作，涵括了医疗卫生、法律援助、生活消费等百姓日常生活多个重要方面；同时利用互联网创建名为“@生活2013”微博网络平台，将各条热线汇集的电话内容共享至互联网，实现资源共享、答疑解惑。栏目组安排了10名经验丰富的编导与这些热线平台进行对接，争取更加密集地辐射生活，服务首都市民，提升节目品质。

《生活2013》获得“2013年度全国十大市场价值民生栏目”。

《幸福厨房》

《幸福厨房》首播时间为每周日20：01；重播时间为次周六10：32；播出时长45分钟。

《幸福厨房》是北京电视台生活频道2012年推出的一档大型厨艺真人秀节目。2013年，《幸福厨房》全新改版，每期节目的核心卖点是草根美食达人挑战一道名店名菜，并与京城名厨现场PK。通过比食材、比秘笈、比技法的限时比拼，最终由现场的9名美食品鉴团成员“盲品”一决高下。收视率全年平均在1.0%左右，最高收视达到2.18%，在业界和观众中取得了良好的口碑和美誉度。栏目所倡导的省时、省力、省钱的生活观和快乐下厨房、轻松做美食的生活态度也渐渐深入人心。《幸福厨房》目标受众为25～55岁的观众，女性略多，中高等学历水平。这一目标受众较好地提升生活节目中心在青年观众方面的不足。

2013年《幸福厨房》在节目理念、节目内容、节目形式上大胆创新：一是节目提倡温暖、亲情的家庭观，在与名店的挑战中展现幸福的家庭氛围和人格力量。一道美食的精心烹饪，其实是在精心烹饪幸福的家庭生活。二是节目内容创新是指打造草根对抗专业的不对称比赛，从反差和差异中营造矛盾冲突和悬念。三是内容上的创新表现在不仅用镜头充分展现名店美食的制作工艺，食材的精心烹饪，还将深入美食的“内心”，展现食材选取的讲究，炊具的独到，秘制调料的独家配制，不仅给观众以强烈的视觉感受以至带动味觉吸引，还增加了知识性与服务性。四是节目外在形式上的创新主要呈现在激烈刺激的现场PK，在演播现场特别营造的三角形场地中，草根厨艺达人与名店大厨各站一边，现场比拼。名店大厨专业熟络炫技的烹饪与草根家庭土方的制作工艺形成强烈和有趣的反差。

2013年，《幸福厨房》除了通过微信、微博平台和观众进行互动外，还通过形式多样的活动加深与观众的交流，扩大栏目影响力。

《生活面对面》

《生活面对面》首播时间为周一至周五20：00；重播时间为周一至周五07：00；播出时长30分钟。

《生活面对面》以社会热点事件、百姓真实故事、观众生活遭遇作为主要内容，以人文视角、独特点状叙事为表现方式，以专家解析、观众讨论为渠道，以探寻事件真相、解决观众困惑、提供生活服务为宗旨的服务类谈话节目。播出内容以“典型个案”切入并针对“个案”中尤其具有普遍意义的服务点细细拆解、引申，最终告诉观众面对这些问题的关键时刻“你该怎么办?”《生活面对面》的受众主要分布在45～64岁，偏女性，以中等学历（初高中）为主。2013年全年平均收视率为1.01%，2013年四季度收视率为1.13%。栏目选题植根于社会热点新闻事件及服务性内容，观众对节目的口碑良好，并通过信件或致电以及官方微博与栏目互动。对热线电话栏目会做到有求必应，微博和微信平台有专人负责维护和回复。除此之外，栏目还举行主持人定期与观众见面活动以及有奖问答活动。

《生活面对面》栏目组获得北京电视台2013年度“巾帼文明岗”优秀集体奖。

《生活+》

《生活+》首播时间为每周六20：05；重播时间为次周六10：30；播出时长45分钟。

《生活+》是一档家居改造真人秀节

目。节目主要讲述一个家庭在栏目组帮助下进行空间改造的装饰、装修故事。在节目呈现上主要集中展示曲折的装修过程、矛盾纷争、情绪起落，集合了故事、人物、情感、知识等多个看点，使观众得以从多个视角、立体化地去体味装修的酸甜苦辣。2013 年，节目共播出 51 期，平均收视率 0.84%，栏目组筹集装修基金 100 余万元，帮助 50 多个家庭进行了空间改造，提升了他们的生活品质。随着节目口碑的树立，热线电话 88458958 成为栏目组与观众之间沟通最密切的纽带。随着报名《生活+》的观众越来越多，栏目组加大了业主海选力度，做到月月有海选。

2013 年，栏目组获得由亚洲电视协会颁发的《2013 两岸四地最具创新活力电视生活服务栏目十强》。

《食全食美》

《食全食美》首播时间为周一至周五 18：00；重播时间为次日 11：20、14：31；播出时长 27 分钟。

《食全食美》栏目是于 2002 年开播的一档生活服务类节目，节目坚持挖掘特色菜，探秘“食事”，引导绿色生活，倡导积极健康的生活方式，传递美食文化，传播乐观向上的人生态度。节目内容关注老百姓感兴趣的饮食，贴近百姓同时提供受众最需要的、最合理的健康饮食文化，将“食”做到最大化的服务性和最可能的实用性。与传统的生活饮食节目所不同的是，节目经过几年的努力摸索和不断创新，已经形成了以介绍美食、分享美食故事为主、传播健康饮食为辅的集知识性、趣味性、服务性于一体的特色鲜明的栏目。如今《食全食美》已成为北京电视台拥有固定收视群和高收视率的品牌节目。

青年频道优秀栏目

《军情密码》

《军情密码》栏目于 2011 年 1 月 1 日开播，周一至周六 20：30 在 BTV 青年频道首播，节目时长 50 分钟。该栏目以“揭秘”为核心理念，涵盖军旅文化与战争文化，解析中外历史上的著名战争及政治战、经济战、心理战、文化战、情报战等不为人知的幕后故事，填补目前 BTV 及全国省级卫视军事栏目设置的盲点。

栏目与中国军方授权机构——新华社军事部以及《世界军事》、《中国军人》杂志合作，确保选题及内容的高质与安全；以全国百余位顶级军事专家为嘉宾团队，确保表达的权威与精彩；以具有军事情结、人文素养、电视经验的人员组建摄制编辑团队，确保节目制作的品味与效率。

《SK 状元榜》

《SK 状元榜》栏目于 2000 年 1 月开播，周日 18：40 在 BTV 青年频道首播，节目时长 45 分钟。该栏目是一个面向中学生的全国性知识竞赛节目，旨在激励青少年的学习热情。全面展示参与者的知识、视野、思维水平、动手能力、表达能力、团队精神等，通过不同类型题目考验的选手就是最终的胜利者。注重学生提出问题和解决问题的能力、创造力和团队协作精神。节目时长50分钟，每年有近260名选手参加，产生至少50位擂主。10年来共制作500余期，在北京、上海、天津等地同步播出，在中学生中产生了广泛影响，也引起家长、老师和社会各方面的热切关注，

《北京客》

《北京客》栏目于2011年1月1日开播，周一至周五21：59在BTV青年频道首播，节目时长30分钟。《北京客》的名称灵感源自美国著名杂志《纽约客》（THE NEW YORKER)，包含所有从北京走出去和从各国各地来北京的人。栏目定位于“对北京在迈向世界城市的进程中，原有文化与世界文化对接、交融过程的时尚化、国际化、故事化表达”。节目以前沿思想、精英身份、个性行为支撑的深层时尚为主要表达方向，在国内首次提出以“国际化时尚人物Talk Show”为亮点的全新理念，以幽默睿智的风格、轻松欢快的手段，打造时尚文化沙龙。要求嘉宾身为青年领袖或具有成为青年领袖的潜质，节目形态以演播室交流为主，结合专题性拍摄，节目气质体现为健康、知性、轻松、真诚。

《北京客》节目以受过高等教育的23～35岁观众为目标受众。这部分人群约占北京23岁以上人口的18%，他们有个性、有购买力，且大多具有深夜打开电视的习惯。

新闻频道优秀栏目

《北京新闻》

《北京新闻》是北京电视台最重要的一档新闻栏目，是北京市委、市政府的喉舌和重要的舆论宣传阵地。《北京新闻》具有政策性强、收视率高、影响力大的特点，收视率稳居全台日播栏目收视第一、卫视频道栏目收视第一和占有率第一，是北京地区收视率最高的新闻栏目。

近年来，《北京新闻》栏目秉承“权威发布政策信息，悉心关怀百姓冷暖”的栏目宗旨，坚持正确的政治导向，坚持党的路线、方针不动摇，成为展示北京市改革开放、经济发展、社会进步的重要窗口；同时，致力于提高新闻质量和报道水平，创新报道方式，实现“导向正确、宣传有力、收视稳定”的目标。它以权威的报道、新颖的内容、全面的资讯，追求时政新闻的严谨性、经济新闻的生动性、社会新闻的思想性，它让观众在最短的时间里了解最丰富的内容。

栏目时长30分钟；首播时间为周一至周日18：30；播出频道系北京卫视、BTV新闻频道。

《特别关注》

《特别关注》是一档以民生新闻为特色的综合性新闻栏目。始终坚持“关注社会发展、贴近百姓生活”的栏目宗旨。力求用特快的速度、特别的视角、特色的电视手段，突出时效性、地域性、服务性的特点，致力于真实客观地诠释新闻事件，理性细致地关注点滴生活。

为百姓排忧解难、倾听百姓心声、报

道百姓关心的事、身边的事、困难的事、烦心的事，一直是《特别关注》的栏目特色。该栏目以党和政府的声音引导舆论、以党和政府的观点解疑释惑，成为沟通政府与市民的一座桥梁。

《特别关注》自2000年11月16日开播，多年来，在北京一直拥有非常高的收视率，成为北京卫视频道午间时段的王牌栏目。

栏目时长60分钟；首播时间为周一至周日12：00；在北京卫视、BTV新闻频道播出。

《北京您早》

《北京您早》开播于1991年7月，是国内最早开播的一档早间电视新闻节目。栏目定位于“第一时间看北京、看中国、看世界”。

《北京您早》始终坚持及时丰富、清新朝气的节目理念，它秉承20多年的传统，不断开拓创新，梳理一天大事，提供丰富资讯。通过“夜线出击”、“京城大交通”、“晨读时光”等板块，提供清晨最适合观众的新闻早餐。

栏目时长120分钟；首播时间为周一至周日07：00；在北京卫视、BTV新闻频道播出。

《红绿灯》

《红绿灯》栏目是北京电视台与北京市交管局合办的一档交通栏目，是北京交通管理政策措施的权威发布平台。它关注北京交通事业和百姓出行的方方面面，北京交通所包含和涉及的公交、地铁、城铁、铁路、民航等领域发生的新闻尽在其报道范围之内。在遇有重大、重要交通事件时，《红绿灯》都会在第一时间提供全方位的报道。

栏目时长40分钟；播出时间为周一至周六21：10；在BTV新闻频道播出。

《锐观察》

《锐观察》是北京电视台一档互动式新主流新闻评论节目，它以新锐的视角、敏锐的探寻做有锐度的评论。《锐观察》主要围绕每日最具关注度的突发事件、争论话题、本土民生热点，邀请特约评论员、事件当事人、权威专家、官员走进演播室，探新闻来源、揭事实真相、供独家观点、享意见碰撞。

《锐观察》以新闻述评、新闻调查、新闻人物等为主体，力图成为公众眼中的“观点供应商”、媒体同行眼中的“话题发源地”、年轻人不可忽略的“智囊”和“思想库”，始终给观众带来宽视野、高威信、广影响的言论传播力。

栏目时长50分钟；首播时间为周一至周五20：15；在BTV新闻频道播出。

卡酷少儿卫视频道优秀栏目

《幼乐园》

《幼乐园》是一档早间低幼类节目，周一至周五07：00在BTV卡酷少儿卫视首播，节目时长30分钟。该栏目是为0至6岁孩子量身定做的音乐类儿童节目，集互动性、创意性、知识性、音乐性为一体，通过早间《起床歌》和“创意手工”

等板块组合，使主持人与孩子们身心运动起来，让孩子们在愉快中学到知识，引领他们从小建立正确的价值准则和行为规范。

《闪天下》

《闪天下》是一档少儿综艺秀栏目，周三19：30在BTV卡酷少儿卫视首播，节目时长35分钟。该栏目延续幽默的节目风格，强化原创栏目剧元素，推出“闪亮家族”主持群和小演员群，在节目中打造一个属于孩子们自己的舞台，通过综艺真人秀的方式展现孩子们的童真童趣。

《男生女生GO》

《男生女生GO》是一档少儿密室逃脱真人秀栏目，周四19：30在BTV卡酷少儿卫视首播，节目时长45分钟。该栏目采用密室逃脱游戏的形式，10名有特殊才艺或优秀技能的孩子分为两支队伍进入密室，运用智力、体力以及团队协作能力完成房间任务，逃出密室。在挑战任务中融入数学、物理、化学、生物等相关知识和日常生活常识，向小观众传递科普知识。

《和自己对话》

《和自己对话》是一档少儿行为实验类栏目，周六19：30在BTV卡酷少儿卫视首播，节目时长45分钟。该栏目通过科学的儿童心理学理论+爆笑的行为实验案例，每期设定探索主题，用娱乐化手段探究孩子的思考和行为方式，帮孩子了解自己、帮家长了解孩子，潜移默化地影响家长对孩子的教育理念。

纪实频道优秀栏目

《影事》

《影事》是2011年7月1日开播的周播节目，周日21：00在BTV纪实频道播出，每期50分钟。节目真诚讲述光影背后的故事，以真诚、朴实、平实的态度呈现创作者、记录者的心路历程、时代背景、创作故事。

《昨天的故事》

《昨天的故事》是2012年3月5日开播的周播节目，周六、周日12：30在BTV纪实频道首播，每期30分钟。节目以平实的视角展现当代重大的历史事件，以另一个角度审视一个历史事件，以普通人的视角见证当代历史，关注普通人在不同历史事件中的瞬间存在感。

调研报告

2013年北京电视台《环球春晚》的调查与分析

受北京市广电局的委托，我们对2013年北京电视台《环球春晚》进行了调查与分析。《环球春晚》是北京电视台原创的春晚品牌，彰显了北京作为国际化大都市的气度和视野。2013年已经是《环球春晚》的第四届。本届春晚提出了“世界城市、汇聚梦想”的口号，整台晚会分为“行在环球春晚”、“听在环球春晚”、“爱在环球春晚”三个篇章，传递“你在世界在”、“你停世界宽”、“你笑世界暖”的三个主题。与此同时，2013年的《环球春晚》不但是传统《环球春晚》意义上的“世界文艺之窗”，还大胆创新引入了“梦想汇聚”的新概念，以打造全球华人的梦想家园。调查显示这台晚会不仅做到了让国内观众“身在北京，共享世界风”，更让世界观众感受到了“天下一家，幸福共享”之情。

一、锁定“放眼全球”的受众定位，打造具有“时代气息”的融合品格

2013年《环球春晚》以“世界城市，汇聚梦想”为主题，以中国新春佳节为时间点，让世界各国顶级艺术形式及表演者汇聚《环球春晚》这个“梦想的大舞台”，展示梦想、实现梦想，同时，在开拓海外文艺新境界的基础上，打造全球华人的梦想家园。

本次春晚由来自法国的朱利安、来自加拿大的大山、来自美国的梅林同北京电视台的著名主持人姜华、春妮、孔杰共同主持。六位主持人用英语、法语和汉语等不同语言渲染气氛，从一开场就凸现出了晚会的国际属性和全球视野。接着，雅尼演奏的《圣托里尼》和《夜莺》重现了雅典卫城和紫禁城雅尼音乐会的经典；法国香颂天后Berry唱出了法国唯美的浪漫；英国最成功的男声团体BLUE演绎了代表作*All Rise*；将笑话讲入白宫的中国人黄西把他的《美国囧事》搬上了春晚；德国蓝调天后Sarah Connor在真实与虚拟之间华丽演唱著名歌曲《最后一支舞》。整台晚会可谓星光璀璨、众星云集，以世界一流演员打造世界一流节目，提升了晚会的国际化水准。

同时，“青年气质”是这届《环球春晚》演员阵容的最大特点。不论是内地的张靓颖、韩庚，还是香港艺人潘玮柏、台湾艺人林宥嘉，或者最为当红的加拿大籍华人歌手曲婉婷等，他们都是新生代偶像，兼有亮丽的形象、青春的气质和精湛的才艺，他们韶华芳韵、活力四射的表演成为2013年《环球春晚》富有创意、品位时尚、前卫流行的诸多特质的重要组成部分，向世界观众展现了中国的青春风采。

为了避免语言不同和文化差异，避免国外高品质节目在中国舞台不受垂青的现象，本届春晚通过精心的设计，力求找到中国和国际的连接点。除了主持人的中外混搭组合之外，中西文化的交流与融合的特色贯穿整场晚会。继七人澳大利亚皇家竖琴表演组合演奏中国歌曲《滴答》让人

眼前一亮后，不同形式的中西“反串”、多文化融合的节目层出不穷，让人目不暇接。内地歌星沙宝亮和法国香颂女王 Berry 共同演绎了唯美情怀的《玫瑰人生》，极尽蓝调爵士乐魅惑之感；蒙古族歌手和以色列国宝级天后 MiriMesika 先是一起用汉语演唱《鸿雁》，赢得惊呼一片，接着二人又用蒙古语、阿拉伯语混合对唱合作演出，在中外晚会舞台上都是头一回；加拿大钢琴家 Roger Lord 和中国年轻小提琴家王霄合作了中国名曲《彩云追月》；而来自五大洲的草根歌手组成的五洲唱响乐团更是中外融合的典范，他们和老北京风味的黑祥子人体活雕塑一起，演绎了 RAP 原创中文曲目《南锣鼓巷》，唱尽北京风土人情。最令人流连忘返的莫过于德国武馆和山东莱州武校一起合作的《中外功夫梦》，德国的中国武术行家表演了斧、钺、钩、戟各样武器，而武当第 16 代传人则上演了名扬海内外的太极拳……多样组合、多元呈现让《环球春晚》成为真正寰宇意义上的“最炫世界风”。

二、节目编排张弛有度，整台晚会高潮迭起

本届春晚以《五洲欢聚》作为开篇，融合了中国的京剧元素、西班牙的弗朗明戈、巴西的桑巴舞、印度传统舞、非洲托宁鼓和乌克兰水兵舞，并和潘玮柏青春震撼的《翻转地球》相得益彰，以宏大开场唱响了《环球春晚》的激情号角，把观众的情绪一下子调动了起来。接下来唯美的七竖琴和经典的《歌剧魅影》给大家带来美的享受；而之后的法国著名哑剧演员朱利安·高拓走上舞台，又为观众带去了欢声笑语。

与开篇歌舞相呼应，晚会在五洲欢腾的气氛中上演“行在环球春晚”、“听在环球春晚”、“爱在环球春晚”三个篇章。节目进行将近 1 小时，影子舞《跟我一起去旅行》掀起了一个不小的高潮。节目以一块巨大的幕布，用影子的形式，用黑白光影描绘五彩生活。来自亚洲、欧洲、非洲等地 40 余名演员借助光影的效果，让观众身不离座位，眼不离舞台，就能领略到世界各地的气息，感受各种文化的魅力。美国的自由女神像、法国的凯旋门等全球标志性建筑，澳洲袋鼠、南非雄狮、泰国大象等各地代表性动物惟妙惟肖，尽收眼底。观众在笑声、掌声和惊叹声中不知不觉走遍了世界各个角落。接下来的英国男声合唱团 BLUE 在舞台上边唱边舞演绎的代表作 *All Rise*，虽然是虚拟的场景，却在精彩与怀旧的音乐声中迅速升温晚会气氛，将现场氛围燃烧到了沸点。

此后四个国际家庭——英国夫妇江森海、中国夫妇张昕宇梁红、中英联姻爱新觉罗·启迪夫妇及韩美联姻赵守镇夫妇登上舞台，他们职业、身份、背景各异，也都曾走遍千山万水，天南地北。是北京这座开放包容的世界城市，吸引着他们最终选择这里作为他们的归宿地和落脚点。他们作为居住在北京的跨国家庭，在《环球春晚》的舞台上展示了民族融合、价值认同、感情共鸣的别样风情。

和谐温暖引发了全球观众的共鸣。《天下一家》的唱响更演绎了“和而不同、相容共生”的世界情怀，这个环节为晚会推波助澜，起到了唱响主题的作用。最后，谭晶一袭红装为观众深情演唱《世界》，将祝福送给世界各地的朋友，而本次晚会的主题曲《我爱你》将全场推向了最高潮——“无论国籍与肤色，抛开语言与疆界，我爱你是永远不变的主题”。整场晚会高潮迭起，安排合理得当，让观众能在时而享受，时而开怀，时而怀旧，时而热情澎湃的情绪中，最大限度地发挥欣赏效果，精彩在有张有弛的进度中令人应接不暇却也轻松自在。

晚会采用各国大使推荐本国特色节目的方式，代替主持人报幕，成为《环球春晚》在编排上的一大创新。这样的编排突出了国际间交流这一概念，一方面由大使来推荐本国的表演艺术家，体现了北京卫视打造高端节目的意识，对节目和演员的重视程度，驻外大使代表了各国的国家形象，用这种仪式感极强的呈现形式推广和介绍表演艺术家和节目，有效地保证了节目的高品质和高质量，提高了节目的可看性；另一方面打破以往观众对外国大使的神秘感，在舞台上推荐本国的艺术和文化，更能够体现天下一家的和谐气氛，虽然大使们是带有浓重口音的中文与观众进行沟通，却并没有疏离感，而是更能够让观众感到亲切和真诚。

魔术家与主持人春妮的互动串场是晚会的另一个有趣的环节。法国朱利安·高拓幽默哑剧串场表演串场自然，尤其是第二段他与主持人春妮的相互配合，不仅活跃了现场气氛，而且具有原创性和趣味性。

三、晚会以非语言类节目为主，为观众减少了沟通障碍

作为一台中外明星同台、中外文化交融、中外明星荟萃的大型综艺晚会，2013《环球春晚》考虑到本场晚会多种国籍、多种语言和多文化背景的观众群体，整场晚会都以歌舞、魔术、哑剧表演等非语言类节目为主，减少了不同国籍观众的沟通障碍。

其中中英双语的语言类节目黄西脱口秀《美国往事》，不仅表演者黄西有着国际背景，脱口秀内容亦与各国文化紧密相关，更融合了中西方的多种幽默方式，引发了观众共鸣，避免了表演者自说自话、观众如坠云雾之中的尴尬。

在非语言类节目中，魔术表演的分量大大增加，中国魔术师傅琰东和波兰魔术师亚森·陆平上演了精彩纷呈的中外魔术大对决，弥补了由于缺少语言类节目导致的趣味性节目不足的状况。尤其是波兰魔术师亚森·陆平“变椅子”这个节目的表演与参加央视春晚的刘谦风格迥然不同，亚森的表演没有更多话语，更像是在小剧场中的表演，通过音乐节奏的变化，用简单的提示牌、魔术师和助手的表情来传递信息。魔术虽然简单，但更具特色，也契合了跨语言交流的晚会主题。

同样，法国哑剧大师朱利安·高拓表演了“无声胜有声”，突破了语言壁垒和文化障碍，各国观众都看得懂、笑得出。

歌舞类节目的选择和安排上体现出了晚会“全球手拉手”的主题，演出人员的组成十分“国际化”。除中国的表演者外，晚会还安排了英国天团乐队 Blue、加拿大环保音乐人 Matthew Lien、德国蓝调天后 Sarah Connor、法国香颂天后 Berry 等为晚会带来自己的金曲和传唱全球的知名曲目，另外还有古典与时尚结合的“七人澳大利亚皇家竖琴表演组合”、以色列国宝级天后 MiriMesika、加拿大钢琴家 Roger Lord、由东盟中心推介的国家级非物质文化遗产泰国木偶戏等共有 14 个国家的歌手、舞蹈团队、器乐、杂技、木偶等演员参与了今年《环球春晚》的演出，这些海外著名艺术家们的表演不仅使海外观众倍感亲切、陶醉如归，也令中国观众大开眼界。

四、舞美设计创新立意，为节目锦上添花

在调查中，观众一致认为，《环球春晚》在视觉呈现方面开创了多项先河，其中，不设实景舞美，而利用投影、灯光等技术手段营造出亦真亦幻的舞美效果更是出人意料，为演员留出了最大限度的表演空间。

本次晚会借助高科技力量，结合当下时尚元素，运用3D全息等高科技舞台手段，集结全球最新锐的特效视觉技术及节目包装形式，为观众打造了一场空前的创意盛宴。在节目内容上，利用全息追求真假结合，达到亦真亦幻的效果。比如大使乘坐专机来到舞台、宇宙飞船驾临星球引出明星等新奇别致的呈现都营造了前所未有的视觉奇观。

在《环球春晚》的舞台上，全息与立体投影技术的结合是非常成功的，大量运用的视觉呈现技术，让《环球春晚》在坚持中外文化交流、中外演员同台的传统特色之余，增添了时尚感、科技感，营造出“隔空对话”的神奇效果，为晚会增添了耀眼夺目的光彩。

《环球春晚》的灯光和舞台背景选择了以蓝色为主的冷色调，因为这台晚会是一档同时面向中外观众的节目，不能只照顾中国观众的审美习惯而忽略海外观众，于是选择了大气、时尚，同时符合中西方审美标准的整体色调，灯光、背景美轮美奂，颇具国际气场。

五、播出画面构图层次分明，拍摄构思细致雕琢

本次《环球春晚》的画面整洁流畅，主次分明，并有较强的层次感。如费翔、朱桦联袂出演的音乐剧《歌剧魅影》选段中，画面主体在不停的变化之中，并在人物表情的捕捉、不同景致的切换中，使节目更具艺术性与审美性。

六、加强新媒体合作，实现台上台下互动

观众反映，新媒体平台不但能提供晚会节目的素材和演员，更能在节目播出过程中，让更多的观众参与到节目的讨论之中，增加节目的互动性，使《环球春晚》真正成为全球共庆的一场盛会。

在晚会节目策划阶段，北京卫视推出了“我@神曲征集”活动，精选出多首年度流行度高、传唱度广、模仿度热、点击率多的“神曲”作为表演曲目，通过微博进行全球神曲模仿达人征集，先后有几十个国家、十几万中外民间草根达人报名参加活动，最后通过网络投票的方式，票数最高的三组参赛者在《环球春晚》上进行表演。这种活动，为《环球春晚》进行了预热与造势。在晚会播出过程中，开通了网络直播，微信、微博等多个新媒体平台，为《环球春晚》的网络观看、线上互动提供了多样的选择。

《环球春晚》中滚动字幕内容主要是介绍外国表演者的个人背景和表演内容或舞美效果所使用的新技术，不仅能帮助电视观众快速熟悉表演者和表演内容，拉近表演者和电视观众的距离，同时也使观众一边享受《环球春晚》的视听盛宴，一边丰富知识、增长见闻。

在《环球春晚》播出之后，北京电视台BTV在线的官方主页上还推出《环球春晚》专题主页，将所有节目放到网络平台上，这不仅能弥补电视线性传播模式所带来的缺陷，还能与网友实现互动，倾听受众的意见和建议。

北京电视台党员队伍建设情况调研报告

党委办公室

根据市委组织部党建课题调研提纲和北京广播电视台有关要求，现将北京电视台近三年来党员队伍建设情况报告如下：

一、党组织和党员队伍、入党积极分子基本情况

1. 基本概况。北京电视台党委现有党总支7个，党支部56个，党员1417名，其中：在职党员1217人，退休党员200名，在职党员占全台党员总数的86%。2011年至2013年7月，党员人数增加了90名，其中，发展党员79人。现有入党积极分子317名，其中90名同志已被列为发展对象。

年度	党员人数总计	性别		年龄		学历		岗位分布				
		男	女	35岁及以下	35岁以上	大专及以上	中专、高中、初中	职能部门	技术部门	节目部门	直属企业	退休
2011	1327	737	590	342	865	1270	57	266	224	635	35	167
2012	1403	752	651	380	1023	1353	50	278	223	675	38	189
2013.7	1417	754	663	375	1042	1370	47	278	222	679	38	200

2. 近三年党员队伍结构分析。我台现有1417名党员中女性占47%，年龄在35岁以下党员占26%，大专及以上学历党员占97%，工作在节目和技术一线部门的党员占64%，职能部门党员占20%，台下属企业党员占2%，退休党员占14%。2013年7月同2011年底相比，女性党员人数增长了12%，年龄在35岁以下的党员增长了10%，大专及以上学历党员增长了8%，在节目部门工作的党员增长了7%，退休党员增长了20%。

3. 近三年入党积极分子情况分析。

（1）申请入党人员情况

年度	申请入党人数	性别		年龄		学历		岗位分布				
		男	女	35岁及以下	35岁以上	大专及以上	中专、高中、初中	职能部门	技术部门	节目部门	直属企业	退休
2011	309	169	140	211	98	307	2	37	105	161	5	1
2012	297	164	133	182	115	295	2	36	98	156	5	2
2013.7	375	202	173	231	144	372	3	40	120	181	31	3

（2）入党积极分子情况

年　度	入党积极分子	性　别		年　龄		学　历		岗位分布				
		男	女	35 岁及以下	35 岁以上	大专及以上	中专、高中、初中	职能部门	技术部门	节目部门	直属企业	退　休
2011	217	127	90	131	86	216	1	29	65	119	3	1
2012	205	184	91	125	80	204	1	26	59	115	3	2
2013. 7	349	188	161	217	132	346	3	40	95	180	31	3

（3）发展对象情况

年　度	发展对象人数	性　别		年　龄		学　历		岗位分布				
		男	女	35 岁及以下	35 岁以上	大专及以上	中专、高中、初中	职能部门	技术部门	节目部门	直属企业	退　休
2011	51	27	24	39	12	51	0	16	11	22	2	
2012	70	37	33	43	27	69	1	8	17	41	4	
2013. 7	90	47	43	45	45	90	0	13	19	49	7	2

近年来，我台申请入党人数、入党积极分子和发展对象人数保持稳定增长趋势。2013 年与 2011 年相比，申请入党人数增长了 21%，入党积极分子人数增长了 61%，发展对象人数增长了 76%。这三类人员中，男女比例基本相等，35 岁以下人员占 60%，均具备大专及以上学历。从岗位分布情况来看，工作在节目和技术一线部门的人员占到 80%，这与我台始终将业务骨干、一线工作人员和青年作为发展重点的工作要求相一致。

二、党员队伍建设总体情况

北京电视台党委高度重视党员队伍建设工作，严格按照上级要求和部署，紧密结合全台改革发展实际和党员队伍现状，以提高凝聚力和战斗力为核心，推出了一系列有针对性的工作举措，有效提升了党员队伍的整体素质，为北京电视台改革发展提供了坚实的思想基础和组织保障。

1. 大力加强党的建设，增强党员队伍的凝聚力战斗力。

（1）深入开展创先争优活动。我台牢牢把握关于加强党组织建设的要求，深化创先争优活动，认真实施“领航工程”、“聚力工程”、“先锋工程”。近年来，台党委组织开展了一系列主题教育实践活动，通过学习交流、座谈研讨、公益活动、爱心捐款、树立典型、领导点评等形式，调动各级党组织和广大党员的积极性，引导广大党员干部冲在一线、勇挑重担、创先争优。三年来，累计开展各类学习教育实践活动 150 余项，先后对 46 个党组织、379 名共产党员、91 名党务工作者和 22 个党建工作创新项目进行表彰，营造了良好的工作氛围。

（2）创新性开展“三个评议”工作。

按照党的十八大关于提高党的建设科学化水平的要求，台党委从2012年11月起，在全台范围内组织开展“群众评议党员、党员评议支部、支部评议党委”的工作。把“三个评议”分为“学习动员、民主评议、组织评定、反馈情况、整改提高、总结工作”六个阶段来抓，通过自下而上的评议活动，树典型、学先进，找不足、促转变，推动各级党组织成为团结带领广大群众贯彻执行党的路线方针政策、落实党的任务的战斗堡垒，有效促进党员队伍的先进性、纯洁性建设。

（3）完成党组织优化调整和换届选举工作。为夯实我台党建工作基础，2012年初，我们对全台党支部的设置进行了调整优化，在党员人数较多的部门建立党总支、在部分新设机构建立党支部。在此基础上，组织开展了党组织换届选举工作，通过选举培训、候选人推荐、党员大会选举、台党委研究批准，产生了各党总支、党支部新一届委员会，一批年富力强、有责任心、热心党的工作的优秀干部被充实到党务工作队伍中来，特别是一批派遣制身份的党员担任了支委，增强了派遣制员工的归属感。调整换届后，全台党总支由原来的1个增加到7个；党支部由原来的43个增加为56个。

2. 切实抓好党员思想教育，努力打造学习型党组织。北京电视台党委始终把加强党员学习教育放在重要位置，有计划、有步骤、多渠道、分层次地开展教育活动，建立健全长效机制，逐步形成了以党委中心组学习为龙头，以中层干部学习为骨干，覆盖全体党员并带动全台职工共同参与的党员教育体系。

（1）充分发挥党委中心组示范带头作用。台党委中心组不断创新学习方法，采取更加灵活、更加有效的学习形式，抓好各项学习教育活动。每年，党委中心组都要组织24次以上的专题学习，同时尽可能快地把学习活动扩大到中层干部或制片人，让更多的党员干部参加到更高级别的学习中来，从而更广泛地影响和带动全台党员干部的学习。在学习内容安排上，更加注重战略管理、领导能力、科技前沿知识、心理健康等方面的内容，努力把理论学习和实际工作紧密结合起来。

（2）不断创新党员教育方式。近年来，我们发挥内部网络资源优势，搭建了以闭路电视、局域网络为核心的党员电化教育网络平台，实现了由平面向立体、由静态向动态的宣传教育模式，使党员教育更直观更生动，为党员学习教育创造了良好条件。为丰富党员电化教育内容，我们建立了党员电化教学资料库，设专人管理，在台内网上定期公布学习内容，及时更新学习资料。每次组织学习活动，都能做到学前有通知、学中有要求、学后有总结，扎扎实实地开展党员教育工作。

（3）认真开展党建创新评比活动。在认真开展党员教育的基础上，从2011年开始，我台党委积极组织开展优秀党建工作创新项目评比活动，鼓励各党支部不断探索党员教育新形式，推动党建工作水平的整体提升。两年多来，全台党支部共有22个项目获台党委表彰，有些项目还获得了北京广播电视台党委、市委宣传部和北京市委的表彰。党委办公室和老干部工作办公室党支部联合组织的“青春·奉献”新老职工代际交流活动，使青年职工进一步了解老职工的创业史、电视台的发展史，在代际交流中接受教育，取得了很好效果，得到北京广播电视台党委的表彰。退休职工党支部开展的“颂党恩抒豪情添光彩乐晚年”主题党日活动，充分发挥老同志特长，积极开展适合老同志的文娱活动，在市老干部局组织的2011年北京市最佳离退休干部党支部“主题党日”评比活动中荣获一等奖；退休职工党支部党建创新项目《组建老党员志愿者队伍，搭建创先争优新平台》，荣获北京市离退休干部党支部建设工作创新奖。新闻节目中心要闻采访部党支部长期坚持开展的“党员开讲”活动，由参与重大宣传报道活动的记者亲身讲述自己作为一名党员记者的光荣与感悟，被北京市评为2011年宣传系统优秀党建创新项目和北京市“建设学习型党组织工作品牌活动”。

3. 注重抓好教育成果转化，促进各项工作顺利开展。在加强党员教育过程中，我台十分注重将学习活动与实际工作相结合，使学习成果成为推动工作的新动力。如在深入开展“三项学习教育”活动和“走转改”活动中，我台组织广大编辑、记者、主持人深入基层调研采访，树立群众观点，践行群众路线，理论联系实际，取得了很好的效果，涌现出了一批好作品好栏目，电视荧屏呈现出了新气象，广大党员对职业的认识、对工作的态度、对群众的感情都有了积极的变化，上级领导和观众的好评明显增加。

三、存在的问题及对策建议

目前，我台绝大多数党员思想状态稳定，广大党员在各自的岗位上努力工作，默默奉献，发挥了党员先锋模范作用。但是，通过认真调查了解和分析，党员中也存在一些不良现象：一是个别党员组织纪律观念淡薄，对自己要求不高，工作不够积极，把自己混同于一般群众；二是有些党员不能积极开展批评与自我批评，不敢与歪风邪气做斗争，缺乏担当精神；三是有些党员理论学习系统性不强，业务技能不够全面，工作上缺少创新开拓的勇气，思想上固步自封，不思进取。

随着电视事业的快速发展和人事制度的改革，我台人员结构和党员队伍状况发生很大改变，派遣制员工比例越来越大，派遣制职工党员在全台党员总数中的比例逐年增加，要求入党的派遣制员工也越来越多，但他们的基本素质参差不齐，思想状况呈现多样化，教育管理工作任务繁重。为此，我们必须要在实践中摸索出符合实际的教育方法和管理经验。

1. 建立高效实用的教育机制，不断提高党员队伍素质。要坚持不懈地抓好广大党员、入党积极分子和发展对象的政治思想、理论知识和专业技能的学习教育和培训，不断完善教育培训体系，要把教育工作与业务工作紧密结合，采取多种形式着力提高广大党员干事创业的能力，努力把党员培养成适应事业发展要求的高素质人才，使他们成为事业发展的中坚力量。

2. 强化党组织的服务功能，增强党员的归属感。要把握党员的思想脉搏，全面准确了解和掌握广大党员，特别是派遣制职工党员的所思所想、工作生活中的问题，帮助他们排忧解难。各级党组织对党员的关心爱护，不仅要体现在工作生活中，更重要的是要在政治上关心他们，努力为他们的成长进步创造条件；要鼓励广大党员解放思想、勇于创新，在工作实践中增强才干；要使那些德才兼备、表现突出的党员及时得到重用，努力营造人尽其才、才尽其用的良好环境。

3. 加强党员队伍宏观调控，保持党员队伍的纯洁性。

一是要加强对党员“出口”的疏通。实际工作中，我们时常发现这样的情况：个别党员组织观念淡漠，不能积极参加组织生活，先锋模范作用不好且屡教不改，因为够不上党纪处分条例中哪一款哪一条，这些人往往得不到及时处理；还有些党员因工作调动、出国留学等原因，不按规定办理组织关系转接手续，党组织又无法与之取得联系，致使这些党员的组织关系成为“死档”，这些现象的存在，在群众中造成很坏影响。希望上级党组织能对这类党员的处理做出更加明确、更具操作性的处理规定。

二是要切实加强发展党员的计划性。根据中央关于发展党员控制总量、提高质量的要求，要认真研究党员数量与员工队伍的合理比例，制定科学的发展党员规划。在发展党员上要避免盲目性、随意性和“一刀切”，要根据各单位的工作性质和各级党组织的实际情况来合理确定发展党员计划，既要避免数量过大，降格以求，也要避免基层党员数量过少，削弱党员在群众中的力量、影响和作用。

三是要不断加强发展党员的制度建设。目前正在执行的《中国共产党发展党员工作细则（试行）》等项规定，对加强发展党员工作起到了重要的指导作用。建议根据实际情况，对正在试行的各项制度作必要调研、修改和完善，如发展党员预审制、公示制、无记名投票表决制、发展党员违纪责任追究制和党纪处分条例等都要进行科学的完善，使党员管理工作更加规范化、科学化。

2013 年北京电视台节目收视情况调查

总编室

北京卫视节目收视

数据日期：2013 年 1 月 1 日至 11 月 25 日

序 号	中 心	栏 目	首播时间	收视率%	占有率%
1	新闻	《北京新闻》	18：30	6.39	23.47
2	新闻	《特别关注》	12：00	2.34	13.14
3	新闻	《北京您早》	07：00	1.74	24.94
1	卫视	《大戏看北京》	21：23	2.58	8.30
2	卫视	《养生堂》	17：23	2.52	12.42
3	卫视	《最美和声》	22：00	2.49	9.18
4	卫视	《一起唱吧》	21：26	2.08	6.00
5	卫视	《档案》	21：23	1.68	4.96
6	卫视	《身边》	22：21	1.62	7.35
7	卫视	《我爱中国味》	22：04	1.39	4.71
8	卫视	《天下收藏》	22：21	1.12	5.22
9	卫视	《我是大医生》	22：04	1.11	4.71
10	卫视	《全景对话》	22：21	0.90	4.18
11	卫视	《杨澜访谈录》	23：03	0.38	2.43

文艺频道节目收视

数据日期：2013 年 1 月 1 日至 11 月 25 日

序 号	中 心	栏 目	首播时间	收视率%	占有率%
1	文艺	《每日文娱播报》	18：45	1.59	5.31
		《文娱午报》	11：55	0.34	1.95
2	文艺	《音乐风云榜》	18：10	1.18	4.81
3	文艺	《8090 说相声》	19：35	1.09	3.10
4	文艺	《影视风云》	19：35	0.97	2.74
5	文艺	《春妮的周末时光》	19：35	0.94	2.69
6	文艺	《星夜故事》	19：35	0.93	2.67

续表

序　号	中　心	栏　目	首播时间	收视率%	占有率%
7	文艺	《最佳观象》	20：30	0.91	2.47
8	文艺	《脱口而出》	21：05	0.91	2.43
9	文艺	《周末喜乐汇好心情电视》	19：35	0.90	2.19
10	文艺	《笑动 2013》	17：05	0.88	4.89
11	文艺	《笑星撞地球》	19：35	0.87	2.38
12	文艺	《我爱我家》	19：35	0.83	2.33
13	文艺	《今晚 80 后脱口秀》	21：05	0.81	2.24
14	文艺	《爱我家　唱我家　我的北京我的家》	19：35	0.78	2.09
15	文艺	《我家有明星》	19：35	0.76	2.21
16	文艺	《光荣绽放》	19：35	0.74	2.10
17	文艺	《文化之约》	23：12	0.14	1.15
18	文艺	《欢天戏地》	15：30	0.10	0.90

科教频道节目收视

数据日期：2013 年 1 月 1 日至 11 月 25 日

序　号	中　心	栏　目	首播时间	收视率%	占有率%
1	科教	《治安播报》	12：00	4.42	21.89
2	科教	《法治进行时》	12：00	4.38	25.83
		《庭审纪实》	13：34	1.46	9.36
3	科教	《大家说法》	12：25	4.16	23.03
4	科教	《第三调解室》	12：49	2.63	15.85
		《第三调解室周末现场》	12：49	2.63	13.05
5	科教	《现场说法》	11：30	1.50	10.20
6	科教	《警法目录》	13：14	1.37	9.40
7	科教	《非常记忆》	20：05	1.21	3.30
8	科教	《非常夫妻》	20：05	1.15	3.30
9	科教	《非常向上》	20：05	1.03	2.92
10	科教	《我爱中国节》	20：05	0.94	2.55
11	科教	《健康北京》	18：10	0.89	3.57
12	科教	《非常父母》	20：05	0.81	2.33
13	科教	《非常大家》	20：05	0.78	2.19
14	科教	《晚晴》	09：35	0.11	1.27

财经频道节目收视

数据日期：2013年1月1日至11月25日

序　号	中　心	栏　目	首播时间	收视率%	占有率%
1	财经	《理财》	21：15	1.21	3.37
			19：55	0.86	2.34
2	财经	《拍宝》	20：52	1.06	2.80
3	财经	《财富晚间道》	22：30	0.87	4.25
4	财经	《首都经济报道》	19：00	0.77	2.42
5	财经	《财富故事》	20：38	0.73	1.95
6	财经	《经济法眼、法眼看剧》	20：15	0.67	1.83
		《经济法眼》	19：55	0.56	1.58
7	财经	《天下财经》	21：55	0.46	1.48
			18：30	0.23	0.86
8	财经	《财高八斗》	21：40	0.40	1.14
9	财经	《财经锋汇》	18：25	0.30	1.07
10	财经	《一周财经综述》	18：25	0.29	1.06
11	财经	《谁在影响我》	12：20	0.16	0.80
12	财经	《成长在北京》	12：20	0.12	0.60
13	财经	《数说北京》	12：20	0.12	0.58

体育频道节目收视

数据日期：2013年1月1日至11月25日

序　号	中　心	栏目名称	首播时间	收视率%	占有率%
1	体育	《体坛资讯》	18：40	1.56	5.29
		《天天体育》	21：25	0.87	2.96
2	体育	《足球100分》	19：35	1.17	3.19
3	体育	《体育议起来》	17：35	0.76	2.18
4	体育	《快乐健身一箩筐》	22：20	0.41	1.59
5	体育	《节节高升》	12：40	0.25	1.51

生活频道节目收视

数据日期：2013年1月1日至11月25日

序　号	中　心	栏　目	首播时间	收视率%	占有率%
1	生活	《生活2013》	18：30	1.70	5.35

续表

序　号	中　心	栏　目	首播时间	收视率%	占有率%
2	生活	《选择》	21：41/21：22	1.65	4.96
3	生活	《生活广角》	22：29/22：41	1.46	6.28
4	生活	《食全食美》	18：00	1.29	5.70
5	生活	《美食地图》	18：00	1.15	4.84
6	生活	《生活面对面》	20：01	1.13	3.12
7	生活	《幸福厨房》	20：01	1.10	2.94
8	生活	《快乐生活一点通》	20：37	1.10	2.93
		《快乐周末》	17：28	0.81	4.08
9	生活	《魅力周末》	17：28	0.96	4.54
10	生活	《大城小事》	21：08	0.93	2.54
11	生活	《生活调查》	20：01	0.92	2.58
12	生活	《咱爸咱妈的美好时代》	20：49	0.82	2.16
13	生活	《生活实验室》	20：01	0.81	2.15
14	生活	《生活+》	20：34	0.75	1.92
15	生活	《健康生活》	12：40	0.70	4.09

青年频道节目收视

数据日期：2013年1月1日至11月25日

序　号	中　心	栏　目	首播时间	收视率%	占有率%
1	青少·海外	《谁在说》	19：30	1.70	4.86
2	青少·海外	《军情解码》	20：30	0.66	1.77
3	青少·海外	《SK状元榜》	18：40	0.60	1.96
4	青少·海外	《青年探秘者》	20：30	0.55	1.47
5	青少·海外	《北京客》	22：15	0.52	1.85
6	青少·海外	《青年榜样》	20：30	0.51	1.34
7	青少·海外	《书香北京》	20：30	0.41	1.10
8	青少·海外	《青年公益》	20：30	0.39	1.05
9	青少·海外	《北京青年》	18：55	0.37	1.22
10	青少·海外	《青年电影手册》	20：30	0.34	0.86
11	青少·海外	《青春风格汇》	18：55	0.31	1.05
12	青少·海外	《探索DISCOVERY》	18：40/17：50	0.27	0.88
13	青少·海外	《最强阵容》	20：30	0.25	0.63

新闻频道节目收视

数据日期：2013 年 1 月 1 日至 11 月 25 日

序　号	中　心	栏　目	首播时间	收视率%	占有率%
1	新闻	《红绿灯》	21：10	1.05	2.86
		《红绿灯早直播》	06：29	0.08	2.53
2	新闻	《北京新闻》	18：29	0.96	3.53
3	新闻	《都市晚高峰》	17：00	0.79	4.13
4	新闻	《晚间新闻报道》	21：45	0.67	2.12
5	新闻	《有话就说》（周日）	20：20	0.51	1.32
6	新闻	《锐观察》	20：15	0.48	1.28
7	新闻	《本周锐评》	22：38	0.38	1.60
		《环球时评》	22：38	0.31	1.20
8	新闻	《美丽乡村》	19：50	0.35	1.00
9	新闻	《这里是北京》	22：45	0.34	1.56
10	新闻	《特别关注》	12：00	0.33	1.83
		《新闻热线》	16：35	0.19	1.51
11	新闻	《北京新发现》	23：30	0.30	1.87
12	新闻	《北京您早》	07：00	0.27	3.69
13	新闻	《京郊大地》	16：35	0.17	1.02
14	新闻	《北京议事厅》	13：20	0.11	0.75
15	新闻	《消费观察》	13：20	0.08	0.46
16	新闻	《都市阳光》	13：30	0.05	0.42
17	新闻	《人才》	13：20	0.04	0.35
18	新闻	《党建进行时》	13：20	0.04	0.36

卡酷少儿频道节目收视

数据日期：2013 年 1 月 1 日至 11 月 25 日

序　号	中　心	栏　目	首播时间	收视率%	占有率%
1	动画	《七色光》	19：30	0.43	1.23
2	动画	《和自己对话》	19：30	0.40	1.17
3	动画	《闪天下》	21：00	0.40	1.12
4	动画	《十分开心》	19：30	0.39	1.10
5	动画	《卡酷全卡通》	16：29	0.18	1.15
6	动画	《幼乐园》	07：00	0.11	1.96

北京卫视《红星剧场》北京地区收视排行

序	剧　名	集数	播出日期	题材	收视率%
1	《打狗棍》	70	10. 14 ~ 11. 17	近代	9. 37
2	《老有所依》	41	11. 18 ~ 12. 02（3 集/天，周末 2 集）	现实	7. 81
3	《大宅门 1912》	39	5. 10 ~ 5. 29（5. 29 日播 1 集）	近代	7. 48
4	《娘要嫁人》	46	3. 27 ~ 4. 18（4. 19 日空 1 天）	现实	7. 28
5	《渗透》	34	12. 03 ~ 12. 19	谍战	6. 61
6	《正阳门下》	36	8. 08 ~ 8. 25	现实	6. 18
7	《假如生活欺骗了你》	40	8. 26 ~ 9. 14	现实	6. 08
8	《上阵父子兵》	28	5. 30 ~ 6. 12（13、14 日空 2 天）	战争	5. 75
9	《独生子女的婆婆妈妈》	40	2. 14 ~ 3. 5（2. 6 ~ 13 日春节特排）	现实	5. 51
10	《毕有财》	30	3. 14 ~ 3. 26（3. 19 ~ 3. 22 日每天 3 集）	近代	5. 51
11	《我的父亲母亲》	38	7. 20 ~ 8. 07	现实	4. 84
12	《出生入死》	38	7. 1 ~ 7. 19	军旅	4. 65
13	《楚汉传奇》	80	2012. 12. 28 ~ 2013. 2. 5	古装	3. 93
14	《青春期撞上更年期（二）》	16	3. 06 ~ 3. 14（3. 14 日起停播）	现实	3. 67
15	《战雷》	32	6. 15 ~ 6. 30	军旅	3. 45
16	《新编辑部故事》	36	4. 22 ~ 5. 09（4. 23 日停 1 天；4. 24、4. 25 日每天播 3 集）	现实	3. 23
17	《大地情深》	36	9. 15 ~ 9. 26（每天播 3 集）	革命	3. 16
18	《风雷动》	34	9. 27 ~ 10. 13	抗战	2. 85
总集数		714	平均收视率%		5. 62

获奖·表彰

2013年北京电视台节目获奖情况

艺委会

截至2013年12月31日

序号	奖项名称	届数或年度	奖项等级	获奖作品	部　门	体　裁
1	中国新闻奖	20届	一等奖	《雨中进行时——7·21北京特大暴雨大型直播》	新闻节目中心	电视直播
2	四川电视节“金熊猫”奖	2013	最佳国产电视系列动画片	《飞越五千年》	北京卡酷传媒有限公司	动画片
3	四川电视节“金熊猫”奖	2013	国际动画作品提名奖	《星游记》	北京卡酷传媒有限公司	动画片
4	中国广播影视大奖	2011—2012年度	广播电视节目大奖	《北京告别91年钢铁生产历史》	新闻节目中心	消息
5	中国广播影视大奖	2011—2012年度	广播电视节目大奖	《经适房为何变身出租房》	新闻节目中心	评论
6	中国广播影视大奖	2011—2012年度	广播电视节目大奖	《雨中进行时——7·21北京特大暴雨大型直播》	新闻节目中心	现场直播
7	中国广播影视大奖	2011—2012年度	广播电视节目大奖	《生命缘——生命中的第一次拥抱》	卫视节目中心	专题
8	中国广播影视大奖	2011—2012年度	广播电视节目大奖	《军情解码》	青少·海外节目中心	栏目
9	中国广播影视大奖	2011—2012年度	广播电视节目奖提名奖	《11岁女孩捐献器官挽救5人重获新生》	新闻节目中心	消息
10	中国广播影视大奖	2011—2012年度	广播电视节目奖提名奖	《瓜田何以变成挖沙场》	新闻节目中心	评论
11	中国广播影视大奖	2011—2012年度	广播电视节目奖提名奖	《雨中进行时》(2011)	新闻节目中心	现场直播

续表

序号	奖项名称	届数或年度	奖项等级	获奖作品	部　门	体　裁
12	中国广播影视大奖	2011—2012年度	广播电视节目奖提名奖	《人民的艺术》	新闻节目中心	专题
13	中国广播影视大奖	2011—2012年度	广播电视节目奖提名奖	《笔墨春秋——呐喊》	科教节目中心	专题
14	中国广播影视大奖	2011—2012年度	广播电视节目奖提名奖	《华人三高——让中国音乐问鼎世界》	青少·海外节目中心	对外电视新闻
15	中国广播影视大奖	23届	广播电视节目奖“星光奖”大奖	《2012年北京电视台网络春节联欢晚会》	文艺节目中心	电视综艺节目
16	中国广播影视大奖	23届	广播电视节目奖“星光奖”大奖	《2013环球春晚》	青少·海外节目中心	电视歌舞节目
17	中国广播影视大奖	23届	广播电视节目奖“星光奖”大奖	《人民的艺术》	新闻节目中心	电视纪录片
18	中国广播影视大奖	23届	广播电视节目奖“星光奖”大奖	《光荣绽放》	文艺节目中心	电视文艺栏目
19	美国博班克国际电影节	5届	最佳国际动画短片奖	《光荣绽放》	北京卡酷传媒有限公司	
20	中国电视剧飞天奖	29届	三等奖	《独生子女的婆婆妈妈》	影视剧节目中心	长篇电视剧
21	北京影视春燕奖	17届	最佳短篇电视剧奖	《麻辣教师》	动画节目中心	短篇电视剧
22	北京影视春燕奖	17届	最佳综合电视文艺节目	《2011北京电视台环球春晚》	青少·海外节目中心	综艺节目
23	北京影视春燕奖	17届	最佳电视艺术栏目	《光荣绽放》	文艺节目中心	栏目
24	北京影视春燕奖	17届	最佳电视艺术片	《水穿街巷话玉河》	新闻节目中心	电视艺术片
25	北京影视春燕奖	17届	最佳长篇电视纪录片奖	《人民大会堂》	纪实频道节目中心	长篇电视纪录片
26	北京影视春燕奖	17届	最佳短篇电视纪录片奖	《国风》	文艺节目中心	短篇电视纪录片
27	北京影视春燕奖	17届	最佳电视广告片奖	《12345北京市非紧急救助服务热线公益广告》	总编室	
28	北京影视春燕奖	17届	首届北京网络视听春燕奖最佳作品推广奖	《BTV龙年系列春晚节目宣传推广及舆情调研》	网络信息编辑室	

续表

序号	奖项名称	届数或年度	奖项等级	获奖作品	部门	体裁
29	北京影视春燕奖	17届	首届北京网络视听春燕奖最佳作品编辑奖	《幸福中国 最美北京——庆祝中国共产党成立90年》	网络编辑室	
30	北京影视春燕奖	17届	最佳电视文艺节目导演奖	《2011BTV网络春晚》	青少·海外节目中心李雪萍	
31	北京影视春燕奖	17届	最佳电视文艺节目主持奖	《党在百姓心中——北京市庆祝中国共产党成立90周年主题晚会》	卫视节目中心王旭东	
32	北京影视春燕奖	17届	最佳电视文艺节目摄像奖	《2012年北京电视台春节联欢晚会》	文艺节目中心姜力	
33	北京影视春燕奖	17届	最佳电视文艺节目美术奖	《2010世界杯直播》	制作部舞美科杨硕	
34	北京影视春燕奖	17届	最佳电视纪录片编导奖	《辛亥》	新闻节目中心吴群	
35	北京影视春燕奖	17届	最佳电视纪录片摄像奖	《人民大会堂》	纪实频道节目中心俞恺	
36	北京影视春燕奖	17届	最佳电视纪录片录音奖	《人民大会堂》	制作部录音科姚银壮	
37	北京影视春燕奖	17届	最佳电视美术片形象设计奖	《2010北京电视台动画春晚——卡酷年》	北京卡酷传媒有限公司曾伟京	
38	北京影视春燕奖	17届	最佳电视文艺节目化装奖	《2012北京电视台春晚〈中华欢腾夜幸福一家亲〉》	制作部形象设计科	
39	北京新闻奖	22届	组织策划奖	《基层看变化 喜迎十八大》	新闻节目中心	组织策划
40	北京新闻奖	22届	一等奖	《郭金龙在房山区察看灾情》	新闻节目中心	长消息
41	北京新闻奖	22届	一等奖	《11岁女孩捐献器官挽救5人重获新生》	新闻节目中心	长消息
42	北京新闻奖	22届	一等奖	《雨中进行时——7·21北京特大暴雨大型直播》	新闻节目中心	现场直播

续表

序号	奖项名称	届数或年度	奖项等级	获奖作品	部门	体裁
43	北京新闻奖	22届	二等奖	《穿越湖底的巨龙》	新闻节目中心	新闻专题
44	北京新闻奖	22届	二等奖	《北京科学家首解乙肝之谜》	新闻节目中心	短消息
45	北京新闻奖	22届	二等奖	《经适房为何变身出租房》	新闻节目中心	新闻评论
46	北京新闻奖	22届	二等奖	《风雪同行感动北京》	新闻节目中心	新闻专题
47	北京新闻奖	22届	二等奖	《锐观察》	新闻节目中心	栏目
48	北京新闻奖	22届	三等奖	《北京市严查名人故居确保文物安全》	新闻节目中心	长消息
49	北京新闻奖	22届	三等奖	《北京首款自主品牌轿车北京牌今上市》	新闻节目中心	短消息
50	北京新闻奖	22届	三等奖	《关注退伍季—三军仪仗队：泪洒退伍仪式》	新闻节目中心	短消息
51	北京新闻奖	22届	三等奖	《北京捐赠爱心车京台和平之旅启动》	新闻节目中心	长消息
52	北京新闻奖	22届	三等奖	《一个新闻记者的7·21》	新闻节目中心	系列报道
53	北京新闻奖	22届	三等奖	《创新驱动中关村》	新闻节目中心	系列报道
54	北京新闻奖	22届	三等奖	《党在百姓心中》	科教节目中心	系列报道
55	北京新闻奖	22届	三等奖	《聚焦歼－15航母舰载机成功完成起降训练》	青少·海外节目中心	新闻访谈
56	北京新闻奖	22届	三等奖	《华人三高——让中国音乐问鼎世界》	青少·海外节目中心	外宣
57	北京市广播影视奖	2010—2012年度	优秀作品	《我国自主研发的超大规模数控机床首次投入使用》	新闻节目中心	短消息
58	北京市广播影视奖	2010—2012年度	优秀作品	《2010年的第一场大雪》	生活节目中心	系列报道
59	北京市广播影视奖	2010—2012年度	优秀作品	《上海世博会宣传报道》	新闻节目中心	组织策划
60	北京市广播影视奖	2010—2012年度	优秀作品	《特别关注》	新闻节目中心	栏目

续表

序号	奖项名称	届数或年度	奖项等级	获奖作品	部　门	体　裁
61	北京市广播影视奖	2010—2012年度	优秀作品	《这里是北京》	新闻节目中心	栏目
62	北京市广播影视奖	2010—2012年度	优秀作品	《天下财经》	财经节目中心	栏目
63	北京市广播影视奖	2010—2012年度	优秀作品	《金话筒传递的力量》	新闻节目中心	系列片
64	北京市广播影视奖	2010—2012年度	优秀作品	《和你在一起》	新闻节目中心	系列片
65	北京市广播影视奖	2010—2012年度	优秀作品	《追忆钱伟长》	科教节目中心	专题片
66	北京市广播影视奖	2010—2012年度	优秀作品	《吴玉禄和他的孩子们》	青少·海外节目中心	境外播出
67	北京市广播影视奖	2010—2012年度	优秀作品	《2010北京电视台春节联欢晚会》	文艺节目中心	综艺节目
68	北京市广播影视奖	2010—2012年度	优秀作品	《2010北京电视台环球春晚》	青少·海外节目中心	综艺节目
69	北京市广播影视奖	2010—2012年度	优秀作品	《月上紫禁城－网络中秋晚会》	文艺节目中心	综艺节目
70	北京市广播影视奖	2010—2012年度	优秀作品	《碧水润京华——密云水库建成50周年主题晚会》	文艺节目中心	专题节目
71	北京市广播影视奖	2010—2012年度	优秀作品	《〈警法目录〉——拆弹专家王百姓》	科教节目中心	专题节目
72	北京市广播影视奖	2010—2012年度	优秀作品	《中国大陆首条自主建设最高世代液晶面板生产线投产》	新闻节目中心	短消息
73	北京市广播影视奖	2010—2012年度	优秀作品	《北京告别91年钢铁生产历史》	新闻节目中心	长消息
74	北京市广播影视奖	2010—2012年度	优秀作品	《我的中国心》	新闻节目中心	系列报道
75	北京市广播影视奖	2010—2012年度	优秀作品	《特别关注》	新闻节目中心	新闻编排
76	北京市广播影视奖	2010—2012年度	优秀作品	《档案》	卫视节目中心	栏目
77	北京市广播影视奖	2010—2012年度	优秀作品	《每日文娱播报》	文艺节目中心	栏目

续表

序号	奖项名称	届数或年度	奖项等级	获奖作品	部　门	体　裁
78	北京市广播影视奖	2010—2012年度	优秀作品	《体坛资讯》	体育节目中心	栏目
79	北京市广播影视奖	2010—2012年度	优秀作品	《笔墨春秋》第一集《呐喊》	科教节目中心	专题片
80	北京市广播影视奖	2010—2012年度	优秀作品	《石清华300个孩子一个爸》	卫视节目中心	专题片
81	北京市广播影视奖	2010—2012年度	优秀作品	《文化北京》	青少·海外节目中心	系列片
82	北京市广播影视奖	2010—2012年度	优秀作品	《生命缘》	卫视节目中心	系列片
83	北京市广播影视奖	2010—2012年度	优秀作品	《江森海一家的胡同情》	青少·海外节目中心	境外播出
84	北京市广播影视奖	2010—2012年度	优秀作品	《2011北京电视台春节联欢晚会》	文艺节目中心	综艺节目
85	北京市广播影视奖	2010—2012年度	优秀作品	《2011北京电视台环球春晚》	青少·海外节目中心	综艺节目
86	北京市广播影视奖	2010—2012年度	优秀作品	《党在百姓心中》北京市庆祝中国共产党成立90周年主题晚会	文艺节目中心	综艺节目
87	北京市广播影视奖	2010—2012年度	优秀作品	《卢沟晓月乐动中秋》2011北京月亮歌会	文艺节目中心	歌舞节目
88	北京市广播影视奖	2010—2012年度	优秀作品	《探梦天宫一号目标飞行器发射直播特别节目》		
89	北京市广播影视奖	2010—2012年度	优秀作品	《11岁女孩捐献器官挽救5人重获新生》	新闻节目中心	长消息
90	北京市广播影视奖	2010—2012年度	优秀作品	《穿越湖底的巨龙》	新闻节目中心	新闻专题
91	北京市广播影视奖	2010—2012年度	优秀作品	《雨中进行时——7·21北京特大暴雨大型直播》	新闻节目中心	现场直播
92	北京市广播影视奖	2010—2012年度	优秀作品	《养生堂》	卫视节目中心	栏目
93	北京市广播影视奖	2010—2012年度	优秀作品	《锐观察》	新闻节目中心	栏目

续表

序号	奖项名称	届数或年度	奖项等级	获奖作品	部门	体裁
94	北京市广播影视奖	2010—2012年度	优秀作品	《军情解码》	青少·海外节目中心	栏目
95	北京市广播影视奖	2010—2012年度	优秀作品	《咱爸咱妈的美好时代》	生活节目中心	栏目
96	北京市广播影视奖	2010—2012年度	优秀作品	《都市晚高峰》	新闻节目中心	栏目
97	北京市广播影视奖	2010—2012年度	优秀作品	《北京11·4暴雪首都武警抢险救援纪实》	青少·海外节目中心	专题片
98	北京市广播影视奖	2010—2012年度	优秀作品	《人民的艺术》	新闻节目中心	系列片
99	北京市广播影视奖	2010—2012年度	优秀作品	《档案》——"苏联解体——8.19事件内幕"	卫视节目中心	系列片
100	北京市广播影视奖	2010—2012年度	优秀作品	《身边》——"生命缘"	卫视节目中心	系列片
101	北京市广播影视奖	2010—2012年度	优秀作品	《华人三高——让中国音乐问鼎世界》	青少·海外节目中心	境外播出
102	北京市广播影视奖	2010—2012年度	优秀作品	《光影流金第二届北京国际电影节开幕式》	青少·海外节目中心	综艺节目
103	北京市广播影视奖	2010—2012年度	优秀作品	《2012北京电视台春节联欢晚会》	文艺节目中心	综艺节目
104	北京市广播影视奖	2010—2012年度	优秀作品	《天涯共此时——"卢沟晓月"2012中秋晚会》	文艺节目中心	综艺节目
105	北京市广播影视奖	2010—2012年度	优秀作品	《2012北京最美的乡村主题晚会》	新闻节目中心	综艺节目
106	北京市广播影视奖	2010—2012年度	优秀作品	《日本所谓"国有化"钓鱼岛意欲何为?》	青少·海外节目中心	新闻评论或专家访谈
107	北京市广播影视奖	2010—2012年度	优秀作品	《北京新闻》	新闻节目中心	栏目
108	北京市广播影视奖	2010—2012年度	优秀作品	《法制进行时》	科教节目中心	栏目
109	北京市广播影视奖	2010—2012年度	优秀作品	《身边》	卫视节目中心	栏目

续表

序号	奖项名称	届数或年度	奖项等级	获奖作品	部　门	体　裁
110	北京市广播影视奖	2010—2012年度	优秀作品	《和自己对话》	动画节目中心	栏目
111	北京市广播影视奖	2010—2012年度	优秀作品	《星游记》	北京卡酷传媒有限公司	动画片
112	北京市广播影视奖	2010—2012年度	优秀作品	《人民大会堂》	纪实频道节目中心	系列片
113	北京市广播影视奖	2010—2012年度	优秀作品	《我们小孩有力量》	北京卡酷传媒有限公司	动画片
114	北京市广播影视奖	2010—2012年度	优秀作品	《黎明之前》	影视剧节目中心	电视剧
115	北京市广播影视奖	2010—2012年度	优秀作品	《媳妇的美好时代》	影视剧节目中心	电视剧
116	北京市广播影视奖	2010—2012年度	优秀作品	《永不磨灭的番号》	影视剧节目中心	电视剧
117	北京市广播影视奖	2010—2012年度	优秀作品	《雪花那个飘》	影视剧节目中心	电视剧
118	北京市广播影视奖	2010—2012年度	优秀作品	《你是我兄弟》	影视剧节目中心	电视剧
119	2013年全国春节文艺晚会及春节特别节目评选	2013年	春节特别节目优秀作品	《2013年BTV卡酷少儿动画春晚》	动画节目中心	文艺晚会
120	2013年全国春节文艺晚会及春节特别节目评选	2013年	春节特别节目优秀作品	《2013年春节特别节目相亲相爱一家人之“影视风云”》	文艺节目中心	文艺晚会
121	2013年全国春节文艺晚会及春节特别节目评选	2013年	春节文艺晚会优秀作品	《2013“美丽乡村”晚会》	新闻节目中心	文艺晚会
122	2013年全国春节文艺晚会及春节特别节目评选	2013年	创新作品（创新奖、一等奖）	《2013年北京电视台环球春晚》	青少·海外节目中心	文艺晚会
123	2013年全国春节文艺晚会及春节特别节目评选	2013年	春节特别节目好作品（三等奖）	《2013年北京电视台环球春晚》	青少·海外节目中心	文艺晚会

续表

序号	奖项名称	届数或年度	奖项等级	获奖作品	部　门	体　裁
124	纪录·中国创优评析	7届	二等奖节目	《飞翔的翅膀》	纪实频道节目中心	新闻
125	“‘央视纪录频道杯’促进纪录片繁荣发展的实践探索与理论思考”征文评选	2013年	优秀奖	《从〈舌尖上的中国〉看国家认同的意识形态构建》	新媒体发展中心于烜	论文
126	中国动漫金龙奖	10届	最佳动画电影奖	《开心超人》	动画节目中心	动画电影
127	“动漫北京”民族原创动漫形象大赛	2届	动画长片类第二名	《功夫梨园》	动画节目中心	动画长片
128	全国电视宣传片暨文艺节目包装评优	2013年	二等创优荧屏导视奖	《“家”系列宣传》	总编室	频道（台）形象宣传片
129	全国电视宣传片暨文艺节目包装评优	2013年	三等创优荧屏导视奖	《“节气”宣传片系列》	总编室	栏目（节目）形象宣传片
130	全国电视宣传片暨文艺节目包装评优	2013年	二等创优荧屏导视奖	《“爱·北京”系列宣传片》	总编室	频道ID类形象宣传片
131	全国电视宣传片暨文艺节目包装评优	2013年	三等创优荧屏导视奖	《庆祝奥运代表团凯旋晚会》	总编室	栏目（节目）收视宣传片
132	“‘宁波广电杯’广播电视与文化大发展大繁荣”征文活动评选	2013年	一等奖	《电视内容产业的全媒体转型及增值运营模式初探》	文艺节目中心宋毅	论文
133	全国电视民生类节目推荐表彰活动	2012年度	2012年度电视民生栏目社会影响十强	《健康北京》	科教节目中心	栏目
134	2012年度第四批优秀国产动画片	2012年度	优秀国产动画片	《飞越五千年》	北京卡酷传媒有限公司	动画片
135	北京市文学艺术奖	2012年度第7届	优秀作品	《星游记》	北京卡酷传媒有限公司	动画片

续表

序号	奖项名称	届数或年度	奖项等级	获奖作品	部　门	体　裁
136	厦门国际动漫节“金海豚”奖	6届	最佳电视系列动画片金奖	《飞越五千年》	北京卡酷传媒有限公司	动画片
137	北京广播电视台创新节（栏）目奖	2013	栏目创新奖—金奖	《春妮的周末时光》	文艺节目中心	栏目
138	北京广播电视台创新节（栏）目奖	2013	栏目创新奖—金奖	《谁敢挑战小学生》	北京卡酷传媒有限公司	栏目
139	北京广播电视台创新节（栏）目奖	2013	栏目创新奖—银奖	《书香北京》	青少·海外节目中心	栏目
140	北京广播电视台创新节（栏）目奖	2013	节目创新奖—金奖	《BTV2013卡酷少儿频道动画春晚》	动画节目中心	
141	北京广播电视台创新节（栏）目奖	2013	节目创新奖—银奖	《芦山地震特别节目报道》	新闻节目中心	
142	北京广播电视台创新节（栏）目奖	2013	节目创新奖—银奖	《BTV2013环球春晚》	青少·海外节目中心	
143	北京广播电视台创新节（栏）目奖	2013	节目形态创新奖	《高速路上的险境》	科教节目中心	
144	北京广播电视台创新节（栏）目奖	2013	节目形态创新奖	《北京味道》	生活节目中心	
145	北京广播电视台创新节（栏）目奖	2013	节目形态创新奖	《节节高升》	体育节目中心	
146	北京广播电视台创新节（栏）目奖	2013	节目制作创新奖	《2012年环北京职业公路自行车赛》	体育节目中心	
147	北京广播电视台创新节（栏）目奖	2013	节目制作创新奖	《2013北京电视台春节联欢晚会》	制作部	
148	北京广播电视台创新节（栏）目奖	2013	主题宣传创新奖	《直通科考站—神十、蛟龙系列报道》	科教节目中心	
149	北京广播电视台创新节（栏）目奖	2013	主题宣传创新奖	《北京公园群众文化活动巡礼》	文艺节目中心	
150	北京广播电视台创新节（栏）目奖	2013	主题宣传创新奖	《从一大到十八大》	卫视节目中心	
151	北京广播电视台创新节（栏）目奖	2013	入围奖	《生活2012》	生活节目中心	栏目
152	北京广播电视台创新节（栏）目奖	2013	入围奖	《一起唱吧》	卫视节目中心	栏目

续表

序号	奖项名称	届数或年度	奖项等级	获奖作品	部门	体裁
153	北京广播电视台创新节（栏）目奖	2013	入围奖	《水乡古镇的戏剧梦》	纪实频道节目中心	
154	北京广播电视台创新节（栏）目奖	2013	入围奖	《房山长沟大墓发掘进行时》	新闻节目中心	
155	北京广播电视台创新节（栏）目奖	2013	入围奖	《无底价拍卖——文玩杂项巧淘宝》	财经节目中心	
156	北京广播电视台创新节（栏）目奖	2013	入围奖	《军情解码》	制作部	
157	北京广播电视台创新节（栏）目奖	2013	入围奖	《第三届北京国际电影节开幕式》	青少·海外节目中心	
158	北京广播电视台创新节（栏）目奖	2013	入围奖	《绿色的召唤》	新闻节目中心	
159	全国电视戏曲节目“兰花奖”评析活动	9届2012—2013	三等奖	《〈欢天戏地〉——端午话白蛇（下半年）》	文艺节目中心	
160	全国电视戏曲节目“兰花奖”评析活动	9届2012—2013	一等奖	《〈欢天戏地〉——红楼相亲（上半年）》	文艺节目中心	
161	全国电视戏曲节目“兰花奖”评析活动	9届2012—2013	最佳节目创意单项奖	《〈欢天戏地〉——红楼相亲（上半年）》	文艺节目中心	
162	全国电视戏曲节目“兰花奖”评析活动	9届2012—2013	最佳编导单项奖	《〈欢天戏地〉——红楼相亲（上半年）》	文艺节目中心马欧、刘昊雪	
163	全国电视戏曲节目“兰花奖”评析活动	9届2012—2013	二等奖	《北京评剧票友段位评授段大典》	文艺节目中心	
164	优秀3D电视作品	2012年度	最佳节目奖	《2012中国职业篮球全明星赛正赛》		体育/转播类
165	优秀3D电视作品	2012年度	立体艺术奖	《2012中国职业篮球全明星赛正赛》		
166	优秀3D电视作品	2012年度	优秀节目奖	《2012年北京电视台春节联欢晚会》		综艺/动画类
167	“‘兰州广电杯’深化‘走转改’提升影响力”征文评选	2013年	优秀奖	《坚持“走转改”加强指导性》	艺委会王晓路	论文

续表

序号	奖项名称	届数或年度	奖项等级	获奖作品	部　门	体　裁
168	“‘宁波广电杯’广播电视与文化大发展大繁荣”征文活动评选	2012年	优秀奖	《谈三农栏目在新形势下的创新》	艺委会 王晓路	论文
169	星光电视文艺论文评选	2013年	二等奖	《从〈舌尖上的中国〉看国家认同的意识形态构建》	新媒体中心 于烜	论文

2013年北京电视台技术获奖情况

总工办

王选新闻科学技术奖（项目）获奖结果

序　号	项目名称	主要完成人员	获奖等级
1	北京电视台网络化节目直播体系在线全面高清化改造	田方、李迅、毕江、林平、王立冬、陈宇、王学奎、韩益亚、孙波、周宏、陈广鑫、赵涛、宋琳	一等奖
2	北京电视台制播网络数据安全交换系统	毕江、王学奎、陈奇、丁辰、赵涛、张伟、刘盼、杨桂明、王永文	二等奖
3	媒体素材3G回传系统平台	毕江、栾花、李程、王燕清、孙蒙西、未立广、苏爽、欧阳瑜、杨桂明	二等奖
4	基于全域变换播出单的自动下变换高标清同播系统	田方、李迅、金强、陈蕾、肖春艳、董秀琴、杨导南	三等奖
5	北京电视台财务信息管理系统	孙成刚、冯新春、孙立国、齐学耕、李婷、毛海京、彭钰文	三等奖

王选新闻科学技术奖（论文）获奖结果

序　号	论文名称	作　者	获奖等级
1	《新媒体技术在新闻直播业务中的深度应用》	柴焱、陈宇	一等奖
2	《IPTV集成播控平台直播系统播出安全的设计与实现》	芮浩、冯澈	一等奖

续表

序　号	论文名称	作　者	获奖等级
3	《北京电视台制播网高安全区设计与实现》	王学奎、陈奇、丁辰	二等奖
4	《电视台开展在线视频制作业务的探讨》	柴焱、李玥	三等奖
5	《渗透测试在网站安全维护中的实践》	季民	三等奖
6	《北京电视台办公室行政管理系统的建设与应用推广》	刘朵、李萍、甄正	三等奖
7	《北京电视台异构系统服务整合设计》	王翔、张晓山、陈广鑫	三等奖
8	《北京电视台制播网等级保护建设网络安全部分设计与实现》	王学奎、陈奇、张永毅	三等奖
9	《北京电视台统一用户管理系统的设计和实现》	芮浩、孙立国	三等奖
10	《播出网络信息系统安全建设的技术思路》	王立冬、张宁	三等奖
11	《把握时代趋势　媒体融合发展》	程宏	三等奖

上海电视节白玉兰国际广播影视技术论坛录用论文

序　号	论文名称	作　者	结果
1	《播出网络信息系统安全建设的技术思路》	王立冬	录用
2	《电视台节目制播业务网络化发展技术层面的一些思考和设想》	毕　江	录用
3	《北京电视台异构系统服务整合设计》	张晓山	录用
4	《北京电视台办公网私有云的规划设计与实践》	冯新春	录用
5	《新媒体技术在新闻制播业务中的深度应用》	柴　焱	录用

电视节目技术质量奖（金帆奖）获奖结果

申报奖项		节目名称	获奖等级	主要完成人员
高清节目录制	专题	《北京味道》	三等奖	何旭、张力先、徐丽云、丁辰
		《今日京华》	三等奖	杨晓东、张未玫、庞玉龙、陈奇
	综艺	《春华秋实——北京电视剧辉煌30年主题晚会》	一等奖	戴巧玲、黄之为、刘青、李军、姚东生、张伟
		《2013环球春晚》	二等奖	陈立强、张鹏程、邓乐、韩正雷、王永文、岳海霞
	体育	《亚冠足球国安—首尔》	二等奖	朱雨稼、谢原、安晓军、侯毅、齐伟、程京生
		《2012年意大利足球超级杯赛》	三等奖	王喆、叶志云、冉晓峰、刘畅、李沛、安贵江
	电视剧	《买房夫妻》	三等奖	杜艳红、吴显、王鹏、康维海、刘顺平、杜伟

续表

申报奖项		节目名称	获奖等级	主要完成人员
高清节目声音技术制作	专题	《北京味道》	三等奖	张阳、郑依茗、戴嵩松、倪晨爽
	综艺	《2013 北京电视台春节联欢晚会》	二等奖	张志杰、吴铮、杨宣军、翟小辉、王海晨、薄非
		《2013 环球春晚》	三等奖	姚银壮、范强、张晓晨、蒋红艳、李铎、王翔
	体育	《亚冠国安—韩国》	三等奖	姜世杰、张磊、宋冰、曹董辉
		《2012 年意大利足球超级杯赛》	三等奖	马捷、黄玮、苏苏、李鹏
标清节目录制	新闻	《北京新闻》	二等奖	周东红、李月石、崔歌平、尹颉君
		《特别关注》	三等奖	曹帅、李宝雯、郭英男、宋峥
	专题	《北京公园群众文化活动巡礼》	二等奖	张涛、任强、邵京娜、牛强
		《我们的故事》	二等奖	赵晨、隋如文、吴秋辰、王辉
	综合文体	《2013 北京电视台春节联欢晚会》	一等奖	周旭辉、鲁高潮、叶恺、樊思津、孙海林、张骞
		《爱我家唱我家》	二等奖	张博、夏新颖、马中怡、孟大欣、刁旭、陈珊
视频图形制作	片头	《2013 北京电视台春晚片头》	二等奖	匡葵、贺文林、周海峰
		《京郊大地片头》	三等奖	朱丽、刘通、陈晨
	动画片	《谁动了我的节目》	二等奖	梁建华、刘莘、陈磊、郭世九
播出技术		卫星频道 卫视频道	一等奖	章泽群、王梦羽、吴继昌、肖春艳、余德骏、赵妍、杨导南、赵悦、许莉娜、张永毅、王卫平、赵宏伟、尹言、马文浩、赵黎明
金帆综合大奖			第三名	赵多佳、李迅、毕江、王喆、郑星、周旭辉、王晓龙、刘晓光、王方、林平

影视学会科技进步奖获奖结果

序　号	项目名称	主要完成人员	获奖等级
1	北京电视台网络化节目制播体系在线全面高清化改造	田方、李迅、毕江、林平、王立冬、陈宇、王学奎、韩益亚、孙波、周宏	一等奖
2	首届环北京职业公路自行车赛高清航拍及空中微波中继电视转播项目	田方、王喆、卢志森、孙清君、朱雨稼、刘开平、叶志云、王国辉、谢原、韩世聪	二等奖
3	北京电视台基于制播网的新闻业务云系统建设	李湧、柴淼、陈宇、孙海林、董相宜、王雪冬、李昕鹏、宋峥	三等奖
4	媒体素材 3G 回传系统平台	毕江、栾花、李程、王燕清、孙蒙西、未立广、苏爽、欧阳瑜	三等奖

续表

序号	项目名称	主要完成人员	获奖等级
5	北京电视台制播网络数据安全交换系统	毕江、王学奎、陈奇、丁辰、赵涛、张伟、刘盼、杨桂明、王永文、王宇	二等奖
6	北京地区 IPTV 集成播控平台	田方、李迅、赵志成、毕江、李程、芮浩、冯澈、王士杰、张宇明、孟大新	三等奖

影视学会“全国优秀影视科技工作者”

序号	姓名	职称/职务
1	毕江	教授级高级工程师/副总工程师

影视学会“影视科技优秀论文”获奖结果

序号	论文名称	完成人员	获奖等级
1	《电视台节目制播业务网络化发展技术层面的一些思考和设想》	毕江	一等奖
2	《北京电视台制播网等级保护建设网络安全部分设计与实现》	王学奎	二等奖
3	《电视台开展在线视频制作业务的探讨》	柴焱	二等奖
4	《播出网络信息系统安全建设的技术思路》	王立冬	二等奖
5	《新媒体技术在新闻制播业务中的深度应用》	柴焱	二等奖
6	《全台制播网络架构下的共享审片系统设计》	陈广鑫	三等奖
7	《高清新介质安全防护系统设计与实现》	王学奎	三等奖
8	《为什么常规 5 阶梯信号不能用于色域变换系统非线性失真的测试》	张文英、曲瑞庆	三等奖

影视学会电视美术灯光设计工程评奖（演播室类）获奖结果

序号	作品名称	完成人员	获奖等级
1	《大戏看北京——炫彩华章世界风情》	李普川、王萌	二等奖
2	《2013 我@神曲》	石悦、蔡蔚	二等奖
3	《光荣绽放》	李军、姜正雨、陈烁	三等奖

影视学会电视美术灯光设计工程评奖（剧场类）获奖结果

序号	作品名称	完成人员	获奖等级
1	《BTV 环球春晚》	石悦、贾广伟、蔡蔚	一等奖

影视学会中国立体（3D）影视作品评奖（电视综艺类）获奖结果

序　号	作品名称	完成人员	获奖等级
1	《北京电视台 2013 年春节联欢晚会》	李雪萍、赵宏伟、路骝、谢元、李沛然、姜力	最佳

影视学会中国立体（3D）影视作品评奖（电视体育类）获奖结果

序　号	作品名称	完成人员	获奖等级
1	《2012—2013 赛季 CBA 篮球全明星赛》	赵宏伟、断然、谢元、李沛然、路骝、杜波	优秀

影视学会图形制作优秀作品奖专业组评奖（短片类）获奖结果

序　号	作品名称	完成人员	获奖等级
1	《北京影响力》宣传片	匡奎、黄锐、刘珞莹、陈晨、李源	一等奖
2	《奥索卡攀比青春极限》	邓乐	三等奖
3	《爱之声——主持人公益宣传片》	武晓雪、刘通、于丹、郭欣阳、邓乐	三等奖
4	《点亮智慧人生》	贺文林、欧阳三明、李红国、魏伯寅、谭小颖	三等奖
5	《爱我家唱我家》宣传片形象篇	邓乐	三等奖

影视学会图形制作优秀作品奖专业组评奖（片头包装类）获奖结果

序　号	作品名称	完成人员	获奖等级
1	《2013 北京电视台春晚》	赵新生、张晨旭、顾宁、王琨、王祎	三等奖
2	《正道沧桑》社会主义 500 年大型纪录片片头	贺文林、黄锐、刘睿、王琨、刘珞莹	三等奖

影视学会图形制作优秀作品奖专业组评奖（单项奖）获奖结果

序　号	作品名称	完成人员	获奖等级
1	《北京影响力》宣传片	匡奎、黄锐、刘珞莹、陈晨、李源	最佳创意奖

国家新闻出版广电总局2012年度科技创新奖获奖结果

序 号	项目名称	完成人员	获奖等级
1	北京电视台高可靠性智能化高清制播网络	田方、毕江、李湧、陈广鑫、陈宇、刘盼、柴焱、赵涛、金小健、张贤良、居小森、叶建军	一等奖
2	基于全域变换播出单的自动下变换高标清同播系统	田方、李迅、金强、陈蕾、肖春艳、董秀琴、杨导南、程宏、祝志超、王立冬、贾京蓉、武文举	一等奖
3	首届环北京职业公路自行车赛高清航拍及空中微波中继电视转播项目	田方、王喆、卢志森、焦少波、孙清君、朱雨稼、刘开平、叶志云、王国辉、谢原、李吉、韩士聪	一等奖

关于表彰2013年度获奖节目的决定

各中心、部、室、台属企业：

2013年，北京电视台全体采编人员立足“首善媒体，大美品质”内容生产定位，深入践行“走转改”，创新做好重大主题宣传报道，扎实推进BTV品牌建设，打响“双收保卫战”，制作推出了一系列高品质、接地气、有影响力的精品节目，充分发挥了主流媒体的思想引领、舆论推动、精神激励和文化支撑作用。

根据《北京电视台节目评奖办法（试行）》（京视发〔2012〕67号），我台先后举办了2013年上半年、下半年节目评奖会，经台内外评委认真评审，共评选出153个获奖节目。经党委扩大会研究决定，对2013年度获奖节目予以表彰奖励。其中，获得一等奖的节目，节目净时长在50分钟（含）以下的各奖励3万元，节目净时长在50分钟以上的各奖励4万元；二等奖各奖励2万元；三等奖各奖励1万元；单项奖、个人奖各奖励6000元，不分等级的奖项按照一等奖奖金标准奖励。

一、电视新闻类

一等奖（8个）：

《8岁女孩捐髓救父》（新闻节目中心）《捡来“老哥”找到了亲人》系列报道（新闻节目中心）

《创新之翼》（新闻节目中心）

《房山长沟大墓发掘进行时》（新闻节目中心）

《习总书记赴庆丰排队点餐取餐自己来》（新闻节目中心）

《十年煤改电基本完工　26.4万户居民电采暖过冬》（新闻节目中心）

《做人做出品牌：北京儿童医院有个“贾立群”B超》（新闻节目中心）

《生活2013》——真相京客隆超市换标签内幕（生活节目中心）

二等奖（12个）：

《中国首台自主研发大型主机天梭K1今天面市》（新闻节目中心）

《锐观察》——为了首都的蓝天碧水——对话水务局（新闻节目中心）

《本市燃放秩序良好实现“双下降”》（新闻节目中心）

《麦子店问政2013社区居民学会自治》（新闻节目中心）

《有话就说》——老人痴迷保健品为哪般（新闻节目中心）

《你说的“三个不够”，我记下了》（新闻节目中心）

《北京：10张床即可注册养老院》（新闻节目中心）

《深度调查：印刷厂紧邻居民区长期排烟雾锁小区》（新闻节目中心）

《锐观察》——把脉“挂号难”（新闻节目中心）

《12345需求与反馈　听民意　解民忧》特别报道（组织策划）（新闻节目中心）

《法治进行时》——烈火雄心　勇者无畏（科教节目中心）

《天天体育》——赢就一起狂　输就一起扛（体育节目中心）

三等奖（21个）：

《警车开道　急送孕妇到医院》（新闻节目中心）

《四位一体产权式农业：农民当老板得实惠》（新闻节目中心）

《全国首款生猪价格指数保险顺义签单》（新闻节目中心）

《北京建成全国最大生物银行》（新闻节目中心）

《北京新闻》编排（2013.1.13播出）（新闻节目中心）

《与梦齐飞》系列报道第二季（新闻节目中心）

《北京科普望远镜抵达阿里国家天文台》（新闻节目中心）

《市民建议政府办公大厅午间对外办公》（新闻节目中心）

《锐观察》——空中别墅，违建，必清！（新闻节目中心）

《锐观察》——对网络视频盗版说“不”（新闻节目中心）

《“殿堂盛宴”——国家大剧院6周年公众开放日艺术节》（新闻节目中心）

《都市晚高峰》（新闻编排2013.12.28）（新闻节目中心）

《突发事件报道的问题与对策》（新闻论文）（新闻节目中心）

《军情解码》——美“军力报告”乱弹中国军力，所欲为何？（青少·海外节目中心）

《军情解码》——外媒炒作中国军舰“逼停”美舰幕后隐情（青少·海外节目中心）

《法治进行时》——西站警方打掉制售假发票团伙（科教节目中心）

《首都经济报道》——夜查建筑工地：追踪渣土运输　铁腕治理扬尘（财经节目中心）

《天天体育》——京城之花　碧波绽放（体育节目中心）

《天天体育》——少年征程　只因梦想（体育节目中心）

《天天体育》——百队杯30年系列报道（体育节目中心）

《生活2013》——独家　直击“保过”考试的陷阱（生活节目中心）

二、电视社教类

一等奖（8个）：

《档案》——从一大到十八大（卫视节目中心）

《全景对话》——家国情 长相忆（清明系列）（卫视节目中心）

《全景对话》——科学与文学的对话（卫视节目中心）

《身边》——烈火中的勇气 + 塌楼惊魂（卫视节目中心）

《正道沧桑——社会主义500年》（新闻节目中心）

《中国梦——365个故事》（新闻节目中心）

《直通科考站》——神十探秘（科教节目中心）

《咱爸咱妈的美好时代》——5位百岁老人颐和园听鹂馆做寿（生活节目中心）

二等奖（12个）：

《天下收藏》——核里淘金记（卫视节目中心）

《我们的故事》（新闻节目中心）

《红绿灯》——生命灿烂（新闻节目中心）

《书香北京》——黄永玉：从“浪荡汉子”到艺术大师（青少·海外节目中心）

《理财》——无底价拍卖：翠玉的诱惑（财经节目中心）

《财经锋汇》——比特币 一场数字货币战（财经节目中心）

《快乐健身一箩筐》——民族传统体育玩出新奇特（体育节目中心）

《四海漫游》——淘宝找乐去延庆（生活节目中心）

《北京话话北京》——还是那个味儿（生活节目中心）

《和自己对话》——劳动最光荣（动画节目中心）

《梦的家园》（动画节目中心）

《剧苑》——水乡古镇的戏剧梦（纪实频道节目中心）

三等奖（20个）：

《养生堂》——中国人该怎么吃（卫视节目中心）

《身边》——一切为了人民（一）（卫视节目中心）

《全景对话》——家国情 长相忆（八一系列）（卫视节目中心）

《档案》——新中国第一大诈骗案 伪造总理签名案侦破密档（卫视节目中心）

《这里是北京》——重走中轴线（新闻节目中心）

《青春风格汇》——家电背后的视听回忆（青少·海外节目中心）

《北京客》——坐飞机的导盲犬珍妮（青少·海外节目中心）

《北京青年》——铁嫂的最后一班列车（青少·海外节目中心）

《青春A计划激情版》（青少·海外节目中心）

《书香北京》——打开书香，传递爱的阳光（青少·海外节目中心）

《非常说名》——启功轶事（科教节目中心）

《我爱中国节》——水生良品避小暑（科教节目中心）

《财富故事》——紧俏的二手寄卖（财经节目中心）

《天下财经之投资者说》——三条线成就炒股状元（财经节目中心）

《天天体育》——“飞扬的排球”北京男排夺冠特别节目（体育节目中心）

《快乐健身一箩筐》——每天行走六千步　寻找胡同里最美的北京（体育节目中心）

《北京味道》（生活节目中心）

《生活 2013》——奇妙“路”制：乘坐公交的安全禁忌（生活节目中心）

《幼乐园》——夏天的声音（动画节目中心）

《昨天的故事》——胡宗南身边的红色特工（纪实频道节目中心）

三、电视文艺类

一等奖（8 个）：

《大戏看北京》——杨钰莹　最好的时光（卫视节目中心）

《BTV2013 环球春晚》（青少·海外节目中心）

《北京客》——李牧穷游中国（青少·海外节目中心）

《2013 年北京电视台春节联欢晚会》（文艺节目中心）

《每日文娱播报》清明特别节目——追忆逝水流年之远去的背影（文艺节目中心）

《北京公园群众文化活动巡礼——大运河森林公园》（文艺节目中心）

《“月圆梦正圆”2013 北京电视台中秋特别节目》（文艺节目中心）

《酷片酷映》——快乐家年华（动画节目中心）

二等奖（8 个）：

《一起唱吧》——韦唯　女人如歌（卫视节目中心）

《北京客》——他们是脱口秀明星（青少·海外节目中心）

《2012 北京喜剧幽默大赛颁奖典礼》（文艺节目中心）

《情定运河　梦圆北京——2013 七夕歌会》（文艺节目中心）

《笑星撞地球》（2013.10.13 播出）（文艺节目中心）

《2013BTV 卡酷少儿动画春晚盛装大典》（动画节目中心）

《中国创造》——食功夫之美食大冒险（动画节目中心）

《剧星派》——十一特别节目大型动画主题创意表演秀（动画节目中心）

三等奖（13 个）：

《“美丽乡村”主题晚会》（新闻节目中心）

《最强阵容》——汉能控股集团 VS 国瑞购物中心（青少·海外节目中心）

《SK 状元榜》——681 期（青少·海外节目中心）

《诗韵清明——第六届北京清明诗会》（文艺节目中心）

《“爱我家唱我家　我的北京我的家”大型群众歌曲演唱电视竞赛总决赛暨颁奖典礼》（文艺节目中心）

《光荣绽放》——相亲相爱一家人（文艺节目中心）

《2013 北京喜剧幽默大赛》决赛第 5 场（文艺节目中心）

《欢天戏地》——国粹传承——首届评剧（北京）电视邀请赛颁奖典礼（文艺节目中心）

《文化之约》——沈从文（文艺节目中心）

《大城小事》——30 万的家庭教师

（生活节目中心）

《中国创造》——开心超人大电影（动画节目中心）

《七色光》——成长梦工厂（北京卡酷传媒有限公司）

歌曲《中国大时代》（总编室）

四、电视剧、译制片类

最佳长篇电视剧奖（1个）：

电视剧《渗透》（影视剧中心）

五、境外播出类

一等奖（2个）：

《书香北京》——汉字的故事：有趣益智 长知识（青少·海外节目中心）

美国中文电视（Sinovision WMBC－63.3）《新闻播报》（Sinovision Journal）——车库咖啡——创业孵化器（青少·海外节目中心）

二等奖（2个）：

《北京客》——星巴与狮同行（青少·海外节目中心）

《北京客》——最美女中医教你如何变美丽（青少·海外节目中心）

三等奖（3个）：

《雅安地震 熊猫安好》（青少·海外节目中心）

美国中文电视（Sinovision WMBC－63.3）《新闻播报》（Sinovision Journal）——聚焦北京（青少·海外节目中心）

《书香北京》——北京阅读季“书香家庭”评选特别节目（青少·海外节目中心）

六、宣传片类

一等奖（2个）：

《推进生态文明》（保护水资源篇＋林森篇）（总编室）

《中国传统节日民俗皮影》系列宣传片（总编室）

二等奖（4个）：

《延庆野鸭湖国家湿地》（卫视节目中心）

《天天体育》——谁是“豆豆”？（体育节目中心）

《家》系列公益宣传片（总编室）

《“中国梦”之大学校长毕业典礼致辞》系列宣传片（总编室）

三等奖（8个）：

《最美北京》——灵山之秋（卫视节目中心）

《“爱之声”——主持人公益宣传片》（新闻节目中心）

《回家》（科教节目中心）

《打狗棍》电视剧系列宣传片（影视剧中心）

《我爱我车》——牧羊篇（生活节目中心）

《2013BTV卡酷少儿动画春晚》系列宣传片之“主题明星篇”、“新媒体互动篇”、“1＋5＋1篇”（动画节目中心）

《中国梦之队——“神舟”航天员篇＋“神舟”托起中国梦——历程篇》（总编室）

《共产党员献爱心——捐助篇＋受助篇》（总编室）

七、节目创新类

一等奖（1个）：

《特别关注》——一辨真伪（新闻节目中心）

二等奖（2个）：

《幸福厨房》——北漂演员上酸菜

单挑名店铂金山（生活节目中心）

《北京电视台“第二届观众喜爱的主持人”大型评选活动》（总编室）

三等奖（3个）：

《“爱我家　唱我家　我的北京我的家”大型群众歌曲演唱电视竞赛》（文艺节目中心）

《卡酷动物园》（动画节目中心）

全媒体日播互动微栏目《快乐一夏》（总编室）

八、栏目奖（8个）

《养生堂》（卫视节目中心）

《红绿灯》（新闻节目中心）

《书香北京》（青少·海外节目中心）

《每日文娱播报》（文艺节目中心）

《脱口而出》（文艺节目中心）

《庭审纪实》（科教节目中心）

《生活2013》（生活节目中心）

《幼乐园》（动画节目中心）

九、单项奖

最佳导演奖（1个）：

秦峥（作品：《“月圆梦正圆”——2013北京电视台中秋特别节目》）（文艺节目中心）

最佳摄像奖（2个）：

冯晓峰（作品：《2013年北京电视台春节联欢晚会》（文艺节目中心）

褚旭（作品：《情定运河　梦圆北京——2013七夕歌会》（文艺节目中心）

最佳电视艺术论文奖（2个）：

《我国动画少儿上星频道发展现状及对策》（动画节目中心）

《面对变局，超越惯性，重建方位感》（研究发展部）

最佳歌曲作品奖（2个）

《孝和中国》（总编室）

《BTV志愿者之歌》（总编室、老干部工作办公室）

希望以上获奖作品的主创人员珍惜荣誉，再接再厉，努力创作更多无愧于我们这个伟大时代的精品力作。全台干部职工要以受表彰者为榜样，开拓创新，勇担责任，为进一步提升北京电视台传播力、公信力和影响力而努力奋斗！

北京电视台

2014年2月8日

关于表彰2013年“十佳”系列员工的决定

各中心、部、室：

为认真贯彻落实十八大关于“尊重劳动、尊重知识、尊重人才、尊重创造”的方针，深入实施人才强台战略，创造有利于优秀人才脱颖而出、施展才干的制度环境，造就各类业务领军人物和高素质人才队伍，开创人才辈出、人尽其才新局面，我台开展了2013年“十佳”系列员工评选活动。经党委扩大会研究决定，对获得“十佳”称号的61位同志予以表彰，并对每人分别给予2万元奖励。

“十佳”记者：涂　艳、贾湧强、李烨、秦晓明、李　娜、周　帆、常群、郭玉林、王　鑫，朱少波；

“十佳”编辑：郭　畅、任效松、焦峰、王海卫、陈中颖、柏　松、王宇、白　钢、贾天宁、汤军军；

“十佳”制片人：黄　炜、李　欣、王壮壮、关　月、郭　巍、田　丰、秦蕾、赵　楠、赵文涓、王　宏；

“十佳”管理标兵：蒋奕雯、刘海述、姜　涛、孙湘源、李耀仙、史　慎、翟小辉、周志豪、梁　爽、张建宁、郑　蓉；

“十佳”技术能手：金　凯、杨导南、张　骞、孙　辉、李　程、张　岩、李宇、祝建平、杨桂明、张宏斌；

“十佳”摄像：卢　青、刘永康、孟克毕力格、赵　博、徐　杰、缪　言、孙建峰、李　亮、楚　健、齐武军。

希望受到表彰的同志珍惜荣誉，再创佳绩，进一步发挥好示范带头作用。全台广大干部职工要以“十佳”系列员工为榜样，爱岗敬业，争当先进，推动各项工作再上新台阶，为建设与首都地位相称的一流电视台而努力奋斗！

北京电视台

2014年1月26日

关于表彰第二届“观众喜爱的主持人”评选活动获奖人员的决定

各中心、部、室：

2013年9月至11月，我台举办了第二届“观众喜爱的主持人”评选活动。活动期间，84名参评主持人践行“心悦百姓　行为民生”的活动宗旨，积极投身公益行动，深入社会基层，服务首都市民，传播人间真情，增强了主持人作为新闻工作者的社会责任感和使命感，社会影响积极深远。

经过观众投票、社会调查和评委会评审，共有30名主持人获奖，经党委扩大会研究决定，对获奖人员予以表彰奖励。其中包括：“观众喜爱的十佳主持人”10名，每人奖励3万元；“观众喜爱的优秀主持人”10名，“公益之星”4名，“最具网络人气主持人”2名，“最受青年观众喜爱的主持人”2名，“电视新星主持人”2名，每人奖励1.5万元。以上奖项中对重复获奖的主持人只发放最高项奖金。获奖名单如下：

一、观众喜爱的十佳主持人

徐春妮（春妮）、王旭东、张栗坤（栗坤）、桑朝晖、卢文龙（阿龙）、曹一楠、刘洪悦（悦悦）、李向显、王振龙、谭江海；

二、观众喜爱的优秀主持人

孙扬、刘婧、高燕、宁晓川、刘梦遥

（梦遥）、罗旭、曹扬、王晔（王业）、魏翊东、顾杨（顾阳）；

三、公益之星

徐春妮（春妮）、曹一楠、聂一菁、王晔（王业）；

四、最具网络人气主持人

王旭东、张栗坤（栗坤）；

五、最受青年观众喜爱的主持人

卢文龙（阿龙）、吴乐冶（乐文）；

六、电视新星主持人

孙扬、刘婧。

希望受到表彰的主持人珍惜荣誉，再接再厉，继续深化“走转改”，更多地走进新闻现场，走向观众。全台干部职工要以受表彰者为榜样，爱岗敬业，创先争优，为提升北京电视台的传播力和影响力，建设与首都地位相称的一流电视台做出应有贡献！

北京电视台

2013年12月20日

节目播出时间表

2013 年北京电视台节目播出时间表

总编室

北京卫视节目编排方案

2013 年 11 月 2 日起执行

<table>
<tr><th>时　间</th><th>星期一</th><th>星期二</th><th>星期三</th><th>星期四</th><th>星期五</th><th>星期六</th><th>星期日</th><th>周六、日时间</th></tr>
<tr><td>6：00：00</td><td colspan="7">频宣 1′</td><td>6：00：00</td></tr>
<tr><td>6：01：00</td><td colspan="7">《法治进行时》（卫视版）18′</td><td>6：01：00</td></tr>
<tr><td>6：19：00</td><td colspan="7">频宣 1′</td><td>6：19：00</td></tr>
<tr><td>6：20：00</td><td colspan="5">《养生堂》精华版 35′</td><td colspan="2">《SK 状元榜》35′</td><td>6：20：00</td></tr>
<tr><td>6：55：00</td><td colspan="7">早间气象服务 2′</td><td>6：55：00</td></tr>
<tr><td>6：57：00</td><td colspan="7">广告 3′</td><td>6：57：00</td></tr>
<tr><td>7：00：00</td><td colspan="4">《北京您早》120′</td><td colspan="3">《北京您早》90′</td><td>7：00：00</td></tr>
<tr><td>9：00：00</td><td colspan="7">广告 3′ + 频宣 1′</td><td>8：30：00</td></tr>
<tr><td>9：04：00</td><td colspan="4">《电视剧》第一集 42′</td><td colspan="3">《这里是北京》10′</td><td>8：34：00</td></tr>
<tr><td>9：46：00</td><td colspan="7">广告 4′ + 频宣 1′</td><td>8：44：00</td></tr>
<tr><td>9：51：00</td><td colspan="4">《电视剧》第二集 42′</td><td colspan="3">《电视剧》第一集 42′</td><td>8：49：00</td></tr>
<tr><td>10：33：00</td><td colspan="4">广告 4′ + 频宣 1′</td><td colspan="3">广告 4′ + 频宣 2′</td><td>9：31：00</td></tr>
<tr><td>10：38：00</td><td colspan="4">《电视剧》第三集 42′</td><td colspan="3">《电视剧》第二集 42′</td><td>9：37：00</td></tr>
<tr><td>11：20：00</td><td colspan="4">广告 4 + 频宣 1′</td><td colspan="3">广告 4′ + 频宣 2′</td><td>10：19：00</td></tr>
<tr><td>11：25：00</td><td colspan="4">《档案》午间版 30′</td><td colspan="2">《大戏看北京》
重播上周 90′</td><td>《一起唱吧》
重播昨日 90′</td><td>10：25：00</td></tr>
<tr><td>11：55：00</td><td colspan="7">广告 4′ + 频宣 1′</td><td>11：55：00</td></tr>
<tr><td>12：00：00</td><td colspan="7">《特别关注》58′</td><td>12：00：00</td></tr>
<tr><td>12：58：00</td><td colspan="7">午间气象服务 2′</td><td>12：58：00</td></tr>
<tr><td>13：00：00</td><td colspan="7">广告 4′ + 频宣 2′</td><td>13：00：00</td></tr>
<tr><td>13：06：00</td><td colspan="7">《军情解码》50′</td><td>13：06：00</td></tr>
<tr><td>13：56：00</td><td colspan="7">广告 4′ + 频宣 2′</td><td>13：56：00</td></tr>
<tr><td>14：02：00</td><td colspan="7">《午茶剧场》第一集 45′</td><td>14：02：00</td></tr>
<tr><td>14：47：00</td><td colspan="7">广告 4′ + 频宣 2′</td><td>14：47：00</td></tr>
<tr><td>14：53：00</td><td colspan="7">《午茶剧场》第二集 45′</td><td>14：53：00</td></tr>
</table>

续表

<table>
<tr><th>时 间</th><th>星期一</th><th>星期二</th><th>星期三</th><th>星期四</th><th>星期五</th><th>星期六</th><th>星期日</th><th>周六、日时间</th></tr>
<tr><td>15：38：00</td><td colspan="7">广告 4′+频宣 2′</td><td>15：38：00</td></tr>
<tr><td>15：44：00</td><td colspan="7">《午茶剧场》第三集 45′</td><td>15：44：00</td></tr>
<tr><td>16：29：00</td><td colspan="7">广告 4′+频宣 1′</td><td>16：29：00</td></tr>
<tr><td>16：34：00</td><td colspan="7">《午茶剧场》第四集 45′</td><td>16：34：00</td></tr>
<tr><td>17：19：00</td><td colspan="7">广告 4′+频宣 1′55″</td><td>17：19：00</td></tr>
<tr><td>17：24：55</td><td colspan="7">《养生堂》60′</td><td>17：24：55</td></tr>
<tr><td>18：24：55</td><td colspan="7">广告 5′05″</td><td>18：24：55</td></tr>
<tr><td>18：30：00</td><td colspan="7">《北京新闻》、天气预报 30′</td><td>18：30：00</td></tr>
<tr><td>19：00：00</td><td colspan="7">转播中央台《新闻联播》30′</td><td>19：00：00</td></tr>
<tr><td>19：30：00</td><td colspan="7">广告 2′30″+上集回放 30″+广告 2′10″</td><td>19：30：00</td></tr>
<tr><td>19：35：10</td><td colspan="7">《红星剧场》第一集 43′</td><td>19：35：10</td></tr>
<tr><td>20：18：10</td><td colspan="7">广告 4′10″+下集预告 30″+广告 4′30″+影视剧宣传 1′+上集回放 30″+广告 4′10″</td><td>20：17：10</td></tr>
<tr><td>20：33：00</td><td colspan="7">《红星剧场》第二集 44′</td><td>20：32：30</td></tr>
<tr><td>21：17：00</td><td colspan="7">广告 3′10″+下集预告 30″+频宣 1′20″+广告 4′</td><td>21：14：30</td></tr>
<tr><td>21：26：00</td><td colspan="3">《档案》50′</td><td colspan="2">《档案》30′</td><td rowspan="4">《一起唱吧》90′</td><td rowspan="4">《大戏看北京》90′</td><td rowspan="4">21：26：00</td></tr>
<tr><td>22：16：00</td><td colspan="5">《看气象》3′</td></tr>
<tr><td>22：19：00</td><td colspan="5">广告 4′+频宣 1′</td></tr>
<tr><td>22：24：00</td><td>《天下收藏》50′</td><td>《身边》50′</td><td>《全景对话》50′</td><td>《我是大医生》50′</td><td>《我爱中国味》50′</td></tr>
<tr><td>23：14：00</td><td colspan="7">广告 4′+频宣 1′</td><td>22：56：00</td></tr>
<tr><td rowspan="3">23：19：00</td><td colspan="5" rowspan="3">《精品栏目带》80′</td><td>《好人故事》25′</td><td>《杨澜访谈录》35′</td><td>23：01：00</td></tr>
<tr><td colspan="2">晚间气象服务 2′</td><td>23：36：00</td></tr>
<tr><td colspan="2">广告 4′</td><td>23：38：00</td></tr>
<tr><td>0：39：00</td><td colspan="5">晚间气象服务 2′</td><td rowspan="3">《一起唱吧》重播 90′</td><td rowspan="3">《大戏看北京》重播 90′</td><td rowspan="3">23：42：00</td></tr>
<tr><td>0：41：00</td><td colspan="5">广告 4′+频宣 1′</td></tr>
<tr><td>0：46：00</td><td colspan="5">《光阴》40′</td></tr>
<tr><td>1：26：00</td><td colspan="7">频宣 2′</td><td>1：12：00</td></tr>
<tr><td>1：28：00</td><td colspan="7">《好梦剧场》第一集 45′</td><td>1：14：00</td></tr>
<tr><td>2：13：00</td><td colspan="4">频宣 3′</td><td>频宣 2′</td><td>频宣 3′</td><td>频宣 1′</td><td>1：59：00</td></tr>
<tr><td>2：16：00</td><td colspan="7">《好梦剧场》第二集 45′</td><td>2：00：00</td></tr>
<tr><td>3：01：00</td><td colspan="4">频宣 3′</td><td>频宣 2′</td><td>频宣 3′</td><td>频宣 1′</td><td>2：45：00</td></tr>
<tr><td>3：04：00</td><td colspan="7">《好梦剧场》第三集 45′</td><td>2：46：00</td></tr>
<tr><td>3：49：00</td><td colspan="4">频宣 2′</td><td>频宣 3′</td><td>频宣 1′</td><td>3：31：00</td><td></td></tr>
<tr><td>3：51：00</td><td colspan="7">《好梦剧场》第四集 45′</td><td>3：32：00</td></tr>
<tr><td>4：36：00</td><td colspan="4">频宣 2′</td><td>频宣 3′</td><td>频宣 1′</td><td>4：17：00</td><td></td></tr>
</table>

续表

时　间	星期一	星期二	星期三	星期四	星期五	星期六	星期日	周六、日时间
4：38：00	《好梦剧场》第五集45′							4：18：00
5：23：00	频宣2′				频宣2′	《养生堂》自然重播57′		5：03：00
5：25：00	《养生堂精华版》自然重播35′		《养生堂》自然重播57′		《养生堂》自然重播57′			

文艺频道节目编排方案

2013年9月30日起执行

时　间	星期一	星期二	星期三	星期四	星期五	星期六	星期日
6：00	广宣时段5′（宣传3′、公宣1′、公益1′）						
6：05	笑动2013（重播）60′						
7：05	广宣时段4′（宣传45″、广告2′、宣传15″、公益1′）						
7：09	脱口而出（重播）20′						
7：29	广宣时段9′（宣传45″、广告2′+《文艺导航》5′+宣传15″、公益1′）						
7：38	今晚80后脱口秀（重播）20′						
7：58	广宣时段10′（宣传1′、广告3′+《文艺导航》5′+公益1′）						
8：08	周播节目日播联播50′（重播）						
8：58	广宣时段5′（宣传2′+广告3′）						
9：03	《大戏看北京（精编版）》（重播）60′						
10：03	广宣时段7′（宣传1′+《文艺导航》5′+广告1′）						
10：10	爱笑会议室	文化之约30′	爱笑会议室（重播）30′				
10：40	广宣时段10′（宣传45″、广告2′+《文艺导航》5′+广告2′、宣传15″）						
10：50	《笑动2013》（重播）60′						
11：50	广宣时段5′（宣传45″、广告3′、公益1′、宣传15″）						
11：55	《文娱午报》30′						
12：25	广宣时段5′（宣传45″、广告3′、宣传1′15″）						
12：30	脱口而出（重播）20′						
12：50	广宣时段10′（宣传45″、广告3′+《文艺导航》5′+公益1′、宣传15″）						
13：00	今晚80后脱口秀（重播）20′						
13：20	广宣时段10′（宣传45″、广告3′宣传1′15″+《文艺导航》5′）						
13：30	周播节目日播联播50′						
14：20	广宣时段5′（宣传45″、广告3′、宣传15″、公益1′）						
14：25	《大戏看北京（精编版）》60′						
15：25	广宣时段5′（广告3′、宣传2′）						

续表

时　间	星期一	星期二	星期三	星期四	星期五	星期六	星期日
15：30	欢天戏地50′	我爱我家（重播）50′	光荣绽放（重播）50′	影视风云（重播）50′	星夜故事（重播）50′	我家有明星（重）50′	春妮的周末时光（重）50′
16：20	广宣时段5′（宣传45″、广告3′、宣传15″、公益1′）						
16：25	电视先锋榜30′	最佳现场（重播）30′					
16：55	广宣时段10′（宣传45″+《文艺导航》5′+广告3′、宣传1′15″）						
17：05	笑动201360′						
18：05	广宣时段5′（宣传45″、广告3′、宣传1′15″）						
18：10	音乐风云榜30′						
18：40	广宣时段5′（宣传1′、广告4′）						
18：45	每日文娱播报45′						
19：30	广宣时段5′（宣传1′、广告4′）						
19：35	我爱我家50′	光荣绽放50′	影视风云50′	星夜故事50′	我家有明星50′	春妮的周末时光50′	超级播出季50′
20：25	广宣时段5′（宣传1′30、公益30″、广告3′）						
20：30	最佳现场30′						
21：00	广宣时段5′（宣传2′、广告3′）						
21：05	今晚80后脱口秀20′				脱口而出20′		今晚80后脱口秀20′
21：25	广宣时段5′（宣传1′、广告1′+回放30″+剧宣30″+广告2′）						
21：30	炫剧场第一集：正片45′						
22：15	广宣时段5′（广告1′+剧宣30″+预告30″+广告1′+回放30″+剧宣30″+广告1′）						
22：20	炫剧场第二集：正片45′						
23：05	广宣时段3′（宣传30″+剧宣30″+预告30″+公益30″、广告1′）						
23：08	文化之约30′	爱笑会议室30′					
23：38	广宣时段2′（宣传1′、广告1′）						
23：40	每日文娱播报（重播）45′						
0：25	广宣时段2′（宣传45″、广告1′、宣传15″）						
0：27	今晚80后脱口秀（重播）20′						
0：47	《文艺导航》5′						
0：52	我爱我家（重播）50′	光荣绽放（重播）50′	影视风云（重播）50′	星夜故事（重播）50′	我家有明星（重播）50′	春妮的周末时光（重播）50′	超级播出季（重播）50′
1：42	广宣时段3′（宣传2′、公益1′）						
1：45	音乐风云榜（重播）30′						
2：15	广宣时段2′（宣传2′）						
2：17	结束						

科教频道节目编排方案

2013年7月1日起执行

时　间	星期一	星期二	星期三	星期四	星期五	星期六	星期日	周六、日时间
6：00：00	开播晨曲1′							
6：01：00	频道宣传2′+公共宣传1′+公益宣传1′							6：01：00
6：05：00	《现场说法》25′（自然重播）							6：05：00
6：30：00	《法治进行时》20′（自然重播）							6：30：00
6：50：00	《大家说法》20′（自然重播）							6：50：00
7：10：00	《第三调解室》50′（自然重播）							7：10：00
8：00：00	频道宣传1′+广告2′+公益宣传1′+公共宣传1′							8：00：00
8：05：00	《星月剧场》45′（自然重播）							8：05：00
8：50：00	广告2′							8：50：00
8：52：00	《星月剧场》45′（自然重播）							8：52：00
9：37：00	频道宣传1′+广告2′+公益宣传1′							9：37：00
9：41：00	晚晴20′	《养生堂》精编50′						9：41：00
10：01：00	电视先锋榜30′							
10：31：00	频道宣传1′+广告2′+公益宣传1′							10：31：00
10：35：00	《健康北京》（自然重播）50′							10：35：00
11：25：00	频道宣传1′+广告4′							11：25：00
11：30：00	《现场说法》25′							11：30：00
11：55：00	广告5′							11：55：00
12：00：00	《法治进行时》20′							12：00：00
12：20：00	《大家说法》20′							12：20：00
12：40：00	广告4′							12：40：00
12：44：00	《第三调解室》50′							12：44：00
13：34：00	《正剧场》一集45′					警法目录50′	庭审纪实50′	13：34：00
14：19：00	频道宣传1′+广告2′					广告2′		14：24：00
14：22：00	《正剧场》二集45′					《正剧场》一集45′		14：26：00
15：07：00	广告1′+公益宣传1′					广告1′		15：11：00
15：09：00	《正剧场》三集45′					《正剧场》二集45′		15：12：00
15：54：00	广告2′+公益宣传1′					广告1′		15：57：00
15：57：00	《正剧场》四集45′					《正剧场》三集45′		15：58：00
16：42：00	频道宣传1′+广告2′					广告2′		16：43：00
16：45：00	《八点非常故事汇》50′（自然重播）							16：45：00
17：35：00	频道宣传1′+广告2′							17：35：00

续表

时 间	星期一	星期二	星期三	星期四	星期五	星期六	星期日	周六、日时间
17：38：00	《非常幽默》28′							17：38：00
18：06：00	《健康北京》50′							18：06：00
18：56：00	广告 5′							18：56：00
19：01：00	《养生堂》精编 30′							19：01：00
19：31：00	《现场说法》25′（自然重播）							19：31：00
19：56：00	频道宣传 1′＋广告 3′							19：56：00
20：00：00	《八点非常故事汇》50′							20：00：00
	非常记忆		非常大家	非常夫妻	非常父母	非常向上	我爱中国节	
20：50：00	频道宣传 1′＋广告 2′							20：50：00
20：53：00	《非常来信》（暂播《第三调解室》）50′							20：53：00
21：43：00	频道宣传 1′＋广告 2′							21：43：00
21：46：00	《直通科考站》30′						非常时刻 30′	21：46：00
22：16：00	频道宣传 30″＋广告 1′＋上集回放 30″＋广告 2′							22：16：00
22：20：00	《星月剧场》一集 45′							22：20：00
23：05：00	广告 1′＋下集预告 30″＋广告 1′＋上集回放 30″＋广告 1′＋公益宣传 1′							23：05：00
23：10：00	《星月剧场》二集 45′							23：10：00
23：55：00	频道宣传 1′＋广告 3′＋下集预告 30″＋公共宣传 30″							23：55：00
24：00：00	《新纪录》20′							24：00：00
00：20：00	《法治进行时》20′（自然重播）							00：20：00
00：40：00	《大家说法》20′（自然重播）							00：40：00
01：00：00	《第三调解室》50′（自然重播）							01：00：00
01：50：00	《非常幽默》28′（自然重播）							01：50：00
02：18：00	结束夜曲 1′							02：18：00

影视频道节目编排方案

2013 年 5 月 27 日起执行

时 间	节目名称	时 长
6：34：00	重播英雄剧场－1 正片 45′	0：45：00
7：19：00	广宣时段 6′10″（频宣 5″、广告 4′、下集预告 30″、预告剧宣 30″、公益宣传 1′、频宣 5″）	0：06：10
7：25：10	重播英雄剧场－2 正片 45′	0：45：00
8：10：10	广宣时段 6′10″（频宣 5″、下集预告 30″、预告剧宣 30″、公益宣传 1′、广告 4′、频宣 5″）	0：06：10
8：16：20	重播 首都剧场－1 正片 43′30″	0：43：30

续表

时 间	节目名称	时 长
8：59：50	广宣时段 4′40″（频宣 5″、下集预告 30″、广告 4′、频宣 5″）	0：04：40
9：04：30	重播首都剧场 -2 正片 42′30″	0：42：30
9：47：00	广宣时段 9′40″（频宣 5″、广告 5′、下集预告 30″、广告 4′、频宣 5″）	0：09：40
9：56：40	重播首都剧场 -3 正片 42′30″	0：42：30
10：39：10	广宣时段 9′40″（频宣 5″、广告 5′、下集预告 30″、广告 4′、频宣 5″）	0：09：40
10：48：50	重播首都剧场 -4 正片 43′30″	0：43：30
11：32：20	广宣时段 5′40″（频宣 5″、广告 5′、下集预告 30″、频宣 5″）	0：05：40
11：38：00	电影时间正片 95′30″（中插广告 30″、广告 1′30″、频宣 15″、广告 30″、广告 1′30″）	1：39：45
13：17：45	广宣时段 6′10″（频宣 5″、公益宣传 1′、公宣 1′、广告 1′、频宣 3′05″）	0：06：10
13：23：55	★家和剧场 -1 正片 45′	0：45：00
14：08：55	广宣时段 8′10″（频宣 5″、广告 3′、下集预告 30″、预告剧宣 30″、公益宣传 1′、公宣 1′、广告 2′、频宣 5″）	0：08：10
14：17：05	★家和剧场 -2 正片 45′	0：45：00
15：02：05	广宣时段 8′10″（频宣 5″、广告 3′、下集预告 30″、预告剧宣 30″、公益宣传 1′、公宣 1′、广告 2′、频宣 5″）	0：08：10
15：10：15	★家和剧场 -3 正片 45′	0：45：00
15：55：15	广宣时段 8′10″（频宣 5″、广告 3′、下集预告 30″、预告剧宣 30″、公益宣传 1′、公宣 1′、广告 2′、频宣 5″）	0：08：10
16：03：25	★家和剧场 -4 正片 45′	0：45：00
16：48：25	广宣时段 11′10″（频宣 5″、广告 3′、下集预告 30″、预告剧宣 30″、公益宣传 1′、公宣 1′、广告 5′、频宣 5″）	0：11：10
16：59：35	★英雄剧场 -1 正片 45′	0：45：00
17：44：35	广宣时段 15′10″（频宣 5″、广告 4′、下集预告 30″、频宣 1′、广告 3′、预告剧宣 30″、公益宣传 1′、公宣 1′、广告 4′、频宣 5″）	0：15：10
17：59：45	★英雄剧场 -2 正片 45′	0：45：00
18：44：45	广宣时段 10′20″（频宣 5″、广告 3′35″、上集回放 30″、频宣 1′、公益宣传 1′、公宣 1′、广告 3′05″、频宣 5″）	0：10：20
18：55：05	★首都剧场 -1 正片 43′30″	0：43：30
19：38：35	广宣时段 13′40″（频宣 5″ + 广告 2′ + 下集预告 30″ + 公宣 1′30″ + 广告 4′ + 公益宣传 1′ + 频宣 1′ + 上集回放 30″ + 广告 3′05″）	0：13：40
19：52：15	★首都剧场 -2 正片 42′30″	0：42：30
20：34：45	广宣时段 13′15″（频宣 5″ + 广告 3′05″ + 下集预告 30″ + 公益宣传 1′ + 广告 3′ + 频宣 2′ + 上集回放 30″ + 广告 3′05″）	0：13：15
20：48：00	★首都剧场 -3 正片 42′30″	0：42：30
21：30：30	广宣时段 14′45″（频宣 5″ + 广告 3′05″ + 下集预告 30″ + 公宣 1′30″ + 广告 5′ + 公益宣传 1′ + 频宣 1′ + 上集回放 30″ + 广告 2′05″）	0：14：45

续表

时间	节目名称	时长
21：45：15	★首都剧场－4　正片43′30″	0：43：30
22：28：45	广宣时段13′35″（频宣5″＋广告3′＋下集预告30″＋公益宣传1′＋广告2′＋频宣3′＋广告4′）	0：13：35
22：42：20	★电影时间　正片95′30″（中插广告1′30″、广告1′30″、频宣15″、广告30″、广告30″）	1：39：45
0：22：05	广宣时段4′10″（频宣5″、广告4′、频宣5″）	0：04：10
0：26：15	重播英雄剧场－1　正片45′	0：45：00
1：11：15	广宣时段4′10″（频宣5″、广告2′、下集预告30″、预告剧宣30″、公益宣传1′、频宣5″）	0：04：10
1：15：25	重播英雄剧场－2　正片45′	0：45：00
2：00：25	广宣时段3′35″（频宣5″、广告1′，下集预告30″、预告剧宣30″、公益宣传1′、频宣30″）	0：03：35
2：04：00	★星光剧场－1　正片45′	0：45：00
2：49：00	★星光剧场－2　正片45′	0：45：00
3：34：00	★星光剧场－3　正片45′	0：45：00
4：19：00	★星光剧场－4　正片45′	0：45：00
5：04：00	★星光剧场－5　正片45′	0：45：00
5：49：00	★星光剧场－6　正片45′	0：45：00
2013年5月14日版调整《电影时间》		

财经频道节目编排方案

2012年12月17日起执行

时间	星期一	星期二	星期三	星期四	星期五	星期六	星期日
6：00	开播曲、报告节目4′公宣4′						
6：08	天下财经——投资者说30′（日重四、一重五）						
6：38	频宣2′、公宣2′、广告1′						
6：43	财经锋汇30′	天下财经——盘面分析30′					数说北京30′
7：13	首都经济报道50′（重播）						
8：03	频宣2′、公宣1′						
8：06	成长在北京30′/谁在影响我30′	财富故事30′（重播）					一周财经综述30′
8：36	微财经12′						

续表

<table>
<tr><th>时 间</th><th>星期一</th><th>星期二</th><th>星期三</th><th>星期四</th><th>星期五</th><th>星期六</th><th>星期日</th></tr>
<tr><td rowspan="3">8：38</td><td rowspan="3">理财特别节目——无底价拍卖50′</td><td colspan="5">8：38 频宣2′、公宣2′、广告1′</td><td rowspan="3">理财特别节目——无底价拍卖50′</td></tr>
<tr><td colspan="5">8：43 理财40′</td></tr>
<tr><td colspan="5">9：23 频宣2′、公宣2′、广告1′</td></tr>
<tr><td>9：28</td><td colspan="6">微财经22′</td><td></td></tr>
<tr><td>9：30</td><td colspan="6">财富晚间道60′1</td><td></td></tr>
<tr><td>10：30</td><td colspan="6">财富晚间道60′2</td><td></td></tr>
<tr><td>11：30</td><td colspan="5">频宣1′广告1′</td><td rowspan="4">经济法眼精编50′</td><td rowspan="4">财高八斗50′</td></tr>
<tr><td>11：32</td><td colspan="5">经济法眼20′</td></tr>
<tr><td>11：52</td><td colspan="5">经济法眼之法眼看剧25′</td></tr>
<tr><td>12：17</td><td colspan="5">频宣1′、公宣1′、广告1′</td></tr>
<tr><td>12：20</td><td colspan="5">天下财经——投资者说30′</td><td>成长在北京30′/谁在影响我30′</td><td>数说北京30′</td></tr>
<tr><td>12：50</td><td colspan="7">微财经12′</td></tr>
<tr><td>12：52</td><td colspan="7">频宣2′、公宣2′、广告1′</td></tr>
<tr><td>12：57</td><td colspan="7">电视剧场第一集上集回放1′+广告1′30″+正片45′+广告30″+下集预告1′</td></tr>
<tr><td>13：46</td><td colspan="7">电视剧场第二集上集回放1′+广告1′30″+正片45′+广告30″+下集预告1′</td></tr>
<tr><td>14：35</td><td colspan="7">电视剧场第三集上集回放1′+广告1′30″+正片45′+广告30″+下集预告1′</td></tr>
<tr><td>15：24</td><td colspan="7">微财经22′</td></tr>
<tr><td>15：26</td><td colspan="7">频宣2′、公宣2′、广告1′</td></tr>
<tr><td>15：31</td><td>电视先锋榜30′</td><td colspan="4">财富故事30′（重播）（周日重五）</td><td>财经锋汇30′</td><td>财富故事30′</td></tr>
<tr><td>16：01</td><td colspan="7">微财经12′</td></tr>
<tr><td>16：03</td><td colspan="7">频宣2′、公宣2′、广告1′</td></tr>
<tr><td>16：08</td><td colspan="7">理财40′（日重四、一重五）</td></tr>
<tr><td>16：48</td><td colspan="4">频宣1′、广告1′</td><td>频2′、公2′、广2′</td><td colspan="2">频宣1′、广告1′</td></tr>
<tr><td rowspan="2">16：50</td><td colspan="4" rowspan="2">财富晚间道60′1</td><td>16：54 成长30′/影响我30′</td><td colspan="2">经济法眼之法眼看剧25′+频宣2′、公宣1′、广告2′</td></tr>
<tr><td>17：24 频宣5′（无底价）+广告1′
17：30 问鼎世界20′</td><td>问鼎世界20′</td><td>问鼎世界20′</td></tr>
</table>

续表

时　间	星期一	星期二	星期三	星期四	星期五	星期六	星期日
17：50	微财经 22′					微财经 22′	
17：52	广告 3′					广告 3′	
17：55	天下财经——投资者说 30′					拍宝 40′	
18：25	天下财经——盘面分析 30′					一周财经综述 30′	财经锋汇 30′
18：55	频宣 2′、公宣 1′、广告 2′						
19：00	首都经济报道 50′						
19：50	频宣 2′、公宣 1′、广告 2′						
19：55	经济法眼 20′					理财特别节目——无底价拍卖 50′	
20：15	经济法眼之法眼看剧 25′					频宣 5′（理财特别节目预告）	
20：40	广告 2′					广告 2′	
20：42	财富故事 30′					拍宝 40′	
21：12	频宣 1′、广告 2′						
21：15	理财 40′					频宣 1′、广告 2′	
21：55	广告 2′					财高八斗 50′	经济法眼精编 50′
21：57	天下财经——投资者说 30′						
22：27	广告 3′					频宣 2′、公宣 1′、广告 2′	
22：30	财富晚间道 60′						
23：30	北京新闻 30′						
0：00	电视购物 150′						
2：30	结束						

体育频道节目编排方案

2013 年 7 月 1 日起执行

时　间	星期一	星期二	星期三	星期四	星期五	星期六	星期日
6：00	广宣时段 10′（含公宣 2′）						
6：10	BTV 赛场 105′（含赛中频宣 5′）						
7：55	广宣时段 5′（含公宣 1′）						
8：00	天天体育 50′（重播昨日）						
8：50	广宣时段 10′（含公宣 2′）						
9：00	电视先锋榜	中超集锦	英超集锦	德甲集锦	中超集锦	篮球风情	先锋榜
9：30	广宣时段 5′（含公宣 1′）						

续表

时　间	星期一	星期二	星期三	星期四	星期五	星期六	星期日
9：35	BTV 赛场 105′（含赛中广宣 7′）			直播：NBA	BTV 赛场 105	快乐周末直播时段中超/中甲/CBA/NBA/英超/西甲等国内外体育赛事	
11：22	广宣时段 8′（含公宣 1′）						
11：30	天天体育 50′（重播昨日）						
12：20	广宣时段 10′（含公宣 2′）						
12：30	节节高升						
13：20	广宣时段 10′（含公宣 2′）						
13：30	快乐健身一箩筐（重播）						
14：00	广宣时段 10′（含公宣 2′）						
14：10	BTV 赛场 105′（含赛中广宣 7′）						
15：57	广宣时段 8′（含公宣 1′）						
16：05	BTV 赛场 105′（含赛中广宣 7′）						
17：52	广宣时段 8′（含公宣 1′）						
18：00	快乐健身一箩筐（重播）						
18：30	广宣时段 10′（含公宣 2′）						
18：40	体坛资讯 50′						
19：30	广宣时段 5′						
19：35	足球 100 分	BTV 赛场 105′	BTV 赛场 105′	体育议起来/足球·家	BTV 赛场直播：CBA、中超		
21：20	广宣时段 5′						
21：25	天天体育 50′						
22：15	广宣时段 5′（含公宣 1′）						
22：20	快乐健身一箩筐（首播）						
22：50	广宣时段 10′（含公宣 2′）						
23：00	中超集锦	英超集锦	西甲集锦	节节高升	节节高升		
23：50	广宣时段 10′（含公宣 2′）						
0：00	天天体育 50′（重）				篮球风情		
0：50	广宣时段 10′（含公宣 2′）						
1：00	BTV 赛场 105′（含赛中频道宣传 5′）				体坛荟萃 A/B		
2：45	BTV 赛场 100						
4：25	天天体育 50′（重）						
5：15	中超集锦等						
5：45	欣赏						

生活频道节目编排方案

2013年6月29日起执行

<table>
<tr><th>时间</th><th>周六</th><th>周日</th><th>周一</th><th>周二</th><th>周三</th><th>周四</th><th>周五</th></tr>
<tr><td>6：00</td><td colspan="7">开始曲、频道宣传1′+广告3′+公宣2′+公益宣传1′</td></tr>
<tr><td>6：07</td><td>时尚装苑20′（重播）</td><td>我爱我车20′（重播）</td><td>时尚装苑20′（重播）</td><td>我爱我车20′（重播）</td><td>北京话话北京20′（重播）</td><td colspan="2">四海漫游20′（重播）</td></tr>
<tr><td>6：27</td><td colspan="7">频道宣传1′+公宣2′+公益宣传1′+广告3′</td></tr>
<tr><td>6：34</td><td>快乐周末30′（重播）</td><td>魅力周末30′（重播上周）</td><td colspan="5">快乐生活一点通30′（重播）</td></tr>
<tr><td>7：04</td><td colspan="7">生活气象2′+公宣1′+公益宣传1′</td></tr>
<tr><td>7：08</td><td>四海漫游20′（重播周三）</td><td>四海漫游20′（重播周四）</td><td colspan="5">健康生活20′（重播）</td></tr>
<tr><td>7：28</td><td colspan="7">频宣1′+公益宣传1′+广告3′</td></tr>
<tr><td>7：33</td><td colspan="2">生活广角45′（重播）</td><td colspan="5">选择45′（重播）</td></tr>
<tr><td>8：18</td><td colspan="7">公宣1′+公益宣传1′+广告3′</td></tr>
<tr><td>8：23</td><td>幸福厨房精编30′（重）</td><td>咱爸咱妈的美好时代30′（重播）</td><td colspan="5">生活广角30′（重播）</td></tr>
<tr><td>8：53</td><td colspan="7">频宣1′+公益宣传1′+广告3′</td></tr>
<tr><td>8：58</td><td rowspan="2">生活201390′（重播）</td><td>生活201360′（重播）</td><td>生活201360′（重播）</td><td colspan="4" rowspan="2">生活201390′（重播）</td></tr>
<tr><td>9：58</td><td>生活实验室30′（重）</td><td>咱爸咱妈的美好时代30′（重播）</td></tr>
<tr><td>10：28</td><td colspan="7">广告3′</td></tr>
<tr><td>10：31</td><td>生活+45′（重播）</td><td>幸福厨房45′（重播）</td><td colspan="5">选择45′（重播）</td></tr>
<tr><td>11：16</td><td colspan="7">频宣1′+广告3′</td></tr>
<tr><td>11：20</td><td colspan="2">美食地图27′（重播上上周）</td><td colspan="5">食全食美27′（重播）</td></tr>
<tr><td>11：47</td><td colspan="7">生活特供50′（重播上周）</td></tr>
<tr><td>12：37</td><td colspan="2" rowspan="3">美食地图27′（重播上周）</td><td colspan="5">频宣1′+生活气象2′</td></tr>
<tr><td>12：40</td><td colspan="5">健康生活20′（首播）</td></tr>
<tr><td>13：00</td><td colspan="5">频宣1′+公宣1′+公益宣传1′+广告1′</td></tr>
<tr><td>13：04</td><td colspan="7">生活特供50′（首播）</td></tr>
<tr><td>13：54</td><td colspan="7">公益宣传1′+广告3′</td></tr>
<tr><td>13：58</td><td rowspan="5">选择75′（重播上上周六）</td><td rowspan="5">选择75′（重播上周六）</td><td colspan="5">快乐生活一点通30′（重播）</td></tr>
<tr><td>14：28</td><td colspan="5">频宣1′+广告2′</td></tr>
<tr><td>14：31</td><td colspan="5">食全食美27′（重播）</td></tr>
<tr><td>14：58</td><td colspan="5">广告3′</td></tr>
<tr><td>15：01</td><td rowspan="2">生活调查30′（重播）</td><td colspan="4" rowspan="2">生活面对面30′（重播）</td></tr>
<tr><td>15：13</td><td colspan="2">频宣1′+公益宣传1′+公共宣传1′+广告3′</td></tr>
</table>

续表

<table>
<tr><th>时间</th><th>周六</th><th>周日</th><th>周一</th><th>周二</th><th>周三</th><th>周四</th><th>周五</th></tr>
<tr><td>15：19</td><td rowspan="5">选择75′（重播上上周日）</td><td rowspan="5">选择75′（重播上周日）</td><td></td><td colspan="4"></td></tr>
<tr><td>15：31</td><td colspan="5">频宣1′+广告2′</td></tr>
<tr><td>15：34</td><td colspan="5">大城小事30′（重播）</td></tr>
<tr><td>16：04</td><td colspan="5">广告3′</td></tr>
<tr><td>16：07</td><td colspan="5" rowspan="2">生活广角30′（重播）</td></tr>
<tr><td>16：34</td><td colspan="2" rowspan="2">频宣1′+公益宣传1′+公共宣传1′+广告3′</td></tr>
<tr><td>16：37</td><td colspan="5">频宣1′+广告2′</td></tr>
<tr><td>16：40</td><td>生活+周日版45′（重播）</td><td>生活+周日版45′（首播）</td><td colspan="5">选择45′（重播）</td></tr>
<tr><td>17：25</td><td colspan="7">频宣1′+广告2′</td></tr>
<tr><td>17：28</td><td>快乐周末30′（首播）</td><td>魅力周末30′（首播）</td><td colspan="5">快乐生活一点通30′（重播）</td></tr>
<tr><td>17：58</td><td colspan="7">广告2′</td></tr>
<tr><td>18：00</td><td colspan="2">美食地图27′（首播）</td><td colspan="5">食全食美27′（首播）</td></tr>
<tr><td>18：27</td><td colspan="7">广告2′</td></tr>
<tr><td>18：29</td><td colspan="2">生活201360′（首播）</td><td colspan="5" rowspan="3">生活201390′（首播）</td></tr>
<tr><td>19：29</td><td colspan="2">频宣30″+公益宣传30″+广告2′</td></tr>
<tr><td>19：32</td><td rowspan="3">生活实验室30′（首播）</td><td rowspan="5">幸福厨房45′（首播）</td></tr>
<tr><td>19：59</td><td colspan="5">频宣30″+公益宣传30″+广告1′</td></tr>
<tr><td>20：01</td><td colspan="4" rowspan="5">生活面对面30′（首播）</td><td rowspan="5">生活调查30′（首播）</td></tr>
<tr><td>20：02</td><td>广告2′</td></tr>
<tr><td>20：04</td><td rowspan="5">生活+45′（首播）</td></tr>
<tr><td>20：17</td><td>广告2′+公益宣传1′</td></tr>
<tr><td>20：20</td><td rowspan="6">美食地图精编59′（首）</td></tr>
<tr><td>20：31</td><td colspan="5">广告3′</td></tr>
<tr><td>20：34</td><td colspan="5" rowspan="2">快乐生活一点通30′（首播）</td></tr>
<tr><td>20：49</td><td rowspan="3">咱爸咱妈的美好时代30′（首播）</td></tr>
<tr><td>21：04</td><td colspan="5">频宣30″+公益宣传30″+广告3′</td></tr>
<tr><td>21：08</td><td colspan="5" rowspan="3">大城小事30′（首播）</td></tr>
<tr><td>21：19</td><td colspan="2">频宣30″+公益宣传30″+广告2′</td></tr>
<tr><td>21：22</td><td colspan="2" rowspan="4">选择75′（首播）</td></tr>
<tr><td>21：38</td><td colspan="5">公益宣传1′+广告2′</td></tr>
<tr><td>21：41</td><td colspan="5">选择45′（首播）</td></tr>
<tr><td>22：26</td><td colspan="5">广告3′</td></tr>
</table>

续表

时　间	周六	周日	周一	周二	周三	周四	周五
22：29			生活广角30′（首播）				
22：37	广告4′						
22：41	生活广角45′（首播）						
22：59			频宣30″+公益宣传30″+广告2′				
23：02			时尚装苑20′（首播）	北京话话北京20′（首播）	四海漫游20′（首播）		我爱我车20′（首播）
23：22			广告2′				
23：24			生活2013　90′（重播）				
23：26	生活201360′（重播）	电视先锋榜30′（首播）					
23：56		广告2′					
23：58		生活2013　60′（重播）					
0：26	广告2′						
0：28	快乐周末30′（重播）		广告1′				
0：54			大城小事30′（重播）				
0：55							
0：58	公益宣传1′						
0：59	魅力周末30′（重播）	美食地图精编59′（重）	公益宣传1′				
1：25			生活面对面30′（重播）				生活调查30′（重播）
1：26							
1：29	生活实验室30′（重播）		公益宣传1′+公宣2′				
1：56			节目预告、结束语1′				
1：58		节目预告、结束语2′					
1：59							
2：00			结束				

青年频道节目编排方案

2013年7月1日起执行

时　间	星期一	星期二	星期三	星期四	星期五	星期六	星期日
6：00	公宣30″频宣1′						公宣30″频宣1′
6：01	重播北京青年30′						重播SK状元榜45′
6：31	重播北京客30′						广告3′公宣30″频宣1′30″+垫播7′

续表

时　间	星期一	星期二	星期三	星期四	星期五	星期六	星期日
7：01	广告3′公宣30″频宣30″公益1′						
7：06	重播军情解码50′						
7：56	广告3′公宣30″频宣30″公益1′						
8：01	重播谁在说55′						
8：56	广告3′公宣30″频宣1″30″						
9：01	重播青春剧场145′						
9：46	广告3′公宣30″频宣1′30″公益1′						
9：53	重播青春剧场245′						
10：38	广告2′频宣1′30″公益1′						
10：44	重播青春剧场345′						
11：29	广告3′公宣30″频宣1′30″						
11：34	重播军情解码50′						
12：24	广告3′公宣30″频宣30″公益1′						
12：29	重播谁在说55′						
13：19	广告3′公宣30″频宣1′30″						
13：24	重播探索45′					青春A计划90′	
14：09	广告2′频宣1′公益1′						
14：13	重播sk状元榜45′	书香北京45′		青年榜样45′	青年公益45′		
14：58	广告2′公宣30″频宣30″公益1′						
15：02	国际频道精选60′						
16：02	广告2′频宣1′公益1′（垫5′）						
16：11	重播探索45						青春快乐季30′
16：56	广告3′频宣1′公益1′						
17：01	重播谁在说55′						
17：56	广告3′频宣1′公益1′						
18：01	重播军情解码50′						
18：51	广告2′频宣1′公益1′						
18：55	北京青年30′					青春风格汇30′	SK状元榜45′
19：25	广告3′公宣30″频宣30″公益1′						
19：30	谁在说55′（外购）						
20：25	广告3′公宣30″频宣1′30″						
20：30	书香北京45′		青年榜样45′	青年公益45′	青年探秘者45′	青春A计划45′	
21：15	广告3′公宣30″频宣1′30″						

续表

时　间	星期一	星期二	星期三	星期四	星期五	星期六	星期日
21：20	军情解码50′						
22：10	广告3′频宣1′公益1′						
22：15	北京客30′						
22：45	广告3′频宣1′公益1′						
22：50	探索45′（外购）						
23：35	广告3′公宣30″频宣1′30″						
23：40	午夜青春剧场145′						
0：25	广告3′频宣1′公益1′						
0：30	午夜青春剧场245′						
1：15	广告3′公宣30″频宣1′30″						
1：20	午夜青春剧场345′						
2：10	结束						

新闻频道节目编排方案

2013年8月5日起执行

时　间	星期一	星期二	星期三	星期四	星期五	星期六	星期日
6：00	广宣5′（含公益）					6：00北京议事厅20′ 6：20《红绿灯》40′	广宣5′
6：05	《这里是北京》重播20′						《这里是北京》
6：25	广宣5′（含公益）						广宣5′
6：30	《红绿灯－早直播》直播30′						《电视先锋榜》
7：00	《北京您早》120′（卫视周一至周五并机直播至9：00，周六日并机直播至8：30）						
9：00	《直播北京》（1）（9：00—11：55）175′（直播）（含公益）						
	中插《红绿灯》40′						
	中插《有话就说》《锐观察》重播50′						
	中插《美丽乡村》重播20′（周六日）						
	中插广宣时段，4段2′（含公益）						
11：55	宣传2′＋广告3′						
12：00	《特别关注》58′（并机直播）						
12：58	广告2′						
13：00	《北京新发现》重播20′						
13：20	宣传3′＋广告2′（含公益）						
13：25	《这里是北京》重播20′						
13：45	宣传3′＋广告2′（含公益）						
13：50	《新闻手语》首播10′						

续表

时间	星期一	星期二	星期三	星期四	星期五	星期六	星期日
14：00	宣传3′+广告2′（含公益）						
14：05	《都市阳光2期》首播20′		《人才》首播20′	《怎么看》首播20′	《党建进行时》首播20′	《消费观察》首播20′	《北京议事厅》首播20′
14：25	宣传2′+广告3′（含公益）						
14：30	有话就说	《锐观察》重播50′					
15：20	宣传2′+广告3′（含公益）						
15：25	《晚间新闻报道》重播45′						
16：10	宣传2′+广告3′（含公益）						
16：15	《红绿灯》重播40′						
16：55	宣传2′+广告3′						
17：00	《都市晚高峰》85′（直播）						
18：25	广告5′						
18：30	《北京新闻》25′（并机直播）						
18：55	《天气预报》5′（首播）						
19：00	《直播北京》（2）直播（周日至周四，70′；周五周六，50′）						
	周五、周六19：50—20：10《美丽乡村》首播20′						
	中插《空气质量播报》3′						
	中插广宣时段，2段2′（含公益）						
20：10	广告2′						
20：12	《看气象》3′（首播）						
20：15	《锐观察》（直播）50′						《有话就说》50′
21：05	宣传2′+广告3′						
21：10	《红绿灯》40′（直播）						
21：50	宣传2′+广告3′（含公益）						
21：55	《晚间新闻报道》45′（直播）						
22：40	宣传2′+广告3′						
22：45	《这里是北京》20′（首播）						
23：05	宣传2′+广告3′						
23：10	《北京新发现》20′（首播）						
23：30	广告3′						
23：33	《红绿灯》40′（重播）						
0：13	《锐观察》50′（重播）						《有话就说》50′
1：03	《晚间新闻报道》45′（重播）						
1：48	《红绿灯》40′（重播）						
2：28	全天结束						

卡酷少儿卫视暑期编排方案

2013 年 8 月 5 日起执行

	星期一	星期二	星期三	星期四	星期五	星期六	星期日
6：00	幼幼堂－第 1 集 25′（含宣传 1 3′）						
6：25	广宣时段 2 5′（公益 1′）						
6：30	幼幼堂－第 2 集 25′（含宣传 3 3′）						
6：55	广宣时段 4 5′						
7：00	幼乐园 25′（含宣传 5 3′）					超级大连播－第 1 集 25′（含宣传 5 3′）	
7：25	广宣时段 6 5′					广宣时段 6 5′	
7：30	豌豆镇 15′					超级大连播－第 2 集 25′（含宣传 7 3′）	
7：45	广宣时段 7 3′+7′						
7：55	广宣时段 8 5′（公益 1′）						
8：00	夏令营－第 1 集 25′（含宣传 9 3′）					超级大连播－第 3 集 25′（含宣传 9 3′）	
8：25	广宣时段 10 5′						
8：30	夏令营－第 2 集 25′（含宣传 11 3′）					超级大连播－第 4 集 25′（含宣传 11 3′）	
8：55	广宣时段 12 5′（公益 1′）						
9：00	夏令营－第 3 集 25′（含宣传 13 3′）					超级大连播－第 5 集 25′（含宣传 13 3′）	
9：25	广宣时段 14 5′						
9：30	夏令营－第 4 集 25′（含宣传 15 3′）					超级大连播－第 6 集 25′（含宣传 15 3′）	
9：55	广宣时段 16 5′						
10：00	夏令营－第 5 集 25′（含宣传 17 3′）					超级大连播－第 7 集 25′（含宣传 17 3′）	
10：25	广宣时段 18 5′						
10：30	夏令营－第 6 集 25′（含宣传 19 3′）					超级大连播－第 8 集 25′（含宣传 19 3′）	
10：55	广宣时段 20 7′+5′（公益 1′）						
11：07	夏令营－第 7 集 25′（含宣传 21 3′）					超级大连播－第 9 集 25′（含宣传 21 3′）	
11：32	广宣时段 22 5′（公益 1′）						
11：37	夏令营－第 8 集 25′（含宣传 23 3′）					超级大连播－第 10 集 25′（含宣传 23 3′）	

续表

	星期一	星期二	星期三	星期四	星期五	星期六	星期日
12：02	广宣时段 24 4′						
12：06	夏令营－第 9 集 25′（含宣传 25 3′）					超级大连播－第 11 集 25′（含宣传 25 3′）	
12：31	广宣时段 26 4′						
12：35	夏令营－第 10 集 25′（含宣传 27 3′）					超级大连播－第 12 集 25′（含宣传 27 3′）	
13：00	广宣时段 28 4′						
13：04	夏令营－第 11 集 23′（含宣传 28A 1′）					超级大连播－第 13 集 23′（含宣传 28A 1′）	
13：27	广宣时段 29 4′						
13：31	夏令营－第 12 集 25′（含宣传 30 3′）					超级大连播－第 14 集 25′（含宣传 30 3′）	
13：56	广宣时段 31 4′						
14：00	夏令营－第 13 集 25′（含宣传 32 3′）					超级大连播－第 15 集 25′（含宣传 32 3′）	
14：25	广宣时段 33 5′						
14：30	夏令营－第 14 集 25′（含宣传 34 3′）					超级大连播－第 16 集 25′（含宣传 34 3′）	
14：55	广宣时段 35 5′（公益 1′）						
15：00	夏令营－第 15 集 25′（含宣传 36 3′）					超级大连播－第 17 集 25′（含宣传 36 3′）	
15：25	广宣时段 37 5′						
15：30	夏令营－第 16 集 25′（含宣传 38 3′）					超级大连播－第 18 集 25′（含宣传 38 3′）	
15：55	广宣时段 39 5′（公益 30″，若 39 撤销则转为 38）						
16：00	夏令营－第 17 集 25′（含宣传 40 3′）					超级大连播－第 19 集 25′（含宣传 40 3′）	
16：25	广宣时段 41 5′						
16：30	剧场全卡通 25′（含宣传 42 3′）			卡酷全卡通 25′（含宣传 42 3′）		超级大连播－第 20 集 25′（含宣传 42 3′）	
16：55	广宣时段 43 4′						
16：59	中国创造幼儿版－第 1 集 25′（含宣传 44 3′）						
17：24	广宣时段 45 4′						
17：28	中国创造幼儿版－第 2 集 25′（含宣传 46 3′）						
17：53	广宣时段 47 4′						
17：57	中国创造幼儿版－第 3 集 25′（含宣传 48 3′）						

续表

	星期一	星期二	星期三	星期四	星期五	星期六	星期日
18：22	广宣时段49 4′						
18：26	中国创造少儿版－第1、2集55′（含宣传50 3′51 3′52 3′）						
19：21	广宣时段534′						
19：25	中国创造少儿版－精编版35′（含宣传54 2′）	七色光35′（含宣传54 2′）	谁敢挑战小学生35′（含宣传54 2′）	男生女生GO45′（含宣传54 3′）	闪天下45′（含宣传54 3′）	和自己对话45′（含宣传54 3′）	中国创造少儿版－精编版45′（含宣传54 3′）
20：00	广宣时段55 1′						
20：01	十分开心9′						
20：10	广宣时段56 4′						
20：14	酷片酷映－第1集25′（含宣传57 3′）						
20：39	广宣时段58 4′（公益1′）						
20：43	酷片酷映－第2集25′（含宣传59 3′）						
21：08	广宣时段60 4′						
21：12	酷片酷映－第3集25′（含宣传61 3′）						
21：37	广宣时段62 4′						
21：41	酷播萝－电影86′（含宣传63 4′64 4′65 4′）						
23：07	广宣时段66 5′（公益1′）						
23：12	酷播萝－电影（重昨日）84′（含宣传67 4′68 4′69 2′）						
0：36	酷播萝－电影（重前日）74′						电视先锋榜30′
1：06							酷片酷映（重今日）44′
1：50	酷播萝－电影（重今日）74′						
3：04	夏令营－第1－8集176′						
公益广告时段：2、8、12、20、22、35、39、58、66、68							

纪实频道节目编排方案

2013年8月5日起执行

时　间	周一到周四	周五	时　间	周六	时　间	周日
6：00：00	频宣5′		6：00：00	频宣5′	6：00：00	频宣5′
6：05：00	全纪实60′（重播）		6：05：00	昨天的故事30′（重上周）	6：05：00	昨天的故事30′（重昨）
7：05：00	频宣5′		7：05：00	频宣5′	6：35：00	频宣5′
7：10：00	全景30′（重昨）		7：10：00	影事50′（重上周）	6：40：00	纪实栏目30′（重昨）

续表

时　间	周一到周四	周五	时　间	周六	时　间	周日
7：40：00	频宣5′		7：40：00	频宣10′	7：30：00	人物30′（重昨）
7：45：00	口述30′（重昨）		7：45：00	纪录片影院（重昨）90′	7：40：00	频宣5′
8：15：00	频宣5′		8：15：00	频宣10′	9：10：00	纪录片影院（重昨）90′
8：20：00	玩转地球50′（重播）		8：20：00	昨故事30′（重上周）	9：20：00	频宣5′ 电视先锋榜30′
9：10：00	频宣5′		9：10：00	频宣5′	10：50：00	频宣5′
9：15：00	全纪实60′（重昨）		9：15：00	纪录片影院（重昨）90′	10：55：00	纪录片影院（重昨）90′
10：15：00	频宣5′		10：15：00			
10：20：00	口述30′（重播）		10：20：00			
10：50：00	频宣5′		10：50：00			
10：55：00	纪录36050′（重昨）		10：55：00			
11：45：00	★这里是北京20′		11：45：00	频宣5′	12：25：00	频宣5′
12：05：00	频宣5′		11：50：00			
12：10：00	人文地图30′重播		12：10：00	★昨天的故事30′	12：30：00	★昨天的故事30′
12：40：00	频宣5′		12：40：00	频宣2′	13：00：00	频宣2′
12：45：00	全纪实60′（重昨）		12：45：00	玩转地球50′（重昨）	13：02：00	玩转地球50′（重昨）
13：45：00	频宣5′		13：45：00			
13：50：00	玩转地球50′（配音）（重）		13：50：00			
14：40：00	频宣2′		14：40：00	频宣3′	13：52：00	频宣3′
14：42：00	全景30′（重昨）		14：42：00	特排时段（经典系列/全纪实系列联播）	13：55：00	特排时段（经典系列/全纪实系列联播）
15：12：00	频宣3′		15：12：00			
15：15：00	这里是北京20′（重播）		15：15：00			
15：35：00	频宣2′		15：35：00			
15：37：00	人文地图30′重播		15：37：00			
16：07：00	频宣3′		16：07：00			
16：10：00	这里是北京20′（重播）		16：10：00			
16：30：00	频宣2′		16：30：00			
16：32：00	口述30′（重播）		16：32：00			
17：02：00	频宣3′		17：02：00			
17：05：00	玩转地球50′（配音）（重）		17：05：00	频宣5′	17：55：00	频宣5′
17：55：00	频宣5′		17：55：00	玩转地球50′（重播）	18：00：00	玩转地球50′（重播）

续表

时 间	周一到周四	周五	时 间	周六	时 间	周日
18：00：00	★人文地图		18：00：00	频宣2′	18：50：00	频宣2′
18：30：00	频宣2′		18：30：00			
18：32：00	这里是北京20′（重播）		18：32：00			
18：52：00	频宣3′		18：52：00			
18：55：00	★全景30′		18：55：00	昨天的故事30′（重）	18：52：00	昨天的故事30′（重）
19：25：00	频宣2′		19：25：00	频宣3′	19：22：00	频宣3′
19：27：00	★口述30′		19：27：00	★纪实天下30′	19：25：00	★全纪实人物版30′
19：57：00	频宣3′		19：57：00	频宣5′	19：55：00	频宣5′
20：00：00	★玩转地球50′（配音）		20：00：00	★玩转地球50′	20：00：00	★玩转地球50′
20：50：00	频宣5′		频宣10′	20：50：00	频宣10′	20：50：00
20：55：00	★全纪实60′	★纪录片影院90′	21：00：00	★纪录片影院90′	21：00：00	★影事50′
21：55：00	频宣5′					频宣5′
22：00：00	★纪录360100′					★纪录360100′
23：40：00	频宣5′		22：30：00	频宣5′	22：30：00	频宣5′
23：45：00	纪录360100′重	纪录片影院90′（重）	22：35：00	纪录片影院90′（重）	22：35：00	纪录360100′重
1：25：00		人文地图	0：05：00	昨天的故事	0：05：00	
		这里是北京	0：35：00	纪实栏目	0：35：00	
		玩转地球	0：55：00	玩转地球	1：05：00	
				玩转地球		
	频宣5′		1：45：00	频宣5′	1：05：00	频宣5′

长城（美国/亚洲/欧洲/加拿大/拉美/马来西亚/澳大利亚）平台国际频道固定栏目表

2013年8月19日起执行

北京时间	星期一	星期二	星期三	星期四	星期五	星期六	星期日	周日时间
6：00	锐观察25′	北京新闻50′					锐观察25′	6：00
6：50	6：25幸福厨房42′	北京新发现17′					大戏看北京86′	6：25
7：07	节目导视B23′							7：51
7：10	养生堂50′							7：54

续表

北京时间	星期一	星期二	星期三	星期四	星期五	星期六	星期日	周日时间
8：00	欢天戏地 47′	我爱我家 47′	光荣绽放 47′	影视风云 47′	星夜故事 47′	我家有明星 47′	春妮的周末时光 47′	8：44
8：47	节目导视 B32′							9：31
8：49	青春风格汇 27′	环球时评 27′	快乐生活一点通 27′					9：33
9：16	SK 状元榜 42′	书香北京 42′	书香北京 42′	青年榜样 42′	文化之约 42′	青年探秘者 42′		10：00
9：58	节目导视 A12′							10：00
10：00	健康北京 45′							10：00
10：45	节目导视 B42′							10：45
10：47	拍宝 38′	财富故事 28′					拍宝 38′	10：47
11：15		节目导视 A31′						10：47
11：16	11：25 四海漫游 17′	这里是北京 17′				北京话话北京 17′	四海漫游 17′	11：25
11：33	节目导视 A31′	节目导视 A22′						11：25
11：35	11：43 北京新发现 17′	食全食美 22′						11：25
11：57		节目导视 B13′						11：42
12：00	文娱午报 25′					12：00 大戏看北京 86′	11：45 幸福厨房 42′	11：45
12：25	军情解码 45′	档案 45′					军情解码 45′	12：27
13：10	节目导视 A12′					节目导视 B23′	节目导视 A31′	13：12
13：12	欢天戏地 47′	我爱我家 47′	光荣绽放 47′	影视风云 47′	星夜故事 47′	13：29 档案 28′	春妮的周末时光 47′	13：13
13：59	节目导视 A31′					节目导视 B13′		14：00
14：00	BTV 国际频道节目精选 60′							14：00
15：00	节目导视 B23′							15：00
15：03	15：03 锐观察 25′	北京新闻 50′					锐观察 25′	15：03
15：53	节目导视 B32′							15：28
15：55	15：30 天下收藏 42′	非常记忆 42′	非常记忆 42′	非常大家 42′	非常夫妻 42′	非常父母 42′	非常向上 42′	15：30
16：37	节目导视 B42′							16：12

续表

北京时间	星期一	星期二	星期三	星期四	星期五	星期六	星期日	周日时间
16：39	节目导视 A31′							16：13
16：40	16：15 幸福厨房 42′	北京新发现 17′					青春 A 计划 42′	16：15
16：57	节目导视 C13′							16：57
17：00	食全食美 22′					美食地图 22′		17：00
17：22	节目导视 B13′							17：22
17：25	环球时评 27′	快乐生活一点通 27′					青春风格汇 27′	17：25
17：52	节目导视 B23′							17：52
17：55	这里是北京 17′				北京话话北京 17′	四海漫游 17′		17：55
18：12	节目导视 C23′							18：12
18：15	养生堂 50′							18：15
19：05	节目导视 A12′							19：05
19：07	书香北京 42′	书香北京 42′	青年榜样 42′	文化之约 42′	青年探秘者 42′	青春 A 计划 42′	SK 状元榜 42′	19：07
19：49	节目导视 B32′							19：49
19：51	北京客 28′							19：51
20：19	节目导视 C32′							20：19
20：21	档案 45′				档案 28′	军情解码 45′		20：21
21：06	节目导视 B42′							21：06
21：08	非常记忆 42′	非常记忆 42′	非常大家 42′	非常夫妻 42′	非常父母 42′	非常向上 42′	天下收藏 42′	21：08
21：50	节目导视 C42′							21：50
21：52	北京新闻 50′					锐观察 25′		21：52
22：42	节目导视 B13′							22：17
22：45	北京新发现 17′							22：20
23：02	节目导视 A22′							22：37
23：04	财富故事 28′					22：39 拍宝 38′	拍宝 38′	22：39
23：32	节目导视 B23′							23：17
23：35	我爱我家 47′	光荣绽放 47′	影视风云 47′	星夜故事 47′	23：18 我家有明星 47′	23：20 春妮的周末时光 47′	欢天戏地 47′	23：20
0：22	节目导视 A12′							0：07

续表

北京时间	星期一	星期二	星期三	星期四	星期五	星期六	星期日	周日时间
0：24	文娱午报25′					0：09 大戏看北京86′	幸福厨房42′	0：09
0：49	健康北京45′						健康北京45′	0：51
1：34	节目导视B32′					节目导视B13′	节目导视B32′	1：36
1：36	食全食美22′					1：38 美食地图22′		1：38
1：58	环球时评27′	快乐生活一点通27′					青春风格汇27′	2：00
2：25	节目导视A22′							2：27
2：27	养生堂50′							2：29
3：17	节目导视B42′							3：19
3：19	书香北京42′	书香北京42′	青年榜样42′	文化之约42′	3：02 青年探秘者42′	3：19 青春A计划42′	SK状元榜42′	3：19
4：01	北京客28′							4：01
4：29	节目导视B13′					节目导视B42′		4：29
4：32	档案45′				档案28′+财富故事28′	4：31 军情解码45′		4：31
5：17	非常记忆42′	非常记忆42′	非常大家42′	非常夫妻42′	非常父母42′	5：16 非常向上42′	天下收藏42′	5：16
5：59	节目导视A31′					节目导视B32′		5：58

广告价目表

2013 年北京电视台广告价目表

广告部

北京卫视广告价目表

A 类栏目广告价格表

频　道	栏目名称	栏目首播时间	刊例价（单位：元）		
			30 秒	15 秒	5 秒
北京卫视	《北京您早》	07：00	13000	7800	3900
北京卫视	《特别关注》	12：00	50000	30000	15000
北京卫视	《养生堂》	17：23	30000	18000	9000
北京卫视	《今日京华》	18：21	30000	18000	9000
北京卫视	《档案》	21：23（周一～五）	50000	30000	15000
北京卫视	《大戏看北京》	21：23（周六）	60000	36000	18000
北京卫视	《季播节目》	21：23（周日）	60000	36000	18000
北京卫视	《身边》	22：21（周一）	35000	21000	10500
北京卫视	《好人故事》	22：21（周二）	35000	21000	10500
北京卫视	《易起聊聊》	22：21（周三、四）	50000	30000	15000
北京卫视	《天下收藏》	21：21（周五）	50000	30000	15000
北京卫视	《光阴》	22：56（周一～四）23：16（周五）	10000	6000	3000

备注：周日季播节目暂定安排《一起唱吧》、《最美和声》等。

A 类时段广告价格表

段　位	频　道	首播时间	刊例价（单位：元）			广告时长（分）
			30 秒	15 秒	5 秒	
Aa01	北京卫视	11：55～12：00	30000	18000	9000	4
Aa02	北京卫视	13：00～13：05	20000	12000	6000	4
Aa03	北京卫视	17：15～17：20	20000	12000	6000	4
Aa04	北京卫视	18：25～18：30，常规段应		25200		5
	北京卫视	特选资源 13，北京新闻前倒二位置		27000		
	北京卫视	特选资源 14，北京新闻前倒一位置		30000		

续表

段位	频道	首播时间	刊例价（单位：元）			广告时长（分）
			30 秒	15 秒	5 秒	
Aa05	北京卫视	红星剧场一集剧前，特选资源 01，新闻联播后头一位置		88000		2.5
	北京卫视	红星剧场一集剧前，特选资源 02，新闻联播后头二位置		80000		
	北京卫视	红星剧场一集剧前，特选资源 03，新闻联播后头三位置		73000		
	北京卫视	红星剧场一集剧前，特选资源 04，新闻联播后头四位置		68000		
	北京卫视	19：31～19：33 红星剧场一集剧前，常规段位		60000		
Aa06	北京卫视	19：33～19：35 红星剧场一集剧上集回放，常规段位		60000		2
	北京卫视	红星剧场一集剧上集回放，特选资源 05，红星剧场一集剧正片前倒二位置		65000		
	北京卫视	红星剧场一集剧上集回放，特选资源 06，红星剧场一集剧正片前倒一位置		70000		
Aa07	北京卫视	红星剧场一集剧下集预告，特选资源 07，红星剧场一集剧正片后头一位置		65000		4
	北京卫视	红星剧场一集剧下集预告，特选资源 08，红星剧场一集剧正片后头二位置		60000		
	北京卫视	20：17～20：21 红星剧场一集剧下集预告，常规段位		50000		
Aa08	北京卫视	20：23～20：27，红星剧场一集剧二集剧间		50000		4.5
Aa09	北京卫视	20：28～20：32 红星剧场二集剧上集回放，常规段位		50000		4
	北京卫视	红星剧场一集剧上集回放，特选资源 09，红星剧场二集剧正片前倒二位置		60000		
	北京卫视	红星剧场一集剧上集回放，特选资源 10，红星剧场二集剧正片前倒一位置		65000		

续表

段　位	频　道	首播时间	刊例价（单位：元）			广告时长（分）
			30 秒	15 秒	5 秒	
Aa10	北京卫视	红星剧场二集剧下集预告，特选资源 11，红星剧场二集剧正片后头一位置		50000		3
	北京卫视	红星剧场二集剧下集预告，特选资源 12，红星剧场二集剧正片后头二位置		45000		
	北京卫视	21：14～21：17 红星剧场二集剧下集预告，常规段位		41000		
Aa11	北京卫视	21：19～21：23	40000	24000	12000	4
Aa12	北京卫视	22：16～22：21（周一～五）	30000	18000	9000	4
Aa13	北京卫视	身边等栏目后（22：51 左右，23：11 周五）	30000	18000	9000	4
Aa14	北京卫视	光阴栏目后（23：36 周一～四，23：56 周五）	10000	6000	3000	2
Aa15	北京卫视	周末节目后（周六、日 00：28～00：31）	10000	6000	3000	2

备注：2013 年北京卫视晚间红星剧场实行买一赠一政策。

（1）凡在红星剧场晚间时段（Aa05 至 Aa10）购买 1 条广告的客户，可获得北京卫视白天时段（Ba02 至 Ba08）相应秒数和条数的 1 条广告赠播；

（2）在红星剧场晚间时段使用赠播或错漏补播的客户，不获得上述广告赠播；

（3）上述广告赠播资源限 2013 年 12 月 31 日前使用完毕。

B 类时段广告价格表

段　位	频　道	首播时间	刊例价（单位：元）			广告时长（分）
			30 秒	15 秒	5 秒	
Ba01	北京卫视	06：57～07：00	10000	6000	3000	3
Ba02	北京卫视	重播红星剧场一集剧前（09：23 周一～五，08：45 周六、日）	10000	6000	3000	5
Ba03	北京卫视	重播红星剧场二集剧前（10：11 周一～五，09：32 周六、日）	10000	6000	3000	5
Ba04	北京卫视	重播红星剧场二集剧后（周一～五 10：59，周六、日 10：19）	12000	7200	3600	5
Ba05	北京卫视	午茶剧场一集剧前（13：56 左右，周六、日为一集剧二集剧间）	12000	7200	3600	4

续表

段位	频道	首播时间	刊例价（单位：元）			广告时长（分）
			30秒	15秒	5秒	
Ba06	北京卫视	午茶剧场一集剧二集剧间（14：47左右，周六、日为二集剧三集剧间）	12000	7200	3600	4
Ba07	北京卫视	午茶剧场二集剧三集剧间（15：38左右，周六、日为三集剧四集剧间）	12000	7200	3600	4
Ba08	北京卫视	午茶剧场三集剧四集剧间（16：33左右，周六、日为四集剧五集剧间）	12000	7200	3600	4
Ba09	北京卫视	晚间气象服务后，00：06（周一～四），00：26（周五），00：58～01：01（周六、日）	7000	4200	2100	2

文艺频道广告价目表

A类栏目广告价格表

频道	栏目名称	栏目首播时间	刊例价（单位：元）		
			30秒	15秒	5秒
BTV文艺	《每日文娱播报》	18：45	58000	34800	17400
BTV文艺	《文娱午报》	11：55			
BTV文艺	《我爱我家》	19：35（周一）	25000	15000	7500
BTV文艺	《光荣绽放》	19：35（周二）	25000	15000	7500
BTV文艺	《影视风云》	19：35（周三）	30000	18000	9000
BTV文艺	《我家有明星》	19：35（周五）	25000	15000	7500
BTV文艺	《春妮的周末时光》	19：35（周六）	35000	21000	10500
BTV文艺	《超级播出季》	19：35（周日）	30000	18000	9000
BTV文艺	《青春相声队》	20：30（周一～四）	20000	12000	6000
BTV文艺	《脱口而出》	20：30（周五、六）	25000	15000	7500

备注：《超级播出季》计划播出的节目为《荣耀唱响》、《8090说相声》等。

B 类栏目广告价格表

频　道	栏目名称	栏目首播时间	刊例价（单位：元）		
			30 秒	15 秒	5 秒
BTV 文艺	《笑动 2013》	17：05	12000	7200	3600
BTV 文艺	《快乐时光》	14：30（周三、四）	6000	3600	1800
BTV 文艺	《文化之约》	14：30（周五）	8000	4800	2400
BTV 文艺	《欢天戏地》	14：30（周六）	8000	4800	2400
BTV 文艺	《古典也流行》	14：30（周日）	8000	4800	2400

A 类时段广告价格表

段　位	频　道	首播时间	刊例价（单位：元）			广告时长（分）
			30 秒	15 秒	5 秒	
Ab01	BTV 文艺	18：05～18：10	15000	9000	4500	3
Ab02	BTV 文艺	18：40～18：45	22000	13200	6600	4
Ab03	BTV 文艺	19：30～19：35《每日文娱播报》后	32000	19200	9600	4
Ab04	BTV 文艺	20：25～20：30（周一～六）	20000	12000	6000	3
Ab05	BTV 文艺	20：50～20：55	20000	12000	6000	3

B 类时段广告价格表

段　位	频　道	首播时间	刊例价（单位：元）			广告时长（分）
			30 秒	15 秒	5 秒	
Bb01	BTV 文艺	经典剧场一集剧前	5000	3000	1500	2
Bb02	BTV 文艺	经典剧场一集剧上集回放	6000	3600	1800	2
Bb03	BTV 文艺	经典剧场一集剧下集预告	6000	3600	1800	2
Bb04	BTV 文艺	经典剧场二集剧上集回放	6000	3600	1800	2
Bb05	BTV 文艺	经典剧场二集剧下集预告	6000	3600	1800	2
Bb06	BTV 文艺	经典剧场三集剧上集回放	6000	3600	1800	2
Bb07	BTV 文艺	经典剧场三集剧下集预告	6000	3600	1800	2
Bb08	BTV 文艺	11：50～11：55	12000	7200	3600	3
Bb09	BTV 文艺	12：25～12：30	12000	7200	3600	3
Bb10	BTV 文艺	12：50～12：55	8000	4800	2400	3

续表

段位	频道	首播时间	刊例价（单位：元）			广告时长（分）
			30秒	15秒	5秒	
Bb11	BTV 文艺	17：00～17：05	6000	3600	1800	3
Bb12	BTV 文艺	21：25 炫剧场一集剧前	20000	12000	6000	2
Bb13	BTV 文艺	21：28 炫剧场一集剧上集回放	20000	12000	6000	2
Bb14	BTV 文艺	22：15 炫剧场一集剧下集预告	18000	10800	5400	2
Bb15	BTV 文艺	22：18 炫剧场二集剧前	14000	8400	4200	2
Bb16	BTV 文艺	22：22 炫剧场二集剧上集回放	18000	10800	5400	2
Bb17	BTV 文艺	23：09 炫剧场二集剧下集预告	12000	7200	3600	2
Bb18	BTV 文艺	23：15～23：20	10000	6000	3000	2
Bb19	BTV 文艺	00：10～00：13	6000	3600	1800	2

C类时段广告价格表

段位	频道	首播时间	刊例价（单位：元）			广告时长（分）
			30秒	15秒	5秒	
Cb01	BTV 文艺	07：05～07：10	4000	2400	1200	2
Cb02	BTV 文艺	07：30～07：35	4000	2400	1200	2
Cb03	BTV 文艺	10：45～10：50	6000	3600	1800	2
Cb04	BTV 文艺	13：20～13：25	5000	3000	1500	3
Cb05	BTV 文艺	14：20～14：25	5000	3000	1500	3
Cb06	BTV 文艺	15：00～15：25	5000	3000	1500	3
Cb07	BTV 文艺	16：20～16：25	5000	3000	1500	3
Cb08	BTV 文艺	01：03～01：05	4000	2400	1200	1

文艺开心套播价格表

段位描述	播出时间	价格（单位：元）			套播时长
		30秒	15秒	5秒	
《青春相声队》早间重播前	07：29～07：38	16000	9600	4800	2分钟
《笑动2013》重播前	10：45～10：50				
《脱口而出》午间重播前	12：25～12：30				
《青春相声队》午间重播前	12：50～12：55				
《笑动2013》首播前	17：00～17：05				

科教频道广告价目表

A 类栏目广告价格表

频　道	栏目名称	栏目首播时间	刊例价（单位：元）		
			30 秒	15 秒	5 秒
BTV 科教	《法治进行时》	12：00	75000	45000	22500
BTV 科教	《大家说法》	12：25	75000	45000	22500
BTV 科教	《第三调解室》	12：49	40000	24000	12000
BTV 科教	《庭审纪实》	13：14（周日）	20000	12000	6000
BTV 科教	《非常记忆》	20：05（周一）	30000	18000	9000
BTV 科教	《非常说名》	20：05（周二）	30000	18000	9000
BTV 科教	《非常向上》	20：05（周三）	30000	18000	9000
BTV 科教	《非常夫妻》	20：05（周四）	35000	21000	10500
BTV 科教	《非常接触》	20：05（周五）	35000	21000	10500
BTV 科教	《非常父母》	20：05（周六）	30000	18000	9000
BTV 科教	《非常周末》（暂定名）	20：05（周日）	30000	18000	9000

B 类栏目广告价格表

频　道	栏目名称	栏目首播时间	刊例价（单位：元）		
			30 秒	15 秒	5 秒
BTV 科教	《晚晴》	08：55（周一）	6600	3960	1980
BTV 科教	《新纪录》	17：33	12000	7200	3600
BTV 科教	《新观察》（暂定名）	21：00（周一～六）	10000	6000	3000
BTV 科教	《大讲堂》	21：00（周日）	10000	6000	3000

A 类时段广告价格表

段　位	频　道	首播时间	刊例价（单位：元）			广告时长（分）
			30 秒	15 秒	5 秒	
Ac01	BTV 科教	11：55～12：00	39000	23400	11700	5
Ac02	BTV 科教	12：45～12：49	42000	25200	12600	4

B 类时段广告价格表

段 位	频 道	首播时间	刊例价（单位：元）			广告时长（分）
			30 秒	15 秒	5 秒	
Bc01	BTV 科教	11：25～11：30	11000	6600	3300	4
Bc02	BTV 科教	13：59～14：05（13：44 周六）	6000	3600	1800	2
Bc03	BTV 科教	14：31～14：35（周日）	6000	3600	1800	2
Bc04	BTV 科教	14：50～14：58（周一～五）	6000	3600	1800	2
Bc05	BTV 科教	15：25～15：32（周六、日）	6000	3600	1800	2
Bc06	BTV 科教	16：03～16：18（周一～六）	6000	3600	1800	1
Bc07	BTV 科教	16：56～17：03（周六除外）	8000	4800	2400	2
Bc08	BTV 科教	18：03～18：10	13000	7800	3900	2
Bc09	BTV 科教	18：35～18：46	13000	7800	3900	5
Bc10	BTV 科教	19：56～20：00	13000	7800	3900	3
Bc11	BTV 科教	20：53～21：00	12000	7200	3600	2
Bc12	BTV 科教	星月剧场一集剧前	10000	6000	3000	2
Bc13	BTV 科教	星月剧场一集剧上集回放	10000	6000	3000	3
Bc14	BTV 科教	星月剧场二集剧前	7000	4200	2100	2
Bc15	BTV 科教	星月剧场二集剧上集回放	8000	4800	2400	3

C 类时段广告价格表

段 位	频 道	首播时间	刊例价（单位：元）			广告时长（分）
			30 秒	15 秒	5 秒	
Cc01	BTV 科教	晨光剧场一集剧前	5000	3000	1500	2
Cc02	BTV 科教	晨光剧场二集剧前	5000	3000	1500	2
Cc03	BTV 科教	10：59～11：00	5000	3000	1500	1

《非常系列》套播价格表

套播销售说明	价格（单位：元）		
	30 秒	15 秒	5 秒
1. 按周销售 2. 每期节目中各插一条 3. 套播包含以下 7 个栏目： 《非常记忆》《非常说名》《非常向上》《非常夫妻》 《非常接触》《非常父母》《非常周末》（暂定名）	200000	120000	60000

影视频道广告价目表

A 类时段广告价格表

段　位	频　道	首播时间	刊例价（单位：元）			广告时长（分）
			30 秒	15 秒	5 秒	
Ad01	BTV 影视	首都剧场一集剧上集回放	25000	15000	7500	3
Ad02	BTV 影视	首都剧场一集剧下集预告	42000	25200	12600	2
Ad03	BTV 影视	首都剧场二集剧前	40000	24000	12000	4
Ad04	BTV 影视	首都剧场二集剧上集回放	42000	25200	12600	3
Ad05	BTV 影视	首都剧场二集剧下集预告	47000	28200	14100	3
Ad06	BTV 影视	首都剧场三集剧前	46000	27600	13800	3
Ad07	BTV 影视	首都剧场三集剧上集回放	47000	28200	14100	3
Ad08	BTV 影视	首都剧场三集剧下集预告	48000	28800	14400	3
Ad09	BTV 影视	首都剧场四集剧前	45000	27000	13500	5
Ad10	BTV 影视	首都剧场四集剧上集回放	46000	27600	13800	2
Ad11	BTV 影视	首都剧场四集剧下集预告	38000	22800	11400	3

B 类时段广告价格表

段　位	频　道	首播时间	刊例价（单位：元）			广告时长（分）
			30 秒	15 秒	5 秒	
Bd01	BTV 影视	重播英雄剧场一集剧下集预告	4000	2400	1200	4
Bd02	BTV 影视	重播首都剧场一集剧前	4000	2400	1200	4

续表

段位	频道	首播时间	刊例价（单位：元）			广告时长（分）
			30 秒	15 秒	5 秒	
Bd03	BTV 影视	重播首都剧场二集剧前	5000	3000	1500	4
Bd04	BTV 影视	重播首都剧场二集剧下集预告	6000	3600	1800	5
Bd05	BTV 影视	重播首都剧场三集剧前	6000	3600	1800	4
Bd06	BTV 影视	重播首都剧场三集剧下集预告	8000	4800	2400	5
Bd07	BTV 影视	重播首都剧场四集剧前	8000	4800	2400	4
Bd08	BTV 影视	重播首都剧场四集剧下集预告	7000	4200	2100	5
Bd09	BTV 影视	家和剧场一集剧下集预告	6000	3600	1800	3
Bd10	BTV 影视	家和剧场二集剧前	6000	3600	1800	2
Bd11	BTV 影视	家和剧场二集剧下集预告	6000	3600	1800	3
Bd12	BTV 影视	家和剧场三集剧前	6000	3600	1800	2
Bd13	BTV 影视	家和剧场三集剧下集预告	6000	3600	1800	3
Bd14	BTV 影视	家和剧场四集剧前	6000	3600	1800	2
Bd15	BTV 影视	家和剧场四集剧下集预告	6000	3600	1800	3
Bd16	BTV 影视	英雄剧场一集剧前	10000	6000	3000	5
Bd17	BTV 影视	英雄剧场一集剧下集预告	20000	12000	6000	4
Bd18	BTV 影视	英雄剧场二集剧前	20000	12000	6000	7
Bd19	BTV 影视	英雄剧场二集剧后	25000	15000	7500	3.5
Bd20	BTV 影视	都市剧场一集剧前	35000	21000	10500	6
Bd21	BTV 影视	都市剧场一集剧下集预告	25000	15000	7500	3
Bd22	BTV 影视	都市剧场二集剧前	25000	15000	7500	4
Bd23	BTV 影视	都市剧场二集剧下集预告	15000	9000	4500	2

重播首都剧场集前套播价格表

段位描述	播出时间	价格（单位：元）			套播时长
		30 秒	15 秒	5 秒	
重播首都剧场一集剧前	08：00 左右	22000	13200	6600	4 分钟
重播首都剧场二集剧前	08：50 左右				
重播首都剧场三集剧前	09：40 左右				
重播首都剧场四集剧前	10：30 左右				

财经频道广告价目表

A 类栏目广告价格表

频　道	栏目名称	栏目首播时间	刊例价（单位：元）		
			30 秒	15 秒	5 秒
BTV 财经	《首都经济报道》	19：00	25000	15000	7500
BTV 财经	《经济法眼》	19：55（周一～五）	25000	15000	7500
BTV 财经	《拍宝》	20：37（周六、日）	25000	15000	7500
BTV 财经	《超级访问》	21：40（周日）	25000	15000	7500

B 类栏目广告价格表

频　道	栏目名称	栏目首播时间	刊例价（单位：元）		
			30 秒	15 秒	5 秒
BTV 财经	《数说北京》	12：20（周日）	10000	6000	3000
BTV 财经	《天下财经－盘面分析》	18：25（周一～五）	15000	9000	4500
BTV 财经	《财经锋汇》	18：25（周六）	12000	7200	3600
BTV 财经	《一周财经综述》	18：25（周日）	12000	7200	3600
BTV 财经	《理财特别节目－天降财神》	19：55（周六）	20000	12000	6000
BTV 财经	《成长在北京》	19：55（隔周日）	20000	12000	6000
BTV 财经	《谁在影响我》	19：55（隔周日）	20000	12000	6000
BTV 财经	《理财》	21：10（周一～五）	20000	12000	6000
BTV 财经	《天下财经－讲股堂》	21：55（周一～五）	15000	9000	4500
BTV 财经	《财富晚间道》	23：00	15000	9000	4500

A 类时段广告价格表

段　位	频　道	首播时间	刊例价（单位：元）			广告时长（分）
			30 秒	15 秒	5 秒	
Ae01	BTV 财经	18：55～19：00	16000	9600	4800	2
Ae02	BTV 财经	19：50～19：55	20000	12000	6000	2
Ae03	BTV 财经	20：35～20：38	16000	9600	4800	2

续表

段 位	频 道	首播时间	刊例价（单位：元）			广告时长（分）
			30 秒	15 秒	5 秒	
Ae04	BTV 财经	21：08～21：10	12000	7200	3600	2
Ae05	BTV 财经	21：50～21：55（周一～五）	10000	6000	3000	2
Ae06	BTV 财经	22：25～22：30（周一～五）	8000	4800	2400	3

B 类时段广告价格表

段 位	频 道	首播时间	刊例价（单位：元）			广告时长（分）
			30 秒	15 秒	5 秒	
Be01	BTV 财经	08：40～08：45	5000	3000	1500	1
Be02	BTV 财经	09：27～09：30	5000	3000	1500	1
Be03	BTV 财经	11：30～11：35（周一～五）	5000	3000	1500	1
Be04	BTV 财经	12：15～12：20（周一～五）	8000	4800	2400	1
Be05	BTV 财经	12：52～12：57	8000	4800	2400	1
Be06	BTV 财经	15：35～15：37	5000	3000	1500	1
Be07	BTV 财经	16：07～16：10	5000	3000	1500	1
Be08	BTV 财经	17：52～17：55	10000	6000	3000	3

C 类时段广告价格表

段 位	频 道	首播时间	刊例价（单位：元）			广告时长（分）
			30 秒	15 秒	5 秒	
Ce01	BTV 财经	06：38～06：43	3000	1800	900	1
Ce02	BTV 财经	下午剧场一集剧上集回放	5000	3000	1500	2.5
Ce03	BTV 财经	下午剧场一集剧下集预告	5000	3000	1500	2.5
Ce04	BTV 财经	下午剧场二集剧上集回放	5000	3000	1500	2.5
Ce05	BTV 财经	下午剧场二集剧下集预告	5000	3000	1500	2.5
Ce06	BTV 财经	下午剧场三集剧上集回放	5000	3000	1500	2.5
Ce07	BTV 财经	下午剧场三集剧下集预告	5000	3000	1500	2.5

生活频道广告价目表

A 类栏目广告价格表

频道	栏目名称	栏目首播时间	刊例价（单位：元）		
			30 秒	15 秒	5 秒
BTV 生活	《生活 2013》	18：29	40000	24000	12000
BTV 生活	《生活调查》	19：29（周一～五）	29000	17400	8700
BTV 生活	《生活实验室》	19：32（周六）	29000	17400	8700
BTV 生活	《幸福厨房》	19：32（周日）	29000	17400	8700
BTV 生活	《生活面对面》	20：00（周一～五）	29000	17400	8700
BTV 生活	《生活＋》	20：04（周六）	29000	17400	8700
BTV 生活	《快乐生活一点通》	20：33（周一～五）	32000	19200	9600
BTV 生活	《大城小事》	21：07（周一～五）	30000	18000	9000
BTV 生活	《选择》	21：40（周一～五）21：22（周六、日）	30000	18000	9000

B 类栏目广告价格表

频道	栏目名称	栏目首播时间	刊例价（单位：元）		
			30 秒	15 秒	5 秒
BTV 生活	《健康生活》	12：39（周一～五）	10000	6000	3000
BTV 生活	《生活特供》	12：59（周一～日）	10000	6000	3000
BTV 生活	《快乐周末》	17：27（周六）	10000	6000	3000
BTV 生活	《食全食美》	18：00（周一～五）	25000	15000	7500
BTV 生活	《咱爸咱妈的美好时代》	20：49（周六）	27000	16200	8100
BTV 生活	《生活广角》	22：28（周一～五）22：40（周六、日）	24000	14400	7200
BTV 生活	《我爱我车》	23：00（周一）	15000	9000	4500
BTV 生活	《北京话话北京》	23：00（周五）	10000	6000	3000

A 类时段广告价格表

段位	频道	首播时间	刊例价（单位：元）			广告时长（分）
			30 秒	15 秒	5 秒	
Ag01	BTV 生活	17：57～18：00	18000	10800	5400	2
Ag02	BTV 生活	18：27～18：29	20000	12000	6000	2
Ag03	BTV 生活	19：29～19：32（周六、日）	24000	14400	7200	2
Ag04	BTV 生活	19：59～20：00（周一～五）	22000	13200	6600	1
Ag05	BTV 生活	20：02～20：04（周六）	22000	13200	6600	2
Ag06	BTV 生活	20：17～20：19（周日）	22000	13200	6600	2
Ag07	BTV 生活	20：30～20：33（周一～五）	22000	13200	6600	3
Ag08	BTV 生活	21：03～21：07（周一～五）	20000	12000	6000	3
Ag09	BTV 生活	21：37～21：40（21：19 周六、日）	16000	9600	4800	2

B 类时段广告价格表

段位	频道	首播时间	刊例价（单位：元）			广告时长（分）
			30 秒	15 秒	5 秒	
Bg01	BTV 生活	10：51～10：55	6000	3600	1800	3
Bg02	BTV 生活	11：40～11：45	8000	4800	2400	3
Bg03	BTV 生活	12：35～12：39（周一～五）	8000	4800	2400	1
Bg04	BTV 生活	13：49～13：53	8000	4800	2400	3
Bg05	BTV 生活	14：23～14：26（15：08 左右周六、日）	8000	4800	2400	3
Bg06	BTV 生活	14：53～14：56（周一～五）	8000	4800	2400	2
Bg07	BTV 生活	15：26～15：29（周一～五）	5000	3000	1500	2
Bg08	BTV 生活	16：14～16：17（16：28 左右周六、日）	5000	3000	1500	3
Bg09	BTV 生活	16：47～16：50（周一～五）	5000	3000	1500	2
Bg10	BTV 生活	17：20～17：22	5000	3000	1500	2
Bg11	BTV 生活	22：25～22：28（周一～五）	16000	9600	4800	3
Bg12	BTV 生活	22：58～23：00（22：37 周六、日）	10000	6000	3000	2
Bg13	BTV 生活	23：20～23：22（周一～五）	7000	4200	2100	2

C 类时段广告价格表

段 位	频 道	首播时间	刊例价（单位：元）			广告时长（分）
			30 秒	15 秒	5 秒	
Cg01	BTV 生活	06：00～06：08	3000	1800	900	3
Cg02	BTV 生活	06：28～06：36	3000	1800	900	3
Cg03	BTV 生活	07：38～07：41（周一～五）	3000	1800	900	3
Cg04	BTV 生活	08：01～08：07	3000	1800	900	3
Cg05	BTV 生活	09：17～09：21	3000	1800	900	3
Cg06	BTV 生活	23：55～23：58（周日）	4000	2400	1200	2
Cg07	BTV 生活	00：25～00：28（周六）	4000	2400	1200	2
Cg08	BTV 生活	00：52～00：55（周一～五）	4000	2400	1200	3

生活全天套价格表

段位描述	播出时间	价格（单位：元）			套播时长
		30 秒	15 秒	5 秒	
重播《选择》等前	10：51～10：55	20000	12000	6000	3 分钟
首播《越省越开心》前	11：40～11：45				
重播《快乐生活一点通》等前	13：49～13：53				
重播《食全食美》等前	14：23～14：26（周六、日 15：08 左右）				
重播《生活广角》等前	16：14～16：17（周六、日 16：28 左右）				

青年频道广告价目表

A 类栏目广告价格表

频 道	栏目名称	栏目首播时间	刊例价（单位：元）		
			30 秒	15 秒	5 秒
BTV 青年	《谁在说》	19：30	24000	14400	7200
BTV 青年	《军情解码》	21：20	18000	10800	5400

B 类栏目广告价格表

频 道	栏目名称	栏目首播时间	刊例价（单位：元）		
			30 秒	15 秒	5 秒
BTV 青年	《北京青年》	18：55（周一～五）	12000	7200	3600
BTV 青年	《青春风格汇》	18：55（周六）	10000	6000	3000
BTV 青年	《书香北京》	20：30（周一、二）	10000	6000	3000
BTV 青年	《青年公益》	20：30（周三）	10000	6000	3000
BTV 青年	《青年榜样》	20：30（周四）	10000	6000	3000
BTV 青年	《青年探秘者》	20：30（周五）	10000	6000	3000
BTV 青年	《青年电影手册》	20：30（周六）	10000	6000	3000
BTV 青年	《最强阵容》	20：30（周日）	10000	6000	3000
BTV 青年	《北京客》	22：15	10000	6000	3000
BTV 青年	《探索》	22：50	17000	10200	5100

B 类时段广告价格表

段 位	频 道	首播时间	刊例价（单位：元）			广告时长（分）
			30 秒	15 秒	5 秒	
Bh01	BTV 青年	11：24～11：29	5000	3000	1500	3
Bh02	BTV 青年	12：24～12：29	5000	3000	1500	3
Bh03	BTV 青年	13：19～13：24	5000	3000	1500	3
Bh04	BTV 青年	16：00～16：05	7000	4200	2100	3
Bh05	BTV 青年	16：50～16：55（16：35 周日）	7000	4200	2100	3
Bh06	BTV 青年	17：50～17：55（17：35 周日）	7000	4200	2100	3
Bh07	BTV 青年	18：45～18：55（18：30 周日）	7000	4200	2100	3
Bh08	BTV 青年	19：25～19：30	8000	4800	2400	3
Bh09	BTV 青年	20：25～20：29	10000	6000	3000	3
Bh10	BTV 青年	21：15～21：20	10000	6000	3000	3
Bh11	BTV 青年	22：10～22：15	10000	6000	3000	3
Bh12	BTV 青年	22：45～22：50	8000	4800	2400	3
Bh13	BTV 青年	23：35～23：40	8000	4800	2400	3

C类时段广告价格表

段位	频道	首播时间	刊例价（单位：元）			广告时长（分）
			30秒	15秒	5秒	
Ch01	BTV 青年	07：54～08：00	3000	1800	900	3
Ch02	BTV 青年	重播青春剧场一集剧前	4000	2400	1200	3
Ch03	BTV 青年	重播青春剧场二集剧前	4000	2400	1200	2
Ch04	BTV 青年	重播青春剧场三集剧前	4000	2400	1200	2
Ch05	BTV 青年	14：09～14：14	5000	3000	1500	3
Ch06	BTV 青年	14：34～14：40	5000	3000	1500	3
Ch07	BTV 青年	15：25～15：30	5000	3000	1500	3
Ch08	BTV 青年	青春剧场一集剧前	5000	3000	1500	3
Ch09	BTV 青年	青春剧场二集剧前	5000	3000	1500	3
Ch10	BTV 青年	青春剧场三集剧前	5000	3000	1500	3

《谁在说》时段套播价格表

段位描述	播出时间	价格（单位：元）			套播时长
		30秒	15秒	5秒	
重播《谁在说》前	07：54～08：00左右	10000	6000	3000	3分钟
重播《谁在说》前	11：24～11：29左右				
重播《谁在说》前	16：50～16：55左右（周日16：35）				
重播《谁在说》前	19：25～19：30左右				

《军情解码》时段套播价格表

段位描述	播出时间	价格（单位：元）			套播时长
		30秒	15秒	5秒	
重播《军情解码》前	12：24～12：29左右	12000	7200	3600	3分钟
重播《军情解码》后	13：19～13：24左右				
重播《军情解码》前	17：50～17：55左右（17：35周日）				
首播《军情解码》前	21：15～21：20左右				
重播《军情解码》前	23：35～23：40左右				

新闻频道广告价目表

A类栏目广告价格表

频 道	栏目名称	栏目首播时间	刊例价（单位：元）		
			30秒	15秒	5秒
BTV新闻	《都市晚高峰》	17：00	15000	9000	4500
BTV新闻	《红绿灯》	21：10	20000	12000	6000
BTV新闻	《晚间新闻报道》	22：20	20000	12000	6000

B类栏目广告价格表

频 道	栏目名称	栏目首播时间	刊例价（单位：元）		
			30秒	15秒	5秒
BTV新闻	《红绿灯－早直播》	06：30	5000	3000	1500
BTV新闻	《新闻手语》	13：20	5000	3000	1500
BTV新闻	《北京议事厅》	13：30（周五）	8000	4800	2400
BTV新闻	《京郊大地》	13：30（周六、日）	8000	4800	2400
BTV新闻	《新闻热线》	16：30（周一～五）	10000	6000	3000
BTV新闻	《这里是北京》	19：00	10000	6000	3000
BTV新闻	《北京新发现》	19：25	11000	6600	3300
BTV新闻	《有话就说》	20：00（周日）	8000	4800	2400
BTV新闻	《锐观察》	21：45（周一～五）	10000	6000	3000
BTV新闻	《本周锐评》	21：45（周六）	10000	6000	3000
BTV新闻	《环球时评》	21：45（周日）	10000	6000	3000

B类时段广告价格表

段 位	频 道	首播时间	刊例价（单位：元）			广告时长（分）
			30秒	15秒	5秒	
Bj01	BTV新闻	18：28～18：30	10000	6000	3000	2
Bj02	BTV新闻	19：20～19：25	8000	4800	2400	3
Bj03	BTV新闻	19：45～19：50	8000	4800	2400	2
Bj04	BTV新闻《直播北京》（5）	19：50～21：05	6000	3600	1800	共3段，各2

续表

段 位	频 道	首播时间	刊例价（单位：元）			广告时长（分）
			30 秒	**15 秒**	**5 秒**	
Bj05	BTV 新闻	21：05～21：10	8000	4800	2400	2
Bj06	BTV 新闻	21：40～21：45	10000	6000	3000	2
Bj07	BTV 新闻	22：15～22：20	7000	4200	2100	2
Bj08	BTV 新闻	23：20～23：25	5000	3000	1500	2

C 类时段广告价格表

段 位	频 道	首播时间	刊例价（单位：元）			广告时长（分）
			30 秒	**15 秒**	**5 秒**	
Cj01	BTV 新闻	06：00～06：05	3000	1800	900	2
Cj02	BTV 新闻	06：25～06：30	3000	1800	900	2
Cj03	BTV 新闻《直播北京》（1）	09：00～10：00	4000	2400	1200	共 3 段，各 2
Cj04	BTV 新闻《直播北京》（2）	10：00～11：00	4000	2400	1200	共 2 段，各 2
Cj05	BTV 新闻《直播北京》（3）	11：00～12：00	4000	2400	1200	共 3 段，各 2
Cj06	BTV 新闻	12：58～13：00	5000	3000	1500	2
Cj07	BTV 新闻《直播北京》（4）	13：00～17：00	4000	2400	1200	共 6 段，各 2

备注：BTV 新闻频道每天《直播北京》节目播出状态为直播，因此将根据直播内容确定相应的时段广告的具体播出时间。

大事记

2013 年北京电视台大事记

一月

2012 年 12 月 28 日上午 9 点 北京电视台新闻频道举行全天新闻滚动直播启动仪式，标志着 BTV 新闻频道正式开始了全天 17 小时的新闻滚动直播，实现了全天新闻滚动直播的常态化。

2012 年 12 月 31 日至 2013 年 1 月 1 日 北京电视台圆满完成“与梦齐飞”大型跨年直播活动，直播邀请市发改委副主任、新闻发言人赵磊，市社科院社会所研究员张耘及清华大学公共管理学者丁兆林，与北京电视台评论员一起结合多路记者实时现场连线，对过去一年北京经济、社会、民生等多个领域的成就进行梳理，展现 2013 年市委市政府实现首都各项工作开门红的决策依据，同时结合颐和园当晚的大型灯光秀、中华世纪坛的跨年盛典、蓝色港湾“与梦齐飞”新闻行动启动仪式营造新年氛围，在多家省级电视台以跨年演唱会为迎新主题的跨年夜电视荧屏上，展示了首都电视台与众不同的思想高度和民生关爱，彰显了社会主义核心价值观在宣传主战场的驱动力。

7 日 为做好 2013 年政协会议报道工作，市政协副秘书长、新闻发言人宗朋带领市政协宣传部有关同志一行来北京电视台，就如何做好政协会的宣传报道工作与编辑记者进行交流。总编辑赵多佳、副总编辑朱江及新闻节目中心相关负责人、部分制片人、记者参加座谈。

11 日 北京市人民检察院第二分院检察长卢希一行来到北京电视台，就如何做好政法宣传报道进行座谈交流。台长赵多佳、常务副台长窦晓东及相关部门负责人、制片人参加。

12 日 《2013 年北京电视台环球春晚》在 BTV 大剧院录制，定于 2 月 11 日（正月初二）19：40 在北京卫视与青年频道并机播出，时长 120 分钟。晚会在“世界城市　汇聚梦想”的主题下，以中国新春佳节为时间点，通过“世界城市　创意之都”、“世界城市　国际胸怀”、“世界城市　全球风采”三个篇章，彰显北京作为未来世界城市所拥有的独特城市魅力及国际地位。

13 日至 15 日 《2013 美丽乡村主题晚会》录制完成，定于 2 月 13 日（正月初四）在北京卫视播出，时长 100 分钟。晚会将通过富有特色的综艺节目呈现“美丽乡村、幸福生活”的主题，展现新时期、新农村的美丽画卷。

14 日 北京市召开抗击 7·21 特大自然灾害总结表彰大会，对在 7 月 21 日自然灾害中表现突出的集体和个人进行了表彰。北京电视台新闻节目中心荣获先进集体的光荣称号。

14 日至 27 日 北京电视台体育频道全程直播了澳大利亚网球公开赛，比赛共 14 天，直播时间超过 81 小时，在和中央电视台共同享有报道权的情况下，BTV 体育频道澳网比赛平均收视率达 0.36%，其中女单决赛收视率1.9%，颁奖仪式达2.4%。

18日 中央电视台新闻中心副主任杨华率领新闻中心地方部主任、副主任、联播组制片人、编辑组制片人、通联组制片人等一行15人来到北京电视台，与赵多佳总编辑、朱江副总编辑以及新闻中心领导、科长座谈。

21日 政协北京市第十二届委员会第一次会议开幕。北京电视台新闻节目中心顺利完成本次开幕式的直播，直播期间朱江副总编辑现场指导了直播工作。

同日 北京电视台科教频道推出一档大型日播科学节目《直通科考站》。每周一到周六21：00播出，每期节目时长45分钟。《直通科考站》是一档新闻资讯类的科普节目。其特点可以概括为新闻起点、实效落点、实证特点。

22日 北京市第十四届人民代表大会第一次会议开幕，北京电视台圆满完成了本次市人大开幕式的直播任务。

同日 北京电视台启动“厉行勤俭节约 反对铺张浪费”主题宣传。台领导亲自部署，总编室统筹卫视、新闻节目中心制作主题宣传标版和公益宣传片。当日中午12：00直播的《特别关注》多次播出了主题宣传标版。

24日下午 市领导吉林、鲁炜、沈宝昌、闫仲秋慰问了北京电视台参加市政协十二届一次会议报道的编辑、记者。

28日 《平安北京——首都政法综治系统春节晚会》录制完成，于2月12日（正月初三）在北京卫视播出，时长90分钟。晚会将全面展示一年来“社会矛盾化解、社会管理创新、公正廉洁执法”三项重点工作取得的经验和成果，同时将评选出首都政法综治系统年度杰出人物。

29日 北京电视台迎接十八大“走转改”大型主题采访活动优秀作品评选工作圆满结束。评选作品为2012年9月10日至十八大闭幕期间，北京电视台自制播出的迎接十八大、体现“走转改”的新闻作品，共评选出组织策划奖1个、宣传创新奖2个、优秀节目奖11个。

同日 北京电视台新闻频道开始滚动播出此次雾霾天气相关报道，《北京您早》、《特别关注》、《都市晚高峰》连续报道了石景山、海淀、房山等区县控制污染的情况。

30日 北京电视台新闻节目中心在《北京新闻》启动“新春走基层”专栏报道，将组织记者深入全市各区县、各行业，聚焦城市发展变化，推动基层解决实际问题，反映广大群众欢度节日、享受幸福生活的喜人景象。

30日至31日 《2013年北京电视台春节联欢晚会》在BTV大剧院录制，定于2月10日（正月初一）19：40在北京卫视与文艺频道并机播出，时长3.5小时。晚会秉持“北京的、当代的、原创的”等特点，以深厚的文化底蕴和兼容并蓄的人文精神，表现厚重的民族情怀和积极进取的北京精神。

31日 北京电视台全面完成“1+8”规划体系即《北京电视台发展规划》、《北京电视台内容生产规划》、《北京电视台技术发展规划》、《北京电视台广告经营规划》、《北京电视台产业发展规划》、《北京电视台新媒体与传统媒体融合发展规划》、《北京电视台干部人才队伍建设规划》、《北京电视台组织文化建设规划》、《北京电视台反腐倡廉建设规划》（2013—2015）编制工作，并经台党委扩大会讨论通过。

二月

3日至14日 北京电视台陆续推出八台春晚。在省级卫视的“春晚大战”中，北京电视台系列春晚节目突出内容的丰富性、创意的独特性、节目的贴近性，并在草根民众的参与度、新媒体的互动推广等方面都达到了新水准，广受电视观众、网友以及业界好评。

4日下午 北京电视台2013年工作会议在BTV大剧院召开。会议传达了全市宣传部长会议精神和鲁炜部长2月1日对北京电视台2012年工作总结和2013年工作要点作的重要批示，表彰了“十佳”系列员工，总结了2012年我台各项工作成绩，部署了2013年主要工作。党委副书记、总编辑赵多佳作工作报告，党委副书记、常务副台长窦晓东主持会议。

7日 《2013年度首都教育系统春节联欢晚会》在北京电视台科教频道播出。

11日 北京电视台卫视频道、青年频道并机播出了以“世界城市、汇聚梦想”为主题的BTV环球春晚。

12日 由北京电视台与北京市委政法委联合主办、北京电视台科教节目中心录制的《平安北京——首都政法综治系统春节联欢晚会》在北京卫视播出。

17日 普及安全自救科学知识和实用技能的《应急》栏目开播。该栏目全方位整合了科教频道“安全”、“法治”、“健康”等众多科教节目资源，从生死相关的每一个“大灾小祸”背后，找寻应急危机处理技巧，为民众传递安全自救的科学知识。节目每周日20：00播出。2013年6月30日，《应急》播出其第二十期节目后，改版为《非常时刻》栏目。

18日 北京卫视播出《国学开讲》节目，每周四期，邀请著名书画家、中国艺术研究院研究员范曾讲述中国文化的优秀经典。

23日至24日 北京电视台转传部技术转播团队赴广州国际体育演艺中心进行2013CBA全明星赛3D现场制作工作，包括星锐挑战赛、技巧赛、三分球大赛等的3D拍摄。此为北京电视台首次对体育赛事进行3D拍摄。

25日至3月6日 为纪念毛主席题词“向雷锋同志学习”50周年，北京电视台各频道将推出《永远的雷锋》、《雷锋日记我续写》、《与雷锋有关的日子》、《身边的感动》、《让雷锋精神永远年轻》等系列报道和特别节目。

26日 北京电视台总编辑赵多佳、副总编辑朱江带领新闻、科教、财经节目中心负责人、制片人及一线编辑记者到园博会筹办现场进行调研采访，此次调研活动是今年“台领导与编辑记者走基层”的第一站。

27日 市商务委员会委员邓洪波等同志到北京电视台就第二届“中国（北京）国际服务贸易交流会”的相关报道工作与北京电视台人员进行座谈，朱江副总编辑及新闻节目中心、广告部等部门同志参加。

28日 北京电视台组织召开“2012年度播音主持作品专家奖”评审会。赵多佳、朱江、张亮、王澎等台领导及播音艺术家邢质斌、中广协播音主持委员会常务副秘书长杨涛、理论部主任靳智伟、教育部语言文字应用管理司司长姚喜双、中国人民大学新闻与传播学院教授高贵武等专家评委对送评的19部播音主持作品，采用会下审看、会中评议方式进行评审，最终评选出9部年度获奖作品。

三月

3日至17日 第十二届全国人民代表大会第一次会议和政协第十二届全国委员会第一次会议在北京召开期间，北京电视台派出了由编辑、记者、播音员、制作技术人员组成的21人报道团队，对全国两会进行了全面报道。16天时间里，新闻频道共播发两会报道120余篇，在中央电视台发稿近10篇。

3日 着重展示文化名人风范、回顾重大文化事件的访谈节目《文化大家》在北京电视台科教频道开播，每周日21：00播出。播出的主要节目有：《兽首回归》、《天龙山佛首》、《天字十七号宝腾刀》、《兰亭序之谜》、《乾隆大阅图》。

4日 北京电视台《直通科考站》栏目的播出时间调整为每周一至周六20：53～21：38。

8日 全国政协十二届一次会议召开记者会，北京电视台新闻节目中心主持人曹一楠代表首都媒体提问，提出“如何创新社会管理和全国政协如何有效行使参政议政、民主监督”这一热点问题，得到政协委员积极、认真的回答。

13日 北京电视台举办“2013年北京电视台与电视剧制作机构研讨会”及“北京电视台影视剧制播年会”。

同日 北京市政法文卫工会领导到北京电视台参观、座谈活动安排。北京广播电视台王伟书记、北京电视台窦晓东书记陪同。

同日 北京电视台新闻节目中心策划推出4集系列报道《创新之翼》，展现了北京中关村科技金融创新的突破性成果和在全国的引领作用，于《北京您早》、《北京新闻》栏目中播出。

18日 北京电视台新闻节目中心推出大型“走转改”系列报道《城南新事》，报道了城南五区“城南行动计划第一阶段（2010—2012）”在各方面所取得的成绩，并对未来实施“城南行动计划第二阶段（2013—2015）”进行展望，在《北京新闻》、《特别关注》、《北京您早》、《新闻热线》等节目中播出。

22日 北京电视台召开“2012年度播音主持作品专家奖获奖作品（主持人）表彰暨获奖作品讲评会”，隆重表彰本年度荣获“专家奖”的王小佳等9位获奖人。总编辑赵多佳和中广协会播音主持委员会理论部主任，专家评委靳智伟向9位获奖者颁发了获奖证书，并向全体获奖同志表示祝贺。

23日至4月5日 北京电视台直播“2013年首届北京农业嘉年华”。“美丽京郊·都市田园——2013年首届北京农业嘉年华”于3月23日在昌平区举行，此次活动由市委宣传部和市农委、市科委、昌平区政府等单位主办。

28日 新华社浙江分社副总编辑李亚彪、新华社北京分社总编辑助理赵仁伟等一行4人来北京电视台调研。北京电视台常务副台长窦晓东及总编室、研发部相关负责同志参加。

同日 “第六届《综艺》年度节目暨电视人颁奖盛典”在北京举行。北京电视台《身边》、《档案》入选“上星频道节目30佳”，《养生堂》唯一获选“年度生活服务节目”，《红绿灯》、《春妮的周末时光》入选“地面频道节目20强”。

29日 为了一位百病缠身的七旬老母亲的赡养问题，北京电视台科教频道《第三调解室》栏目组，将调解现场搬到了北京市顺义区杨镇太平村村委会。这是《第三调解室》栏目首次“走出去”进行调节工作。

30日 迪拜赛马世界杯，全世界最顶级的赛马比赛首次登陆北京电视台新闻频道。

31日 由市委宣传部、首都精神文明办、市文化局、石景山区委、区政府和北京电视台共同主办的第六届北京清明诗会《诗韵清明》在石景山体育馆顺利录制完成。

同日 2013“青春的纪录”——跨太平洋大学生微纪录大赛新闻发布会在北京电视台举行。本次活动由北京电视台纪实高清频道发起，市外办、中国电视艺术家协会电视纪录片学术委员会、共青团北京市委员会及北京电视台共同主办。

同日 北京电视台纪实高清频道在歌华高清机顶盒中的编号，由“620”调整为“20”。调整后，频道整体播出时间由14小时增至20小时，即由原来的早10：00开播调整为早06：00开播，由原来的晚24：00结束延长至次日凌晨02：00结束。

3月 北京电视台主持人第一项代言业务，主持人徐春妮代言大中电器，由北京电视台京视传媒公司和大中电器公司签订完成。

四月

10日 亚冠联赛北京国安—本尤德科的比赛，北京电视台体育节目中心使用三维飞猫摄像机对赛事进行转播，也是国内在足球转播中首次使用该设备。使转播质量达到世界杯和欧锦赛的标准。

13日、20日 2012年度北京电视台“十佳”系列员工和家属一行63人来北京电视台进行参观交流。

16日 第三届北京国际电影节开幕式举行，北京电视台顺利完成开幕式直播工作。国家新闻出版广电总局局长蔡赴朝、北京市市长王安顺、市委宣传部副部长张淼、市广电局局长李春良、北京电视台总编辑赵多佳及美国电影艺术学院主席霍克·考奇、本届电影节评委会主席、俄罗斯著名导演米哈尔科夫和来自多个国家的知名电影人出席开幕式。

18日 由共青团北京市委员会、北京市人民政府外事办公室、中国电视艺术家协会纪录片学术委员会、北京电视台共同举办的“青春的纪录”——2013年跨太平洋大学生微纪录作品大赛启动仪式暨2012年获奖作品颁奖礼在北京电视台隆重举行。

20日 四川省雅安市芦山县发生了7.0级强烈地震，北京电视台立即启动新闻突发事件应急报道机制，北京卫视频道与新闻频道并机直播救灾实况，成立以总编辑赵多佳为总指挥，副总编辑朱江为现场总指挥，新闻、卫视频道主任为副总指挥的雅安抗震救灾报道临时指挥部，派出38位记者携带3G、flyaway等专业采访设备分多路前往灾区报道。

21日 由第三届北京国际电影节组委会与北京电视台纪实高清频道联合主办的第三届北京国际电影节纪录片日活动成功举办。电影节组委会负责人、部分国家驻华使馆文化官员、知名纪录片导演、纪录片制作公司以及媒体记者、大学生代表等参加。

同日 新闻频道与北京市环境保护宣传中心共同发起的“牵手蓝天”大型环保公益活动启动。

24日 四十二集大型系列专题片“北京公园群众文化活动巡礼”座谈会暨公园群众文化活动主题歌发布会在北京中山公园音乐堂举行，该活动由市委宣传部指导，市文化局、市园林局、市公园管理中心和北京电视台共同主办。

30日 北京电视台新闻频道推出的《美丽平谷·一山一水一花海》北京平谷第十五届国际桃花音乐节大型直播报道顺利结束。

五月

2日 郑州市委宣传部副部长、郑州电视台台长李平一行到北京电视台考察交流，并就《红绿灯》、《法治进行时》等栏目的内容生产、运营管理及新节目研发等问题进行座谈。北京电视台新闻节目中心、科教节目中心、研发部相关负责人参加。

3日 北京电视台新闻节目中心召开四川芦山抗震救灾报道总结表彰大会，表彰奖励在四川抗震救灾报道中做出突出贡献的工作人员。

4日至5日 由北京电视台BTV体育观众俱乐部与国家体育总局、团市委共同组织的“盛世乒乓——五·四杯2013年首都青年学生乒乓球赛”总决赛在北京体育馆成功举行。北京市乒乓球运动协会主席、北京体育基金会理事长李炳华，以及国家体育总局训练局、共青团北京市委、北京市学生联合会的相关领导参加了启动仪式并为总决赛开球。

4日 第27届“北京青年五四奖章”评选结果在北京电视台青年频道《北京青年》栏目中正式揭晓。30名来自本市各行各业的优秀青年获此殊荣。“北京青年五四奖章”是团市委、市人力社保局联合授予北京青年的最高荣誉。今年参加“北京青年五四奖章”评选的青年来自教育教学、科研创新、文体卫生、政法管理、志愿公益等多个领域。

6日 大型电视系列片《正道沧桑——社会主义500年》在北京电视台BTV卫视频道、新闻频道开播，该片由市委宣传部、市委讲师团和北京电视台新闻节目中心联合首都社科理论界权威专家学者共同打造，全篇共50集，每集15分钟。以500年来社会主义发展历程中的重要事件、重要任务、重要思想为核心内容，以道路抉择为主线，以习近平同志关于社会主义思想发展历程的重要讲话精神为依据，通过记录方式全景展示社会主义从空想到科学，从一国实践到多国发展，历经高潮与低潮、成功与挫折，跌宕起伏、波澜壮阔的历史进程。

8日 北京电视台召开推进BTV全媒体应用发展专题会议，王晓东台长主持，田方总工程师及办公室、总编室、总工办、计财部、信息网络管理部、新媒体发展中心相关负责人参加会议。

同日 北京电视台总编辑赵多佳、总工程师田方带领台办公室、总编室、总工办、制作部、经营管理部、英特维公司等相关部门负责人对蓝深3D产业园进行了实地考察，为北京电视台开办3D频道及4K频道探索经验。

9日 北京电视台台史展览事宜专题会召开，研究台史展览筹备协调等相关事宜。赵多佳总编辑、李岭涛副台长及史志办、党办、办公室、总编室、总工办、行政部、经营管理部、老干办、紫禁城影业公司等相关部门负责人参加。

14日 为推进北京电视台台史展筹备工作，副台长李岭涛带领党办、办公室、总编室、总工办、经营管理部、广告部、史志办、老干办等部门相关负责同志赴中国国际广播电台调研该台台史成果展，并就办展思路等进行专项调研。

15日 北京电视台财经节目中心与北京市高级人民法院举行了法官典型宣传与“法眼看剧”创作研讨会。北京电视台副总编朱江、北京市高级人民法院政治部主任吴在存、相关法院系统的领导以及财经频道相关主任、《经济法眼》的主创人员出席了会议。

16日 青海省玉树藏族自治州州委常委、宣传部部长王秀琴、玉树藏族自治州广电局局长旦周才仁等一行4人来台交流座谈，北京电视台总编辑赵多佳、副总编辑艾冬云出席接待，双方探讨了进一步深入合作的事项。

同日 “国粹之春”——第二届青年京剧演员（北京）擂台邀请赛颁奖典礼在北京电视台BTV大剧院举行，该活动由北京京剧院和北京电视台卫视节目中心联合主办。原北京市常务副市长张百发，市委宣传部常务副部长王海平，市委宣传部副部长、市文化局局长陈冬，大兴区政府副区长王荣彬，市文化局党组成员、北京京剧院院长李恩杰，北京电视台总编辑赵多佳、副总编辑徐滔参加。晚会邀请了包括梅葆玖、谭元寿、王金璐、迟金声、赵葆秀等众多京剧界老艺术家，与获奖的青年京剧演员一同参加演出。

同日至17日 北京电视台总工程师田方、副总工程师李迅带领相关技术部门30多名同志参加了2013北京国际电视技术研讨会。该会议由中央电视台主办，全国各省级电视台、中国电影电视技术学会，以及广播电视领域的相关技术企业和开发机构的各级领导、技术专家等500余人出席。

18日 9时~11时北京电视台北京卫视频道与新闻频道并机播出“园林城市·美丽家园”——第九届中国（北京）国际园林博览会大型直播节目。

19日至20日 全国科技活动周暨北京科技周在全国农业展览馆新馆开幕。北京电视台科教节目中心，推出四个时段、近八小时的大型直播节目《五月与科技有个约会》。

21日 北京市委常委、宣传部部长李伟，市委宣传部常务副部长王海平，市委副秘书长、宣传部副部长严力强及市委宣传部秘书长张成刚一行来北京电视台调研，实地察看工作场所，看望慰问一线干部职工。北京广播电视台党委书记刘志远、北京电视台总编辑赵多佳、常务副台长窦晓东陪同调研。

同日至23日 北京电视台总编辑赵多佳带队参加由中国广播电视协会、中央电视台主办的第三届中国电视发展年会，本届年会主题是“合作、创新、发展”。中广协会、中央电视台和全国二十余家省级广播电视单位，及各大网站、专业学术机构150余名代表参会。

22日 北京电视台体育频道正式进入歌华高清网络传输，成为全国首个上线的高清电视体育频道，北京地区歌华高清机顶盒用户通过626个频道可收看北京电视台体育高清同播频道。

24日 北京电视台转传部引进全新8讯道 EFP（电子现场制作）系统。

25日 参加由北京市人民政府新闻办公室主办“2013年外国摄影师拍北京”活动的29国著名摄影师来北京电视台43层停机坪对CBD地区进行高点拍摄。北京电视台也是此次拍摄活动景点之一。

26日 由市委宣传部主办，市文化局及北京电视台承办的《爱我家 唱我家 我的北京我的家》大型群众歌曲演唱电视竞赛总决赛暨颁奖晚会在北京文艺频道、北京卫视频道播出。

27日 中共中央政治局委员、市委书记郭金龙、市委副书记、市长王安顺、市政协主席吉林等来到市非紧急救助服务中心调研。并走进新闻节目中心《12345需求与反馈》栏目演播室，亲切问候了栏目创作人员。

28日 第二届中国（北京）国际服务贸易交易会开幕。北京电视台组织了150人的前方报道团队，确定了“高端+亲民”的报道总体基调，在京交会主展馆设立总面积为180平方米的演播室，进行8场现场直播。直播报道主题为“直通京交会，体验新生活”，采用“动态报道+直播报道+专栏报道”的方式进行报道。

29日 北京电视台举办新闻媒体发布会，宣布引进美国迪士尼ABC电视歌唱竞技类季播节目 *Duets* 版权，并将其命名《最美和声》，拟于7月在北京卫视播出。《最美和声》是北京卫视一次全新的尝试和突破，成为第一次播出的大型电视音乐季播栏目，第一次引进国外版权模式，更是第一次实现真正意义上的制播分离。《最美和声》共13期，分三个阶段：第一阶段为甄选赛，第二阶段为淘汰赛，第三阶段为总决赛，产生《最美和声》总冠军。

5月 北京电视台卡酷少儿卫视与中国人口福利基金会联手推出“雅安·爱”大型公益晚会，晚会共分为三个篇章，以“爱”为主线，贯穿“致敬”、“坚强”、“希望”三大主题。

六月

1日 “中国广播电视协会第四届学术委员会成立大会”在北京电视台新媒体工作基地举行。会议通过了委员会章程，明确了下一个五年的主要工作，并为新一届委员颁发了证书。北京电视台总编辑赵多佳当选本届学术委员会委员。

同日 由北京电视台新闻频道，市环境保护宣传中心共同发起的第二期“牵手蓝天”大型公益活动在北京园博园举办，活动吸引了来自社会各界的300余名首都市民踊跃参加。

5日 北京电视台启动“中国梦”主题公益宣传活动，于当晚《北京新闻》中推出首部“出彩人生·追梦中国”主题公益宣传片。同时，在全台所有频道公益广告时段安排播出。

6日 由北京电视台参与出品的3D动画电影《兔侠传奇2》在戛纳召开发布会，好莱坞各大电影公司、英国环球公司、韩国CJ影视、华夏电影发行有限公司、万达影业、博纳影业等知名制片和发行公司参加。该片已预售俄罗斯、韩国、马来西亚等15个国家和地区，意向谈判超过20个。

10日 北京电视台新闻频道推出“美丽北京·快乐端午”——第五届端午文化节大型直播报道。本次直播以顺义、延庆为前方直播报道区，在东城龙潭湖、西城什刹海、丰台园博园、昌平十三陵、平谷丫髻山、门头沟妙峰山等地设立3G直播点，并连线交管局、气象局、首都机场等单位，全方位展现北京各个区县端午小长假丰富多彩的旅游信息，为观众提供及时、准确、全面的服务资讯。

11日至26日 天宫一号与神舟十号交会对接。北京电视台新闻节目中心持续关注我国载人航天工程的进展，充分利用新闻频道的直播平台，全面、及时、生动、贴近地展现此次神舟十号任务的盛况，

15日 2013北京百姓足球超级杯赛开赛。该赛事为邀请赛赛制，组委会邀请具有代表性的地区联赛、行业联赛、俱乐部联赛、企业联赛的球队，及自主经营的足球俱乐部代表队参赛，旨在打造京城百姓的冠军杯。北京电视台体育频道将在晚间黄金时段对本赛事部分场次进行录播；同时《足球100分》、《体坛资讯》、《天天体育》将全程跟踪报道本届比赛。本次活动是北京电视台体育节目中心全力打造的群众活动之一，旨在积极践行“走转改”，丰富暑期节目内容。

16日至20日 北京电视台副总编辑艾冬云率新闻节目中心相关人员赴青海看望北京电视台援建记者，并商讨拍摄大型援建专题片事宜。

16日 由北京电视台生活节目中心《生活+》栏目与新浪家居频道等联合主办的第二届“我秀我家”空间设计大赛启动仪式在北京电视台隆重举行。

17日 由北京电视台和青海电视台共同举办的“2013青海国际水与生命音乐之旅——世界防治荒漠化和干旱日主题音乐会《王洛宾与花儿的青海音乐之夜》”录制完成。

同日 由北京市委宣传部、河北省委宣传部、张家口市委、市政府主办，张家口市委宣传部及北京电视台承办的《大好河山张家口·千古文明开涿鹿》第十七届《京张心连心》大型文艺演出举行。

同日 北京电视台新闻节目中心于《北京新闻》中推出“与梦齐飞”系列报道第二季，以短时间内集中报道的方式，从个人梦入手，用心灵化、纪实性叙事风格，真实记录、全景展示普通人为实现梦想而奋斗的过程。

同日 北京电视台新闻节目中心首次对法国巴黎航空展进行直播，新闻节目中心报道团队共进行了4次直播，近20分钟；传回新闻22条，约60分钟。

22日至9月1日 由北京电视台体育节目中心主办的第五届“北京海洋沙滩狂欢节”在朝阳公园盛大开幕。作为北京夏日户外大型活动的黄金品牌，“北京海洋沙滩狂欢节”已成为北京乃至全国文化创意产业的典范。

同日 早上9时至12时，北京电视台北京卫视频道、新闻频道对“房山长沟大墓发掘”进行了独家直播。节目展示了北京市重要考古成果及在文物保护方面的成就，积极传播了中华历史传统文化，进一步对“北京建都860周年”进行了宣传，充分展现了首都作为历史悠久的文明古都和全国文化中心的独特魅力。直播节目引发了观众广泛关注和兴趣，据统计，节目在北京卫视播出收视率高达3.55%，在新闻频道播出收视率达到0.6%，约为同时段平均收视率的3~4倍。

23日 由北京电视台卡酷少儿卫视投

资出品的少儿动画电影《开心超人》举行首映礼，并公布电影预告片。片方于首映当日在全国32个城市同步举行亲子场主题的提前看片会，近万余名家长和儿童参与观影活动。该片于6月28日在全国各大院线上映。

24日 北京广播电视台党委书记刘志远、副台长苏仁先率研发部、技术部、媒体管理部负责人及歌华有线、北广传媒移动电视、城市电视、地铁电视等部门领导到北京电视台新媒体工作基地检查筹备情况，并召开专题会，听取新媒体平台和业务建设汇报，研究新媒体发展现状及新媒体工作基地今后建设及运营思路。

同日至25日 北京电视台制作部创新小组在BTV大剧院举行"灯光秀第一季"演示活动，该活动是制作部创新小组灯光专业的首次亮相，共举行8场，每场15分钟。

24日 2013年度"紫荆计划"香港大学生11人来北京电视台进行为期2个月的实习。

27日 北京电视台庆祝中国共产党成立92周年大会隆重召开。党委副书记、总编辑赵多佳强调：要加强党员干部队伍建设，增强担当意识，培育担当精神，提高担当能力，更好地发挥在推动改革发展过程中的担当作用，树立全台党员干部的良好形象。党委副书记、常务副台长窦晓东主持大会。台领导班子成员和党组织、党员代表200余人参加了大会。大会对获得荣誉称号的全台19个先进党组织、141名优秀共产党员、34名优秀党务工作者和10个优秀党建工作创新项目进行了表彰，副总编辑朱江宣读了表彰决定，到会的台领导班子成员为获奖集体和个人代表颁奖。在党委委员、总工程师田方的领誓下，23名一年来加入党组织的新党员进行了庄严的入党宣誓，与会党员也一同重温了入党誓词。

同日 北京电视台体育节目中心《快乐健身一箩筐》栏目联合市健康促进工作委员会、西城区卫生局、西城区疾病预防控制中心、西城区陶然亭街道办事处等单位举办了"2013北京健康科普专家社区巡讲"活动。

29日 由市委宣传部等单位主办、北京视协和北京电视台共同承办的第十七届春燕奖颁奖晚会在BTV大剧院录制完成。晚会颁发了电视电影类、网络视听节目类、十佳电视工作者、十佳电影工作者共计80个奖项。中国电视艺术家协会分党组书记、驻会副主席、秘书长张显，中国电影家协会分党组书记、驻会副主席康健民，八一电影制片厂厂长黄宏，市委宣传部副部长张淼，市人力社保局副局长杨晋京，市文联主席、北京人民艺术剧院院长张和平，北京市文联党组书记、常务副主席、秘书长陈启刚，北京视协副主席、市广电局党组书记、局长李春良，北京视协主席孙向东，中国视协副主席、北京电视艺术家协会副主席、北京电视台总编辑赵多佳等领导出席。

6月 应澳大利亚驻上海总领事的邀请，北京电视台副总编辑艾冬云、纪实高清频道筹备组陈大立等同志赴上海参加第三届中澳电影论坛（ACFIF），就中澳双方纪录片、纪录电影的合作进行交流，推进双方文化交流。

七月

1日 联合国主管新闻事务的副秘书

长彼得·朗斯基·蒂芬索、联合国副秘书长办公室主任 Jaya Dayal 一行来北京电视台参观交流。北京电视台总编辑赵多佳、总工程师田方与联合国副秘书长一行就如何增进互通、加强合作、搭建平台等议题进行了探讨交流。

同日 北京电视台科教频道的午间法治、傍晚健康、晚间人文、晚间科教四大节目带、18 档栏目全面改版升级。

同日 2013 年度中国科协“玉山计划”台湾大学生共 7 人来北京电视台实习，根据所学专业到体育、文艺节目中心开展实习活动。此为台湾大学生首次来北京电视台实习。

2 日 市委宣传部秘书长张成刚一行在北京广播电视台技术部主任王建的陪同下，来北京电视台进行安全播出检查。总工程师田方、副总工程师毕江及各技术部门负责人陪同市委宣传部一行来到北京电视台 16 层网管部主干系统机房、13 层播出部高标清播出中心机房、8 层新闻演播室、B2 层动力部总配电室、发电机房进行检查。领导重点检查了各机房的应急操作规范和值班情况，并对各部门一线人员的业务工作给予了肯定。

2 日至 11 日 北京电视台党委组织开展了“中国梦”学习教育知识竞赛活动。此次活动采取网上答题和纸质答题两种形式，全台 63 个党支部、1969 名党员和群众参加。

3 日 中国移动通信集团北京有限公司总经理董昕、副总经理刘殿峰一行来北京电视台参观交流。北京电视台总工程师田方及办公室、总工办等部门负责人陪同参观。

4 日 北京电视台体育频道正式采用高清网制作，标志着体育频道高清改造顺利完成。

5 日 四川广播电视台党委书记、台长陈华一行来北京电视台新媒体工作基地参观调研，北京电视台总编辑赵多佳及新媒体发展中心负责人陪同。陈华书记一行参观了互动体验厅、IP 化的全媒体演播室，体验了 3D 电视、四联屏 TV shuttle、大型 iPhone 等，考察了我台的新媒体工作基地和新媒体业务。

7 月 6 日 上午 11：30 韩国亚洲航空公司 214 航班在美国旧金山国际机场降落过程中发生事故，机上 291 名乘客中有 141 名中国人。北京时间 7 月 7 日 06：00，北京电视台新闻节目中心从《北京您早》开始，启动突发事件应急报道机制，打破既有编排，采取动态编排。根据事件最新进展，随时调整串联单，密切关注新华社、中央电视台等媒体相关信息，及时切入央视动态消息信号，现场连线当地的合作媒体记者及相关航空专家。在《直播北京》上午时段，实现《直播北京》、《特别关注》无缝对接，随时滚动播发事件的最新进展。当日上午累计播发韩亚航空失事相关消息 13 条，及时全面地向观众传达事件的进展情况。7 月 7 日，新闻频道《直播北京》上午时段收视率达 0.41%、0.53%、0.31%，较上周同期增长近 80%。

10 日至 11 日 第二届北京·澳门合作交流洽谈会在澳门举行。北京电视台新闻节目中心、财经节目中心、制作部联合组成 11 人的报道团队赴澳门开展报道，累计发稿近 20 篇。

13 日 北京电视台文艺节目中心举行暑期大型儿童综艺秀节目《我家有明星之天才宝贝》地面选拔活动“天才宝贝追梦

春晚总动员”，20 多位 3 至 12 岁的参赛选手参加选拔，现场展现才艺。文艺频道于当日 10：30 进行现场直播。

16 日至 17 日 北京市 2013 年上半年经济形势分析会召开。北京电视台新闻节目中心联合转传部、制作部、播出部等部门，圆满完成 2013 年上半年经济形势分析会的时政报道任务。

20 日至 28 日 2013 年东亚杯足球赛在韩国首尔举行。作为持权转播商，北京电视台体育节目中心派出 8 人报道团队圆满完成此次境外赛事的报道工作。

21 日 “北京欢乐行——2013 中华红丝带夏令营活动”开营仪式在北京电视台 BTV 大剧院隆重举行。全国政协副主席、全国工商联主席、中华红丝带基金名誉理事长黄孟复、北京电视台副台长王澎等领导出席活动并讲话。开营仪式上，黄孟复主席与王澎副台长共同为第二届红丝带夏令营活动授旗，宣布夏令营正式开营。北京电视台主持人徐春妮继彭丽媛、濮存昕、章子怡、白岩松等社会知名人士后成为新一任“红丝带基金宣传大使”。

同日 由市环境保护宣传中心和北京电视台新闻节目中心等共同主办的“牵手蓝天——大型亲子暑期环保公益活动”正式启动，500 名 2 至 12 岁儿童及家庭参加启动仪式。活动历时一个月，至 8 月 21 日结束。

30 日 中华全国新闻工作者协会党组副书记、书记处书记高善罡，全国“三教办”副主任孙兆华一行 5 人来北京电视台调研，征求北京电视台一线编辑记者对中国记协工作的意见和建议，了解新闻工作者的实际需要和诉求。副总编辑艾冬云，总编室、新闻节目中心、卫视节目中心、文艺节目中心、科教节目中心的代表等 17 人参加了座谈会。

31 日 市广电局与北京电视台联合举办广播电视安全播出管理规定及电视中心实施细则培训，邀请国家新闻出版广电总局监管中心、上海广播电视台技术运管中心相关负责人进行培训。市广电局科技处、监测中心，北京广播电视台及所属播出单位、各区县广播中心等 18 个单位共约 60 人，及我台技术部门相关负责人和安全播出管理联络员约 130 人参加培训。

八月

5 日下午 市委副秘书长傅华、宣传部副部长崔耀中等领导一行来北京电视台审看由科教节目中心承制的“群众路线教育实践活动”专题片《到群众中去》和《“四风”警示录》。《到群众中去》通过讲述优秀的党员干部深入基层调查研究，亲近群众、联系群众、服务群众的事例，展现其立身不忘做人之本、为政不移公仆之心、用权不谋一己之私的群众立场。《“四风”警示录》通过近年来一些真实的案例，形象说明形式主义、官僚主义、享乐主义和奢靡之风这“四风”问题的具体表现和危害。市委领导同志对两部专题片给予了充分肯定。总编辑赵多佳、副总编辑徐滔及科教节目中心相关负责人参加。

7 日 北京电视台召开“党的群众路线教育实践活动动员大会”，按照中央和市委的要求，对全台开展党的群众路线教育实践活动进行全面动员部署。市委深入开展党的群众路线教育实践活动第 26 督导组组长、《前线》杂志社原社长董颖，副组长、市思想政治工作研究会原常务副会长钟岩和督导组全体成员，北京广播电视台党委办公室有关负责人到会指导，董颖同志对我台开展教育实践活动提出具体要求。北京电视台党委副书记、总编辑、教育实践活动领导小组组长赵多佳作动员讲话，党委副书记、常务副台长、教育实践活动领导小组副组长窦晓东主持大会，台领导班子成员、全台中层干部和职工代表120余人参加了大会。

8日 2013年“水立方杯”海外华裔青少年中文歌曲大赛颁奖晚会在国家游泳中心（水立方）举行。国务院侨务办公室主任裘援平，北京市委常委、统战部长牛有成，北京市委常委、宣传部长李伟，北京电视台总编辑赵多佳及各主办、承办单位领导和嘉宾出席。“水立方杯”海外华裔青少年中文歌曲大赛是由国务院侨办、全国青联、北京市政府共同主办，北京市政府侨办、北京电视台、国家游泳中心、北京市演出有限责任公司承办的一项大型文化交流活动。活动邀请18个国家的42位华裔青少年歌手来京，用独特的风格演绎中文歌曲，分为分赛区选拔、北京初赛、复赛、决赛和颁奖晚会等环节。

9日 “情定运河 梦圆北京”首届北京七夕文化节开幕式暨七夕歌会在通州运河公园举行。市委常委、宣传部长李伟出席并启动活动，宣传部副部长崔耀中，市网信办主任佟力强，市文化局副局长、巡视员何昕，首都文明办副主任卜秀均，北京电视台副总编辑艾冬云等参加。活动由市委宣传部、市文化局、首都文明办、通州区和北京电视台联合主办，是我市首次推出七夕文化大型系列活动，今后将每年举办一次。

13日 北京电视台新闻节目中心《北京新闻》栏目推出“12345需求与反馈”特别节目《听民意 解民忧》，每周播出3集。该节目由北京电视台联合市党的群众路线教育实践活动领导小组、市非紧急救助服务中心策划制作。

14日 市广电局副局长韩昱带队，到北京电视台进行安全生产大检查，局办公室、科技处领导参加检查。北京电视台李岭涛副台长及办公室、总工办、新闻节目中心、制作部、保卫部等部门负责人陪同检查。

15日 北京电视台制作部成立30周年庆典在BTV大剧院举行。赵多佳总编辑、田方总工程师及多位制作部老领导参加。

同日至16日 北京电视台党的群众路线教育实践活动暨党支部书记（部门一把手）培训班举行，台领导班子成员和各党总支、党支部负责人以及专职党务干部等200余人参加培训。党委副书记、总编辑、教育实践活动领导小组组长赵多佳作动员讲话，教育实践活动领导小组成员田方、李岭涛、徐滔分别主持了有关讨论活动。

16日 由北京视协网络视听节目服务行业分会和北京电视台共同主办的“台网高管对话：多屏时代视频资源的开发利用”交流活动在北京电视台新媒体工作基地举行。

17日 北京电视台2013年职工乒乓球团体赛在国家体委训练局健身中心举行，来自全台34个部门的30支代表队参加了比赛。

20日至31日 北京电视台总编辑赵多佳率团出访了阿联酋、南非、香港等国家和地区，就电视业务和商务合作进行交流。本次访问交流活动是我台“文化走出去”的一项重要战略举措。

23日 北京电视台召开党员大会，传达全国宣传思想工作会议精神。党委副书记、常务副台长窦晓东主持会议并传达了习近平同志在全国宣传思想工作会议上的重要讲话，党委委员、总工程师田方和副总编辑朱江分别传达了刘云山、刘奇葆同志的重要讲话。窦晓东同志在主持会议时提出三点要求：一是要继续深入学习全国宣传思想工作会议精神，引导广大党员干部进一步加深理解、提高认识；二是要结合正在开展的党的群众路线教育实践活动，研究提出我台贯彻落实全国宣传思想工作会议的具体措施；三是要全面抓好会议精神的贯彻落实，增强工作的积极性、主动性，切实履行好主流媒体的职责使命。台领导李岭涛、徐滔参加了学习。

同日 第22届北京国际广播电影电视设备展览会国际代表团一行31人来北京电视台参观考察，代表团成员包括来自马来西亚、印尼、香港等国家和地区的境外代表，以及第22届北京国际广播电影电视设备展览会组委会相关工作人员。在北京电视台办公室、总工办及制作部相关人员的陪同下，代表团参观了41层观光大厅、19层体育新闻制作网、16层媒资系统、1000平方米演播室。

同日 由北京电视台主办的“中国纪录片日”推介活动暨中国纪录片展映活动在南非开普敦成功举办，中国驻开普敦总领馆总领事梁琉根、南非国际纪录片节总导演莱撒迪、南非西开普敦旅游经济贸易促进局CEO纽斯·弗莱顿及南非主要纪录片制作公司、知名纪录片导演和新闻界、出版界嘉宾出席。

29日 中共中央政治局委员、市委书记郭金龙在市宣传文化系统调研时来到了北京电视台，与编辑、记者、主持人及嘉宾和观众交流，并在北京电视台主持召开座谈会，听取首都宣传系统贯彻落实全国宣传思想工作会议精神情况汇报。市委常委、宣传部长李伟，市委副秘书长、宣传部副部长严力强等陪同调研，北京广播电视台党委书记刘志远、北京电视台总编辑赵多佳、常务副台长窦晓东等作了工作汇报。

同日 在北京电视台下午召开的副科级以上干部职工台情通报会上，党委副书记、总编辑赵多佳传达了郭金龙同志上午来台调研及在市宣传文化系统座谈时的重要讲话精神。她强调，要把学习贯彻习近平等领导同志在全国宣传思想工作会议上的讲话精神和郭金龙同志在市宣传系统调研时的讲话精神作为当前全台工作的重中之重，牢固树立阵地意识、首都意识，切实增强做好宣传思想工作的能力，做到守土有责、守土负责、守土尽责。

30日 北京电视台纪实高清频道正式改版，更名为BTV纪实频道，播出时长、节目形态、编排设置等方面内容都进行了全新调整、升级。

同日 杨晓超副市长在市体育局局长李颖川陪同下，来到辽宁沈阳全运会IBC，视察了北京电视台第十二届全运会报道团队报道情况。杨晓超同志参观了我台演播室，了解了我台第十二届全运会报道计划。体育节目中心负责人向市领导介绍了我台本次前方报道的特点。

31日至9月12日 第十二届全运会在辽宁省沈阳市举行。北京电视台在沈阳全运会广播电视中心搭建了300平方米演播室，对全运会赛事进行全面直播。体育频道派出150人报道团队赴沈阳，将分赴数十个赛场报道，于每天09：00～23：00，为观众奉上14小时的节目。《全运快报》、《体坛资讯》、《天天体育》每天滚动播出，带来及时准确的新闻报道；《全运赛场》挑选精彩赛事，营造全运贵宾席；《体育议起来》推出全运会特别版，聚焦赛场内外，每天评议热点话题。转传部派出8讯道高清EFP团队提供相关技术保障，共架设5台高清摄像机、3台在线包装字幕机，接入6路网络播出信号，1个新媒体播出服务器、4路外来信号和PGM收录信号；铺设40米高清视频线18根，并为总控提供4路外来场馆比赛信号。制作部后期制作团队一行8人赴沈阳，搭建了拥有13套高清非编站点、2套移动非编、1套配音站点和杀毒导入站点的“外场系统”。该系统配备了蓝光驱动器、高清录像机和媒体文件播放器等设备，为演播区提供了液压三脚架、提词器和在线包装等设备。

九月

7日至27日 北京电视台选派20名优秀的业务骨干赴美国加州大学洛杉矶分校参加为期21天的“频道节目模型的构建与策划培训班”。

10日、17日和24日 北京电视台连续召开编委会，专题研究2014年全台各频道规划方案。赵多佳、朱江、王澎、艾冬云、徐滔等台领导及总编室、研发部、广告部、计财部、各节目中心负责人参会。本次规划工作深入推进群众路线教育实践活动，由台领导带队，总编室、总工办、研发部、广告部提前走访各节目中心进行业务交流，各节目中心以尊重数据、面向市场的科学态度对2014年频道规划和编播策略进行思考和分析。以此为基础，编委会围绕规划思路、编播策略、节目创新亮点、经费与制作需求、机制保障等方面对各频道编排方案进行了全方位审议，并研究通过了全台11个频道2014年的节目规划和编排方案。

11日至13日 北京电视台记者站新闻业务培训班在黄金海岸培训中心举办，艾冬云副总编辑及人事部、新闻节目中心相关负责人，87家记者站的部分一线编辑记者60余人参加。

12日 北京电视台总编辑赵多佳等领导接待国家新闻出版广电总局与商务部联合举办的“尼日尔2013年新闻媒体人员研修班”一行20人来台参观考察。

13日 市委统战部副部长赵宏生一行来到北京电视台，与新闻节目中心相关同志就如何进一步做好统战新闻宣传报道工作进行座谈交流。艾冬云副总编辑参加。

14日 北京电视台文艺频道暑期特别节目“天才宝贝追梦春晚”收官盛典顺利录制完成，艾冬云副总编向获得“最高人气宝贝”称号、来自中国香港、年仅7岁的李承璁的父亲颁发了北京电视台2014年春节联欢晚会邀请函。

15日 以“卡酷相约园博园”为主题的卡酷少儿频道小观众见面会在园博园3号门广场举行，卡酷少儿频道当家主持人高歌热舞，人气动漫角色现场助阵，与近5000名小观众进行了一场零距离亲密约会。活动由北京电视台动画节目中心和园博园主办、北京电视台京视传媒公司承办，于9月19日至20日12：00作为中秋特别节目在卡酷少儿卫视播出。

16日 北京电视台总编辑赵多佳、副台长王澎等接待了来访的英国 WPP 集团首席执行官 Martin Sorrell 爵士等高层管理人员一行，双方就中国电视业发展、广告经营及如何应对新媒体趋势等问题进行座谈，广告部负责人参加。

同日 北京电视台新媒体演播大厅录制系统正式投入使用，完成文艺节目中心《每日文娱播报》十一特别节目“2013 文娱影响力”的录制。

17日 北京电视台上午举行党的群众路线教育实践活动党课报告会，党委副书记、总编辑、党的群众路线教育实践活动领导小组组长赵多佳作了题为“深入群众创作优秀作品，以坚强的党性传递社会进步的正能量”的党课报告。党委副书记、常务副台长、党的群众路线教育实践活动领导小组副组长窦晓东主持报告会，北京广播电视台党的群众路线教育实践活动领导小组办公室有关负责人出席，台领导班子成员、全台党组织和部门负责人以及党务工作者约 200 人参会。

同日 北京电视台召开全台交通安全工作会议，总结 2013 年交通安全工作，对全台第四季度交通安全工作提出要求，并邀请市交管局警官进行交通法规培训。相关台领导、部门负责人及各部门交通安全员近 80 人参加。

19日 《月圆梦正圆》——北京电视台 2013 年中秋特别节目在 BTV 大剧院拉开帷幕，文艺频道同步直播，北京卫视当晚 10：20 重播，现场和电视机前的观众朋友共享中秋节，共度月圆夜。

24日 国家人力资源和社会保障部工资福利司副司长张冀良及市人力社保局相关同志一行 7 人来北京电视台进行专项调研工作。党委副书记、常务副台长窦晓东同志参加并汇报了我台用工制度相关情况及问题。

25日 《12345 需求与反馈》专栏“听民意解民忧”特别报道新闻发布会在市非紧急救助服务中心举行。市委副秘书长、宣传部副部长严力强，市政府副秘书长、市信访办主任薄刚，市委组织部部务委员、市党的群众路线教育实践活动领导小组办公室综合组组长何明，北京电视台副总编辑朱江出席发布会并讲话。

同日 北京电视台举办“传统道德与现代幸福生活”讲座，邀请中国人民大学哲学系教授、博士生导师肖群忠作题为“传统道德与现代幸福生活”的主题演讲，引导广大职工自觉践行高尚的社会公德、家庭美德、职业道德、个人品德，不断提升广大职工的道德意识和道德修养，在全台形成知荣辱、讲正气、促和谐的良好风尚。李岭涛副台长主持并参加学习，全台 39 个部门 264 名干部职工参加培训。

27日 北京电视台新闻节目中心承担市旅游委主办的“第十五届北京国际旅游节开幕式及盛装行进表演”。本次活动主题为“多彩盛世，畅游古都”，来自 30 个国家和地区的 2000 多名演员参加演出。直播以台内 350 平方米新闻演播室为基地，通过主持人场外解说、前方多路记者连线等方式开展全方位报道。

28日 “心悦百姓，行为民生”——“华夏银行杯”北京电视台第二届观众喜爱的主持人大型评选活动暨公益圆梦新闻行动启动仪式举行。10 位忠实观众现场为自己喜爱的主持人投出了庄严一票，正式宣布评选活动拉开帷幕。本次活动自 9 月 28 日起持续至 11 月 8 日，来自全台 10 个节目中心的 84 名主持人共同践行“心悦百姓，行为民生”活动主题。广大观众将通过对主持人业务素质、道德风尚、公益实践等的综合表现进行全方位衡量，评选出自己喜爱的 BTV 主持人。启动仪式上，宣布筹建北京电视台观众俱乐部，并公开有奖征集名称和标识。

29 日 北京市委常委、宣传部长李伟、宣传部副部长张淼到北京电视台新媒体基地调研，台长赵多佳陪同调研。

十月

1 日 市委宣传部常务副部长王海平带领宣传部新闻处、办公室、财务处、文化改革办公室、信息中心等处室负责同志，来北京电视台新媒体发展中心调研。

7 日 北京电视台动画节目中心原创出品的全 3D 系列动画片《食功夫》亮相 2013 戛纳国际电视节。《食功夫》系列动画片取材于极具网络人气的《包强系列》短片，以“功夫”和“美食”两大中国元素为主要题材，将人们日常餐桌上的食物拟人化，并赋予其鲜明的人物个性，将中国宝贵的烹饪文化遗产融入剧情之中，构建了一个完美的视觉盛宴。

10 日 北京卫视新创栏目《我是大医生》正式开播，于每周四 22：26 在北京卫视播出。该栏目是一档健康脱口秀栏目，以“医生梦之队”为节目亮点，“医生梦之队”由《养生堂》栏目主持人悦悦和三位来自北京市三甲医院的一线专家共同组成。通过权威、幽默的互动讲解、直观的实证向大众传播健康医学服务知识，通过高科技的视觉呈现，设计巧妙的互动方式，吸引观众走进医学世界，引领健康生活新风尚。

11 日至 15 日 第三届环北京职业公路自行车赛举行。比赛共分 5 个赛段，途经东城区、西城区、朝阳区、海淀区、门头沟区、顺义区、昌平区等 11 个区县，赛程全长 835.5 公里。北京电视台派出近 70 人的转播团队及 4 讯道高清卫星转播车、8 讯道高清 EFP（电子现场制作系统）和 10 讯道高清转播车，进行比赛公共信号制作及直播工作。赛事直播还将使用直升机中继作为主要传输手段，通过微波接力车切换将信号传输至现场转播车，为赛事转播及公共信号制作提供技术保障。自 10 月 11 日至 15 日每天 14：00～17：00 在体育频道直播本项比赛。

11 日 由市广电局、市广播影视协会联合主办，北京电视台生活节目中心协办的《生活 2013》节目研讨会召开。国家新闻出版广电总局监管中心副主任金文雄、市广电局副局长丁百之、市广播影视协会会长杨淑琴等领导及专家出席，北京电视台副总编辑朱江及生活节目中心相关负责人、《生活 2013》主创团队参加。本次研讨会是市广电局首次为特定栏目举办专题性研讨。

同日 由市民政局、市老龄产业协会及北京电视台生活节目中心《咱爸咱妈的美好时代》栏目共同发起的“我带父母游园博”活动在北京园博园拉开帷幕。来自北京及全国各地的数万名老人及孝星代表参与了免费游园活动，参观了《咱爸咱妈的美好时代》大型百岁老人摄影展、老年服务展及老年人自己组织的各项精彩演出。

12 日 市委宣传部纪检组组长丁力、副组长吴功荣、副巡视员吕钦等一行来我台新媒体发展中心调研。

13 日 是中国传统节日重阳节，民政部将该日设为我国首个老年节。北京电视台推出“与梦起飞　爱老敬老篇”、“同心共筑中国梦——首都老干部2013老年节音乐会”等重点报道和特别节目，大力宣传中华民族尊老敬老传统美德，努力营造良好节日氛围。

同日　北京电视台新媒体演播大厅完成《环球神奇炫》首期节目直播工作，标志着我台新媒体演播大厅正式全面投入使用。

16日　北京电视台党委副书记、常务副台长窦晓东主持召开落实中央八项规定专题会议。会议深入学习了中央关于改进工作作风、密切联系群众的八项规定和北京市委、市政府实施意见，传达了《中共北京市纪委关于查处违反中央八项规定精神的违纪案件的通报》，部署了我台建立落实中央八项规定精神情况月报制度工作，并观看了反腐倡廉教育宣传片《坚决反对特权》。全台各支部书记和台属企业负责人参加了会议。

同日　北京电视台总工程师田方带领总工办党支部开展走基层活动，前往怀柔区与怀柔广电中心进行技术交流与学习研讨。深入了解了怀柔区广电发展及广播电视“村村通”工程的落实情况等，实地考察了汤河口南山的市广电局怀柔转播站，并就区县广电事业的技术需求、安全播出工作中的重点难点等进行了充分交流。

18日至11月7日　北京电视台选派的20名业务骨干赴英国剑桥大学参加为期21天的“节目创新及运行方式培训班”。

19日　市委常委、市委教育工委书记苟仲文及市委教育工委主任线联平、市委教育工委常务副书记刘建等领导来到北京电视台，与台长赵多佳、副总编辑艾冬云及新闻节目中心相关负责人座谈，交流并指导工作，重点就治理教育乱象、进一步实现基础教育资源均衡、公平发展、减轻学生负担、中、高考改革方案等的宣传报道和舆论引导等进行座谈。

21日　中共昌黎县委书记李国勇、昌黎县人民政府常务副县长胡忠义一行到台交流座谈，赵多佳台长、窦晓东书记、王澎副台长、李岭涛副台长陪同。

22日　由清华大学新闻传播学院、中国传媒大学媒介评议与舆论引导研究中心和北京电视台共同主办的“《最美和声》高峰论坛”在清华大学举办。清华大学新闻传播学院副院长尹鸿，中国广播电视协会电视文艺委员会副会长兼秘书长崔亚楠，北京大学艺术学院副院长俞虹，北京大学视听传播研究中心、中国新闻教育学会广播电视学分会副会长陆地等专家学者，以及科尔沁夫、董颖达、詹华等音乐评论人、文化评论人，我台副总编辑徐滔及栏目主创团队出席高峰论坛。

23日　国家新闻出版广电总局与商务部联合举办的“津巴布韦2013年媒体人员研修班”来北京电视台参观座谈，研修班成员包括20名新闻官员和资深记者、编辑等，分别来自津巴布韦媒体、新闻与宣传部、津巴布韦广播公司等媒体主管部门和主流媒体机构。国家新闻出版广电总局研修学院执行院长张朴宽等领导，台办公室、新媒体发展中心、总编室相关负责人参加座谈。

29日　国家新闻出版广电总局国际合作司司长马黎等来北京电视台调研对外宣传工作，市广电局局长李春良等陪同调研。我台副总编辑朱江及办公室、总编室、青少·海外节目中心等部门负责人参加调研。

30日 北京电视台2014年广告推介暨政策说明会隆重召开。台长赵多佳、常务副台长窦晓东、总工程师田方、副总编辑朱江、副台长王澎、副台长李岭涛、副总编辑艾冬云、副总编辑徐滔及相关部门负责人出席会议。

十一月

1日 澳大利亚广播电视公司（ABC）董事会主席詹姆斯·斯比格曼、总裁马克·斯科特及ABC高层代表团来北京电视台访问。澳大利亚驻华大使馆文化参赞Michael Growder、北京电视台台长赵多佳、副总编辑朱江及相关部门负责人参加接待。

6日 北京电视台官方微博联合市政府新闻办官方微博在北京电视台新媒体工作基地共同举办“北京市社区药品报销目录调整扩容”微访谈活动，邀请市人力社保局、市医改办、市食药局、市卫生局有关负责人，就北京市社区药品报销目录调整扩容政策与网民进行在线互动交流。此次活动是市政府新闻办官方微博与北京电视台官方微博的首次正式合作。

同日至8日 北京电视台承办的第十六届华北地区电视技术协作会举行。来自北京广播电视台、河北电视台、山西广播电视台、天津电视台、内蒙古电视台及我台的约37名代表参加。我台总工程师田方出席会议。

8日 北京电视台赵多佳台长主持召开党委扩大会，传达郭金龙、李伟同志在全市宣传思想工作会议上的重要讲话，对全台贯彻落实工作进行了具体部署。

同日 山西省委宣传部副部长、省外宣办主任、山西广播电视台负责人郭建一行来台参观调研。北京广播电视台党委书记刘志远，北京广播电视台党委副书记、副台长、北京电视台台长赵多佳，北京广播电视台纪委书记王伟，北京人民广播电台总编辑王秋，北京电视台常务副台长窦晓东，北京人民广播电台副总编辑李秀磊，北京电视台副总编辑艾冬云等，陪同参观调研并与来宾座谈交流。

同日 《2013北京喜剧幽默大赛》启动仪式举行，大赛由北京电视台、天津电视台、济南电视台联合举办。

12日 党的十八届三中全会胜利闭幕，北京电视台新闻节目中心第一时间在《北京新闻》中播出了“首都各界关注十八届三中全会　聚焦未来改革与发展”的新闻报道。

13日 解放军电视宣传中心、北京卫视与上海瑶华文化传播中心共同召开新闻发布会，宣布将于2013年12月28日起每周六黄金档隆重推出中国首档大型军事题材明星真人秀栏目《防务精英之星兵报到》。北京电视台副总编辑徐滔及相关部门负责人参加。

18日 “吃在北京　北京味道”2013我最喜爱的北京旅游美食评选活动暨北京旅游美食媒体联盟启动仪式在北京电视台举行。市旅游委主任周正宇、副主任曹鹏程，北京电视台台长赵多佳、副总编辑朱江及相关部门负责人出席。18家媒体代表参加发布会。

20日 北京电视台举行2014年广告招标会，台长赵多佳、常务副台长窦晓东、副台长王澎、李岭涛、副总编辑徐滔及相关部门负责人参加。《养生堂》、《私人订制》、《防务精英之星兵报道》、《档案》四档北京卫视优质节目现场进行招标竞购，近20家企业参与，所有标的顺利销售，竞标总额超过2亿元。

28日　市外宣办主任王惠一行来北京电视台调研座谈并与台长赵多佳、副总编辑朱江等就英国普罗派乐卫视与我台进行频道合作等事宜进行专题研究。市外宣办副主任白杰、处长纪东来、我台青少·海外节目中心主任袁子勇、副主任严崴等参加。

29日　按照市委统一部署和北京电视台深入开展党的群众路线教育实践活动的总体安排，台领导班子召开专题民主生活会，按照“照镜子、正衣冠、洗洗澡、治治病”的总要求，查摆问题，剖析原因，明确方向，形成措施，实事求是、严肃认真地开展批评和自我批评。市委教育实践活动第26督导组组长董颖、副组长钟岩和督导组成员杨玉莲、刘启相、张正江同志到会指导，北京广播电视台党委书记刘志远和市委宣传部基层处、北京广播电视台党委办公室有关同志列席会议。北京电视台台长赵多佳主持会议。

十二月

2日　为“全国交通安全日”，北京电视台新闻频道特别策划推出以“摒弃交通陋习、安全文明出行”为主题的大型直播互动节目《生命灿烂》。节目于当晚19时播出，时长近4小时，充分发挥《直播北京》、《锐观察》、《红绿灯》、《晚间新闻报道》等晚间节目的联动优势，取得了良好收视效果。

3日　《法治·北京》开播。该栏目是北京电视台科教节目中心在晚间推出的一档大型法治惠民服务栏目。

7日　新版《今晚我们相识》开播。每周六20：00播出，时长50分钟。

10日　市委宣传部常务副部长王海平同志出席北京电视台2014年春节联欢晚会策划方案汇报会，听取2014年春晚筹备工作汇报并提出相关要求，市委宣传部副巡视员王珏出席，北京电视台台长赵多佳主持会议。

11日　2013“青春的纪录”环太平洋大学生微纪录作品大赛总结研讨会在我台召开。市外办副主任田雁、市新闻办副主任白杰、《北京日报》副总编辑初晓玲、我台副总编辑艾冬云、共青团北京市委员会大学中专部部长张秀峰、纪实频道相关负责人及国际纪录片制作人赵琦等领导、专家、部分获奖作品学生导演代表参加。

17日　北京卫视大型季播栏目《私人订制》举行新闻发布会，宣布根据冯小刚同名电影衍生的大型全新体验真人秀《私人订制》正式启动。北京电视台副总编辑徐滔、华谊兄弟传媒集团总裁王中磊、华谊兄弟时尚文化传媒有限公司董事总经理赵磊、湖南中广天择传媒有限公司董事长曾雄、北京木火通明影视文化传媒公司董事长阮浩等出席发布会。

18日　北京电视台举办党委中心组扩大学习会，邀请中共中央党校报刊社社长兼总编辑谢春涛教授作十八届三中全会精神辅导报告。赵多佳同志主持报告会。台领导班子成员及中层干部等120余人参加。

19日　市公安局文保大队一行来北京电视台进行2013年度信息安全等级保护监督检查，分别对我台制播网系统、播出系统和台网站涉及到的信息安全内容进行了重点检查。信息网络管理部、播出部相关人员配合检查。

同日 北京市委党校第79期区县局级领导干部进修班学员一行50人下午到北京电视台参观学习，李岭涛副台长陪同参观。

20日 北京电视台召开党委专题交流会，集中交流台领导班子成员参加教育实践活动“回头看”自查情况。市委教育实践活动第26督导组组长董颖出席会议并讲话。台长赵多佳主持会议，台领导班子成员和北京广播电视台有关部门负责人参加会议。

21日 北京电视台第二届“观众喜爱的主持人”大型评选活动圆满结束。春妮、王旭东、栗坤、桑朝晖、阿龙、曹一楠、悦悦、李向显、王振龙、谭江海荣获“观众喜爱的十佳主持人”称号，孙扬、刘婧、高燕、宁晓川、梦遥、罗旭、曹扬、王业、魏翊东、顾阳荣获“观众喜爱的优秀主持人”称号。在四个单项奖中，春妮、曹一楠、聂一菁、王业荣获“公益之星”奖，王旭东、栗坤分别获得“最具网络人气男/女主持人”称号；阿龙、乐文分别获得“最受青年观众喜爱的男/女主持人”称号；孙扬、刘婧荣获“电视新星”奖。

同日 北京电视台在第二届观众喜爱的主持人评选活动颁奖仪式上正式宣布成立北京电视台观众俱乐部，并公布了俱乐部官方标识。北京电视台观众俱乐部官方标识为“三人”的众字的汉字字形。

22日 2013第六届北京影响力揭晓仪式举行。第六届北京影响力公众投票共收到有效选票4759.1万份，其中网络投票4588.6万份，报纸投票170.5万份。公众参与较上届有大幅提升，网络投票数倍增长。

24日 市委副秘书长傅华一行三人到北京电视台新媒体工作基地参观调研，实地察看工作场所，我台总工程师田方陪同调研。

26日 北京视协五届六次理事会扩大会议在北京电视台召开。会议宣布成立北京视协电视文艺委员会，赵多佳同志担任会长，李兰同志担任秘书长，会上还宣布成立北京视协（东城）权益保护联盟。会议由北京视协副主席、中央戏剧学院党委书记刘立滨主持，中国文联副主席、中国视协主席赵化勇，北京市文联党组书记、常务副主席、秘书长陈启刚，北京市文联党组副书记、驻会副主席刘开阳，北京市东城区委常委、区委宣传部部长金晖，北京市东城区副区长王中华，北京市文联副主席、北京视协主席孙向东，中国视协副主席、北京视协副主席、北京电视台台长赵多佳等相关领导出席。

同日 《2013北京喜剧幽默大赛》在北京电视台文艺频道开播，大赛6场决赛和1场颁奖典礼将陆续播出至2014年元旦。《2013北京喜剧幽默大赛》自10月初启动以来，共计收到报名近千人次。

31日 以“放飞梦想·祝福世界”为主题的2014年新年倒计时暨北京旅游推介活动在八达岭长城举行。北京电视台已连续三年对新年倒计时活动进行全程直播，提供的公共信号由BBC、CNN、NBC、FOX、美联社等主要外媒转发，累计超过40亿人次观看。

索　引

索 引

汉语拼音索引

D

F

G

J

K

L

P

Q

R

S

T

W

X

Y

Z

数字索引

英文字母索引

图书在版编目（CIP）数据

2014北京电视台年鉴/《北京电视台年鉴》编辑部编．
北京：同心出版社，2014.12
ISBN 978－7－5477－1225－2

Ⅰ.①2…　Ⅱ.①北…　Ⅲ.①北京电视台－2014－年鉴
Ⅳ.①G229.271－54

中国版本图书馆CIP数据核字（2014）第057602号

责任编辑：王小云　张志新

2014北京电视台年鉴

出版发行：同心出版社
地　　址：北京市东城区东单三条8－16号东方广场东配楼4层
邮　　编：100005
电　　话：发行部：（010）65255876
总编室：（010）65252135－8043
网　　址：www.beijingtongxin.com
印　　刷：北京京都六环印刷厂
经　　销：各地新华书店
版　　次：2014年12月第1版
2014年12月第1次印刷
开　　本：787×1092　1/16
印　　张：27.5
字　　数：500千字
定　　价：128.00元